应用型高等院校"十三五"规划教材/计算机类

主　编	唐　友	赵玉兰
副主编	徐　娜	黄　斌
	叶静宇	姜春风
参　编	文雪巍	张继成
	韩庆安	

大学计算机基础

Fundamentals of Computers

哈尔滨工业大学出版社

内 容 简 介

本书以计算机应用能力培养为目标,强调培养学生运用计算思维解决实际问题的思路和方法。全书共 16 个项目,内容包括了解计算机基础知识、了解计算机的安全与病毒防治、学习计算机硬件系统基础知识、了解操作系统及 Windows 7 的基本操作、管理计算机中的资源、做好计算机维护、编辑 Word 2010 文档、排版 Word 2010 文档、制作 Excel 2010 电子表格、计算和分析 Excel 2010 数据、制作 PowerPoint 2010 幻灯片、设置并放映演示文稿、了解 Access 2010 数据库、创建一个 Access 2010 数据库、使用计算机网络和了解程序设计基础。

本书可作为高等院校学生学习计算机基础知识的教材,也可供计算机爱好者自学使用。

图书在版编目(CIP)数据

大学计算机基础/唐友,赵玉兰主编. —哈尔滨:哈尔滨工业大学出版社,2020.2(2021.1 重印)
ISBN 978-7-5603-8561-7

Ⅰ.①大⋯ Ⅱ.①唐⋯ ②赵⋯ Ⅲ.①电子计算机-高等学校-教材 Ⅳ.①TP3

中国版本图书馆 CIP 数据核字(2019)第 241425 号

策划编辑	杜 燕
责任编辑	王 玲 庞 雪
封面设计	高永利
出版发行	哈尔滨工业大学出版社
社　　址	哈尔滨市南岗区复华四道街 10 号　邮编 150006
传　　真	0451-86414749
网　　址	http://hitpress.hit.edu.cn
印　　刷	哈尔滨市工大节能印刷厂
开　　本	787mm×960mm　1/16　印张 23.5　字数 600 千字
版　　次	2020 年 2 月第 1 版　2021 年 1 月第 2 次印刷
书　　号	ISBN 978-7-5603-8561-7
定　　价	56.80 元

(如因印装质量问题影响阅读,我社负责调换)

前　言

　　大学计算机基础是高等院校非计算机专业的公共必修课程,是学习其他信息类课程的基础。随着计算机科学、信息技术的飞速发展和网络的普及,计算机在各个领域的应用越来越广泛,人们的工作、学习和生活都离不开计算机。目前,国内高校计算机基础教育进入了一个新的发展阶段,它对学生的计算机应用能力提出了更高的要求,旨在将计算思维融入计算机基础教学中,培养学生用计算思维解决实际问题的思路和方法。

　　《大学计算机基础》满足了不同专业、不同层次学生的需求,加强了计算机网络技术、数据库技术、Office 应用技术和多媒体技术等多方面的基本内容。通过本课程的学习,学生可以较全面、系统地掌握计算机基础知识,具备运用计算机解决实际问题的能力,具备较强的信息系统安全与社会责任意识,为后续课程的学习打下坚实的基础。

　　本书编者结合多年计算机公共基础课程的教学经验,在写作思路和内容编排上形成了以下几个方面的特色:

　　(1)项目教学。采用以任务为驱动的项目教学方式,将每个项目分解为多个任务,形成各个任务以"任务要求+相关知识+任务实现"的组织结构。

　　(2)综合任务实践能力培养。每个项目的课后练习部分设置了若干个综合任务实践项目,每个任务强调解决一个实际问题。在完成任务的过程中锻炼学生的思考能力、知识运用能力和创新能力,从而提升计算机的应用能力。

　　(3)遵循知识的认知规律。为学生构造合理的学习线索,对实践内容进行最小化分隔,提高学习效率。

　　全书共 16 个项目,项目一介绍了计算机的发展、计算机中信息的表示与存储和多媒体技术;项目二介绍了信息安全的基础知识和计算机病毒的防治;项目三介绍了计算机的硬件、软件系统和鼠标、键盘的使用;项目四介绍了操作系统基本知识、Windows 7 操作系统的工作环境、汉字输入法的设置等;项目五介绍了文件和文件夹的管理及程序和硬件资源的管理;项目六介绍了磁盘与计算机系统的维护;项目七至项目十四介绍了办公自动化方面的基本知识,包括常用办公自动化软件 Office 2010 中的文字处理软件、电子表格处理软件、演示文稿处理软件和数据库设计软件;项目十五介绍了计算机网络基础知识、Internet 的基础知识和其基本服务功能;项目十六介绍了程序与程序设计语言和软件开发的基础知识。

　　本教材由吉林农业科技学院唐友、赵玉兰担任主编,吉林农业科技学院徐娜、黄斌、叶静宇、姜春风担任副主编,黑龙江财经学院文雪巍、东北农业大学张继成、珠海世纪鼎利科技有限公司韩庆安参编。作者编写分工如下:项目一至项目四和项目十五由赵玉兰编写,项目五的任务一由韩庆安编写,项目五的任务二由张继成编写,项目六由唐友编写,项目七、项目八由黄斌编写,项目九、项目十、项目十四由徐娜编写,项目十一、项目十二由叶静宇编写,项目十三由文雪巍编写,项目十六由姜春风编写。

由于编者水平有限,书中疏漏之处在所难免,恳请读者提出宝贵意见。

编者

2019 年 10 月

目 录

项目一 了解计算机基础知识 ... 1
    任务一　理解计算机的发展 ... 1
    任务二　了解计算机中信息的表示与存储 ... 10
    任务三　认识多媒体技术 ... 19
    课后练习 ... 25

项目二 了解计算机的安全及病毒防治 ... 26
    任务一　了解信息安全的基础知识 ... 26
    任务二　防治计算机病毒 ... 36
    课后练习 ... 45

项目三 学习计算机硬件系统基础知识 ... 46
    任务一　认识计算机的硬件系统 ... 46
    任务二　认识计算机的软件系统 ... 64
    任务三　使用鼠标和键盘 ... 66
    课后练习 ... 69

项目四 了解操作系统及 Windows 7 操作系统的基本操作 ... 70
    任务一　了解操作系统基本知识 ... 70
    任务二　了解 Windows 7 操作系统 ... 77
    任务三　了解 Windows 7 操作系统的桌面、窗口、对话框与开始菜单 ... 80
    任务四　定制 Windows 7 操作系统的工作环境 ... 85
    任务五　设置汉字输入法 ... 94
    课后练习 ... 100

项目五 管理计算机中的资源 ... 101
    任务一　管理文件和文件夹资源 ... 101
    任务二　管理程序和硬件资源 ... 110
    课后练习 ... 118

项目六 做好计算机维护 ... 119
    任务　维护磁盘与计算机系统 ... 119
    课后练习 ... 129

项目七 编辑 Word 2010 文档 ·· 130
任务一 输入和编辑"自我介绍" ·· 130
任务二 编辑招聘启事 ·· 141
任务三 编辑宣传海报 ·· 151
课后练习 ··· 156

项目八 排版 Word 2010 文档 ·· 158
任务一 制作个人简历表 ·· 158
任务二 新闻排版 ··· 166
任务三 排版和打印毕业论文 ·· 174
课后练习 ··· 180

项目九 制作 Excel 2010 电子表格 ··· 182
任务一 制作学生成绩表 ·· 182
任务二 编辑产品价格表 ·· 192
课后练习 ··· 203

项目十 计算和分析 Excel 2010 数据 ······································· 205
任务一 制作银行存款记录单 ·· 205
任务二 统计分析职工工资表 ·· 218
任务三 制作学生成绩分析图 ·· 230
课后练习 ··· 236

项目十一 制作 PowerPoint 2010 幻灯片 ································· 238
任务一 制作毕业论文答辩演示文稿 ··································· 238
任务二 制作"消防安全知识讲座"演示文稿 ······················· 254
课后练习 ··· 268

项目十二 设置并放映演示文稿 ··· 269
任务一 设置"区块链技术"演示文稿 ································ 269
任务二 放映并输出"三会一课"演示文稿 ·························· 279
课后练习 ··· 289

项目十三 了解 Access 2010 数据库 ·· 291
任务 了解数据库的概念及发展 ·· 291
课后练习 ··· 300

项目十四 创建一个 Access 2010 数据库 ·································· 301
任务 创建一个"教学管理"数据库 ··································· 301
课后练习 ··· 321

项目十五　使用计算机网络 ·· 322
　　任务一　了解计算机网络基础知识 ··· 322
　　任务二　了解 Internet ··· 335
　　任务三　应用 Internet 基本服务功能 ·· 341
　　课后练习 ·· 351

项目十六　了解程序设计基础 ·· 352
　　任务一　了解程序与程序设计语言 ··· 352
　　任务二　了解软件开发 ··· 358
　　课后练习 ·· 367

参考文献 ·· 368

项目一　了解计算机基础知识

　　计算机(Computer)俗称电脑,是最先进的科学技术发明之一,计算机的广泛应用使人类迅速步入信息时代。计算机是自动、高速处理海量数据的现代化智能电子设备,同时也是一门科学,掌握以计算机为核心的信息技术,是现代各行业对从业人员的基本素质要求之一。本项目将通过3个任务介绍计算机的基础知识,包括理解计算机的发展、了解计算机中信息的表示与存储,以及认识多媒体技术,为后续项目的学习奠定基础。

学习目标

- 理解计算机的发展
- 了解计算机中信息的表示与存储
- 认识多媒体技术

任务一　理解计算机的发展

任务要求

　　在科学技术飞速发展的信息社会,计算机成为工作、学习和生活中无处不在的工具。本任务要求了解计算机的诞生及发展过程,认识计算机的特点、应用和分类,了解计算机的发展趋势,熟悉信息技术的相关概念。

任务实现

(一)了解计算机的诞生及发展过程

　　计算机的产生和计算机技术的迅速发展是当代科学技术最突出的成就之一。目前计算机学科已经成为发展最快的一门学科,尤其是微型计算机技术的发展和计算机网络技术的发展,使得计算机及其应用渗透到社会的各个领域。

1.计算机的诞生

　　计算机的诞生是从人类对计算工具的需求和早期开发开始的。人类文明发展早期就遇到了计算问题,如古人生活过的岩洞里的刻痕可说明他们在计数和计算。随着文明的发展,人类发明了各种专用的计算工具。例如,春秋时期出现的算筹,如图1.1所示,其是世界上最古老的计算工具;延续使用至今的穿珠算盘,如图1.2所示,其起源于北宋时代,被联合国教科文组织列为人类非物质文化遗产。

图1.1 算筹

图1.2 算盘

随着社会的发展,人们需要解决的计算问题越来越多、越来越复杂。在这种情况下,科学家进行了有关计算工具的研究,并取得了丰富的成果。1642年,法国物理学家帕斯卡发明了机械齿轮式加减法器,这是世界上第一台机械式数字计算机。1679年,德国数理哲学大师莱布尼兹(Gottfried Wilhelm Leibniz)发明了二进制,为计算机内部数据的表示方法创造了条件,这些工作促成了能进行四则运算的机械式计算器的诞生。19世纪30年代,英国发明家查里斯·巴贝齐试图采用机械方式实现一般意义下的计算,他设计的分析机已经有了如今计算机的基本框架;但是,由于计算过程的复杂性,这个工作没有真正取得成功。

20世纪初,电子技术得到了飞速发展,真空二极管和真空三极管的研制成功,为计算机的诞生奠定了硬件基础。1942年,美国Iowa州立大学的阿塔那索夫(John Vincent Atanasoff)在他的学生贝利(Clifford Berry)的帮助下成功研制出电子计算机ABC,即"Atanasoff-Berry Computer"。ABC计算机包含30个加减器,共用了300多个电子管。ABC计算机的复原品如图1.3所示,实现了对微分方程的求解,尽管功能不够完善,1973年被法院确定为世界上第一台电子计算机,阿塔那索夫被称为"电子计算机之父"。"二战"期间,美国军方为了计算炮弹的弹道和射表,资助宾夕法尼亚大学莫尔电机工程学院的莫希利(John Mauchly)和埃克特(John Eckert)为首的莫尔小组研制高速电子管计算装置。在时任弹道研究实验室顾问数学家冯·诺伊曼(John von Neumann)的参与下,世界上第一台通用计算机ENIAC(Electronic Numerical Integrator and Computer,即电子数字积分计算机,如图1.4所示)于1946年2月14日诞生,也是继ABC之后的第二台电子计算机。

图1.3 ABC计算机的复原品

图1.4 ENIAC

【提示】

ENIAC 完成于 1946 年 2 月,设计思想基本来源于 ABC,运算能力更强大,主要用于计算弹道和研制氢弹。ENIAC 长 30.48 m,宽 6 m,高 2.4 m,占地面积约 170 m²,有 30 个操作台,质量达 30 多吨,耗电量 150 kW,造价 48 万美元。它包含 18000 多个真空电子管、70000 个电阻器、10000 个电容器、1500 个继电器和 6000 多个开关,计算速度是每秒 5000 次加法或 400 次乘法。

2. 计算机的发展过程

从第一台计算机 ABC 诞生至今,计算机技术是发展最快的现代技术之一,根据计算机所采用的元器件工艺的演变,可以将计算机发展划分为 4 个阶段,见表 1.1。

表 1.1 计算机发展的 4 个阶段

阶段	时间	元器件	软件	特点	应用领域
第一代计算机	1942—1957 年	电子管	机器指令、符号语言	体积大、耗电量大、速度慢、存储容量小、可靠性差、维护困难	军事、科学计算
第二代计算机	1958—1964 年	晶体管	Fortran、Cobol、Algo160 等	用磁芯或磁鼓做存储器	科学计算、数据处理
第三代计算机	1965—1970 年	中小规模集成电路	Basic 语言	半导体存储器,体积更小,降低了功耗,提高了计算机的可靠性	工业控制、过程控制
第四代计算机	1971 年至今	大规模和超大规模集成电路	软件系统工程化、理论化、程序设计自动化	大容量内存、并行技术、多机系统、多媒体技术	社会各领域

(二)认识计算机的特点、应用和分类

随着计算机技术的不断发展和功能的不断增强,计算机的应用领域越来越广泛,应用水平也越来越高。尤其是伴随着通信技术、网络技术的空前发展和普及推广,计算机的应用已经渗透到人类生活的方方面面,改变着人们传统的工作、学习和生活方式,推动着人类社会的不断发展。下面介绍计算机的特点、应用和分类。

1. 计算机的特点

计算机之所以具有很强的生命力,并得以飞速发展,是因为计算机本身具有许多特点,具体体现在如下 5 个方面。

(1)运算速度快。

运算速度是计算机性能的重要指标之一,衡量计算机处理速度的尺度一般是看计算机一秒钟时间内所能执行加法运算的次数。

第一代计算机的处理速度一般在几十次到几千次;第二代计算机的处理速度一般在

几千次到几十万次;第三代计算机的处理速度一般在几十万次到几百万次;第四代计算机的处理速度一般在几百万次到几千亿次,甚至几千万亿次。目前的微型计算机大约在百万次、千万次级,大型计算机在亿次、万亿次级。

(2) 计算精度高。

由于计算机内部采用二进制数进行运算,数值计算非常精确。一般计算机可以有十几位以上的有效数字。通常,在科学和工程计算课题中对精确度的要求特别高,计算机可以保证计算结果的任意精确度要求,如利用计算机可以计算出精确到小数点后 200 万位的值,这取决于计算机表示数据的能力。现代计算机提供多种表示数据的能力,如单精度浮点数、双精度浮点数等,以满足对各种计算精确度的要求。

(3) 存储能力强。

计算机的存储设备可以把原始数据、中间结果、计算结果、程序等信息存储起来以备使用。存储信息的多少取决于所配备的存储设备的容量。目前的计算机不仅提供了大容量的主存储器,存储计算机工作时的大量信息;同时,还提供各种外存储器,以保存备份信息,如磁盘和光盘。

就一个存储器来说,存储量是有限的,但配有多少个取决于个人的需要,从这个意义上来讲,可以说是海量存储器。光盘不仅容量更大,而且只要存储介质不被破坏,信息就可以永久保存,永不丢失。

(4) 逻辑判断准。

计算机不仅能进行算术运算,同时也能进行各种逻辑运算,具有逻辑判断能力,并能根据判断的结果自动决定以后执行的命令,因而能解决各种各样的问题。布尔代数是建立计算机的逻辑基础,或者说计算机就是一个逻辑机。计算机的逻辑判断能力也是计算机智能化必备的基本条件。

(5) 自动程度高。

由于完成任务的程序和数据存储在计算机中,一旦向计算机发出运行命令,计算机就能在程序的控制下,按事先规定的步骤一步一步地执行,直到完成指定的任务为止。这一切都是计算机自动完成的,不需要人工干预,这也是计算机区别于其他工具的本质特点。

【提示】

除此之外,计算机还具有可靠性高、通用性强,以及具有网络通信能力等特点。

2. 计算机的应用

随着计算机技术、通信技术和网络技术的不断发展,计算机的应用已经渗透到越来越多的领域,改变着人们传统的工作、学习和生活方式,推动着人类社会的进步。总体来说,计算机主要有如下几个方面的应用:

(1) 科学计算。

科学计算是指用于完成科学研究和工程技术中提出的数学问题的计算,是计算机的重要应用领域之一,世界上第一台计算机就是为科学计算而设计的。随着科学技术的发展,各种领域中的计算模型日趋复杂,现代尖端科学技术,如卫星轨迹计算、气象预报、地震预测等,都是建立在计算机应用的基础上。由于计算机具有高运算速度、高精度和高逻辑判断能力,因此出现了计算力学、计算物理、计算化学等新兴学科。

(2)数据处理。

数据处理也称为非数值处理或事务处理,是指对大量信息进行存储、加工、分类、统计、查询及报表等操作。一般来说,科学计算的数据量不大,但计算过程比较复杂,而数据处理的数据量很大,但计算方法较简单。目前,数据处理在计算机的应用中占有相当大的比重,而且越来越大,广泛应用于办公自动化、企业管理、事务处理、情报检索等领域,数据处理已经成为计算机应用的一个重要领域。

(3)过程控制。

过程控制也称为实时控制,是指利用计算机及时采集检测数据,将数据处理后,再按系统要求迅速地对控制对象进行自动控制或自动调节,如对数控机床和生产流水线的控制。利用计算机进行过程控制,不仅可以大大提高控制的自动化水平,而且可以提高控制的及时性和准确性,如核反应堆的控制。

(4)人工智能。

人工智能是用计算机模拟人类的智能活动,如模拟人脑学习、推理、判断、理解、问题求解等过程,在计算机中存储一些定理和推理规则,通过程序使计算机自动探索解题的方法,辅助人类进行决策,如专家系统。人工智能是计算机科学研究领域最前沿的学科,近几年来机器人、医疗诊断、虚拟现实等领域的研究成果已经逐步应用到日常生活中。

(5)计算机辅助系统。

计算机辅助系统包括计算机辅助设计、计算机辅助制造、计算机辅助教育等,是以计算机为工具,配备专用软件辅助人们完成特定任务,以提高工作效率和工作质量。

计算机辅助设计(Computer Aided Design,CAD)是综合利用计算机的工程计算、逻辑判断、数据处理功能和人的经验与判断能力,形成的一个专门系统,用来进行各种图形设计和绘制,对所设计的部件、构件或系统进行综合分析与模拟仿真实验。目前在汽车、飞机、船舶、集成电路、大型自动控制系统的设计中,CAD技术具有越来越重要的地位。

计算机辅助制造(Computer Aided Manufacturing,CAM)是指利用计算机对生产设备进行控制和管理,实现无图纸加工。

计算机辅助教育(Computer Based Education,CBE)主要包括计算机辅助教学(Computer Aided Instruction,CAI)、计算机辅助测试(Computer Aided Test,CAT)和计算机管理教学(Computer Management Instruction,CMI)等。CAI是在计算机辅助下进行的各种教学活动,以对话方式与学生讨论教学内容、安排教学进程并进行教学训练的方法与技术。CAI为学生提供一个良好的个人化学习环境,综合应用多媒体、超文本、人工智能、网络通信和知识库等计算机技术,克服了传统教学情景方式上单一、片面的缺点。它的使用能有效地缩短学习时间,提高教学质量和教学效率,实现最优化的教学目标。

(6)电子商务。

电子商务是指通过计算机和网络进行商务活动,是在互联网的广阔联系与传统信息技术的丰富资源相结合的背景下应运而生的一种网上动态商务活动。目前,世界各地的许多公司已经开始通过互联网进行商业交易,通过网络方式与顾客、批发商和供货商等联系,并在网上进行业务往来。

(7)文化教育。

文化教育是利用信息高速公路网实现远距离双向交互式教学和多媒体结合的网上教学方式,为教育带动经济发展创造了良好的条件。它改变了传统的以教师课堂传授为主、学生被动学习的方式,使学习内容和形式更加丰富灵活,同时也加强了信息处理、计算机技术、通信技术和多媒体等方面内容的教育,提高了全民族的文化素质与信息化意识。

(8)娱乐。

计算机信息技术使人们的工作和生活方式发生了巨大改变。人们可以在任何地方通过多媒体计算机和网络,以多种媒体形式浏览世界各地当天的报纸、查阅各地图书馆的图书、办公、接受教育、看电视、听音乐、购物、挂号、发布广告新闻、发送电子邮件、聊天等活动。这标志着计算机的应用已经普及到人类生活的方方面面,使人类拥有了更高品质的生活。

3. 计算机的分类

(1)按计算机的规模和处理能力分类。

按计算机的规模和处理能力,即计算机的字长、运算速度、存储容量、外部设备、输入和输出能力等主要技术指标,可将计算机的类型分为巨型计算机、大型计算机、小型计算机、微型计算机、工作站和服务器等。

① 巨型计算机。

巨型计算机是指运算速度快、存储容量大,每秒可进行 1 亿次以上浮点运算,主存容量高达几百兆字节甚至几百万兆字节,字长可达 32 位至 64 位的机器。这类机器相当昂贵,主要用于复杂、尖端的科学研究领域,特别是军事科学计算。

② 大型计算机。

大型计算机是指通用性能好、外部设备负载能力强、处理速度快的一类机器。它的运算速度在每秒 100 万次至几千万次,字长为 32 位至 64 位,主存容量在几十兆字节至几百兆字节。它有完善的指令系统,丰富的外部设备和功能齐全的软件系统,并允许多个用户同时使用。这类机器主要用于科学计算、数据处理或作为网络服务器使用。

③ 小型计算机。

小型计算机具有规模较小、结构简单、成本较低、操作简单、易于维护、与外部设备连接容易等特点,是 20 世纪 60 年代中期发展起来的一类计算机。当时的小型计算机字长一般为 16 位,存储容量在 32 KB 至 64 KB 之间。DEC 公司的 PDP11/20 到 PDP11/70 是这类机器的代表。由于当时微型计算机还未出现,因此小型计算机得以广泛推广应用,许多工业生产自动化控制和事务处理都采用小型计算机。近期的小型计算机,如 IBM AS/400、RS/6000,其性能已大大提高,主要用于事务处理。

④ 微型计算机。

微型计算机(简称"微机")是以运算器和控制器为核心,加上由大规模集成电路制作的存储器、输入/输出接口和系统总线构成的体积小、结构紧凑、价格低但又具有一定功能的计算机。如果把这种计算机制作在一块印刷线路板上,就称为单板机。如果一块芯片包含运算器、控制器、存储器和输入/输出接口,就称为单片机。以微机为核心,再配以相应的外部设备(如键盘、显示器、鼠标、打印机)、电源、辅助电路和控制微机工作的软件,就构成了一台完整的微型计算机系统。

⑤ 工作站。

工作站是指为了某种特殊用途而将高性能的计算机系统、输入/输出设备与专用软件结合在一起的系统。它的独到之处是有大容量内存和大屏幕显示器,特别适合计算机辅助工程。例如,图形工作站一般包括主机、数字化仪、扫描仪、鼠标、图形显示器、绘图仪和图形处理软件等。它可以完成对各种图形图像的输入、存储、处理和输出等操作。

⑥服务器。

服务器是在网络环境下为多用户提供服务的共享设备,一般分为文件服务器、打印服务器、计算服务器和通信服务器等。该设备连接在网络上,网络用户在通信软件的支持下远程登录,共享各种服务。

(2)按计算机的使用范围分类。

按使用范围可将计算机分为通用计算机和专用计算机两类。

①通用计算机。

通用计算机是指为解决各种问题而设计的计算机。该机器适用于一般的科学计算、学术研究、工程设计和数据处理等,这类机器本身有较大的适用面。

②专用计算机。

专用计算机是指为适应某种特殊应用而设计的计算机,具有运行效率高、速度快、精度高等特点,一般用于过程控制,如智能仪表、飞机的自动控制、导弹的导航系统等。

目前,微型计算机与工作站、小型计算机乃至大型计算机之间的界限已经越来越模糊。无论按哪一种方法分类,各类计算机之间的主要区别是运算速度、存储容量及机器体积等。

(三)了解计算机的发展趋势

从第一台计算机诞生至今,计算机的体积不断变小,性能、速度却在不断提高,21世纪人类走向信息社会,从目前的研究方向看,未来计算机的发展将有以下几个发展趋势。

1. 计算机的发展趋势

今后计算机的发展趋势更加趋于巨型化、微型化、网络化和智能化。

(1)巨型化。

巨型化并不是指计算机的体积大,而是指计算机的存储容量更大、运算速度更快、功能更强。巨型计算机是相对于大型计算机而言的一种运算速度更快、存储容量更大、功能更完善的计算机,如每秒能运算亿亿次以上的超级计算机。我国国家并行计算机工程技术研究中心研制的"神威·太湖之光"超级计算机名列世界第一,每秒运算速度高达9.3亿亿次。

(2)微型化。

由于超大规模集成电路的飞速发展,计算机的体积越来越小,系统集成程度越来越高,计算机的微型化发展十分迅速。微型计算机已嵌入家用电器及仪器仪表等小型设备中,同时也进入工业生产,作为主要部件控制着工业生产的整个过程,使生产过程自动化。

(3)网络化。

网络计算机是计算机技术与网络技术真正的有机结合。新一代的计算机已经将网络接口集成到主机的主板上,计算机接入网络非常方便。现在智能化大厦的计算机网络布线与电话网络布线在大楼兴建装修过程中同时施工,传送信息的光纤铺到"家门口",公共场所(如学校教室、宾馆、商场、办公地点)都提供免费网络接口,从侧面反映出计算机技术的发展已经离不开网络技术。

(4)智能化。

计算机智能化是计算机技术(硬件和软件技术)发展的一个更高目标。智能化是指计算机具有模仿人类较高层次智能活动的能力,如模拟人类的感觉、行为、思维过程,使计算机具有"视觉""听觉""说话""行为""思维""推理""学习""探索""联想""定理证明"和"语言翻译"等能力。机器人技术、计算机对弈、专家系统等都是计算机智能化的具体应用。

目前,正在研究的智能计算机具有类似人的思维能力,能"说""看""听""想""做",能替代人的一些体力劳动和脑力劳动。计算机正朝着智能化的方向发展,并越来越广泛地应用于工作、生活和学习,对社会和生活有着不可估量的影响。

2. 未来计算机

在未来社会中,计算机、网络、通信技术将会三位一体化。新世纪的计算机将把人从重复、枯燥的信息处理中解脱出来,从而改变我们的工作、生活和学习方式,给人类和社会拓展了更大的生存和发展空间。

(1)能识别自然语言的计算机。

未来的计算机将在模式识别、语言处理、句式分析和语义分析的综合处理能力上获得重大突破。它可以识别孤立单词、连续单词、连续语言和特定或非特定对象的自然语言(包括口语)。今后,人类将越来越多地与机器对话。键盘和鼠标的时代将逐渐结束。

(2)高速超导计算机。

高速超导计算机的耗电仅为半导体器件计算机的几千分之一,它执行一条指令只需十亿分之一秒,比半导体元件快几十倍。以目前的技术制造出的超导计算机的集成电路芯片面积只有 $3\sim5~\text{mm}^2$。

(3)激光计算机。

激光计算机是利用激光作为载体进行信息处理的计算机,又称为光脑,其运算速度将比普通的电子计算机至少快 1000 倍。它依靠激光束进入由反射镜和透镜组成的阵列中来对信息进行处理。

与电子计算机的相似之处是,激光计算机也靠一系列逻辑操作来处理和解决问题。光束在一般条件下的互不干扰的特性,使得激光计算机能够在极小的空间内开辟很多平行的信息通道,密度大得惊人。一块截面为 5 分硬币大小的棱镜,其通过能力超过全球现有全部电缆的若干倍。

(4)分子计算机。

美国惠普公司和加州大学于 1999 年 7 月 16 日宣布,已成功地研制出分子计算机中的逻辑门电路,其线宽只有几个原子直径之和,分子计算机的运算速度是目前计算机的 1000 亿倍,最终将取代硅芯片计算机。

(5)量子计算机。

量子力学证明,个体光子通常不相互作用,但是当它们与光学谐腔内的原子聚在一起时,它们相互之间会产生强烈影响。光子的这种特性可用来发展量子力学效应的信息处理器件——光学量子逻辑门,进而制造量子计算机。量子计算机利用原子的多重自旋进行。量子计算机可以在量子位上计算,也可以在 0 和 1 之间计算。在理论方面,量子计算机的性能能够超过任何可以想象的标准计算机。

(6) DNA 计算机。

科学家研究发现,脱氧核糖核酸(DNA)有一种特性,能够携带生物体的大量基因物质。数学家、生物学家、化学家以及计算机专家从中得到启迪,正在合作研究制造未来的液体 DNA 计算机。这种 DNA 电脑的工作原理是以瞬间发生的化学反应为基础,通过和酶的相互作用,将发生过程进行分子编码,把二进制数翻译成遗传密码的片段,每一个片段都是双螺旋结构的一个链,然后对问题以新的 DNA 编码形式加以解答。

与普通计算机相比,DNA 计算机的优点是体积小,但存储的信息量却超过目前世界上所有的计算机。

(7) 神经元计算机。

人类神经网络的强大与神奇是我们所共知的。将来,人们将制造能够完成类似人脑功能的计算机系统,即人造神经元网络。神经元计算机最有前途的应用领域是国防,它可以识别物体和目标,处理复杂的雷达信号,决定要攻击的目标。

(8) 生物计算机。

生物计算机主要是以生物电子元件构建的计算机。它利用了蛋白质的开关特性,用蛋白质分子做元件从而制成生物芯片。其性能是由元件与元件之间电流启闭的开关速度来决定的。用蛋白质制成的计算机芯片,其一个存储点只有一个分子大小,所以它的存储容量可以达到普通计算机的十亿倍。由蛋白质构成的集成电路,其大小只相当于硅片集成电路的十万分之一,而且其运行速度更快,只有 10^{-11} s,大大超过人脑的思维速度。

(四) 信息技术的相关概念

21 世纪,信息成为与材料和能源一样重要的资源。以开发和利用信息资源为目的的信息技术的发展彻底地改变了人类工作、学习和生活的方式。在这一改变过程中,计算机技术成为信息社会的主要力量。熟悉和掌握信息技术的相关概念,是使用计算机的基本要求。

1. 信息的相关概念

(1) 信息。

信息是指事物运动的状态及状态变化的方式,是认识主体所感知或所表述的事物运动及其变化方式的形式、内容和效用,即音讯、消息、通信系统传输和处理的对象,泛指人类社会传播的一切内容,在计算机中的表现形式为数据。例如,学生的学号、姓名、性别、专业及所在学院的描述内容即为一名学生的简要信息。

(2) 数据。

数据是表征客观事物的一组文字、数字和符号,它是用来载荷信息的物理符号。在计算机中数据可分为数值型数据和非数值型数据两大类,以文件的形式进行存储。在大学期间,学生的每门课程的成绩为数值型数据,姓名等信息为非数值型数据。学生成绩以班级或个人为单位以成绩表文件的形式存储在计算机中。

(3) 文件。

文件是具有符号名的一组相关信息的集合,由文件名和文件内容两部分组成。文件名为文件在计算机中存在的标志,文件内容即文件中包含的信息,是数据的有序序列。学生成绩表以学号或其他排序方式将学生的成绩及其相关信息组织成文件。

2. 信息处理和信息技术

(1)信息处理。

信息处理是指获取信息并对其进行加工处理,使之成为有用信息并发布出去的过程。信息处理的过程主要包括信息的获取、表示、存储、加工和发布。

(2)信息技术。

信息技术(Information Technology,IT)是主要用于管理和处理信息所采用的各种技术的总称。它主要是应用计算机科学和通信技术来设计、开发、安装和实施信息系统及应用软件,也常被称为信息和通信技术(Information and Communications Technology, ICT)。常见的信息技术包括微电子技术、感测技术、计算机技术和通信技术等。

任务二 了解计算机中信息的表示与存储

任务要求

自然界的信息是丰富多彩的,有数值、字符、声音、图形和图像、视频等。但是计算机上只能处理 0 和 1 这两种数字信号,因此必须将各种信息转换为计算机能接收和处理的二进制数据。本任务要求认识计算机中的数据及信息的存储单位,了解数制及其数制间的相互转换,熟悉二进制的运算,了解计算机中数值型和非数值型数据的编码。

任务实现

(一)认识计算机中的数据及信息的存储单位

计算机中表示信息的方法由其硬件电路决定采用离散数字方式或者连续模拟方式。目前的数字计算机中的电路只能有开或关两种工作状态,它们对应数字集成电路芯片电压的高低状态(或电脉冲)。为了区别这两种工作状态,常常用 1 表示"开",用 0 表示"关"。因此在数字计算机中采用二进制,使用 0 和 1 的编码来表示数字和字符,其优点就是数据的存储和传送便于实现。

在计算机中常用的数据存储和传输的单位是二进制的位和字节。

(1)位(bit)。

位是计算机存储设备的最小单位,也称"比特",表示二进制中的一位。一个二进制位只能表示两种状态,即只能存放二进制数"0"或"1"。

(2)字节(Byte)。

字节是计算机处理数据的基本单位,即以字节为单位解释信息,每个字节包含 8 个二进制位,简写为"B"。通常所说的某台计算机的内存容量是 2 G,则表示该机的内存容量为 2 GB,即 2 G 个存储单元。

在计算机中,1 K 表示 2^{10},即 1024。常用存储单位有 1 KB = 1024 B,1 MB = 1024 KB,1 GB = 1024 MB,1 TB = 1024 GB,1 PB = 1024 TB,1 EB = 1024 PB,1 ZB = 1024 EB。

【提示】

在计算机的硬件制造商使用的计量单位中,1 K = 1000,如 1 GB = 1000 MB。

(二)了解数制及数制间的相互转换

按进位的原则进行计数称为进位计数制,简称"数制"。在日常生活中通常以十进制进行计数,除此之外还有许多计数方法。例如,计时,60 s 为 1 min,60 min 为 1 h,用的是六十进制计数法;每天 24 h,采用二十四进制计数法。

1. 进制的特点

无论是哪一种数制,其计数和运算都有共同的规律和特点。

(1)基数。

基数是指数制中所需要的数字符号的总个数。例如,十进制数用 0、1、2、3、4、5、6、7、8、9 这 10 个不同的符号来表示数值,这个"10"就是数字符号的总个数,即十进制的基数。N 进制数的基数是 N,用 N 个数字符号来表示数值 $0 \sim N-1$,如二进制数用 2 个数字符号来表示数值 0 和 1,八进制数用 8 个数字符号来表示数值 $0 \sim 7$。

(2)位权表示法。

位权是指一个数字在某个固定位置上所代表的值。处在不同位置上的数字所代表的值不同,每个数字的位置决定了它的值或位权。位权与基数的关系是:数制中位权的值是基数的若干次幂。

(3)进位原则。

N 进制数的运算规则是"逢 N 进一,借一当 N"。例如,十进制数的运算规则是"逢十进一,借一当十";二进制数的运算规则是"逢二进一,借一当二";八进制数的运算规则是"逢八进一,借一当八"。

(4)按位权展开。

用任何一种数制表示的数都可以写成按位权展开的多项式之和。

例如:十进制数 $8017.49 = 8 \times 10^3 + 0 \times 10^2 + 1 \times 10^1 + 7 \times 10^0 + 4 \times 10^{-1} + 9 \times 10^{-2}$;

八进制数 $65.32 = 6 \times 8^1 + 5 \times 8^0 + 3 \times 8^{-1} + 2 \times 8^{-2}$。

2. 二进制、八进制和十六进制

在计算机系统中广泛采用的是由"0"和"1"两个基本符号组成的二进制,其主要原因是:

(1)电路设计简单,在物理上最容易实现。例如,可以只用高、低两个电平表示"1"和"0",也可以用脉冲的有无或者脉冲的正负极性表示"1"和"0"。

(2)运算规则简单,用二进制数进行编码、计数、加减运算,规则简单,工作可靠。

(3)逻辑性强,二进制中的两个符号"1"和"0"正好与逻辑命题的两个值"是"和"否"或"真"和"假"相对应,为实现逻辑运算和程序中的逻辑判断提供了便利的条件。

二进制数的基数是 2,计数符号为 0 和 1,位权为 2^n,运算规则为"逢二进一,借一当二",表示方法如 $(101.1)_2$。

计算机内部采用二进制数,但在计算机应用中常常根据需要使用八进制数或十六进制数。八进制数的基数是 8,计数符号为 0、1、2、3、4、5、6、7,位权为 8^n,运算规则为"逢八进一,借一当八",表示方法如 $(654.7)_8$。

十六进制数的基数是 16,计数符号为 0、1、2、3、4、5、6、7、8、9、A、B、C、D、E、F,位权为

16^n,运算规则为"逢十六进一,借一当十六",表示方法如$(9F8.A)_{16}$。

3. 数制间的转换

数值由一种数制表示转换成另一种数制表示称为数制间的转换。由于计算机采用二进制,而在日常生活或数学中人们习惯使用十进制,所以在使用计算机进行数据处理时就必须把输入的十进制数换算成计算机所能接受的二进制数,计算机在运行结束后,再把二进制数换算为人们所习惯的十进制数输出,这两个换算过程完全由计算机系统自行完成。

(1) 非十进制数转换成十进制数

二进制数、八进制数、十六进制数转换成十进制数的方法最为简单,即将二进制数、八进制数、十六进制数按位权展开相加,即可得到相应的十进制数。

例如:$(101.1)_2 = 1 \times 2^2 + 0 \times 2^1 + 1 \times 2^0 + 1 \times 2^{-1} = (5.5)_{10}$

$(654.7)_8 = 6 \times 8^2 + 5 \times 8^1 + 4 \times 8^0 + 7 \times 8^{-1} = (428.875)_{10}$

$(9F8.A)_{16} = 9 \times 16^2 + 15 \times 16^1 + 8 \times 16^0 + 10 \times 16^{-1} = (2552.625)_{10}$

(2) 十进制数转换为 N 进制数

十进制数转换为二进制数、八进制数、十六进制数时,将整数部分和小数部分分别转换,然后再拼接起来。

① 整数部分的转换。

把一个十进制的整数不断除以所需要的基数 N,取其余数,倒排的方法(除基取余倒排列),就能够转换成以 N 为基数的整数。

例如:十进制数 83 转换为二进制数。

```
    2 | 83       取余数
    2 | 41        1      低位
    2 | 20        1       ↑
    2 | 10        0       |
    2 |  5        0       |
    2 |  2        1       |
    2 |  1        0       |
        0         1      高位
```

即 $(83)_{10} = (1010011)_2$。

② 小数部分的转换。

要将一个十进制小数转换为 N 进制小数,可将十进制小数不断地乘以 N,直到小数部分为 0,或达到所要求的精度为止(小数部分可能永不为 0),然后取每次得到的整数,顺排的方法(乘基取整顺排列),就能够转换成以 N 为基数的小数。

例如:十进制小数 0.6875 转换为二进制小数。

```
    0.6875       取整数
  ×      2
    1.3750     … 1    高位
    0.375
  ×      2
    0.750      … 0
  ×      2
    1.5        … 1
    0.5
  ×      2
    1.0        … 1    低位
```

即$(0.6875)_{10} = (0.1011)_2$。

对于任何一个既有整数又有小数的十进制数,在转换为其他进制数时,对于整数部分采用"除基取余倒排列"的方法,而对于小数部分采用"乘基取整顺排列"的方法。例如把十进制数 83.6875 转换成二进制数,对整数部分和小数部分分别转换。十进制数 83.6875 转换成二进制的最终结果为:$(83.6875)_{10} = (1010011.1011)_2$。

同理,十进制转换成八进制、十六进制时只需把相应基数换成 8 或 16 即可。

(3)二进制数与八进制数、十六进制数的转换。

①二进制数转换成八进制数。

因为 $2^3 = 8$,即 3 位二进制数有 8 种组合:000、001、010、011、100、101、110、111,分别对应于八进制数符号 0、1、2、3、4、5、6、7。因此,可用 3 位二进制数表示 1 位八进制数。二进制数转换成八进制数的方法是:以小数点为基准,整数部分从右向左,每 3 位分成一组,最高位不足 3 位时左侧用 0 补足 3 位;小数部分从左向右,每 3 位分成一组,低位不足 3 位时右侧用 0 补足 3 位。然后将每组的 3 位二进制数用相应的八进制数表示,即得到八进制数。

例如:将二进制数$(10101.0111)_2$转换成八进制数。

```
010   101   .   011   100
 ↓     ↓    .    ↓     ↓
 2     5    .    3     4
```

即$(10101.0111)_2 = (25.34)_8$。

② 八进制数转换成二进制数。

八进制数转换成二进制数的方法是:将每一位八进制的数用 3 位二进制数表示即可。

例如:将八进制数$(217.36)_8$转换成二进制数。

```
 2    1    7    .   3    6
 ↓    ↓    ↓    .   ↓    ↓
010  001  111   .  011  110
```

即$(217.36)_8 = (10001111.01111)_2$。

③ 二进制数转换成十六进制数。

因为 $2^4 = 16$,即 4 位二进制数共有 16 种组合,与十六进制的基本数码对应,可用 4 位二进制数表示一位十六进制数。二进制数转换成十六进制数的方法是:以小数点为基准,分别向左、右两个方向,每 4 位分成一组,不足 4 位用 0 补足,然后将每 4 位二进制数用相应的十六进制数表示即可。

例如:将二进制数$(1011101.0111101)_2$转换成十六进制。

```
0101   1101   .   0111   1010
 ↓      ↓     .    ↓      ↓
 5      D     .    7      A
```

即$(1011101.0111101)_2 = (5D.7A)_{16}$。

④ 十六进制数转换成二进制数。

十六进制数转换成二进制数的方法是:把每 1 位十六进制数用相应的 4 位二进制数表示。

例如:将十六进制数$(4F3.2B)_{16}$转换成二进制数。

```
 4      F      3     .   2      B
 ↓      ↓      ↓     .   ↓      ↓
0100  1111   0011    .  0010   1011
```

即 $(4F3.2B)_{16} = (10011110011.00101011)_2$。

4. 常用数制计数符号的关系

在计算机内部,一切信息(包括数值、字符、指挥计算机动作的指令等)的存储、处理与传送均采用二进制形式。但由于二进制数的阅读与书写比较复杂,为了方便,在阅读与书写时又通常用十六进制或八进制来表示,常用计数制数码对应关系见表1.2。

表1.2 常用计数制数码对应关系

十进制	二进制	八进制	十六进制	十进制	二进制	八进制	十六进制
0	0	0	0	9	1001	11	9
1	1	1	1	10	1010	12	A
2	10	2	2	11	1011	13	B
3	11	3	3	12	1100	14	C
4	100	4	4	13	1101	15	D
5	101	5	5	14	1110	16	E
6	110	6	6	15	1111	17	F
7	111	7	7	16	10000	20	10
8	1000	10	8				

(三)熟悉二进制的运算

在计算机中的所有信息,如数字、符号及图形等都是用电子元件的不同状态表示的,即用电信号的高低电平表示。电信号的高低电平在逻辑上可以用"1"和"0"表示。之所以这样表示是因为计算机使用数字电路,数字电路器件通常只有"开通"和"断开"两种状态,或者是"高"电平和"低"电平。那么,自然可以想象只有"1"和"0"两个数字表示的就是二进制数,于是在计算机系统中便产生了二进制系统。采用二进制,除了适应数字电路的性质外,还可以使用逻辑代数作为数学工具,为计算机的设计提供方便。

1. 二进制算术运算

二进制算术运算与十进制运算类似,同样可以进行加、减、乘、除四则运算,其操作简单、直观,更容易实现。二进制数的运算规则是"逢二进一,借一当二",具体算术运算规则见表1.3。

表1.3 二进制算术运算规则

加法	减法	乘法	除法
0 + 0 = 0	0 − 0 = 0	0 × 0 = 0	0 ÷ 0(无意义)
0 + 1 = 1	1 − 0 = 1	0 × 1 = 0	0 ÷ 1 = 0
1 + 0 = 1	0 − 1 = 1(借一当二)	1 × 0 = 0	1 ÷ 0(无意义)
1 + 1 = 10(逢二进一)	1 − 1 = 0	1 × 1 = 1	1 ÷ 1 = 1

2. 二进制逻辑运算

逻辑是指"条件"与"结论"之间的关系。因此,逻辑运算是指对"因果关系"进行分析的一种运算,运算结果不表示数值的大小,而是条件成立还是不成立的逻辑值。逻辑值又称为布尔值,包括"真"(T)和"假"(F),或者用"1"和"0"表示。逻辑代数有 3 种基本的逻辑关系:与、或、非,其他复杂的逻辑关系都可由这 3 种基本关系组合而成。

(1)逻辑"与"。

事件发生取决于多种因素,只有当所有条件都成立时才去做,否则就不做,这种因果关系称为逻辑"与"。用来表达和推演逻辑"与"关系的运算称为"与"运算,通常用符号 AND、∧、∩ 等来表示。

(2)逻辑"或"。

事件发生取决于多种因素,只要其中有一个因素得到满足就去做,这种因果关系称为逻辑"或"。用来表达和推演逻辑"或"关系的运算称为"或"运算,通常用符号 OR、∨、∪ 等来表示。

(3)逻辑"非"。

逻辑"非"实现逻辑否定,即"求反"运算,"非真即假,非假即真",通常或用"!"表示。对某二进制数进行"非"运算,实际上就是对它的各位按位求反。

(4)逻辑运算规则。

在计算机中,逻辑运算规则见表 1.4。

表 1.4 逻辑运算规则

逻辑"与"	逻辑"或"	逻辑"非"
0∧0=0	0∨0=0	!1=0
0∧1=0	0∨1=1	!0=1
1∧0=0	1∨0=1	
1∧1=1	1∨1=1	

(四)了解计算机中数值型和非数值型数据的编码

计算机以二进制方式组织、存放信息,信息编码就是指对输入到计算机中的各种数值和非数值型数据用二进制数进行编码的方式。为了使信息的表示、交换、存储或加工处理方便,在计算机系统中通常采用统一的编码方式,因此制定了编码的国家标准或国际标准。例如,位数不等的二进制码、BCD 码、ASCII 码、汉字编码等。计算机使用这些编码在计算机内部和键盘等终端之间以及计算机之间进行信息交换。

在计算机中处理的数据分为数值型和非数值型两类。数值型数据指数学中的代数值,具有量的含义,如 552、-123.55 或 2/5 等;非数值型数据是指输入到计算机中的所有文字信息,没有量的含义,如数字 0~9、大写字母 A~Z 或小写字母 a~z、汉字、图形、声音及其一切可印刷的符号+、?、!、#、%、》等。

1. 数值型数据的编码

在数学中,将符号"+"或"-"放在数的绝对值之前来区分该数是正数还是负数,在计算机内部使用符号位区分正数和负数。用二进制数字"0"表示正数,二进制数字"1"表示负数,放在数的最左边。这种符号被数值化了的数称为机器数,而把原来的用正负符号和绝对值来表示的数值称为机器数的真值。例如,真值为 +0.1001,机器数也是 0.1001;真值为 -0.1001,机器数为 1.1001。在计算机中,对有符号的机器数常用原码、反码和补码3种方式表示,其主要目的是解决减法运算的问题。任何正数的原码、反码和补码的形式完全相同,负数则各自有不同的表示形式。

(1) 原码。

正数的符号位用 0 表示,负数的符号位用 1 表示,有效值部分用二进制绝对值表示,这种表示法称为原码。例如:$X = +77$,$Y = -77$,则:$(X)_原 = 01001101$,$(Y)_原 = 11001101$,其中第一位二进制数为符号位。

用原码表示一个数简单、直观,与真值之间转换方便,但不能用它直接对两个同号数相减或两个异号数相加。因此,为运算方便,在计算机中通常将减法运算转换为加法运算(两个异号数相加实际上也就是同号数相减),由此引入了反码和补码的概念。

(2) 反码。

正数的反码和原码相同,负数的反码是对该数的原码除符号位外各位取反,即"0"变"1","1"变"0"。例如:$X = +77$,$Y = -77$,则:$(X)_反 = 01001101$,$(Y)_原 = 11001101$,$(Y)_反 = 10110010$,$((Y)_反)_反 = 11001101$,即任何一个数的反码的反码即是原码本身。

(3) 补码。

正数的补码和原码相同,负数的补码用反码的末位加 1。在此情况下,没有正 0 和负 0 的区别,即 0 只有一种形式。例如:$X = +77$,$Y = -77$,则:$(X)_补 = 01001101$,$(Y)_原 = 11001101$,$(Y)_反 = 10110010$,$(Y)_补 = 10110011$,$((Y)_补)_补 = 11001101$,即任何一个数的补码的补码即是原码本身。

引入补码的概念之后,加减法运算都可以用加法来实现,并且两数的补码之"和"等于两数"和"的补码。

因此,在计算机中加减法运算都可以统一化成补码的加法运算,其符号位也参与运算。反码通常作为求补过程的中间形式。但要注意,无论用哪一种方法表示数值,当数的绝对值超过表示数的二进制位数允许表示的范围时,都会发生溢出,从而造成运算错误。

2. 非数值型数据的编码

(1) 字符编码。

字符是计算机中使用最多的非数值型数据,是人与计算机进行通信、交互的重要媒介,国际上广泛采用美国信息交换标准码(American Standard Code for Information Interchange,ASCII)来进行字符编码。ASCII 有 7 位码和 8 位码两种形式,7 位 ASCII 用 7 位二进制数进行编码,可以表示 128 个字符。即 1 位二进制数可以表示两种状态 0 或 1;2 位二进制数可以表示 4 种状态,依次类推,7 位二进制数可以表示 $2^7 = 128$ 种状态,每种状态都唯一对应一个 7 位的二进制码,这些码可以排列成一个十进制序号 0 ~ 127。

ASCII 码表的 128 个符号是这样分配的:第 0 ~ 32 号及 127 号(共 34 个)为控制字符,主要包括换行、回车等功能字符;第 33 ~ 126 号(共 94 个)为字符,其中第 48 ~ 57 号为 0 ~ 9 共 10 个数字符号,65 ~ 90 号为 26 个英文大写字母,97 ~ 122 号为 26 个小写字母,其余为一些标点符号、运算符号等，见表1.5。

表1.5　ASCII 码表（部分）

ASCII	字符	ASCII	字符	ASCII	字符	ASCII	字符
8	Backspace	54	6	79	O	104	h
13	Enter	55	7	80	P	105	i
27	Esc	56	8	81	Q	106	j
32	（space）	57	9	82	R	107	k
33	!	58	:	83	S	108	l
34	"	59	;	84	T	109	m
35	#	60	<	85	U	110	n
36	MYM	61	=	86	V	111	o
37	%	62	>	87	W	112	p
38	&	63	?	88	X	113	q
39	'	64	@	89	Y	114	r
40	(	65	A	90	Z	115	s
41	)	66	B	91	[	116	t
42	*	67	C	92	\	117	u
43	+	68	D	93	]	118	v
44	,	69	E	94	^	119	w
45	-	70	F	95	_	120	x
46	.	71	G	96	`	121	y
47	/	72	H	97	a	122	z
48	0	73	I	98	b	123	{
49	1	74	J	99	c	124	|
50	2	75	K	100	d	125	}
51	3	76	L	101	e	126	~
52	4	77	M	102	f	127	Delete
53	5	78	N	103	g		

（2）汉字编码。

汉字的输入、转换和存储方法与英文相似，但因为汉字数量多，不能由英文键盘直接输入，所以必须先把它们分别用以下编码转换后存放到计算机中再进行处理操作。

① 国标码（也称交换码）。

计算机处理汉字所用的编码标准是我国于1980年颁布的国家标准 GB 2312—80《信息交换用汉字编码字符集　基本集》，简称国标码。在国标码表中，共收录了一、二级汉字和图形符号7445个。其中图形符号682个，分布在 1～15 区；一级汉字（常用汉字）

3755个,按汉语拼音字母顺序排列,分布在16~55区;二级汉字(不常用汉字)3008个,按偏旁部首排列,分布在56~87区;88区以后为空白区,以待扩展。每个汉字及特殊字符以两字节的十六进制数表示。

为了满足信息处理的需要,在国标码的基础上,2000年3月我国又推出了国家标准《信息技术 信息交换用汉字编码字符集 基本集的扩充》,共收录了27000多个汉字,还包括藏族、蒙古族、维吾尔族等少数民族文字,采用单字节、双字节、四字节混合编码,总编码空间占150万个码位以上,基本上解决了计算机汉字和少数民族文字的使用标准问题。

② 机外码(也称输入码)。

机外码是指操作人员通过英文键盘上输入的汉字信息编码。它由键盘上的字母(如汉语拼音或五笔字型的笔画部件)、数字及特殊符号组合构成。典型的输入码有五笔字型、全拼输入法、双拼输入法、微软输入法、区位码、搜狗拼音输入法等,是用户与计算机进行汉字交流的接口。

③ 机内码(也称内码)。

机内码是指计算机内部存储、处理加工汉字时所用的代码。输入码通过键盘被接受后就由汉字操作系统的"输入码转换模块"转换为机内码,每个汉字的机内码用2个字节的二进制数表示。为了与ASCII区别,通常其最高位置为1,大约可表示16000多个汉字。虽然某一个汉字在用不同的汉字输入方法时其外码各不相同,但其内码基本是统一的。

④ 字形码。

字形码是指文字信息的输出编队、计算机对各种文字信息的二进制编码处理后,必须通过字形输出码转换为人能看懂且能表示为各种字形字体的文字格式,然后通过输出设备输出。

这种字形码采用点阵形式,不论一个字的笔画多少,都可以用一组点阵表示。每个点即二进制的一个位,由"0"和"1"表示不同状态,如明、暗或不同颜色等特征,表现字的型和体。所有字形码的集合构成的字符集称为字库。根据输出字符的要求不同,字符点的多少也不同。点阵越大、点数越多,分辨率就越高,输出的字形也就越清晰美观。汉字字型有 16×16、24×24、32×32、48×48、128×128 点阵等,不同字体的汉字需要不同的字库。点阵字库存储在文字发生器或字模存储器中。字模点阵的信息量是很大的,所占存储空间也很大。以 16×16 点阵为例,每个汉字就要占用32字节。

3. BCD编码

在计算机中,为了适应人们的习惯,采用十进制数对数值进行输入和输出。这样,在计算机中就要将十进制数变换为二进制数,即用0和1的不同组合来表示十进制数。将十进制数变换为二进制数的方法很多,但是不管采用哪种方法的编码,统称为二 - 十进制编码,即BCD(Binary Coded Decimal,BCD)码。

在BCD码中最常用的一种是8421码。它采用4位二进制编码表示1位十进制数,其中4位二进制数中由高位到低位的每一位权值分别是 2^3、2^2、2^1、2^0,即8、4、2、1。BCD码比较直观,只要熟悉4位二进制编码表示1位十进制数编码,可以很容易实现十进制与BCD码之间的转换。BCD码在形式上是0和1组成的二进制形式,而实际上它表示的是十进制数,只不过是每位十进制数用4位二进制编码表示而已,运算规则和数制都是十进制。例如,十进制数1235的8421码为0001001000110101。

任务三　认识多媒体技术

任务要求

多媒体技术是指通过计算机对文字、数据、图形、图像、动画、声音等多种媒体信息进行综合处理和管理,使用户可以通过多种感官与计算机进行实时信息交互的技术。本任务要求认识媒体与多媒体技术,了解多媒体技术的特点,认识多媒体设备和软件,以及了解常用媒体文件格式。

任务实现

(一)认识媒体与多媒体技术

媒体(Medium)在计算机行业里有两种含义:其一是指传播信息的载体,如语言、文字、图像、视频、音频等;其二是指存储信息的载体,如 CD - ROM、DVD、网页等。多媒体是近几年出现的新生事物,正在飞速发展和完善之中。

多媒体技术中的媒体主要是指前者,就是利用计算机把文字、图形、影像、动画、声音及视频等媒体信息都数字化,并将其整合在一定的交互式界面上,使计算机具有交互展示不同媒体形态的能力。它极大地改变了人们获取信息的传统方法,符合人们在信息时代的阅读方式。多媒体技术的发展改变了计算机的使用领域,使计算机由办公室、实验室中的专用品变成了信息社会的普通工具,广泛应用于工业生产管理、学校教育、公共信息咨询、商业广告、军事指挥与训练,甚至家庭生活与娱乐等领域。

1. 多媒体技术的基本要素

在多媒体技术中,媒体形式主要有文本、图形、图像、动画、视频、音频等。每一种媒体形式都有严谨而规范的数据描述,其数据描述的逻辑表现形式是文件。

(1)文本。

文本文件是以文字和各种专用符号表达的信息形式,它是现实生活中使用得最多的一种信息存储和传递方式。用文本表达信息给人充分的想象空间,它主要用于对知识的描述性表示,如阐述概念、定义、原理和问题以及显示标题、菜单等内容。文本文件包括非格式化文件(如.txt 文件)和格式化文件(如.docx 文件)两种。

(2)图形与图像。

图形与图像是多媒体软件中最重要的信息表现形式之一,它是决定一个多媒体软件视觉效果的关键因素。图形是指由外部轮廓线条构成的矢量图;图像是由扫描仪、摄像机等输入设备捕捉实际的画面产生的数字图像。图像是由一系列排列有序的像素组成的,在计算机中常用的存储格式有 BMP、TIFF、JPEG、GIF、PSD、PNG 等。

(3)动画。

动画是通过把人、物的表情、动作、变化等分段画成许多画幅,再用摄影机连续拍摄成一系列画面,给视觉造成连续变化的图画。

(4)视频。

视频(Video)泛指将一系列静态影像以电信号方式加以捕捉、记录、处理、储存、传送与重现的相关技术。

(5)音频。

音频只是储存在计算机里的声音。如果有计算机再加上相应的声卡,便可以把所有的声音录制下来,声音的声学特性(如音的高低)等都可以用计算机硬盘文件的方式储存下来。反过来,也可以把储存下来的音频文件用一定的音频程序播放,还原以前录下的声音。

(二)了解多媒体技术的特点

多媒体计算机技术不是将文字、图形、图像、声音等各种信息媒体简单集成,而是通过计算机对它们进行综合处理,不仅能用多种媒体表达所要传达的信息,而且能对这些信息进行加工处理。多媒体计算机技术有以下特点:

(1)集成性。

多媒体技术的集成性是指将多种媒体有机地组织在一起,共同表达一个完整的多媒体信息,使声、文、图、像一体化。以计算机为中心综合处理多种信息媒体,它包括信息媒体的集成和处理这些媒体的设备的集成。

(2)交互性。

多媒体的交互性是指用户可以与计算机进行"对话"。用户对计算机的多种信息媒体进行交互操作从而为用户提供了更加有效地控制和使用信息的手段。

(3)数字化。

多媒体计算机技术采用数字信号来传达各种信息,媒体信息以数字形式存在。

(4)实时性。

在多媒体技术中,部分媒体如声音、动态图像(视频)与时间密切相关,随时间的改变而变化,因此多媒体技术必须要支持实时处理。

(5)智能性。

计算机多媒体技术提供了易于操作的界面,使得用户在计算机上处理多媒体信息时更直观和方便。

(三)认识多媒体设备和软件

如果一台计算机具备了多媒体的硬件条件和适当的软件系统,那么,这台计算机就具备了多媒体功能。完整的多媒体计算机系统由硬件系统和软件系统两部分构成,如图1.5所示。

1. 多媒体计算机硬件系统

多媒体计算机硬件系统由主机、声卡、视频卡、声音输入/输出设备、图形/图像的输入/输出设备和大容量存储设备等构成。

(1)主机。

主机包括中央处理器(CPU)和内存储器,其主要功能是进行媒体信息的处理和加工。

(2)声卡。

声卡的主要功能是在声音输入时将声音采样,存入计算机中;在声音输出时将数字信号转换为模拟信号通过音箱等音频设备进行播放。

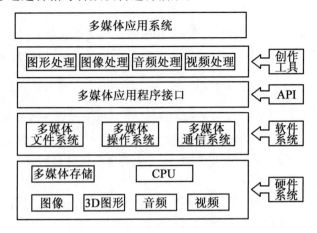

图1.5 多媒体计算机系统

（3）视频卡。

视频卡是将摄像机或录像机的视频图像信号转换成计算机能处理的数字图像的主要硬件设备。

（4）声音输入/输出设备。

声音输入/输出设备主要进行声音的录制和播放的设备，主要有麦克、乐器数字接口（Musical Instrument Digital Interface，MIDI）设备、音箱和耳机等。

（5）图形/图像的输入/输出设备。

图形/图像的输入/输出设备将图形、图像输入到计算机中，或将图形、图像进行输出，主要有数码相机、扫描仪、摄像机、投影仪、打印机和绘图仪等。

（6）大容量存储设备。

大容量存储设备由光盘、光盘驱动器和硬盘等设备组成，其主要功能是提供高品质的音源和作为大容量图文、声像和集成交互式的存储介质。

2. 多媒体计算机软件系统

多媒体计算机软件系统包括多媒体操作系统、图形用户接口和支持多媒体数据开发的应用工作软件。多媒体计算机的软件系统以操作系统为基础，外加多媒体数据库管理系统、多媒体压缩/解压缩软件、多媒体声像同步软件和多媒体通信软件等。多媒体系统在不同领域中的应用需要有多种开发工具，而多媒体开发和创作工具为多媒体系统提供了方便直观的创作途径，许多多媒体开发软件包提供了图形、画板、声音、动画、视频及各种媒体文件的转换与编辑工具。

（四）了解常用媒体文件格式

1. 图形/图像文件格式

图形/图像文件大致上可以分为两大类：一类为位图文件，另一类为描绘类、矢量类或面向对象图形/图像文件。前者以点阵形式描述图形/图像，后者是以数学方法描述的一种由几何元素组成的图形/图像。一般说来，后者对图像的表达细致、真实，缩放后图形图像的分辨率不变，在专业级的图形图像处理中应用较多。图形/图像文件通常有BMP、

JPEG、TIFF、PSD、GIF、PNG 等格式。

(1)BMP 格式。

BMP(Bitmap)是 Windows 标准位图,最普遍的点阵图格式之一,将 Windows 下显示的点阵图以无损形式保存的文件,其优点是不会降低图片的质量,但文件所占的存储空间比较大。

(2)JPEG 格式。

JPEG(Joint Photographic Experts Group)最适合于使用真彩色或平滑过渡式的照片和图片。该格式使用有损压缩来减小图片的大小,因此用户将看到随着文件的减小,图片的质量也会降低,当图片转换成.jpg 文件时,图片中的透明区域将转化为纯色。

(3)TIFF 格式。

TIFF(Tag Image File Format)是 Mac 中广泛使用的图像格式,它由 Aldus 和微软联合开发,最初是出于跨平台存储扫描图像的需要而设计的。它的特点是图像格式复杂、存储信息多。正因为它存储的图像细微层次的信息非常多,图像的质量也得以提高,故而非常有利于原稿的复制。

(4)PSD 格式。

PSD(Photoshop Document)是 Adobe 公司的图像处理软件 Photoshop 的专用格式。PSD 是 Photoshop 进行平面设计的一张"草稿图",它里面包含有各种图层、通道、遮罩等多种设计的样稿,以便于下次打开文件时可以修改上一次的设计。在 Photoshop 所支持的文件格式中,PSD 存取速度最快。

(5)GIF 格式。

GIF(图形交换格式)最适合用于线条图(最多含有 256 色)的剪贴画以及使用大块纯色的图片。该格式使用无损压缩来减少图片的大小,当用户要保存图片为.gif 时,可以自行决定是否保存透明区域或者转换为纯色。同时,通过多幅图片的转换,GIF 格式还可以保存动画文件。

(6)PNG 格式。

PNG(Portable Network Graphics)是一种新兴的网络图像格式。PNG 采用无损压缩方式来减小文件的大小,是目前保证最不失真的格式。它汲取了 GIF 和 JPG 二者的优点,存储形式丰富,兼有 GIF 和 JPG 的色彩模式,显示速度很快,只需下载 1/64 的图像信息就可以显示出低分辨率的预览图像,支持透明图像的制作,可让图像和网页背景很和谐地融合在一起。

2. 音频文件格式

音频格式是指要在计算机内播放或是处理音频文件,是对声音文件进行数、模转换的过程。音频格式最大带宽是 20 kHz,速率介于 40～50 kHz 之间,采用线性脉冲编码调制 PCM,每一量化步长都具有相等的长度。常见的音频格式有 CD、WAVE、MPEG 和 WMA 等。

(1)CD 格式。

CD(Compact Disk)格式的音质是比较好的音频格式。标准 CD 格式是 44.1 K 的采样频率,速率为 88 K/s,16 位量化位数,CD 音轨是近似无损压缩,因此它的声音基本上是忠于原声的。CD 光盘可以在 CD 唱机中播放,也能用电脑中的各种播放软件来播放。一个 CD 音频文件是一个 *.cda 文件,这只是一个索引信息,并不是真正的包含声音信息,所以不论CD音乐的长短，在电脑上看到的"*.cda文件"都是44字节长。

(2)WAVE格式。

WAVE是微软公司开发的一种声音文件格式，用于保存Windows平台的音频信息资源，被Windows平台及其应用程序所支持。标准格式的WAV文件是44.1 K的采样频率，速率为88 K/s，16位量化位数，是目前计算机上广为流行的声音文件格式，几乎所有的音频编辑软件都识别WAVE格式。

(3)MPEG格式。

MPEG(Moving Picture Experts Group)由动态图像专家组研发。动态图像专家组专门负责为CD建立视频和音频压缩标准。MPEG音频文件指的是MPEG标准中的声音部分，即MPEG音频层。目前互联网上的音乐格式以MP3最为常见。虽然它是一种有损压缩，但是它的最大优势是以极小的声音失真换来了较高的压缩比。MPEG格式包括MPEG-1、MPEG-2、MPEG-Layer3和MPEG-4。

(4)WMA格式。

WMA(Windows Media Audio)格式由微软研发，只要安装了Windows操作系统就可以直接播放WMA格式的音乐。WMA格式的音乐在录制时可以对音质进行调节，WMA格式音乐的压缩率一般都可以达到1∶18左右，音乐内容提供商可以通过数字版权管理(Digital Rights Management，DRM)方案加入防拷贝保护。WMA格式还支持音频流技术，适合在网络上在线播放。

3. 视频文件格式

视频格式可以分为适合本地播放的本地影像视频和适合在网络中播放的网络流媒体影像视频两大类。尽管后者在播放的稳定性和播放画面质量上可能没有前者优秀，但网络流媒体影像视频的广泛传播性使之被广泛应用于视频点播、网络演示、远程教育、网络视频广告等互联网信息服务领域。常见的视频格式有AVI、MOV、ASF、WMV、FLV和RMVB等。

(1)AVI格式。

AVI(Audio Video Interleaved)是由微软公司发表的视频格式。AVI格式调用方便、图像质量好，压缩标准可任意选择，是应用最广泛、应用时间最长的格式之一。

(2)MOV格式。

MOV是Apple计算机公司开发的一种音频、视频文件格式，用于保存音频和视频信息，具有先进的视频和音频功能，所有主流操作系统平台都支持。MOV文件格式支持25位彩色，提供150多种视频效果，并配有提供了200多种MIDI兼容音响和设备的声音支持。能够通过互联网提供实时的数字化信息流、工作流与文件回放功能，以其领先的多媒体技术和跨平台特性、较小的存储空间要求、技术细节的独立性以及系统的高度开放性，得到业界的广泛认可。

(3)ASF格式。

ASF(Advanced Streaming Format)是微软为了和Real Player竞争而发展出来的一种可以直接在网上观看视频节目的文件压缩格式。ASF使用了MPEG-4的压缩算法，压缩率和图像的质量都很不错。因为ASF是以一个可以在网上即时观赏的视频"流"格式存在的，所以它的图像质量比VCD差，但比RAM格式要好。

(4) WMV 格式。

WMV 格式是一种独立于编码方式的在互联网上实时传播多媒体的技术标准。微软公司希望用其取代 QuickTime 之类的技术标准以及 WAV、AVI 之类的文件扩展名。WMV 的主要优点在于：可扩充的媒体类型、本地或网络回放、可伸缩的媒体类型、流的优先级化、多语言支持和扩展性等。

(5) FLV 格式。

FLV(Flash Video)流媒体格式是一种新的视频格式。由于它形成的文件极小、加载速度极快，使得网络观看视频文件成为可能，它的出现有效地解决了视频文件导入 Flash 后，导出的 SWF 文件体积庞大，不能在网络上很好的使用等缺点。

(6) RMVB 格式。

RMVB 的前身为 RM 格式，是 Real Networks 公司所制定的音频视频压缩规范，根据不同的网络传输速率，制定出不同的压缩率，从而实现在低速率的网络上进行影像数据实时传送和播放，具有体积小、画质也还不错的优点。RMVB 格式采用浮动比特率编码的方式，将较高的比特率用于复杂的动态画面（如歌舞、飞车、战争等），而在静态画面中则灵活地转为较低的采样率，从而合理地利用了比特率资源，使 RMVB 最大限度地压缩了影片的大小，最终拥有了近乎完美的接近于 DVD 品质的视听效果。

4. 动画文件格式

动画是一种综合艺术，它是集合了绘画、漫画、电影、数字媒体、摄影、音乐、文学等众多艺术门类于一身的艺术表现形式。动画可以定义为使用绘画的手法，创造生命运动的艺术。动画技术较规范的定义是采用逐帧拍摄对象并连续播放而形成运动的影像技术。不论拍摄对象是什么，只要它的拍摄方式是采用的逐格方式，观看时连续播放形成了活动影像，它就是动画。常见的动画文件格式有 GIF、SWF、VR 等。

(1) GIF 动画格式。

GIF(Graphics Interchange Format)是由美国 Compu Serve 公司在 1987 年所提出的图像文件格式。GIF 采用了可变长度的压缩编码和其他一些有效的压缩算法，按行扫描迅速解码，且与硬件无关。它支持 256 种颜色的彩色图像，在一个 GIF 文件中可以记录多幅图像，并且可以按照一定的顺序和时间间隔将多幅图像依次读出并显示在屏幕上，这样就可以形成一种简单的动画效果。

(2) SWF 动画格式。

SWF 是一种基于矢量的 Flash 动画文件，一般用 Flash 软件创作并生成 SWF 文件格式，也可以通过相应软件将 PDF 等格式转换为 SWF 格式。SWF 格式文件广泛用于创建吸引人的应用程序，它们包含丰富的视频、声音、图形和动画。可以在 Flash 中创建原始内容或者从其他 Adobe 应用程序（如 Photoshop 或 Illustrator）导入它们，快速设计简单的动画。设计人员和开发人员可使用它来创建演示文稿、应用程序和其他允许用户交互的内容。

(3) VR 动画格式。

VR(Virtual Reality)是一项综合集成技术，涉及计算机图形学、人机交互技术、传感技术、人工智能等领域，它用计算机生成逼真的三维视觉、听觉、嗅觉等，使人作为参与者通过适当装置，自然地对虚拟世界进行体验和交互作用。使用者进行位置移动时，电脑可以立即进行复杂的运算，将精确的 3D 世界影像传回产生临场感。

课后练习

1. 选择题

(1) 第一台电子计算机诞生的时间是 （　　）
A. 1642 年　　　　B. 1679 年　　　　C. 1942 年　　　　D. 1946 年

(2) 计算机中的信息存储基本单位是 （　　）
A. 二进制位　　　　B. 字节　　　　C. KB　　　　D. GB

(3) 十进制数 67 转换为二进制数是 （　　）
A. 01000011　　　　B. 11000011　　　　C. 01000001　　　　D. 01000111

(4) 十六进制数 5D 转换为十进制数是 （　　）
A. 91　　　　B. 81　　　　C. 87　　　　D. 93

2. 简答题

(1) 信息和信息技术的含义是什么？

(2) 什么是进位计数制？计算机中的进位计数制有哪些？

(3) 什么是多媒体技术？多媒体计算机系统由哪几部分组成？

项目二　了解计算机的安全及病毒防治

随着信息技术的飞速发展,信息化社会悄然而至。信息技术的应用引起人们生产方式、生活方式乃至思想观念的巨大变化,推动了人类社会的发展和文明的进步。信息已成为社会发展的重要战略资源和决策资源。信息化水平已成为衡量一个国家的现代化程度和综合国力的重要标志。然而,人们在享受网络信息所带来巨大利益的同时,也面临着信息安全的严峻考验。计算机不断遭到各种非法入侵,计算机病毒不断产生和传播,重要数据资源遭到破坏或丢失等。这些事件的发生给计算机信息系统的正常运行造成了严重的危害,带来了巨大损失,甚至危及国家和地区的安全。因此,普及计算机系统安全知识,提高信息安全与防范意识,加速信息安全的研究和发展,培养计算机与网络安全的专门人才,已成为我国信息化发展的当务之急。

学习目标

- 了解信息安全的基础知识
- 防治计算机病毒

任务一　了解信息安全的基础知识

任务要求

信息安全是计算机技术研究的重要领域。本任务要求了解信息安全的概念,了解计算机犯罪的特征,了解防火墙技术的基本原理,认识大学生的社会责任与道德,了解计算机软件知识产权的相关知识。

任务实现

(一)了解信息安全的概念

1. 信息安全

信息安全是指信息网络的硬件、软件及其系统中的数据受到保护,不因偶然的或恶意的原因遭到破坏、更改、泄露,系统可靠正常地工作。信息安全是一门涉及计算机科学、网络技术、通信技术、密码技术、信息安全技术、应用数学、数论、信息论等多门学科的综合学科。凡是涉及网络上的信息保密性、完整性、可用性、真实性和可控性相关技术和理论都属于信息安全的研究领域。

2. 信息环境污染

信息技术的负面影响最主要的就是信息环境的污染。这些污染主要是由信息垃圾、有害信息、虚假信息等引起的。这类信息对国家安全、社会秩序和人们的切身利益构成严重威胁。

(1) 信息垃圾。

信息垃圾是指对教育、科研和经济发展没有价值的信息,如某些非法传单、非法出版物及互联网上的垃圾邮件。信息垃圾和有用信息混杂在一起,干扰了有价值信息的传播和使用。

(2) 有害信息。

色情、暴力等有害信息在某些非法出版物(包括非法音像制品及互联网)上出现,危害人类的精神健康。

(3) 虚假信息。

虚假信息通过某些出版物、手机短信和互联网散布和传播。这些信息有的是恶作剧,有的误导舆论,有的则是为了诈骗。

信息污染是客观存在的事实,重要的是在认识这些信息污染现象及其危害的同时,如何对它实施有效的防治,以求减少和避免信息污染给人们的工作和生活带来的危害。

3. 信息安全研究的问题

信息安全包括以下几个方面:①信息本身的安全,即在信息传输的过程中是否有人把信息截获,尤其是重要文件的截获,造成泄密;②信息系统或网络系统本身的安全,一些人出于恶意、好奇、表现欲,进入信息系统使其瘫痪,或者在网上传播病毒;③更高层次的则是信息战,涉及国家安全问题。现在国与国之间交战已不只是靠海、陆、空军去攻占对方的领土,可以通过破坏对方的信息系统,使对方经济瘫痪,调度失灵,网上攻防已成为维护国家主权的重要一环。

4. 信息安全问题产生的原因

信息安全问题的出现有其历史原因,以互联网为代表的现代网络技术是从 20 世纪 60 年代美国国防部的 ARPANet 演变发展而成的,并在 80 年代末 90 年代初得到迅速发展。从全球范围看,它的发展几乎是在无组织的自由状态下进行的。到目前为止,世界范围内还没有一个完善的法律和管理体系来对其发展加以规范和引导。在没有健全法律的约束,缺少强有力机构管理的情况下,网络自然成了一些犯罪分子"大显身手"的理想空间。

互联网的自身结构及其方便信息交流的构建初衷,也决定了其必然具有脆弱的一面。当初构建计算机网络的目的,是要实现将信息通过网络从一台计算机传到另一台计算机上,而信息在传输过程中可能要通过多个网络设备,从这些网络设备上都能不同程度地截获信息的内容。这样,网络本身的松散结构和开放性就加大了对它进行有效管理的难度。

从计算机技术的角度来看,网络是一个软件与硬件的结合体,而从目前的网络应用情况来看,每个网络上都有一些自行开发的应用软件在运行,这些软件由于自身不完备或是开发工具不成熟,在运行中很有可能导致网络服务不正常或瘫痪。网络还拥有较为复杂的设备和协议,保证复杂的系统没有缺陷和漏洞是不可能的。同时,网络的地域分布使安全管理难以顾及网络连接的各个角落,因此没有人能证明网络是安全的,这便使网络安全问题变成一个风险管理问题,安全性成为概率意义上无法准确定义的指标。

正是网络系统的这些弱点,给信息安全工作带来了相当大的难度。一方面开发者很难开发出对保障网络安全普遍有效的技术手段,另一方面又缺乏足以保证这些手段得到实施的社会环境。随着网络应用的普及,信息安全问题已成为信息时代必须尽快解决的重大课题。

5. 加强信息安全法律意识

(1) 安全规范。

有关计算机的法律、法规和条例在内容上大体可以分为两类:社会规范和技术规范。

(2) 法律层次。

1997年3月14日由中华人民共和国第八届全国人民代表大会第五次会议修订《中华人民共和国刑法》,新刑法首次界定了计算机犯罪,该法第285、286、287条以概括列举的方式分别规定了非法侵入计算机信息系统罪、破坏计算机信息系统罪及利用计算机实施金融犯罪等;行政法规和规章如下:1991年国务院发布的《计算机软件保护条例》,1997年公安部发布的《计算机信息网络国际联网安全保护管理办法》,1998年发布的《软件产品管理暂行办法》,1998年公安部和中国人民银行联合发布的《金融机构计算机信息系统安全保护工作暂行规定》等。

(3) 安全管理。

安全管理是指一般的行政管理措施,即介于社会和技术措施之间的组织单位所属范围内的实体。信息安全管理体制的建立和健全,从对信息安全的认识来说,一方面,新闻媒体上不断披露的安全漏洞、频繁的病毒和黑客攻击、日益增多的网络犯罪让人们不断地提高安全意识;另一方面,人们也已经越来越深刻地认识到,信息安全不只是个技术问题,而更多的是商业、管理和法律问题。实现信息安全不仅仅需要采用技术措施,还需要更多地借助于技术以外的其他手段,如规范安全标准和进行信息安全管理,这一观点已被越来越多的人所接受。单纯的技术不能提供全面的安全保护,仅靠安全产品并不能完全解决信息的安全问题已逐渐成为共识。

(4) 安全技术。

实施安全技术,不仅涉及计算机和外围设备,即通信和网络系统实体,还涉及数据安全、软件安全、网络安全、数据库安全、运行安全、防病毒技术、站点安全及系统结构、工艺和保密、压缩技术等。

信息技术是一把双刃剑,它一方面给人们带来巨大效益,另一方面也可能带来困难,甚至灾难。据"世界科学情报系统"估计,全世界每年发表的科技论文为400万~500万篇,登记专利35万件,出版科技期刊约5万种。其增长速度,在20世纪50年代前,大约每15年增长一倍;20世纪50年代后,大约每10年增长一倍;某些尖端科学,如原子能、计算机技术等,大约每2~3年就增长一倍。这仅仅是科技领域属于传统文献形式信息增长量的估算。如果把其他各个领域、各种形式,特别是利用现代信息技术进行传播的信息,如电视、广播、电话、传真、网络等信息都估算在内,这个信息增长速度真可以用"信息爆炸"来形容。为了克服"信息爆炸"给人们带来的困难,解决信息增长与利用的矛盾,各国都竞相采取措施,如建立和完善各种信息机构;发展信息技术,不断提高信息加工处理能力;开展信息科学研究,寻求信息工作的最佳途径等。

6. 治理信息环境污染的方法

(1) 加强信息教育,普及信息知识,提高人们对信息的识别能力,增强信息意识。

(2) 加强信息咨询服务和管理工作,加快信息系统安全保密技术的开发,包括信息过滤技术、信息智能获取技术、防病毒技术和保密技术等。

(3) 加强法制建设,完善管理法规。认真贯彻落实《计算机信息网络国际联网管理暂行规定》,凡从事国际联网业务的单位和个人,都不得利用互联网从事危害国家、泄露国家机密等违法犯罪活动,通过法律手段确保信息资源的有效开发利用。

在维护信息安全的法律方面,除了《计算机信息系统国际联网保密管理规定》和《商用密码管理条例》之外,我国在1999年《中华人民共和国刑法》修订中,也增加了对非法侵入重要领域计算机信息系统行为刑事处罚的明确规定。1997年,经国务院批准,公安部发布的《计算机网络国际联网安全保护管理办法》中也规定,禁止任何单位和个人,未经允许进入或破坏计算机信息网络。2015年6月,第十二届全国人大常委会第十五次会议初次审议了《中华人民共和国网络安全法(草案)》,并于2015年7月6日至2015年8月5日在中国人大网上全文公布,并向社会公开征求意见。2016年11月7日上午,十二届全国人大常委会第二十四次会议经表决,通过了《中华人民共和国网络安全法》,2017年6月1日起正式施行。

(二) 了解计算机犯罪的特征

计算机犯罪是一种高技术手段的犯罪活动,随时随地都可能发生。随着计算机网络的不断发展和应用,地理上的界限已不能阻挡这些犯罪活动的发生,针对军事系统或金融系统的计算机犯罪可以在一个国家内进行针对另一个国家的破坏活动。

1. 计算机犯罪

到底"什么是计算机犯罪"众说纷纭,实质上计算机犯罪是指利用计算机作为犯罪工具进行的犯罪活动,比如说利用计算机网络窃取国家机密、盗取他人信用卡密码、传播复制色情内容等。

2. 计算机犯罪的手段

网络时代对经济和社会的发展,起到了革命性作用。然而,针对计算机使用的各种违法犯罪,使网络安全问题已发展成一个全球化的问题。如今,无论是个人、企业还是政府机构,只要进入计算机网络,都会感受到网络安全问题带来的威胁。目前比较普遍的计算机犯罪,归纳起来主要有5类:

(1) 黑客非法侵入、破坏计算机信息系统。

(2) 网上制作、复制、传播和查阅有害信息,如传播计算机病毒、黄色淫秽图像等。

(3) 利用计算机实施金融诈骗、盗窃、贪污、挪用公款。

(4) 非法盗用计算机资源,如盗用账号、窃取国家秘密或企业商业机密等。

(5) 利用互联网进行恐吓、敲诈等其他犯罪。

随着计算机犯罪活动的日益新颖化、隐蔽化,还会出现许多其他犯罪形式。形形色色的计算机违法犯罪,给我国不少计算机用户造成很大的经济损失。

3. 计算机犯罪特征

计算机犯罪作为一种刑事犯罪,具有与传统犯罪相同的许多特征。但是,作为一种与高科技伴生的犯罪,它又有许多与传统犯罪相异的特征,具体表现在如下方面:

(1) 智能性。

犯罪人员知识水平高,有些犯罪者单就专业知识水平来讲可以称得上是专家。正如有的学者所言,计算机是现代科学技术的产物,而计算机犯罪则是与之相伴而生的高智能犯罪。据统计资料显示,当今世界上所发生的计算机犯罪中,有70%~80%是计算机行家所为。通常情况下,涉及计算机犯罪的主要类型如非法侵入计算机信息系统,篡改计算机数据及窃用计算机等,都需要犯罪人员具有相当程度的计算机专业知识,并且通常要经过数个阶段的逐步实施才能达到犯罪目的。而且计算机专业知识越高,作案的手段越高明,造成的损失也就越大,也越难被发现和侦破。

(2)隐蔽性。

犯罪的共同特点是具有隐蔽性。计算机犯罪在隐蔽性上则表现得更为突出。由于计算机本身有安全系统的保障及软件、数据存储的无形性和资料形态的多元化,一般人不易察觉到计算机内部软件资料上发生的变化。

(3)危害性。

计算机犯罪所造成的损失极其严重,这一点是传统犯罪所无法比拟的。从经济角度讲,计算机犯罪多数为财产性犯罪,其所涉及的金额巨大。

(4)广域性。

由于计算机网络的国际化,因此计算机犯罪往往是跨地区甚至是跨国的。对于这种地域性较强的犯罪形式,如何确定犯罪行为及犯罪结果都是一个值得研究的问题,这对于某些计算机空间犯罪更是如此,例如,对于非法侵入计算机信息系统犯罪,当犯罪人员在领域外实施犯罪行为而被侵入的计算机信息系统处于领域内时,其刑事管辖权方式的选用和诉讼程序的选择,都是一个复杂的问题。

(5)诉讼的困难性。

即使计算机犯罪已经被发现,在具体的诉讼过程中也会面临巨大的困难,其中最主要的是犯罪证据问题。通常情况下,除破坏计算机实体的犯罪以外,对于威胁计算机系统安全和以计算机为工具的犯罪而言,犯罪行为是完全发生于作业系统或者软件资料上,而犯罪行为的证据,则只存在于软件的资料库和输出的资料中。而对于一个熟悉计算机,能操纵计算机达到犯罪目的的行为人来说,想要变更软件资料,消除犯罪证据并不是一件难事。尤其是个人所有的计算机,行为人要消灭其档案中的有关资料显然更为方便和容易,可以在几秒之内将证据完全毁灭。从另一个角度来讲,计算机处理速度的瞬时性导致了计算机误操作等随机性事件的高发性,而计算机事件发生的随机性又决定了计算机犯罪发生的随机性,使得人们难以预料,而且许多手段与正常活动只有极小的偏差,可以被解释成为机器上进行的某种游戏、智力训练或者误操作。

(6)司法的滞后性。

计算机犯罪是一种与时代同步发展的高科技犯罪,而对于计算机犯罪惩治的滞后性显然可以归结为计算机犯罪现实状况的特点之一。司法的滞后性表现在法律的滞后性、技术的落后性、人员素质较低3个方面。据有关资料估计,计算机安全技术要比计算机技术和计算机应用的发展水平落后5~10年。由于计算机犯罪的高技术性,整个世界都处于司法相对滞后的境地,对此美国《未来学家》双日刊的一篇文章指出:目前的技术手段或常规执法途径对遏制计算机空间犯罪的作用是有限的,大多数机构都没有防范这类犯罪的人员和技术。

4. 如何防范计算机犯罪

计算机犯罪是不同于任何一种普通刑事犯罪的高科技犯罪,随着计算机应用的广泛和深入,计算机犯罪的手段近年来出现新颖化、多样化和隐蔽化的发展态势,更使得打击计算机违法犯罪和保护网络安全工作不但量大而且也越来越困难。这就要求既要相应增加警力,又要进一步提高打击计算机违法犯罪的能力,同时,还要注重研究和开发打击新型计算机犯罪的技术,其防范计算机犯罪可以通过如下几个方面进行。

(1)制定专门的反计算机犯罪法。

反计算机犯罪法应直接针对计算机犯罪的特点,包括民事、行政、刑事三方面内容,形成完整的法律体系。《计算机信息系统安全保护条例》于2011年1月8日开始实施,《中华人民共和国网络安全法》于2017年6月1日起正式施行。

(2)加强反计算机犯罪机构(侦查、司法、预防、研究等)的工作力度。

由于计算机犯罪的高科技化、复杂化,目前侦查队伍在警力、技术方面已远远跟不上形势的需要,司法人员的素质也与专业化的要求相差甚远,预防、研究方面还存在许多空白。

(3)建立健全国际合作体系。

通过互联网实施计算机犯罪行为、结果,可能发生在不同的几个国家,计算机犯罪在很大程度上都是国际性的犯罪。因此,建立健全国际合作体系,加强国与国之间的配合与协作尤为重要。同时,通过合作,也可互通有无,学习国外先进经验,以提高本国反计算机犯罪的水平和能力。

(4)增强安全防范意识和加强计算机职业道德教育。

各计算机信息系统使用单位应加强对计算机工作人员的思想教育,树立良好的职业道德,并采取措施堵住管理中的漏洞,防止计算机违法犯罪案件的发生,制止有害数据的使用和传播。

(5)加强防范病毒控制。

首先,建立和执行严格的数据软盘和外来软件病毒检查制度,做好预防工作。其次,根据计算机网络的特点,对网上服务器和工作站采取安全技术措施,即安装网络防病毒系统,尤其是要加强对重要数据和系统服务器的保护。坚持以防为主、防治结合的原则,保证企业业务不受计算机病毒的破坏。定期消除网络内有害程序,建立网络安全监控应急服务,加强计算机信息系统安全保护工作的监督管理,要以法律为依据,建立系统全面的管理制度。

(6)规范用户网上行为。

网络安全的保护,事关广大用户的切身利益,可通过教育提高广大用户的守法意识,增强上网行为自觉性;使用户掌握各种防范计算机违法犯罪的技术,提高其自我保护网络安全的能力,从根本上解决好计算机安全问题;掌握正确上网方法;进行自我防范计算机犯罪的普及宣传和必要的技术培训。

(三)了解防火墙技术的基本原理

近年来互联网(Internet)技术逐渐引入到企业网的建设思想中,从而形成了Intranet概念。它是在LAN和WAN的基础上,基于TCP/IP协议,使用WWW工具建立的为企业内部服务,并连接Internet功能的企业内部网络。设置防火墙是保护企业内部信息的主要安全措施。

1. 防火墙的基本概念

防火墙是在内部网络与外部网络之间所设的安全防护系统，是在两个网络之间执行访问-转换机制策略的系统(软件及硬件或两者兼有)。它在内部网络与外部网络之间设置屏障，以阻止外界对内部资源的非法访问，也可以防止内部对外部的不安全访问，如图2.1所示。

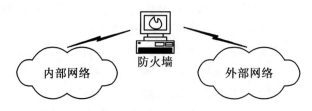

图2.1　防火墙示意图

防火墙对通过的数据包进行选择，只有满足条件的数据包才允许通过，否则被抛弃。这样可以有效地防止恶意用户利用不安全的服务对内部网进行攻击。防火墙既允许授权的服务程序和主机直接访问内部网络，也允许过滤指定的端口和内部用户的 Internet 地址信息，限制内部网络对外部网络的访问。有些防火墙也称为代理服务器，它能够代替网络用户完成特定的功能。代理服务器本质上是一个网络连接设备，一个为特定网络应用而连接两个网络的系统。用户使用 Internet 服务器，首先同代理服务器打交道，代理服务器要求用户提供要访问的外部网络主机名。当用户答复并提供了正确的用户身份及认证信息后，代理服务器建立与外部网络主机的连接，为两个通信点充当中继。另外它还能记录通过它们的一些信息，如什么用户在什么时间访问什么站点。这些审计信息可以帮助网络管理员识别网络间谍。有些代理服务器还可存储互联网上那些被频繁访问的页面，这样，当用户请求访问这些页面时，服务器本身就能提供这些页面而不必连接到 Internet 上的服务器，从而缩短了访问这些页面的时间。许多应用层防火墙除了提供代理请求服务外还能够执行信息过滤的功能。

2. 防火墙的功能

防火墙主要用于实现访问控制、授权认证、安全检查、加密等功能。访问控制用于对企业内部与外部、内部不同部门之间实行隔离；授权认证是指授权不同用户的访问权限；安全检查是对流入网络中的信息流进行检查或过滤，防止病毒和恶意攻击的干扰破坏；加密用于提供防火墙与移动用户之间在信息传输方面的安全保证，同时也保证防火墙与防火墙之间的信息安全；对网络资源实施不同的安全对策，提供多层次和多级别的安全保护；集中管理和监督用户的访问；报警功能和监督记录。

3. 防火墙的类型

防火墙的类型主要包括包过滤防火墙、代理防火墙和双穴主机防火墙3种类型。包过滤防火墙设置在网络层，可以在路由器上实现包过滤。代理防火墙又称应用层网关级防火墙，它由代理服务器和过滤路由器组成，是目前较流行的一种防火墙。双穴主机防火墙是用主机来执行安全控制功能，一台双穴主机配有多个网卡，分别连接不同的网络。

(四)认识大学生的社会责任与道德

面对信息化社会，计算机、网络与通信技术的广泛普及，也带来了计算机犯罪、计算机病毒、黑客等社会问题,如何规范和加强人们的信息意识与网络道德规范,已是人才培养素质教育的核心问题。尤其是全面客观地研究大学生的思想现状,探索新形势下如何推进大学生的素质教育,引导大学生树立正确的世界观、人生观、价值观;造就"有理想、有道德、有文化、有纪律"全面发展的社会主义事业建设者和接班人,已是高等教育面临的一项重要任务。

1. 素质教育与社会责任

在心理学上,素质是指一个人生来具有的生理解剖特点,主要是指人的感觉器官、运动器官和神经系统,特别是大脑结构和功能的发育水平和完善程度,其内涵较多地侧重于先天的生理性特征。先天的遗传素质是一个人能力和性格形成和发展的自然前提和生理基础。

在现实社会生活中,素质是指从事某一领域社会实践或承担某种社会职责所必须具备的基本条件和发展潜力,如国民素质、民族素质、领导素质、教师素质、法官素质、职工素质、专业素质和技术素质等。一般来说,各行各业、各种岗位在人才的选拔和使用上都有其特定要求,有共性也有个性,都必须具备相应的基本条件和发展潜力。

从教育学的角度看,素质多侧重于社会属性,是指受教育者在其先天禀赋的基础上,在接受家庭、学校和社会教育和影响下所形成的那些稳定的、基础性的、对其活动效率和未来发展能产生广泛影响因而具有社会评价意义的特点的总和。诸如身体条件、智能发展、文化素养、政治理念、思想水平、心理结构(如世界观、人生观和价值观),及其在现实生活中所展现出来的生存能力、适应能力、承受挫折的能力、社会交往能力、应变能力、探索未知的能力、合作共事的能力等各方面的生理和心理特点及潜力都属于素质的范畴。

所谓素质教育,就是全面贯彻党的教育方针,以提高国民素质为根本宗旨,以培养学生的创新精神和实践能力为重点,造就有理想、有道德、有文化、有纪律,德、智、体、美全面发展的社会主义事业建设者和接班人的教育。

面对信息技术对人类社会带来的巨大变化,信息的获取、传输、处理和应用能力将作为人们最基本的能力和文化水平的标志。以计算机技术、微电子技术和通信技术为特征的现代信息技术,已在社会各个领域中得到广泛应用,正在改变着人们的生产与生活方式、工作与学习方式。当今世界各国都在积极发展信息技术,我国也是如此。

在全国范围内推进信息技术教育,促进教育教学的改革,是落实《面向21世纪教育振兴行动计划》,深化基础教育改革,全面实施素质教育的需要;是面向21世纪国际竞争,提高综合国力和全民素质,培养具有创新精神和实践能力的新型人才的需要。

2. 网络道德

20世纪90年代以来,随着计算机、多媒体、光纤通信和信息高速公路的发展,网络已经成为人们进行生产、流通、管理、教育和社会监督等各项社会活动的主要途径之一。网络正在改变着人们的行为方式、思维方式乃至社会结构,它对信息资源的共享和信息资源的快速传播起到了巨大作用,并且蕴藏着无尽的潜能。

(1)网络道德问题。

网络在其广泛的积极作用背后,也有使人堕落的陷阱,这些陷阱有着巨大的反作用。其主要表现为网络文化的误导,传播暴力、色情内容;诱发不道德和犯罪行为;网络的神秘性"培养"了计算机"黑客"等。网络在造福人类的同时,也可能危害着社会的健康发展。这些陷阱的主要危害对象是青少年,因为在当今社会,青少年是在上网人群的主体。

网络世界就像一块神奇的土地，非常有吸引力。首先，网络的开放性和匿名性使每个人可以自由上网，并在网上浏览信息、下载和利用网络资源，甚至在网上发表任何言论而很少受到惩罚。这种情况使网络世界在某种程度上脱离了现实世界而成为"虚拟空间"。同时，由于网络法规建设的滞后，网络世界处于无序状态，这已引起社会各方面的关注。其次，由于网络的跨国性和即时性，网络在传播知识和健康信息的同时，也可能传播一些反动的、迷信的甚至色情的信息，国内外敌对势力也在不遗余力地利用这个阵地向我们进行渗透。可以说，由于信息化的发展，在网络上已经形成了一个新的思想文化阵地和思想斗争阵地。

利用网络开展青少年德育教育工作具有传统思想政治工作不可替代的优势。应当趋利避害，加强引导，把青少年的德育教育工作与现代网络结合起来，利用网络平等性、开放性和互动性的特点，寓教于乐，通过网络来开展生动活泼的青少年思想政治工作。加强青少年的网络道德素养已是当务之急，使青少年在网络虚拟空间中增强明辨是非的能力，养成道德自律的习惯，并在全社会网络道德建设中发挥重要作用。

（2）网络道德建设的关键问题。

网络道德建设的关键问题主要应处理好如下3个关系：

① 要处理好虚拟空间与现实空间的关系。现实空间是人们熟悉并生活其中的空间，虚拟空间则是由于电子技术尤其是计算机网络的兴起而出现的人们交流信息、知识、情感的另一种生存环境。其信息传播方式具有"数字化"的特点，信息传播的范围具有"时空压缩化"的特点，使得信息模式具有"互动化"和"全面化"的特点。这两种空间共同构成人们的基本生存环境，它们之间的矛盾与网络空间内部的矛盾是网络道德形成与发展的基础。

② 要处理好网络道德与传统道德的关系。在虚拟空间中，人的社会角色和道德责任都与在现实空间中有很大不同，将摆脱各种现实直观角色等制约人们的道德环境，在超地域的范围内发挥更大的社会作用。如何在虚拟空间中引入传统道德的优秀成果和富有成效的运行机制是网络道德建设的重要课题。

③ 要处理好个人隐私与社会安全的关系。在网络社会中，个人隐私与社会安全出现了矛盾：一方面，为了保护个人隐私，磁盘所记录的个人生活应该完全保密，除网络服务提供商作为计费的依据外，不能做其他用，并且收集个人信息应该受到严格限制；另一方面，个人要为自己的行为负责。由于个人的网上行为被记录下来，供人们进行道德评价和道德监督，有关机关也可以查寻，作为执法的证据，以保障社会安全。因此如何协调个人隐私与社会监督之间的平衡成为社会安全新的研究内容。

作为一种新的规范，网络道德的建设仅靠行政部门的干涉、大众媒体的呼吁是远远不够的。正如同日常生活中有许多约定俗成的东西在深深制约着人们的道德意识一样，网络空间中也会有自己独特的价值体系和行为模式，这些也会对网络道德的建设产生深远影响。从这个意义上说，每一个上网的人其实都在用自己的方式参与网络道德的建设。现在人们仍然更多地把关注的焦点放在网络的物质层面，对于网络道德这样相对抽象的问题并没有给予足够的重视，但毫无疑问，只有具有了一个成熟的网络道德体系，网络这个虚拟的世界才会健康有序地发展。

（3）网络道德教育工程。

防止网络陷阱对青少年的危害，要通过法律手段使网络的运行规范化、程序化，并设立专门的机构来保障网络法律的施行。计算机和网络系统的种种非道德和犯罪现象具有隐蔽性、瞬时性、高技术、跨地域、更新快的特点。因此,在现有条件下,为了维持网络运行的良好秩序,发挥网络的积极作用,减小网络陷阱对青少年的危害,有必要启动网络道德教育工程,以适应新型社会条件下道德建设的需要。

启动网络道德教育工程,主渠道应该是各级学校教育。在此基础上,还要通过多种媒体来宣传网络道德。通过网络自身来传播网络道德,通过网络管理部门来监督、引进网络道德,形成注重网络道德的社会氛围。

在大学的网络道德教育中,则要侧重于网络行为的一般规范和网络责任教育。大学网络道德教育的基本规范,可以借鉴国外的一些比较成熟的东西,如美国计算机伦理协会制定的"计算机伦理十戒"就很有代表性。"十戒"是:第一,不应该用计算机去伤害他人;第二,不应该影响他人的计算机工作;第三,不应该到他人的计算机里去窥探;第四,不应该用计算机去偷窃;第五,不应该用计算机去做假证;第六,不应该复制或利用没有购买的软件;第七,在没有得到他人允许的情况下不应该使用他人的计算机资源;第八,不应该剽窃他人的精神产品;第九,应该注意正在写入的程序和正在设计的系统的社会效应;第十,应该始终注意在使用计算机时是在进一步加强对同胞的理解和尊敬。

启动网络道德教育工程的同时,要把网络道德教育的内容与我国的现实情况相结合,形成具有我国特色的网络道德教育思想体系。通过对大学生的网络道德教育,使他们能够遵守道德理性规范自己的网络行为,明确认识到任何借助网络进行的破坏、偷窃、诈骗和人身攻击等都是非道德的或违法的,必须承担相应的责任或受到相应的制裁,从而杜绝任何恶意的网络行为。

(五)了解计算机软件知识产权的含义

知识产权就是人们对自己的智力劳动成果所依法享有的权利,是一种无形财产。

1. 软件知识产权

软件知识产权是计算机软件人员对自己的研发成果依法享有的权利。由于软件属于高新科技范畴,目前国际上对软件知识产权的保护法律还不是很健全,大多数国家都是通过著作权法来保护软件知识产权的,但实际上对于软件的保护是一个综合的保护,还可以通过专利法、合同法、商标法、反不正当竞争法等不同的方法来进行保护。

2. 著作权

著作权又称版权,是指文学、艺术和科学作品的作者对其作品所享有的权利。著作权包括下列人身权和财产权。

(1)发表权,即决定作品是否公之于众的权利。

(2)署名权,即表明作者身份,在作品上署名的权利。

(3)修改权,即修改或授权他人修改作品的权利。

(4)保护作品完整权,即保护作品不受歪曲、篡改的权利。

(5)使用权和获得报酬权,即以复制、表演、播放、展览、发行、摄制电影、电视、录像或者改编、翻译、注释、编辑等方式使用作品的权利;以及许可他人以上述方式使用作品,并由此获得报酬的权利。

任务二　防治计算机病毒

任务要求

计算机病毒在网络时代无孔不入,成为危害计算机用户的一个主要因素。本任务要求了解计算机病毒的概念,了解计算机感染病毒的表现和防治的基本方法,并在实际应用中能够通过防治病毒软件来保护计算机系统。

相关知识

(一) 计算机病毒及其防治

随着计算机应用的推广和普及,以及国内外软件的大量流行,计算机病毒的滋扰愈加频繁,这些病毒还在继续蔓延,对计算机系统的正常运行造成严重威胁。为了保证计算机系统的正常运行和数据的安全性,防止病毒的破坏,计算机安全问题已受到广泛的关注和重视。计算机病毒不仅是计算机学术问题,而且是一个严重的社会问题。因此广大的计算机管理人员和应用人员不但要了解和掌握计算机知识,同时也应加深对计算机病毒的了解,掌握一些必要的计算机知识和防毒、杀毒方法。

1. 计算机病毒的概念

从广义上说,凡能够引起计算机故障,破坏计算机数据和系统正常运行的程序统称为计算机病毒。对计算机病毒的定义不尽相同,在 1994 年 2 月 18 日,我国正式颁布实施了《计算机信息系统安全保护条例》。在条例第二十八条中明确指出:"计算机病毒,是指编制或者在计算机程序中插入的破坏计算机功能或者毁坏数据,影响计算机使用,并能自我复制的一组计算机指令或者程序代码。"此定义对计算机病毒有了明确的说法,并具有法律性、权威性。因此可以得出结论:计算机病毒是一个程序,是一段可执行代码,具有独特的复制能力。它们能把自身附着在各种类型的文件上,当文件被复制或从一个用户传送到另一个用户时,它们就随同文件一起蔓延开来。随着网络的应用,互联网成为新的病毒传送途径。电子邮件是一个重要的通信工具,病毒利用它比以往任何时候都要扩展得快。附在电子邮件信息中的病毒,仅仅在几分钟内就可以感染整个企业。

(1) 计算机病毒的产生。

计算机病毒一般来自恶作剧、报复心理和版权保护等相关程序设计。某些爱好计算机并对计算机技术精通的人为了炫耀自己的高超技术和智慧,凭借对软硬件的深入了解,编制一些特殊的程序。这些程序通过载体传播出去后,在一定条件下被触发,如显示一些动画,播放一段音乐,或提问一些智力问答题目等,其目的无非是自我表现。这类病毒一般都是良性的,不会有破坏操作。

在现实社会中总有一些人对社会不满,如果这种情况发生在一个编程高手身上,那么他有可能会编制一些危险的程序。例如,国外有这样的事例:某公司职员在职期间编制了一段代码隐藏在其公司的系统中,一旦检测到他的名字在工资报表中删除,该程序立即发作,破坏整个系统。

在计算机发展初期，由于在法律上对于软件版权保护还没有像现今这样完善，很多商业软件被非法复制。有些开发商、软件公司及用户为保护自己的软件不被非法复制而采取了报复性惩罚措施，在产品中制作了一些特殊程序，对非法复制蓄意进行破坏。

此外，还有一些用于研究或有益目的而设计的程序，由于某种原因失去控制产生了意想不到的后果。

(2) 计算机病毒的发展历史。

1983年计算机病毒首次被确认，开始并没有引起人们的重视。直到1987年计算机病毒才开始受到世界范围内的普遍重视。我国于1989年在计算机界发现病毒。至今，全世界已发现近数万种病毒，并且还在迅速增加。总体来说，计算机病毒的发展历史可以划分为4个阶段。

① 第一代病毒产生的年限在1986~1989年之间，这一期间出现的病毒可以称为传统的病毒，是计算机病毒的萌芽和滋生时期。由于当时计算机的应用软件少，而且大多是单机运行环境，因此病毒没有大量流行，病毒的种类也很有限，病毒的清除工作相对来说较容易。这一阶段的计算机病毒主要有4个特点：第一，病毒攻击的目标比较单一，主要传染磁盘引导扇区或者可执行文件；第二，病毒程序采取截获中断向量的方式监视系统的运行状态，并在一定的条件下对目标进行传染；第三，病毒传染目标以后的特征比较明显，如磁盘上出现坏扇区，可执行文件的长度增加，文件建立日期、时间发生变化等，这些特征容易被人工或查毒软件所发现；第四，病毒程序不具有自我保护的措施，容易被人们分析和解剖，从而容易编制相应的杀毒软件。

② 第二代病毒又称为混合型病毒，其产生的年限在1989~1991年之间，它是计算机病毒由简单发展到复杂，由单纯走向成熟的阶段。计算机局域网开始应用与普及，许多单机应用软件开始转向网络环境，由于网络系统尚未有安全防护的意识，缺乏在网络环境下病毒防御的思想准备与方法对策，给计算机病毒带来了第一次流行高峰。这一阶段的计算机病毒主要有5个特点：第一，病毒攻击的目标趋于混合型，即一种病毒既可传染磁盘引导扇区，又可传染可执行文件；第二，病毒程序采取更为隐蔽的方法驻留内存和传染目标；第三，病毒传染目标后没有明显的特征；第四，病毒程序往往采取了自我保护措施，如加密技术、反跟踪技术，制造障碍，增加入门分析和解剖难度，同时也增加了软件检测、杀毒的难度；第五，出现许多病毒的变种，这些变种病毒较原病毒的传染性更隐蔽，破坏性更大。这一时期出现的病毒不仅在数量上急剧增加，更重要的是病毒从编制的方式、方法，驻留内存以及对宿主程序的传染方式、方法等方面都有了较大变化。

③ 第三代病毒称为"多态性"病毒或"自我变形"病毒，其产生的年限在1992~1995年之间。所谓"多态性"或"自我变形"的含义是指此类病毒在每次传染目标时，存入宿主程序中的病毒程序大部分是可变的，即在搜集到同一种病毒的多个样本中，病毒程序的代码绝大多数是不同的。由于这一特点，传统的利用特征码方法不能检测出此类病毒。

这个时期是病毒的成熟发展阶段。在这一阶段病毒开始向多维化方向发展，即传统病毒传染的过程与病毒自身运行的时间和空间无关，而新型的计算机病毒则将与病毒自身运行的时间、空间和宿主程序紧密相关，这无疑增加了计算机病毒检测和消除的困难。

④ 第四代病毒是20世纪90年代中后期产生的病毒。随着互联网的开通，病毒流行面更加广泛，迅速突破地域的限制。首先通过广域网传播至局域网内，再在局域网内传播扩散。1996年下半年随着国内互联网的大量普及和E-mail的使用，夹杂于E-mail内

的 Word 宏病毒已成为当前病毒的主流。由于宏病毒编写简单、破坏性强、清除困难,给清除工作带来了诸多不便。

这一时期病毒的最大特点是利用互联网作为其主要传播途径,病毒传播快、隐蔽性强、破坏性更大。

(3) 计算机病毒的特点。

① 传染性。计算机病毒具有广泛的传染性,一个计算机病毒能够主动将自身的复制品或变体传染到其他文件。正常的计算机程序不会将自身的代码强行连接到其他程序上,而病毒却能使自身的代码强行传染到一切符合其传染条件的未受到传染的程序上。病毒程序一旦进入系统与其中的程序接在一起,它就会在运行带病毒的程序之后再传染其他程序。这样一来,病毒会很快传染到整个系统、另一台计算机、一个局域网或者一个大型计算机中心的多用户系统,使它们成为病毒的生存环境及新的传染源。

② 隐蔽性。计算机病毒在传染和破坏过程中具有隐蔽性,它是在"合法"外衣下非授权加载到被感染对象。病毒程序与正常程序是不容易区别开来的,在其进入系统并破坏数据的过程中通常不易被用户感觉到,而发现有明显变化时,往往计算机病毒已经造成危害。一般在没有防护措施的情况下,计算机病毒程序取得系统控制权后,可以在很短的时间里传染大量程序,而且受到传染后,计算机系统通常仍能正常运行,使用户不会感到任何异常。试想,如果病毒在传染到计算机上之后,机器马上无法正常运行,那么它本身便无法继续进行传染了。正是由于隐蔽性,计算机病毒在用户没有察觉的情况下可以扩散到上百万台计算机中。大部分的病毒代码之所以设计得非常短小,也是为了隐藏。病毒一般只有几百至 1 K 字节,而计算机对文件的存取速度可达每秒百兆字节数量级以上,所以病毒瞬间便可将这短短的几百字节附到正常程序之中,使人很难察觉。

③ 潜伏性。大部分的病毒感染系统之后一般不会马上发作,它可长期隐藏在系统中,只有在满足其特定条件时才启动运行。如著名的"黑色星期五"每逢 13 号的星期五发作;国内的"上海一号"会在每年 3、6、9 月的 13 日发作。当然,最令人吃饭的便是 26 日发作的 CIH 病毒。这些病毒在平时会隐藏得很好,触发条件满足前,病毒在系统中没有表现症状,不影响系统的正常运行,一旦触发条件具备就会发作,给计算机系统带来巨大的破坏。

④ 破坏性。计算机病毒的破坏性主要有两个方面:一是占用系统的时间、空间资源;二是干扰或破坏系统的运行,破坏或删除程序或数据文件。任何病毒只要侵入系统,都会对系统及应用程序产生不同程度的影响。良性病毒可能只显示些画面或音乐、无聊的语句,或者根本没有任何破坏动作,但会占用大量系统资源。这类病毒较多,如 GENP、小球、W-BOOT 等。恶性病毒则有明确的目的,破坏数据、删除文件或加密磁盘、格式化磁盘,有的对数据造成不可挽回的破坏,这也反映出病毒编制者的险恶用心。

⑤ 针对性。一种计算机病毒并不能传染所有的计算机系统或程序,通常病毒的设计具有一定的针对性。例如,有传染 macintosh 机的、有传染微型计算机的、有传染 command.com 文件的、有传染扩展名为 com 或 exe 文件的病毒等。

⑥ 不可预见性。从对病毒的检测方面来看,病毒还有不可预见性。不同种类的病毒,它们的代码千差万别,但有些操作是共同的(如驻留内存、修改中断等)。有些人利用病毒的这种共性,制作了声称可查所有病毒的程序。这种程序的确可查出一些新病毒,但由于目前的软件种类极其丰富,且某些正常程序也使用了类似病毒的操作甚至借鉴了某

些病毒的技术。使用这种方法对病毒进行检测势必会造成较多的误报情况,而且病毒的制作技术也在不断提高,病毒相对反病毒软件永远是超前的。

2. 计算机病毒分类

从第一种病毒出现以来,究竟世界上有多少种病毒,说法不一。无论有多少种,病毒的数量仍在不断增加。据国外统计,计算机病毒以 10 种/周的速度在递增。另据我国公安部统计,国内以 4 种/月的速度在递增。从已发现的计算机病毒来看,小的病毒程序只有几十条指令,而大的病毒程序如同操作系统一样由上万条指令组成。对计算机病毒的分类方法很多,下面从不同角度进行分类。

(1) 按破坏性分。

① 良性病毒:表现为显示信息、奏乐、发出声响,能够自我复制,但不影响系统运行。

② 恶性病毒:主要封锁、干扰、中断输入/输出、使用户无法打印等,甚至中止系统运行。

③ 极恶性病毒:主要造成死机、系统崩溃、删除程序或系统文件,破坏系统配置导致无法重启。

④ 灾难性病毒:主要破坏分区表信息、主引导程序、文件分配表(File Allocation Table,FAT)、删除数据文件,甚至格式化硬盘等。

(2) 按传染方式分。

① 引导区型病毒:引导区型病毒主要通过软盘在操作系统中传播,感染引导区,蔓延到硬盘,并能感染到硬盘中的"主引导记录"。一旦硬盘中的引导区被病毒感染,病毒就试图感染每一个插入计算机的软盘引导区。

② 文件型病毒:文件型病毒是文件感染者,也称为寄生病毒。它运行在计算机存储器中,通常感染扩展名为 com、exe、sys 等类型的文件。每一次激活时,感染文件把自身复制到其他文件中,并在存储器中保留很长时间,直到病毒又被激活。在用户调用染毒的可执行文件时,病毒首先被运行,然后驻留内存传染其他文件。其特点是附着于正常程序文件,成为程序文件的一个外壳或部件,这是较为常见的传染方式。

③ 混合型病毒:混合型病毒具有引导区型病毒和文件型病毒两者的特点,既感染引导区又感染文件,因此扩大了传染途径(如 1997 年流行较广的"TPVO – 3783(SPY)")。

④ 宏病毒:宏病毒是指用 BASIC 语言编写的病毒程序并以宏代码的形式寄存在 Office 文档中。宏病毒影响对文档的各种操作。当打开 Office 文档时,宏病毒程序就被执行,这时宏病毒处于活动状态,当条件满足时,宏病毒便开始传染、表现和破坏。根据美国国家计算机安全协会的统计,宏病毒占全部病毒的 80%。在计算机病毒历史上它是发展最快的病毒。宏病毒与其他类型的病毒不同,它能通过电子邮件、软盘、Web 下载、文件传输等途径很容易地得以蔓延。

(3) 按连接方式分。

① 源码型病毒:此病毒较为少见,难以编写。因为它要攻击高级语言编写的源程序,在源程序编译之前插入其中,并随源程序一起编译、连接成可执行文件。此时生成的可执行文件便已经带病毒了。

② 入侵型病毒:此病毒可用自身代替正常程序中的部分模块或堆栈区。因此这类病毒只攻击某些特定程序,针对性强,一般情况下难以被发现,清除起来也较困难。

③ 操作系统型病毒:此病毒可用其自身部分加入或替代操作系统的部分功能。因其

直接感染操作系统,这类病毒的危害性也较大。

④ 外壳型病毒:此病毒通常将自身附在正常程序的开头或结尾,相当于给正常程序加了个外壳。大部分的文件型病毒都属于这一类。

(二)计算机感染病毒的表现

计算机感染病毒后,系统中的文件、运行程序会发生异常现象,通常表现如下。

1. 增加或减少文件长度

病毒程序在系统中产生新文件,改变某些文件属性,有时文件的长度会突然增加或减少。

2. 使系统运行异常或瘫痪

有一些病毒附在可执行文件中,运行该执行文件时有可能扩散这些病毒,删除磁盘上特定的可执行文件或数据,导致该磁盘不能引导系统;对特定文件进行加密或解密;改变系统的正常进程,执行过程中多加上一段病毒程序,尤其是该程序过多地占用 CPU 会导致运行速度减慢;使屏幕、蜂鸣器等设备发生异常;出现一些无法解释的异常运行,如打印机打印异常突然死机、软盘驱动器响声异常等。

3. 改变磁盘分配

计算机病毒会造成数据写入错误,特别是将文件读入内存时引起系统崩溃;使磁盘坏扇区增多,可用空间减少,有些程序或数据被破坏;磁盘空间无缘无故地减少。

4. 使磁盘的存储不正常

病毒程序破坏磁盘目录表或文件分配表 FAT,使读者在磁盘上的信息丢失。例如,大麻病毒会删除或改写磁盘的特定扇区或卷标,对整个磁盘或特定磁道、扇区进行格式化。

5. 减少可用内存空间

病毒是一段可执行程序,在磁盘上存放时不会对机器造成任何影响,只有进入内存才可能造成破坏,因此必然会减少内存的可使用空间。

(三)计算机病毒的防治方法

计算机病毒防治的关键是做好预防工作,即防患于未然;而预防工作从宏观上来讲是一个系统工程,要求全社会来共同努力。就国家而言,应当健全法律、法规来惩治病毒制造者,这样可减少病毒的产生。就各级单位而言,应当制定出一套具体措施,以防止病毒的相互传播。从个人的角度来说,每个人不仅要遵守病毒防治的有关规定,还应不断增长知识,积累防治病毒的经验,不仅不能成为病毒的制造者,而且不要成为病毒的传播者。在与病毒的对抗中,及早发现病毒很重要。早发现,早处置,可以减少损失。

1. 计算机病毒的检测

计算机病毒的检测通常采用手工检测和自动检测两种方法。手工检测是指通过一些软件工具(debug.com、pctools.exe、nu.com、sysinfo.exe 等)提供的功能进行病毒的检测。这种方法比较复杂,需要检测者熟悉机器指令和操作系统,因而无法普及。它的基本过程是利用一些工具软件,对易遭病毒攻击和修改的内存及磁盘的有关部分进行检查,通过与在正常情况下的状态进行对比分析,判断是否被病毒感染。用这种方法检测病毒,费时费力,但可以剖析新病毒,检测识别未知病毒,可以检测一些自动检测工具不能识别的新病毒。自动检测是指通过一些诊断软件来识别一个系统或一个软盘是否含有病毒的方法。

自动检测相对比较简单,一般用户都可以进行,但需要有较好的诊断软件。这种方法可以方便地检测大量病毒,但是,自动检测工具只能识别已知病毒,而且检测工具的发展总是滞后于病毒的发展,所以检测工具对未知病毒不能识别。

两种方法比较而言,手工检测方法操作难度大,技术复杂,它需要操作人员有一定的软件分析经验以及对操作系统有一定的深入了解。自动检测方法操作简单,使用方便,适合于一般的计算机用户学习使用。由于计算机病毒的种类较多,程序复杂,再加上不断出现病毒变种,因此自动检测方法不可能检测所有未知的病毒。在出现一种新型病毒时,如果现有的各种检测工具无法检测这种病毒,则只能用手工方法进行病毒的检测。其实,自动检测也是在手工检测成功的基础上把手工检测方法程序化后所得到的。因此,手工检测病毒是最基本和最有力的工具。

2. 计算机病毒的预防

计算机病毒的传染是通过一定途径实现的,为此必须重视,制定措施、法规,加强职业道德教育,树立牢固的计算机病毒预防思想,堵塞计算机病毒的传染途径。要采取"预防为主、防治结合"的八字方针,从加强管理入手,制定出切实可行的管理措施。由于计算机病毒的隐蔽性和主动攻击性,在目前的计算机系统环境下,特别是对于网络系统和开放式系统而言,要完全杜绝病毒的传染几乎是不可能的。因此,以预防为主,制订出一系列的安全措施,可大大减少病毒的传染,而且即使受到传染,也可以立即采取有效措施将病毒消除,使病毒的入侵率降低到最低限度,将病毒造成的危害减小到最低限度。总之,预防计算机病毒主要应从管理和技术两个方面进行。

(1)从管理上对病毒预防。

从管理上预防病毒、控制病毒的侵入,主要从如下几方面进行:

① 机器要有专人负责管理。

② 对所有系统软盘、工具软盘、程序软盘要进行写保护。

③ 对于外来的机器和软件要进行病毒检测。

④ 不使用来历不明的软件,不使用非法解密或复制的软件。

⑤ 谨慎地使用公用软件和共享软件。

⑥ 除原始的系统盘外,尽量不用其他软盘去引导系统。

⑦ 定期检测软、硬盘上的系统区和文件并及时消除病毒。

⑧ 系统中的数据盘和系统盘要定期进行备份。

⑨ 网络上的计算机用户,要遵守网络的使用规定,不能随意在网络上使用外来软件。

(2)从技术上对病毒预防。

前面讲述的管理措施能够在一定程度上预防和抑制计算机病毒的传播,但它是以牺牲数据共享的灵活性而换得的系统安全,这多少会给使用者带来一定程度的不便。因而要形成一种在管理方法、技术措施及安全性上都合理的折中方案,达到计算机系统资源的相对安全和充分共享,而不影响计算机运行效率。在技术手段上对病毒的预防有硬件保护和软件预防两种方法。

任何计算机病毒对系统的入侵都是利用内存提供的自由空间及操作系统提供的相应中断功能来达到传染目的的。因此,可以通过增加硬件设备来保护系统,此硬件设备既能监视内存中的常驻程序,又能阻止对外存储器的异常写操作,这样就能实现对计算机病毒预防的目的。目前普遍使用的防病毒卡就是一种硬件保护手段,将它插在主机板的I/O

插槽上,在系统的整个运行过程中密切监视系统的异常状态。

另一种方法是使用计算机病毒疫苗进行软件预防。计算机病毒疫苗是一种能够监视系统运行,发现某些病毒入侵时防止或禁止病毒入侵,当发现非法操作时及时警告用户或直接拒绝这种操作的不具备传染性的可执行程序。

如果发现计算机被病毒感染了,应立即清除掉病毒,通常有人工处理或反病毒软件两种方式。人工处理的方法有:用正常的文件覆盖被感染的文件;删除被病毒感染的文件;重新格式化磁盘,但这种方法有一定的危险性,容易造成对文件数据的破坏。用反病毒软件对病毒进行清除是一种较好的方法。这些反病毒软件操作简单、提示丰富、行之有效,但对某些病毒的变种不能清除,需要用专门的反病毒软件进行清除。

(3) 国内的计算机病毒疫情特点及其解决方案。

① 利用漏洞的病毒增多。漏洞是操作系统致命的安全缺陷,如果系统存在漏洞,即使有杀毒软件的保护,病毒依然可以长驱直入,对系统造成破坏。预防漏洞型病毒最好的办法就是及时为操作系统打上补丁,关闭不常用的服务,对系统进行必要的设置。

② 病毒向多元化和混合化发展。从病毒的发作来看,混合型病毒越来越多,它们集合了蠕虫、后门等功能,利用多种途径传播,危害极大。比如"爱情后门"就是一个混合型病毒,它属于蠕虫类病毒,不仅会通过邮件、网络进行传播,还会给系统开后门,对用户电脑进行远程控制。而这种病毒的最终目的不仅仅是为了使用户的计算机系统瘫痪,对于攻击者来说,用户存储在计算机上的机密资料对于他们更有价值。针对混合型病毒增多的趋势,未来的杀毒软件将是整体防御的全面解决方案。

③ 有网络特性的病毒增多。有网络特性的病毒开始增多,像蠕虫、木马(黑客)、脚本等类型的病毒,它们都通过网络进行传播。从统计数据上看,这3类病毒占了所有病毒总数的68%,其中,对个人计算机和企事业单位影响最大的是蠕虫和木马病毒,像"求职信"、"大无极"就属此类病毒。这类病毒会通过网络或邮件漏洞进行传播,从而阻塞网络,使服务器瘫痪。采用多用途实时监控是应对网络病毒泛滥的最佳措施。

④ 即时通信软件的病毒增加。随着上网聊天人数的增多,专门针对QQ、MSN等即时通信软件的病毒迅速增加,占普通病毒的10%以上。比如2003年影响比较大的专门偷盗QQ用户密码的病毒QQ传送者和QQ木马。2003年12月中旬,又出现了针对MSN的"请客"病毒和专门偷MSN密码的"MSN窃贼"病毒,这意味着,两大主流即时通信软件都开始遭受到病毒的威胁,用户使用即时通信软件越来越不安全。

面对这种情况,用户要提高自己的安全意识,比如对于即时通信软件上好友发送过来的网址和文件一定要小心。因为这可能是病毒发送的,好友并不知情。采取安全保护的办法,一是关注即时通信软件的升级报告,软件的每一次升级都会补上若干漏洞;二是在中毒之后,到专业的反病毒厂商网站上寻求专杀工具。

任务实现

(一) 启用 Windows 防火墙

Windows 防火墙顾名思义就是在 Windows 操作系统中系统自带的软件防火墙。计算机用户可以启用 Windows 防火墙来进行系统防护,操作如下所示。

(1) 从 Windows 7【开始】菜单处进入【控制面板】,如图2.2所示。

(2)单击【系统和安全】,即可找到【Windows 防火墙】功能,如图 2.3 所示。

图 2.2 【控制面板】选项卡

图 2.3 【系统和安全】选项卡

(3)单击【Windows 防火墙】,即可打开【Windows 防火墙】对话框,如图 2.4 所示。

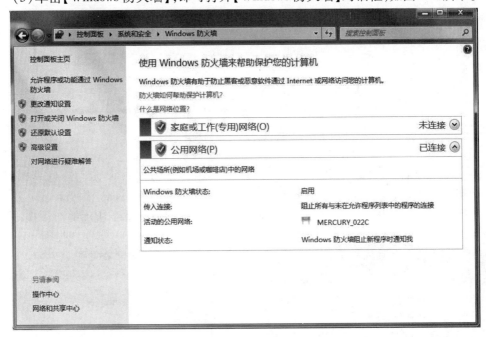

图 2.4 【Windows 防火墙】对话框

(4)在对话框的左侧有 5 项关联的设置:【允许程序或功能通过 Windows 防火墙】、【更改通知设置】、【打开或关闭 Windows 防火墙】、【还原默认设置】和【高级设置】。单击【允许程序或功能通过 Windows 防火墙】,打开图 2.5 所示的对话框,进行允许通过防火墙访问的程序设置,单击【确定】按钮,返回图 2.4。

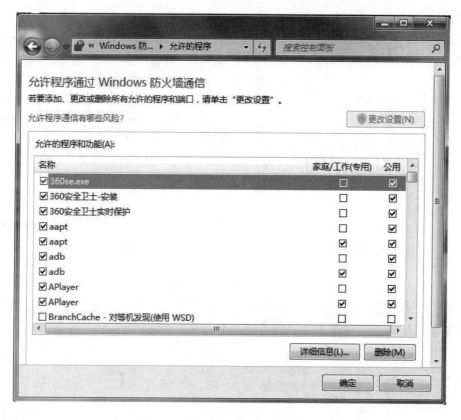

图 2.5 允许通过防火墙的程序设计

(5) 单击图 2.4 中的【更改通知设置】,打开图 2.6 所示的对话框,进行不同类型的网络位置的防火墙设置,单击【确定】按钮。

(6) 单击图 2.4 中的【打开或关闭 Windows 防火墙】,打开图 2.7 所示的对话框,进行防火墙的开启设置。

 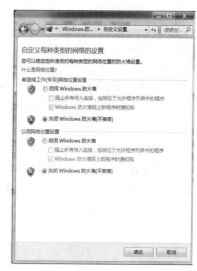

图 2.6 【更改通知设置】对话框　　图 2.7 【打开或关闭 Windows 防火墙】对话框

（7）单击图2.4中的【还原默认设置】，打开图2.8所示的选项卡，单击【还原默认设置】按钮，将防火墙的设置更改为系统默认的配置。

（8）单击图2.4中的【高级设置】，打开图2.9所示的选项卡，进行防火墙各类规则的设置。

图2.8 【还原默认设置】选项卡

图2.9 【高级设置】选项卡

(二)使用第三方软件保护系统

用户可以为计算机安装第三方软件进行系统保护。网上的防护软件种类较多，一款好的防护软件，不仅要提供可靠稳定的安全保障，同时还能屏蔽掉不必要的网络骚扰，软件本身更不应该不停地弹窗恐吓，对用户造成骚扰，安全软件不仅要能尽职尽责，更要做到不邀功、免打扰、安静轻松地保护用户安全，为用户们营造沉浸式的健康办公环境。

用户可以通过网络下载防护软件，在安装向导的指导步骤下，依次操作即可。

课后练习

1. 什么是防火墙？防火墙的工作原理是什么？
2. 什么是计算机病毒？
3. 计算机病毒的特点有哪些？
4. 计算机病毒的分类有哪几种？各有何特点？
5. 计算机感染病毒有哪些表现？

项目三　学习计算机硬件系统基础知识

计算机系统由硬件系统和软件系统两部分组成,硬件系统是指组成计算机的硬件,包括 CPU、主板、内存、显示器、硬盘、键盘和鼠标等设备。本项目将通过 3 个任务介绍计算机系统的硬件的组成、计算机的一般工作过程和输入设备的使用,为使用计算机打下坚实的基础。

学习目标

- 认识计算机的硬件系统
- 认识计算机的软件系统
- 使用鼠标和键盘

任务一　认识计算机的硬件系统

任务要求

计算机系统由硬件系统和软件系统组成,本任务要求认识计算机组成的基本结构,了解计算机的一般工作过程,认识微型计算机的硬件组成,认识常用的外部设备及其工作方式,以及了解微机的硬件配置与性能。

任务实现

(一)认识计算机组成的基本结构

计算机系统由硬件系统和软件系统两部分组成,硬件系统是指组成计算机的硬件,无论是微型计算机还是大型计算机,都是以"冯·诺伊曼"体系结构为基础的。"冯·诺伊曼"体系结构是被称为计算机之父的冯·诺伊曼所设计的计算机体系结构,该体系结构规定计算机系统主要由运算器、控制器、存储器、输入设备和输出设备等几部分组成。软件系统是指运行于硬件系统之上的计算机程序和数据,通过对硬件设备进行控制和操作来实现一定的功能,如图 3.1 所示。

其中,硬件系统的运算器是计算机对各种数据和信息进行算术和逻辑运算的部件,由各种逻辑电路组成;控制器控制计算机各部分协调工作;存储器是计算机系统中的记忆设备,用来存放程序和数据,以及计算机中的全部信息,包括输入的原始数据、计算机程序、中间结果和最终运行结果都保存在存储器中;输入设备是向计算机输入数据和信息的设备,是计算机与用户或其他设备通信的桥梁,是用户和计算机系统之间进行信息交换的主要装置之一,用于把原始数据和处理这些数据的程序输入到计算机中;输出设备的作用是将存储器中已经处理后的信息以能为人或其他设备所接受的形式进行输出。

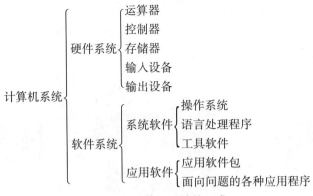

图 3.1　计算机系统的组成

(二)了解计算机的一般工作过程

计算机的一般工作过程为:控制器向输入设备发出指令,输入数据经输入设备输入到存储器中;控制器向存储器、运算器发出指令,运算器将数据由存储器读入运算器,进行运算;运算结束后,将运算结果写入存储器中;控制器向输出设备发出指令,运算结果经输出设备输出,如图 3.2 所示。

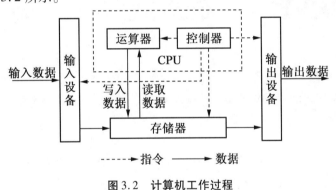

图 3.2　计算机工作过程

(三)认识微型计算机的硬件组成

1. 微机处理器

在计算机中,最重要的硬件是中央处理器(Central Processing Unit,CPU)。CPU 是计算机进行运算的核心,是整个计算机系统的指令中枢。它负责计算机系统指令的执行、运算以及数据存储、传送和输入/输出操作指令的控制,在计算机系统中相当于"大脑",是用来控制计算机中其他设备运行的"总指挥"。

(1) CPU 的发展。

CPU 从最初发展至今已经有 40 多年的历史,按照其处理信息的字长,可以将 CPU 分为 4 位微处理器、8 位微处理器、16 位微处理器、32 位微处理器和 64 位微处理器。

1971 年,Intel 公司推出了世界上第一款微处理器 4004,这是第一个可用于微型计算机的 4 位微处理器,如图 3.3 所示。随后 Intel 又推出了 8 位处理器 8008,如图 3.4 所示。1978 年,Intel 公司制造出第一款 16 位微处理器 8086,如图 3.5 所示。1985 年,Intel 公司正式发布了划时代的 32 位处理器 80386DX,如图 3.6 所示。2003 年,AMD 公司发布了第一款应用于 PC 的 64 位处理器 Athlon 64,如图 3.7 所示。2002 年,中国神州龙芯公司推出了 32 位处理器龙芯 1 号;2003 年,发布 64 位处理器龙芯 2 号;2019 年,发布龙芯 3A4000(图 3.8)/3B4000。

图 3.3　Intel 的 4004 芯片

图 3.4　Intel 的 8008 芯片

图 3.5　Intel 的 8086 芯片

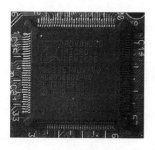
图 3.6　Intel 的 80386DX 芯片

图 3.7　AMD 的 Athlon 64 芯片

图 3.8　龙芯 3A4000 芯片

(2) CPU 的结构。

CPU 的性能与它的内部结构、硬件配置有关。CPU 由基本控制单元、算术逻辑单元及寄存器组成,各部件的主要功能如下。

① 基本控制单元。

基本控制单元又称为控制器,主要用于控制计算机的操作和数据处理功能的执行,如读取各种指令、分析指令、执行指令。

② 算术逻辑单元。

算术逻辑单元(Arithmetic and Logic Unit,ALU)又称为运算器,主要用于完成计算机的数据处理功能,如算术运算(加法、减法、乘法、除法、乘方、取模运算等)、逻辑运算(逻辑与、逻辑或、逻辑非等运算)。

③ 寄存器。

CPU 进行运行时,必须将指令和数据由内存传输到寄存器,在寄存器中进行各种运算。寄存器用于提供 CPU 内部的存储功能,临时存储访问地址、执行指令、操作数据和计算结果。

④ CPU 总线。

CPU 总线是实现基本控制单元、算术逻辑单元及寄存器之间通信的物理基础。

(3) CPU 的性能指标。

CPU 的性能高低影响整台计算机系统处理数据的速度,主要性能指标是频率和字长。

① CPU 的频率。

CPU 的频率是指计算机运行时的工作频率,也叫 CPU 的主频或 CPU 的时钟频率,CPU 的频率表示 CPU 内部数字脉冲信号振荡的速度,代表了 CPU 的实际运算速度,单位是 Hz。CPU 的频率越高,CPU 在一个时钟周期内所能完成的指令数就越多,CPU 的运算速度也就越快,CPU 实际运行的频率与 CPU 的外频和倍频有关。外频即 CPU 的基准频率,是 CPU 与主板之间同步运行的速度。外频速度高,CPU 就可以同时接收更多的来自外围设备的数据,从而使整个系统的速度进一步提高。倍频是 CPU 运行频率与系统外频之间差距的参数,也称为倍频系数,通常简称为倍频。在相同的外频下,倍频越高,CPU 的频率就越高。CPU 的频率计算公式为:CPU 的实际频率 = 外频 × 倍频。

② CPU 的位和字长。

在计算机技术中,CPU 在单位时间内(同一时间)能一次处理的二进制数的位数叫字长。能处理字长为 8 位数据的 CPU 通常就叫 8 位的 CPU,即 32 位的 CPU 能在单位时间内处理字长为 32 位的二进制数据。

2. 内存储器

内存储器(Memory)简称为内存,是计算机运行的核心组件之一。内存用于暂时存放 CPU 中的运算数据,以及与硬盘等外部存储器交换的数据。只要计算机在运行中,CPU 就会把需要运算的数据由内存调到运算器中进行运算;当运算完成后 CPU 再将结果传送到内存,内存的稳定也决定了计算机的稳定运行。

(1) 内存的外观。

内存由内存芯片、电路板、金手指等部分组成,如图 3.9 所示。其中,内存芯片是内存中最重要的元件,用于临时存储数据;电路板用于承载和焊接内存芯片;内存缺口与内存插槽中的防凸起设计配对,防止内存错误插入;金手指是内存与主板进行连接的"通道";内存卡槽用于将内存固定在内存插槽中。

图 3.9　内存的外观

(2) 内存的分类。

内存可以按照读写方式的不同分为随机存取存储器(Random Access Memory,RAM)和只读存储器(Read Only Memory,ROM)两类。

① RAM。

RAM 可以分为两种,一种是动态随机存取存储器(Dynamic RAM,DRAM),它具有集成度高、结构简单、功耗低及生产成本低等特点,主要应用在计算机的主存储器中,如内存和显示内存(显存);另一种是静态随机存取存储器(Static RAM,SRAM),其结构相对较复杂、造价高、速度快,所以一般 SRAM 多应用于高速小容量存储器中。在 RAM 中存储的内容可通过指令随机读写访问,但是 RAM 中存储的数据在断电时会丢失,因而只能在运行时存储数据。

② ROM。

ROM 的特点是价格高、容量小,而且一般只能从中读取信息而不能写入信息。但是 ROM 保存的数据在断电后可保持不变,因此多用于存放一次性写入的程序或数据,如用于存储主板和显卡等基本输入/输出系统(Basic Input Output System,BIOS)芯片的相关信息。

(3)内存的性能指标。

计算机的内存容量通常是指随机存储器(RAM)的容量,是内存条的关键性参数。内存的主要性能指标有容量、工作电压、运行频率、存取时间、运行频率、延迟、数据位宽度和带宽等。

内存容量表示内存可以存放数据的空间大小,内存的容量一般都是 2 的整次方倍,系统对内存的识别是以 Byte(字节)为单位,每个字节由 8 位二进制数组成,即 8 bit(比特,也称"位")。按照计算机的二进制方式,1 Byte = 8 bit;1 KB = 1024 Byte;1 MB = 1024 KB;1 GB = 1024 MB;1 TB = 1024 GB。在 286、386 和 486 时代的内存都以 KB 为单位,通常只有几百 KB 或者几千 KB。目前内存大多以 GB 为单位,现在市面上常见的内存容量规格为 4 GB、8 GB 或 16 GB。

3. 主板

主板(Main Board)是计算机中连接其他组件的设备。主板又称为母板(Mother Board)或系统板(System Board),它是主机中最重要的一块电路板,为计算机中的其他部件提供插槽和接口。计算机中的 CPU、内存、显卡、声卡等部件都是通过插槽安装在主板上的,软驱、硬盘和光驱等设备通过不同的接口连接到主板上。主板使得计算机各组件间有了联系,这样各组件才能在 CPU 的协调下共同工作。各种周边设备都能通过主板紧密连接在一起,形成一个有机整体,因此计算机能否稳定工作的首要条件就要看主板的工作是否稳定。

(1)主板的分类。

主板按各种电器元件布局、排列方式的不同以及在不同机箱中的配套模式,可以分为 AT/Baby AT、ATX、Micro ATX 和 BTX 等型号。

① AT 主板。

AT 主板首先应用在 IBM 的计算机上,后来发展为 Baby AT 结构。与 AT 主板相比,Baby AT 主板增大了主板面积,元器件的布局也更合理、更紧凑,同时还支持 AT/ATX 电源。不过这种类型的主板因不能适应计算机的发展需求,已经被淘汰。

② ATX 主板。

ATX 主板广泛应用于家用计算机,是目前主板结构的主流。该类主板比 AT 主板设计更为先进、合理,与 ATX 电源结合得更好。ATX 主板的面积比 AT 主板要大一些,软驱和 IDE 接口都被移到了主板中间,键盘和鼠标接口也由 COM 接口换成了 PS/2 接口,并且直接将 COM 接口、打印接口和 PS/2 接口集成在主板上。

③ Micro ATX 主板。

Micro ATX 主板是 ATX 规格的一种改进,这种类型的主板尺寸较小,配合相应大小的机箱,不但节约制造成本,也节省空间;但这种主板的 PCI 接口较少,扩展性较差。

④ BTX 主板。

BTX 主板是 ATX 主板的改进型,它使用窄板设计,窄板设计能使部件的布局更加紧凑;针对机箱内外气流的运动特性,主板工程师们对主板的布局进行了优化设计,因此能使计算机的散热性能和效率更高,噪声更小;主板的安装拆卸也变得更加简便。BTX 在一开始就制定了 3 种规格,分别是 BTX、MicroBTX 及 PicoBTX,3 种规格的 BTX 宽度都相同,都是 266.7 mm,不同之处在于主板的长度大小和扩展性有所不同。

(2) 主板的结构。

主板是一块矩形的电路板,一般由 4 层以上的印刷电路板组成。在主板上分布着众多的电容、电阻、电感等元件和 CPU 插槽、内存插槽、PCI 插槽等。有些主板上面还集成了显示芯片、音效芯片和网络芯片。主板结构如图 3.10 所示。

① 主板上的接口。

主板上的接口一般有 IDE 接口、SATA 接口和软驱接口。这些接口主要用于输入/输出,在输入/输出接口中进行详细介绍。

② 主板上的插座。

主板上的插座主要有 CPU 插座和电源插座。CPU 插座是放置并固定 CPU 的地方,当 CPU 放置在 CPU 插座上后,插座周围的支架可固定 CPU 的散热片。根据主板支持的 CPU 不同,CPU 插座也不同,其主要表现在 CPU 针脚数的不同。在 CPU 插座的一角有一个缺口,这与 CPU 上一角的缺口相对应,以防止将 CPU 的方向插错。电源插座用来将电源连接到主板上,让电源给主板供电。在 ATX 主板上,电源插座的形状为长方形两排 2D 针插口。

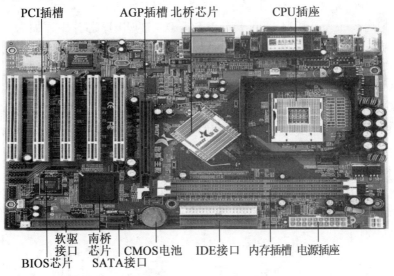

图 3.10 主板结构

③ 主板上的插槽。

主板上的插槽类型比较多,一般常用的有 AGP 插槽、内存插槽、PCI 插槽及 PCI Express 插槽。图形加速端口(Accelerated Graphics Port,AGP)插槽是专用的显卡插槽。主板上一般只有一个 AGP 插槽。它可以通过快捷的总线速度和系统内存作为扩展显存来加速显卡三维图像及动画的处理能力,让视频处理器与系统内存直接相连,避免经过窄带宽的外围设备互连总线而形成系统瓶颈,同时提高了三维图形图像的数据传输速度。

内存插槽是主板上用来固定内存条的插槽,主要有 SIMM 插槽和 DIMM 插槽两种。单内联内存模块(Single Inline Memory Module,SIMM)针脚一共是 72 针,也被称为 72 线内存条插槽。双列直插式存储模块(Dual Inline Memory Module,DIMM)有 168 条引脚,故称为 168 线内存条,提供了 64 位的数据通道。DIMM 插槽要比 SIMM 插槽长一些,内存芯片的工作电压一般为 3.3 V,现在大多数计算机使用的都是 DIMM 插槽。

外设部件互连(Peripheral Component Interconnect,PCI)总线是一个先进的高性能局部总线,通常工作频率为 33/66 MHz。主板上的 PCI 插槽一般有 3~5 个,常见的 PCI 卡有声卡、网卡、电视卡和内置 Modem 等。PCI Express 总线是 PCI 扩展总线的下一代升级标准,简称 PCI-E。该总线采用点对点技术,能够为每一个设备分配独享通道带宽,不需要在设备之间共享资源,这样充分保障了各设备的宽带资源,从而提高了数据传输速率。

④ 主板的芯片组。

CPU 通过主板芯片组对主板上的各个部件进行控制,因此主板芯片组是整块主板的核心所在,一般主板都是依据主板芯片组来区分的。主板的芯片组是由北桥芯片和南桥芯片组成的。北桥芯片是主板上最大、最重要的芯片,通常位于 CPU、内存、AGP 插槽之间。北桥芯片是 CPU 与外围设备之间联系的纽带,负责控制主板,决定主板可以支持 CPU 的种类、内存类型和容量等。南桥芯片是主板的第二大芯片,通常位于 PCI 插槽旁边。南桥芯片主要负责控制设备的中断、各种总线和系统的传输性能,让所有的资料都能有效传递。

⑤ BIOS 芯片和 CMOS 电池。

BIOS 芯片即"基本输入/输出系统"芯片。在 BIOS 芯片中保存着自检和系统自举、基本输入/输出程序等最基本、最重要的参数。现在的 BIOS 芯片中还加入了 CPU 参数、内存参数、芯片组参数等信息,并且能实时监控系统的运行情况,BIOS 的功能变得越来越强大。

CMOS 电池为 BIOS 芯片供电,以存储 BIOS 信息。当计算机处于开机状态时,BIOS 芯片由计算机电源供电;关机时,BIOS 芯片由 CMOS 电池供电。当 CMOS 电池没有电时,BIOS 芯片中的信息就会丢失。这样在开机时系统会给出相关提示,并重新设置 BIOS 后才能正常运行计算机。

⑥ 主板的外部接口。

在主板上还有许多外部接口,主板安装在机箱中,外部接口一般位于机箱的背面。常见的外部接口有 PS/2 接口、USB 接口、串行接口、并行接口、集成网卡接口和集成声卡接口,如图 3.11 所示。

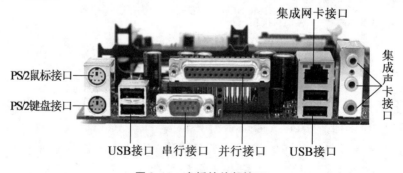

图 3.11 主板的外部接口

4. 总线

所谓总线（Bus），一般指将信息从一个或多个源部件传送到一个或多个目的部件的一组传输线，是电脑中传输数据的公共通道。由于计算机内部的主要工作过程是信息传送和加工过程，因此在机器内部各部件之间的数据传送非常频繁。为了减少内部的传输线和便于控制，通常将一些寄存器之间数据传送的通路加以归并，使不同来源的信息在此传输线上分时传送。计算机中的总线一般分为内部总线，系统总线和外部总线 3 类。按照传输数据的方式划分，可以分为串行总线和并行总线。串行总线中，二进制数据逐位通过一根数据线发送到目的器件；并行总线上，二进制数据可以同时传输多位，因此并行总线的数据线通常超过两根。

（1）内部总线（Internal Bus）。

内部总线将处理器的所有结构单元内部相连。它的宽度可以是 8、16、32 或 64 位。在 CPU 内部，寄存器之间、算术逻辑部件 ALU 与控制部件之间传输数据所用的总线称为片内总线（即芯片内部的总线）。目前比较流行的几种内部总线技术如下。

① I2C 总线。I2C（Inter – IC）总线由 Philips 公司推出，是近年来在微电子通信控制领域广泛采用的一种新型总线标准，具有接口线少、控制方式简化、速率较高等优点。在主从通信中，可以有多个 I2C 总线器件同时接到 I2C 总线上，通过地址来识别通信对象。

② SPI 总线。串行外围设备接口 SPI（Serial Peripheral Interface）总线技术是 Motorola 公司推出的一种通信接口。Motorola 公司生产的绝大多数微控制器都配有 SPI 硬件接口。SPI 总线是一种三线同步总线，因其硬件功能很强，所以与 SPI 有关的软件相当简单，使 CPU 有更多的时间处理其他事务。

③ SCI 总线。串行通信接口（Serial Communication Interface，SCI）总线也是由 Motorola 公司推出的，它是一种通用通信接口。

（2）系统总线。

系统总线包含 3 种不同功能的总线，即数据总线（Data Bus，DB）、地址总线（Address Bus，AB）和控制总线（Control Bus，CB）。

① 数据总线。数据总线 DB 用于传送数据信息。数据总线是双向三态形式的总线，它既可以把 CPU 的数据传送到存储器或 I/O 接口等其他部件，也可以将其他部件的数据传送到 CPU。数据总线的位数是微型计算机的一个重要指标，通常与 CPU 的字长一致。例如，Intel 8086 字长为 16 位，其数据总线宽度也是 16 位。需要指出的是，数据的含义是广义的，它可以是真正的数据，也可以是指令代码或状态信息，有时甚至是一个控制信息，因此，在实际工作中，数据总线上传送的并不一定仅仅是真正意义上的数据。

② 地址总线。地址总线是专门用来传送地址的，因为地址只能从 CPU 传向存储器或 I/O 端口，所以地址总线总是单向三态的，这与数据总线不同。地址总线的位数决定了 CPU 可直接寻址的内存空间大小，比如 8 位微机的地址总线为 16 位，则其最大可寻址空间为 $2^{16}=64$ KB，16 位微型机的地址总线为 20 位，其可寻址空间为 $2^{20}=1$ MB。一般来说，若地址总线为 n 位，则可寻址空间为 2^n 字节。

③ 控制总线。控制总线 CB 用来传送控制信号和时序信号。控制信号中，有的是微处理器送往存储器和 I/O 接口电路的，如读/写信号、片选信号、中断响应信号等；有的是其他部件反馈给 CPU 的，如中断申请信号、复位信号、总线请求信号、设备就绪信号等。因此，控制总线的传送方向由具体控制信号而定，一般是双向的，控制总线的位数要根据

系统的实际控制需要而定。

(3) 外部总线(External Bus)。

外部总线即通常所说的片外总线,是 CPU 与内存 RAM、ROM 和输入/输出设备接口之间进行通信的通路,可分为以下几类。

① RS-232-C 总线。RS-232-C 是美国电子工业协会(Electronic Industry Association,EIA)制定的一种串行物理接口标准。RS 是英文"推荐标准 Recommended Standard"的缩写,232 为标识号,C 表示修改次数。RS-232-C 总线标准设有 25 条信号线,包括一个主通道和一个辅助通道,在多数情况下主要使用主通道,对于一般双工通信,仅需几条信号线就可实现,如一条发送线、一条接收线及一条地线。RS-232-C 标准规定的数据传输速率为每秒 50 bit、75 bit、100 bit、150 bit、300 bit、600 bit、1200 bit、2400 bit、4800 bit、9600 bit、19200 bit。RS-232-C 标准规定,驱动器允许有 2500 pF 的电容负载,通信距离将受此电容限制,例如,采用 150 pF/m 的通信电缆时,最大通信距离为 15 m;若每米电缆的电容量减小,通信距离可以增加。传输距离短的另一原因是 RS-232 属单端信号传送,存在共地噪声和不能抑制共模干扰等问题,因此一般用于 20 m 以内的通信。

② RS-485 总线。在要求通信距离为几十米到上千米时,广泛采用 RS-485 串行总线标准。RS-485 采用平衡发送和差分接收,因此具有抑制共模干扰的能力。加上总线收发器具有高灵敏度,能检测低至 200 mV 的电压,故传输信号能在千米以外得到恢复。RS-485 采用半双工工作方式,任何时候只能有一点处于发送状态,因此,发送电路需由使能信号加以控制。RS-485 用于多点互联时非常方便,可以省掉许多信号线。应用 RS-485 可以联网构成分布式系统,其允许最多并联 32 台驱动器和 32 台接收器。

③ IEEE-488 总线。上述两种外部总线是串行总线,而 IEEE-488 总线是并行总线接口标准。IEEE-488 总线用来连接系统,如计算机、数字电压表、数码显示器等设备,其他仪器仪表均可用 IEEE-488 总线装配起来。它按照位并行、字节串行双向异步方式传输信号,连接方式为总线方式,仪器设备直接并联于总线上而不需中介单元,但总线上最多可连接 15 台设备。最大传输距离为 20 m,信号传输速度一般为 500 KB/s,最大传输速度为 1 MB/s。

④ USB 总线。通用串行总线(Universal Serial Bus,USB)是由 Intel、Compaq、Digital、IBM、Microsoft、NEC、Northern Telecom 7 家世界著名的计算机和通信公司共同推出的一种新型接口标准。它基于通用连接技术,实现外设的简单快速连接,达到方便用户、降低成本、扩展计算机连接外设范围的目的。它可以为外设提供电源,而不像其他使用串行口、并行口的设备需要单独的供电系统。另外,快速是 USB 技术的突出特点之一,USB 1.1 的最高传输率可达 12 Mbit/s 比串行口快 100 倍,比并行口快近 10 倍,而且 USB 还能支持多媒体。

5. 硬盘接口

微机常用的硬盘接口一般有 IDE 接口、SATA 接口和 SCSI 接口。

IDE(Integrated Device Electronics)接口是一种硬盘的传输接口,它有另一个名称叫 ATA(AT Attachment),它的本意是指把"硬盘控制器"与"盘体"集成在一起的硬盘驱动器。把盘体与控制器集成在一起的做法减少了硬盘接口的电缆数目与长度,数据传输的可靠性得到了增强,硬盘制造起来变得更容易,因为硬盘生产厂商不需要再担心自己的硬盘是否与其他厂商生产的控制器兼容。对用户而言,硬盘安装起来也更为方便。IDE 接口技术从诞生至今一直在不断发展,性能也不断提高,其拥有价格低廉、兼容性强的特点,造就了其他类型硬盘无法替代的地位。一块主板上一般有两个 IDE 接口,分别称为 IDE1

和 IDE2，为了方便用户确认，许多主板的 IDE 接口分别用不同的颜色来标识。

SATA(Serial ATA)的含义为串行 ATA 接口，该接口技术作为一种新型的硬盘接口技术于 2000 年初由 Intel 公司率先提出。与传统的 IDE 接口相比，SATA 接口具有更快的外部接口传输速度，数据校验措施更为完善，目前正逐渐成为市场主流。与传统的 IDE 接口相比，SATA 接口的优势有：SATA 接口的传输速率为 150 Mbit/s，随着技术的发展，SATA 硬盘的传输速率还将成倍提高；可以热插拔，使用非常方便；易于连接，布线简单，有利于散热；不受主盘和从盘设置的限制，可以连接多个硬盘。

小型计算机系统接口(Small Computer System Interface, SCSI)是同 IDE(ATA)完全不同的接口，IDE 接口是普通 PC 的标准接口，而 SCSI 并不是专门为硬盘设计的接口，是一种广泛应用于小型机上的高速数据传输技术。SCSI 接口具有应用范围广、多任务、带宽大、CPU 占用率低，以及热插拔等优点，但较高的价格使得它很难如 IDE 硬盘般普及，因此 SCSI 硬盘主要应用于中、高端服务器和高档工作站中。

(四)认识常用的外部设备及其工作方式

计算机系统的外部设备有硬盘、光盘、U 盘、键盘、鼠标、显示器、手写板、扫描仪、打印机、移动硬盘等。硬盘、光盘和 U 盘是常用的外存储设备，键盘和鼠标是最常用的输入设备，显示器是标准输出设备。

1. 硬盘

硬盘是计算机系统中用来存储大容量数据的设备，可以把它看作计算机系统的仓库，其存储信息量大，安全系数高，是长期保存数据的首选设备。硬盘的外观就像一个方形盒子，如图 3.12 所示。硬盘的正面是它的铭牌，记录了硬盘的型号、产品序列号等信息；硬盘的背面可以看到硬盘的控制芯片和集成电路。硬盘对密封性要求很高，当硬盘工作时，盘片会高速转动，如果硬盘内部存在灰尘，那么小小的灰尘将会使高速旋转的盘片受到毁灭性的破坏，因此绝对不允许轻易打开硬盘导致灰尘进入。

在硬盘内部(图 3.13)，盘片被固定在主轴电机上并随主轴电机一起旋转，磁头不停地做径向运动，进行数据的读/写操作。在硬盘中，每个磁片的上下两面各有一个磁头，它们与磁片并不接触，磁头和盘片之间的距离极其微小，比一根头发丝的直径还要小，如果磁头碰到高速旋转的磁片，会破坏表面的涂层和存储的数据，磁头也会损坏，所以在硬盘通电的情况下不要移动主机。

图 3.12　硬盘外观

图 3.13　硬盘内部结构

(1) 硬盘存储信息方式。

盘片的每面被划分为多个同心圆,称为磁道。磁道按照由外向内的次序从零开始编号。每个磁道被划分成多个存储信息的扇区,扇区是硬盘上存储信息的基本单位,每个扇区的存储容量固定为 512 字节。硬盘的多个盘片上具有相同编号的磁道形成一个圆柱,被称为一个柱面,所以在硬盘中只有柱面、盘面和扇区。

(2) 硬盘的性能参数。

硬盘的性能参数有单碟容量、硬盘转速、平均寻道时间、平均访问时间、内部数据传输率和外部数据传输率等。

① 单碟容量。

一张盘片具有上下两个存储面,两个存储面的存储容量之和就是硬盘的单碟容量。硬盘的单碟容量取决于盘片的平滑程度、盘片表面磁性物质质量和磁头类型。一般情况下盘片表面越光滑,表面磁性物质的质量就越好,磁头技术就越先进,单碟容量就越大。目前,单碟容量已经达到 4 TB 以上。

② 硬盘转速。

硬盘转速是指硬盘内主轴电机的转动速度,理论上来说转速越快,硬盘读取数据的速度也就越快,但是速度的提升会产生更大的噪声和热量,所以硬盘的转速是有一定限制的。

③ 平均寻道时间(Average Seek Time)。

平均寻道时间是指硬盘磁头移动到相应数据所在柱面时所用的时间,以毫秒(ms)为计算单位。现大多数硬盘的平均寻道时间在 6~14 ms 之间。平均寻道时间越短越好,现在选购硬盘时应该选择平均寻道时间低于 9 ms 的产品。

④ 平均访问时间(Average Access Time)。

平均访问时间是指磁头找到指定数据的平均时间,计算单位为毫秒(ms)。平均访问时间越短越好,一般硬盘的平均访问时间在 11~18 ms 之间,现在选购硬盘时应该选择平均访问时间低于 15 ms 的产品。

⑤ 内部数据传输率(Internal Transfer Rate)。

内部数据传输率也称为持续传输率(Sustained Transfer Rate),单位是 MB/s,指硬盘将目标数据记录在盘片上的速度,一般取决于硬盘的盘片转速和盘片上存储数据的线密度。

⑥ 外部数据传输率(External Transfer Rate)。

外部数据传输率指计算机通过接口将数据交给硬盘的传输速度,其速度比内部数据传输率快得多,在硬盘特性表中常以数据接口速率代替外部数据传输率,单位为 MB/s。

2. 光盘

光存储设备是计算机中重要的数据存储/传输设备,光存储设备所使用的数据存放介质被称为光盘,光盘具有容量大、数据保存时间长、不易破坏和成本低廉等优点。光存储设备又被称为光盘驱动器,简称光驱。按读取(或写入)光盘的类型可以将光存储设备分为 CD - ROM、DVD - ROM 和刻录机。CD - ROM 能读取 CD 和 VCD(Video Compact Disc)格式的光盘,以及 CD - R(CD - Recordable)格式的刻录光盘,是计算机的主要输入设备之一,具有价格便宜、稳定性好等特点。DVD - ROM 为了防止盗版,在 DVD 光驱中加入了区位码识别机制,DVD 光盘也包含有区位码,只有在 DVD 光驱和盘片的区位码相同时,DVD 光驱才可以读取 DVD 光盘进行播放,如果盘片没有包含区位码,则任何一个 DVD 光驱都可以播放。刻录机既可以读取光盘中的信息,也可以将信息刻录到光盘上存储。

(1) 光盘存储器的工作原理。

光存储设备的数据存放介质是光盘,光存储设备在工作时分为读取数据和刻录数据两个过程,下面将分别介绍其工作原理。

① 读取数据。

光存储设备在读取光盘中的数据时,发光二极管会产生波长为 $0.54 \sim 0.68~\mu m$ 的激光光源,光线经过处理后照射在光盘上,由光盘的反射层将光束反射回来,再由光存储设备中的光检测器捕获到这些光信号。光盘上存在着"凹点"和"凸点"两种状态,它们的反射信号正好相反,这两种不同的信号很容易就能被光监测器识别,在光驱中有专门的部件将它们转换并校验,再交给光存储设备中的控制芯片处理,然后就会在计算机中得到光盘中的数据。

② 刻录数据。

只有刻录机才能在特定的光盘中刻录数据。刻录数据是在聚碳酸酯制成的片基上喷涂了一层染料层,激光头根据刻写数据的不同控制发射激光束的功率,使部分染料受热分解,在空白的光盘上用高温"烧刻"出可供读取的反光点。

(2) 光盘的性能。

衡量光驱性能指标的最重要参数是数据传输率,其他还有平均寻道时间、CPU 占用时间、接口类型及纠错能力等。

① 数据传输率。

在制定 CD-ROM 标准时,把 150 KB/s 的传输率定为标准的 1× 倍速,后来驱动器的传输速率越来越快,就出现了 40×、50× 甚至 52× 倍速的光驱。对于 50× 倍速的 CD-ROM 驱动器来说,理论上的数据传输率应为:150 KB/s × 50 = 7500 KB/s。

虽然高速光驱的传输速度快,但高速运转的光驱对 CPU 资源的占用率比较高,且噪声、耗电量和发热量会相应增加,所以倍速不是评判光驱的唯一标准。

② 平均寻道时间。

平均寻道时间是指光驱的激光头从初始位置移到指定数据扇区,并把该扇区上的第一块数据读入高速缓存所用的时间。该值越小越好,一般应该在 80~90 ms。

③ CPU 占用时间。

CPU 占用时间是指光驱在进行数据传输时 CPU 的占用率,当然是 CPU 占用时间越短越好,表示光驱能自动处理大量的数据。在光驱全速运行、试图读取质量不好的光盘数据或抓取 CD 音轨时,CPU 的占用时间会明显增加。

④ 接口类型。

目前市面上的光驱接口主要有 IDE、SCSI 和 USB 等。后两种接口的传输速度较快,但是 SCSI 接口的 CD-ROM 价格较贵、安装较复杂,且需要专门的转接卡,因此对一般用户来说应尽量选择 IDE 接口的光存储设备。

⑤ 纠错能力。

纠错能力是指光驱对一些数据区域不连续的光盘进行读取时的适应能力。纠错能力强的光驱,能很容易跳过一些坏的数据区,而纠错能力差的光驱在读取坏数据区域时会感觉非常吃力,容易导致系统停止响应或死机等。

3. U盘

U盘即USB(Universal Serial Bus)盘的简称,是闪存的一种,闪存盘是我国在计算机存储领域的原创性发明专利成果。哈尔滨朗科科技有限公司发明了世界上第一款闪存盘,并因此荣获闪存盘全球基础性发明专利,U盘(USB flash disk)是其注册的闪存盘商标。U盘有USB接口,是USB设备,最大的特点是小巧便于携带、存储容量大、价格便宜,是移动存储设备之一。USB接口是一种外围设备与计算机主机相连的接口类型,具有USB接口的设备可以在电脑上即插即用(即插即用有时也叫热插拔)。如果某个设备是USB接口,那么它可以随时插入电脑主机,不管电脑此时处于何种状态,而如果要取走这个设备,只需按照规范操作便可以将这个设备安全地从电脑上移走,这无疑给人们的学习和生活提供了极大的便利。

4. 键盘

键盘是计算机中最基本的输入设备之一,通过键盘,可以将英文字母、数字、标点符号等输入到计算机中,从而向计算机发出命令、输入数据等。虽然现在的视窗化操作系统和应用程序的很多操作可以用鼠标来完成,但是键盘的快捷性和输入文字方面的优势使得键盘无法被替代,键盘和鼠标相互配合才能使计算机操作更加方便。

按照应用可将键盘分为双控键盘、台式机键盘、笔记本电脑键盘、工控机键盘和超薄键盘五大类。

(1)双控键盘。

双控键盘可以一个键盘控制两台电脑,一键2秒切换快捷方便。

(2)台式机键盘。

台式机键盘可以根据按键工作原理、击键数和键盘外形分类。按照键盘工作原理和按键方式的不同,其可分为4种。

① 机械式键盘。

机械式键盘是最早被采用的结构,一般类似金属接触式开关的原理使触点导通或断开,具有工艺简单、维修方便、手感一般、噪声大、易磨损的特性,大部分廉价的机械式键盘采用铜片弹簧作为弹性材料,铜片易折易失去弹性,使用时间一长故障率会升高,现在已基本被淘汰。

② 塑料薄膜式键盘。

塑料薄膜式键盘内部共分4层,实现了无机械磨损。其特点是价格低、噪声低和成本低,市场占有相当大的份额。

③ 导电橡胶式键盘。

导电橡胶式键盘触点的结构是通过导电橡胶相连。键盘内部有一层凸起带电的导电橡胶,每个按键都对应一个凸起,按下时把下面的触点接通,制造厂商普遍采用这种类型。

④ 电容式键盘。

基于电容式开关的键盘,原理是通过按键改变电极间的距离产生电容量的变化,暂时形成振荡脉冲允许通过的条件,理论上这种开关是无触点非接触式的,磨损率极小甚至可以忽略不计,也没有接触不良的隐患,具有噪声小、手感舒适的特点。

5. 鼠标

1968年12月9日,全世界第一个鼠标诞生于美国斯坦福大学,它的发明者是Douglas

Englebart 博士。鼠标是计算机中重要的输入设备,因形似老鼠而得名"鼠标"。"鼠标"的标准称呼应该是"鼠标器",英文名是"Mouse",全称为"橡胶球传动之光栅轮带发光二极管及光敏三极管之晶元脉冲信号转换器"。在视窗化的操作系统界面中,鼠标简单易用,使用它可以很轻松地完成许多用键盘实现比较复杂的操作。

(1) 鼠标的类型。

鼠标按构造可分为机械鼠标、光电鼠标和轨迹球鼠标。

① 机械鼠标。

机械鼠标主要由滚球、辊柱和光栅信号传感器组成。机械鼠标的工作原理是在其底部有一个可自由滚动的小球,在球的前方及右方装置两个呈 90°的内部编码器滚轴。移动鼠标时小球随之滚动,便会带动旁边的编码器滚轴,前方的滚轴移动代表前后滑动,右方的滚轴移动代表左右滑动,两轴一起移动则代表非垂直及水平的滑动。编码器识别鼠标移动的距离和方位,产生相应的电信号传给计算机,以确定光标在屏幕上的位置。若按下鼠标按键,则会将按下的次数及按下时光标的位置传给计算机。计算机及软件接收到此信号后,就可依此进行工作。

② 光电鼠标。

光电鼠标是通过检测鼠标器的位移,将位移信号转换为电脉冲信号,再通过程序的处理和转换来控制屏幕上鼠标箭头的移动。光电鼠标的工作原理是在其内部有一个发光元件和两个聚焦透镜,发射光经过透镜聚焦后从底部的小孔向下射出,照在鼠标下面作为位置检测元件的光栅板上,再反射回鼠标内。当在光栅板上移动鼠标时,由于光栅板上有明暗相间的条纹使反射光有强弱变化,鼠标内部将强弱变化的反射光变成电脉冲,对电脉冲进行计数即可测出鼠标移动的方向和距离。如今市场中光电鼠标是主流。

③ 轨迹球鼠标。

轨迹球鼠标的工作原理和内部结构与机械鼠标相似。不同的是,轨迹球鼠标工作时,球在上面,直接用手拨动,而球座固定不动。轨迹球有两个按键,一个用于单击或双击,而另一个为选择菜单和拖动对象提供所需要的动作。

鼠标还可按外形分为两键鼠标、三键鼠标、滚轴鼠标和感应鼠标。

(2) 鼠标的接口。

鼠标的接口有串口、PS/2 接口和 USB 接口 3 种。

① 串口(COM 口)。

早期的鼠标所采用的接口为串口,因为计算机的串口本来就少,还要连接其他设备,所以很容易造成资源占用的问题。

② PS/2 接口。

PS/2 接口是传统的接口标准(主板面板上的绿色接口),至今仍有厂家采用。

③ USB 接口。

USB 接口是新一代的接口标准,即插即用,支持热插拔。

(3) 鼠标的技术指标。

鼠标的主要技术指标有:刷新率、分辨率、按键点按次数等。

① 刷新率。

刷新率是对鼠标光学系统采样能力的描述参数,发光二极管发出光线照射到工作表面,光电二极管以一定的频率捕捉工作表面反射的快照,交由数字信号处理器(DSP)分析和比较这些快照的差异,从而判断鼠标移动的方向和距离。

② 分辨率。

分辨率越高,在一定的距离内可获得的定位点越多,鼠标将更能精确地捕捉到用户的微小移动,尤其有利于精准定位;另一方面,分辨率越高,鼠标在移动相同物理距离的情况下,鼠标指针移动的逻辑距离会越远。

③ 按键点按次数。

按键点按次数是衡量鼠标质量好坏的一个指标,优质的鼠标内每个微动开关的正常寿命都不少于10万次的点击,而且手感适中;质量差的鼠标在使用不久后就会出现各种问题,如出现单击鼠标变成双击、单击鼠标无反应等情况。如果鼠标按键不灵敏,会给操作带来诸多不便。

6. 显示器

显示器是计算机的标准输出设备,按照成像原理的不同可以分为阴极射线管(Cathode Ray Tube,CRT)显示器(图3.14)和液晶显示器(Liquid Crystal Display,LCD)(图3.15)。

(1) CRT 显示器。

CRT 显示器在显像管的荧光屏上涂有一层薄薄的发光涂层,电子枪发射的电子束轰击发光涂层就能产生光信号,通过控制电子束就可在屏幕上显示出不同的图像。

图3.14　CRT 显示器　　　　　　图3.15　液晶显示器

CRT 显示器的技术指标有显示器的尺寸、点距、带宽、分辨率、刷新频率、可视面积和环保认证等。

① 显示器的尺寸。

显示器的尺寸是指显像管的尺寸,具体表现是显像管的对角线长度,单位为英寸,如 21 in(1 in=2.54 cm)、17 in、15 in 等。显示器的尺寸越大,屏幕可容纳的内容就越多。市场的主流是17英寸的显示器,但是对显示器有更高需求的用户可以选择 21 in 的显示器。

② 点距。

点距是指显像管水平方向上相邻同色荧光粉像素间的距离。点距越小,显示屏上的图像就越细腻。这就要求显像管的会聚性能良好,才可以达到最佳的效果。现在主流显示器的点距都在 0.24 mm 以下,有的专业显示器可以达到更小的点距。

③ 带宽。

带宽是指 1 s 内显示器的电子枪扫描过的总像素数,这决定了显示器所能达到的最高工作频率。理论上,带宽=水平像素×垂直像素×刷新频率,但在实际应用中,为了避免图像边缘的信号衰减,保持图像与四周清晰,电子枪的扫描范围略大,水平方向大于

25%,垂直方向大于8%,过程扫描系数为8%,所以,真正的带宽应该再乘以1.5。

④ 分辨率。

分辨率是屏幕上可以容纳像素点的总和。分辨率越高,屏幕上的像素点就越多,图像就越精细,单位面积所能显示的内容也越多。一般来说,只要显示器的带宽大于某分辨率可接受的带宽,它就能达到这个分辨率。

⑤ 刷新频率。

CRT显示器荧光屏中的电子打到屏幕上以自左到右、自上而下的顺序进行扫描,在扫描完整个屏幕后为一次刷新,而一秒钟内所能达到的刷新次数则称为显示器的刷新频率。刷新频率的高低对人的眼睛有很大影响,显示器的刷新频率越高,图像闪烁和抖动就越不明显,这样有助于保护眼睛。CRT显示器要求刷新频率应该在85 Hz及以上,如果显示器的刷新频率低于75 Hz,人就会觉得屏幕在闪烁,时间一长眼睛就会感觉很不舒服。

⑥ 可视面积。

显示器的屏幕有一部分被显示器的边框所遮挡,因此显示器的可视面积要比标称的小,如17 in纯平显示器的可视面积一般为16 in。

⑦ 环保认证。

由于CRT显示器在工作时会产生辐射,长期的辐射会对人体产生危害。国际上有一些低辐射标准,由早期的EMI到现在的MPR－Ⅱ及TCO,如今的显示器大部分都通过了严格的TCO'03标准。在环保方面要求显示器都符合能源之星的标准,其标准要求在待机状态下功率不超过30 W,在屏幕长时间没有图像变化时,显示器会自动关闭等。

(2)液晶显示器。

液晶显示器与CRT显示器的原理完全不同,在LCD内没有电子枪,它是利用液晶在通电时能够发光的原理来显示图像的。在LCD内部设有控制电路,将显卡传递过来的信号进行还原,再由控制电路控制液晶的亮暗,这样就可以看到显示的图像了。

LCD的技术指标有分辨率、亮度、对比度、响应时间、可视角度和坏点数。

① 分辨率。

LCD的分辨率是指最佳分辨率,是能达到最好显示效果的分辨率。LCD的面板是由液晶做成的,液晶的特性决定了LCD在其他分辨率下的显示效果会变得很差。LCD在出厂时,它的分辨率就已经固定了,只有在这个分辨率状态下才能达到最佳显示效果。

② 亮度。

亮度是LCD重要的性能指标之一。亮度越高决定画面显示的层次就越丰富,从而提高画面的显示质量。理论上显示器的亮度是越高越好,不过太高的亮度对眼睛的刺激也比较强,因此没有特殊需求的用户最好不要过于追求高亮度。普通LCD的亮度为250 cd/m^2,这个亮度已经能满足普通用户的需求了。

③ 对比度。

LCD的对比度越高,图像的锐利程度就越高,显示的效果也越好。人眼可以接受的对比度一般在250:1左右,低于这个对比度就会感觉模糊或有灰蒙蒙的感觉。通常液晶显示器的对比度为300:1,做文档处理和办公应用已经足够了,但玩游戏和看影片时为了得到更好的效果就需要更高的对比度。

④ 响应时间。

响应时间是 LCD 的一个重要性能指标,它以 ms(毫秒)为单位,是指一个亮点转换为暗点的速度。响应时间过长,用户会看到显示屏有拖尾的现象,从而影响整个画面的效果。在响应时间不大于 16 ms 时,一般的多媒体娱乐不容易感觉到拖尾现象。

⑤ 可视角度。

可视角度是指站在位于屏幕边某个角度时,仍可清晰看见屏幕影像的最大角度。可视角度分为水平可视角度和垂直可视角度。由于 LCD 的特性,当人眼与显示屏之间的角度稍大一点时,就无法看清显示的内容。因此在选购 LCD 时,要尽量选择可视角度大的产品。

⑥ 坏点数。

坏点数是衡量 LCD 液晶面板质量好坏的一个重要指标。所谓坏点是指颜色不发生任何变化的点。坏点可分为亮点和暗点两类,检测坏点时,可以让显示屏显示全白或全黑的图像。当在全白的图像上出现了黑点,表明该坏点是暗点,如在全黑的图像上有白点,则表明该坏点为亮点。

7. 其他输入输出设备

在计算机中除了鼠标、键盘和显示器等主要的输入输出设备外,还有手写板、扫描仪、打印机和移动硬盘等输入输出设备。

(1)手写板。

随着计算机和网络的不断普及,越来越多的人用上了计算机,虽然计算机的基本输入设备是键盘和鼠标,但是一些用户对计算机的操作不熟悉,使用键盘打字也非常困难,为了方便这些用户,出现了一种新型的输入设备——手写板,可以很方便地解决不会用键盘打字的问题。

手写板由手写笔和数位板组成,利用压敏或电磁感应的原理,将手写笔在数位板上运动轨迹的坐标传送给计算机,计算机通过识别软件将汉字笔迹图形转变成汉字的标准代码。手写板输入的核心技术就是识别软件,它是一种最自然、最简单的汉字输入方式,为计算机增加了一种非键盘输入汉字的新功能,如图 3.16 所示。

(2)扫描仪。

扫描仪是一种将图片、文档以图片形式扫描并保存到计算机中的输入设备。扫描仪有很多种类,根据扫描原理的不同可将扫描仪分为手持式扫描仪、平板式扫描仪和以光电倍增管为核心的滚筒式扫描仪等。

① 手持式扫描仪。

手持式扫描仪(图 3.17)虽然体积小、质量轻、携带方便,但是功能一般。手持式扫描仪扫描精度较低、扫描质量和扫描幅面与平板式扫描仪都有较大差距。随着平板扫描仪的普及,手持式扫描仪已经被市场淘汰。

② 平板式扫描仪。

平板式扫描仪(图 3.18)在扫描时由配套软件控制自动完成扫描过程,其扫描速度快、精度高,已广泛应用于平面设计、广告制作、办公应用、文学出版等众多领域。

图 3.16　手写板和手写笔　　　图 3.17　手持式扫描仪　　　图 3.18　平板式扫描仪

③ 滚筒式扫描仪。

滚筒式扫描仪一般应用在大幅面的扫描领域,其光学分辨率很高(2 500～8 000 像素/英寸),具有高色深(30～48 位)和很宽的动态范围,能快速处理大面积的图像,因此滚筒式扫描仪输出的图像普遍具有色彩还原逼真、阴影区域细节丰富、放大效果优秀等特点。

(3)打印机。

打印机是一种极有用的输出设备,主要将经过计算机处理的图形及文字通过图纸打印出来。按照打印方式不同,可将打印机分为针式点阵打印机、喷墨打印机和激光打印机3 种。

① 针式点阵打印机。

针式点阵打印机又叫针式打印机,主要由打印机芯、控制电路和电源 3 部分组成,一般为 9 针和 24 针。针式打印机上的打印头有 24 个电磁线圈,每个线圈驱动一根钢针产生击针的动作,通过色带在打印纸上打印,打印出来的字符为点阵式。

尽管针式打印机价格低廉、简单易用,但其打印的图像效果很差,且工作时噪声较大,现在只有少数领域使用针式打印机。

② 喷墨打印机。

喷墨打印机主要是通过喷墨头喷出的墨水实现打印,打印墨水滴的密度可达每平方英寸 90000 个点,而且每个点的位置非常精确,完全可达到铅字质量。喷墨打印机以较低的成本实现了较好的彩色打印效果,其打印介质包括一般的打印纸、复印纸、喷墨专用纸、喷墨专用胶片、信封和卡片等。

喷墨打印机打印头的工作方式可分为压电喷墨技术和热喷墨技术两大类型,其中采用压电喷墨技术的产品主要是爱普生公司的喷墨打印机,而佳能和惠普等公司的产品则采用热喷墨技术。

③ 激光打印机。

激光打印机是利用激光束进行打印的一种新型打印机。其工作原理是:使用一个旋转多角反射镜来调制激光束,并将其射到具有光导体表面的鼓轮或带子上;当光电导体表面移动时,经调制的激光束便在上面产生潜像,然后上色剂便吸附到表面潜像区,再以静电方式转印在纸上并熔化成永久的图像或字符。

目前,激光打印机以其优异的彩色打印效果、低廉的打印成本和优秀的打印品质逐步成为市场的热点。从单色、A4 幅面的个人打印机到彩色、A3 幅面的网络打印机,几乎每一位用户都能够从中找到适合自己需求的规格。

(4)移动硬盘。

移动硬盘是一种大容量的移动数据存储设备,其体积比 USB 闪存盘大,容量也大得多。其数据存储介质一般也是半导体材料。移动硬盘使用 USB 接口传输数据,常见的存储容量有 1 TB、2 TB、4 TB 和 6 TB 等。

(五)了解微机的硬件配置与性能

高性能的微机应具有很快的处理速度和很强的处理能力。用途不同的计算机,对于各部件的性能要求不同。例如,用于科学计算的计算机,要求主机的运算速度比较高;用于大型数据库处理的计算机,要求主机的内存、存取速度和外存储器的读写速度和容量比较高;用于图形处理的计算机,要求主机的处理速度比较高,并且应具有图形处理能力强的显卡。

微机的硬件技术更新快,大约每 18 个月就有新技术产品上市,所以不同时期的微机标准配置也会不同。根据各硬件的性能指标,按照目前的技术水平和市场价格,以联想扬天家用台式机为例,其基本配置见表 3.1。

表 3.1 联想扬天 T4900V 家用台式机基本配置

序号	硬件	配置参数
1	CPU	双核,3.2 GHz×2
2	内存	容量 4 GB
3	硬盘	容量 1 TB
4	光驱	DVD – SuperMulti 双层刻录
5	显示器	分辨率 1 600×900,20 in
6	键盘和鼠标	浮岛式键盘,光电鼠标

软件系统也是必不可少的,还需要常用的操作系统,如 Windows 7、Windows 10 等;办公软件,如 Office 系列;其他学习用软件,如 Macro – media 系列软件等。

任务二 认识计算机的软件系统

任务要求

计算机软件是计算机系统的重要组成部分,是计算机硬件功能的扩展。本任务要求用户了解计算机软件的含义,认识计算机的系统软件和应用软件,掌握计算机系统的层次结构。

任务实现

(一)了解计算机软件的含义

计算机软件(Computer Software)是相对于硬件而言的,是指与计算机系统操作有关的计算机程序、规程、规则,以及可能有的文件、文档及数据。只有硬件而没有任何软件支持的计算机称为裸机。在裸机上只能运行机器语言程序,使用很不方便,效率也低。硬件是软件赖以运行的物质基础;软件是计算机的灵魂,是发挥计算机功能的关键。有了软件,用户可以不必过多地去了解机器本身的结构与原理而方便灵活地使用计算机。因此,一个性能优良的计算机硬件系统能否发挥其应有的功能,很大程度上取决于所配置的软件是否完善和丰富。软件不仅提高了机器效率、扩展了硬件功能,也方便了用户使用。

随着计算机技术的不断发展,在计算机系统中,硬件和软件之间并没有一条明确的分界线。一般来说,任何一个由软件完成的操作也可以直接由硬件来实现,而任何一个由硬件所执行的指令也能够用软件来完成。软件和硬件之间的界线是经常变化的,今天的软件可能就是明天的硬件,反之亦然。

(二)认识计算机的系统软件

1. 软件分类

软件内容丰富、种类繁多,通常根据软件用途可将其分为系统软件和应用软件两类。

(1) 系统软件。

系统软件是指控制和协调计算机及外部设备,支持应用软件开发和运行的系统,是无须用户干预的各种程序的集合。其主要功能是调度、监控和维护计算机系统;负责管理计算机系统中各种独立的硬件,使得它们可以协调工作。系统软件使得计算机使用者和其他软件将计算机当作一个整体而不需要了解每个硬件的工作原理。常用的系统软件有操作系统(如 Windows、Linux、UNIX)、语言处理程序系统(如 Java 语言虚拟机、语言编译程序)、常用服务程序(如网络服务 IIS、数据库系统 Oracle、程序设计语言 C++)等。

(2) 应用软件。

应用软件是和系统软件相对应的,是用户可以使用的各种程序设计语言,以及用各种程序设计语言编制的应用程序的集合,分为应用软件包和用户程序。应用软件是计算机用户用计算机及其提供的各种系统软件开发的解决各种实际问题的软件(如办公自动化软件 Office、多媒体软件 Photoshop、辅助设计软件 AutoCAD、网络应用软件 IE 和 QQ 等)。

2. 计算机系统的层次结构

作为一个完整的计算机系统,硬件和软件是按一定的层次关系组织起来的。最内层是裸机,接着是系统软件中的操作系统,然后是其他系统软件,最外层是用户软件,如图 3.19 所示。操作系统是直接管理和控制硬件的系统软件,自身又是系统软件的核心,同时也是用户与计算机交互的桥梁 – 接口软件。

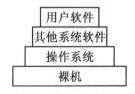

图 3.19　计算机系统层次结构

操作系统向下控制硬件,向上支持软件,即所有其他软件都必须在操作系统的支持下才能运行。也就是说,操作系统最终把用户与物理机器隔开了,凡是对计算机的操作一律转化为对操作系统的使用,所以用户使用计算机就变成使用操作系统了。这种层次关系为软件开发、扩充和使用提供了强有力的手段。

(三)认识计算机的应用软件

应用软件是为满足用户不同领域、不同问题的应用需求而提供的软件。常用的应用软件有如下几类。

1. 办公室软件

办公自动化软件有 WPS、Office 等。

2. 互联网软件

例如,即时通信软件,如 MSN、QQ 等;电子邮件;网页浏览器,如 IE、百度浏览器和360 浏览器等;下载工具,如迅雷、快车等。

3. 多媒体软件

例如,媒体播放器,如酷狗音乐播放器等;图像编辑软件,如 Photoshop 等。

任务三　使用鼠标和键盘

任务要求

鼠标和键盘是计算机的标准输入设备,本任务要求用户掌握鼠标的使用方法,了解键盘的组成结构,掌握键盘的操作和基本指法。

任务实现

(一)鼠标的基本操作

在 Windows 7 操作系统下移动鼠标,屏幕上会有一个箭头形光标跟着移动,这就是鼠标指针。系统中很多操作都是通过鼠标直接进行的,目前使用较为普遍的是三键光电鼠标。

1. 手握鼠标的正确方法

要学会使用鼠标,必须正确掌握手握鼠标的姿势(计算机系统中默认的鼠标使用方式是右手握鼠标)。手握鼠标的正确方法是:右手的食指和中指自然放在鼠标的左键和右键上,大拇指自然放在鼠标左侧,无名指和小拇指放在鼠标的右侧,拇指与无名指及小拇指轻轻握住鼠标,手掌心轻轻贴住鼠标后部,手腕自然垂放在桌面上,其中食指控制鼠标左键,中指控制鼠标右键。

2. 注意事项

使用光电鼠标进行操作时应小心谨慎,不正确的使用方法将损坏鼠标,使用鼠标时应注意以下几点:

(1)光电鼠标中的发光二极管、光敏三极管都是怕震动的配件,使用时要注意尽量避免强力拉扯鼠标连线。

(2)使用时要注意保持感光板的清洁和感光状态良好,避免灰尘附着在发光二极管和光敏三极管上,遮挡光线接收,影响正常的使用。

(3)敲击鼠标按键时不要用力过度,并避免摔碰鼠标,以免损坏弹性开关或其他部件。

【提示】

鼠标的驱动程度是一个很重要但却经常被忽视的环节。新的鼠标驱动程序不但可以丰富鼠标的功能,还能修订旧驱动中的一些错误。大的鼠标生产厂都会在官方网站上提供鼠标驱动程度供下载。用户可以根据使用的鼠标型号下载对应的最新驱动程序。

3. 鼠标基本操作

要熟练使用计算机,需掌握鼠标的移动、左键单击、双击、右键单击和拖动5种基本操作。

(1)移动。

根据操作需要在屏幕上移动鼠标指针位置,通过移动鼠标来实现。

(2)左键单击。

选中目标时,通常需要在目标图标或目标位置单击一次鼠标的左键。

(3)双击。

打开文件、文件夹或启动应用程序时,在目标图标上连续单击鼠标的左键两次。

(4)右键单击。

把鼠标指针移动到目标上,单击鼠标右键一次,可以打开一个相关联的菜单,然后选择其中的一项进行操作。

(5)拖动。

将目标选中后,按住鼠标的左键不放,可以将目标移动到新的位置。

(二)键盘的使用

常用键盘有101键、102键和104键。键盘上的所有键可分为主键盘区、功能键区、编辑键区和数字小键盘区4个区域,如图3.20所示。

图3.20　键盘区域划分

1. 键盘结构

（1）主键盘区。

主键盘区也称为字符键区，是键盘的主要组成部分，它的键位排列与标准英文打字机的键位排列相同。该键区包括了数字键、英文字符键、常用运算符及标点符号键，除此之外还有几个必要的控制键。

① 空格键：键盘上最长的条形键。每按一次该键，将在当前光标的位置上空出一个字符的位置。

② 回车键【Enter ↵】：每按一次该键，将转到下一行的行首输入；或在输入完命令后，按下该键，则表示确认命令并执行。

③ 大写字符锁定键【Caps Lock】：在英文字符键区左侧。该键是一个开关键，用来转换字符大小写状态。每按一次该键，键盘右上角标有 Caps Lock 的指示灯会由不亮变成发亮，或由发亮变成不亮。如果 Caps Lock 指示灯发亮，键盘处于大写字符锁定状态，直接按下字符键，则输入为大写字符；如果按住【Shift】键的同时，再按字符键，输入的反而是小写字符。如果 Caps Lock 指示灯不亮，则大写字符锁定状态被取消。

④ 上档键【Shift】：在字符键区共有两个，分别在字符键区第四排（从上往下数，下同）左右两边对称的位置上。对于双字符键（键面上标有两个符号的键）来说，直接按下这些键时，所输入的是该键键面下半部所标的那个符号；如果按住【Shift】键同时再按下双字符键，则输入为键面上半部所标的那个符号。对于英文字符键而言，当键盘右上角标有 CapsLock 的指示灯不亮时，按住【Shift】键的同时再按字符键，输入的是大写字符。

⑤ 退格删除键【←】：在主键盘区的右上角。每按一次将删除当前光标位置的前一个字符。

⑥ 控制键【Ctrl】：在字符键区第五行，左右两边各一个。该键必须和其他键配合才能实现各种功能，这些功能是在操作系统或其他应用软件中进行设定的。

⑦ 换档键【Alt】：在打字键区第五行，空格键左右两边各一个。该键要与其他键配合起来才有用。例如，同时按下【Ctrl】、【Alt】、【Delete】键，可重新启动计算机（称为热启动）。

⑧ 制表键【Tab】：在主键盘区第二行左侧。该键用来将光标向右跳动 8 个字符间隔（除非另做改变）。

（2）功能键区。

功能键区位于主键盘区的上方，由【Esc】键和【F1】~【F12】键组成。

① 取消键或退出键【Esc】：在操作系统和应用程序中，该键经常用来退出某一操作或正在执行的命令。

② 功能键【F1】~【F12】：在计算机系统中，这些键的功能由操作系统或应用程序所定义。例如，按【F1】键常常能得到相关的帮助信息。

③ 屏幕硬拷贝键【Prt Sc】：在打印机已联机的情况下，按下该键可以将计算机屏幕的显示内容通过打印机输出。

④ 屏幕滚动显示锁定键【Scroll Lock】：目前该键的功能已作废。

⑤ 暂停键【Pause】或【Break】：按该键，能使计算机正在执行的命令或应用程序暂时停止工作，直到按键盘上任意一个键才继续；另外，同时按下【Ctrl】、【Break】键可中断命令的执行或程序的运行。

(3) 编辑键区

① 插入字符开关键【Insert】或【Ins】：按一次进入字符插入状态；再按一次，则取消字符插入状态，进入改写状态。

② 字符删除键【Delete】或【Del】：按一次可以把当前光标所在位置的字符删除。

③ 行首键【Home】：按一次该键，光标会移至当前行的开头位置。

④ 行尾键【End】：按一次该键，光标会移至当前行的末尾位置。

⑤ 向上翻页键【Page Up】或【Pg Up】：用于浏览当前屏幕显示的上一页内容。

⑥ 向下翻页键【Page Down】或【Pg Dn】：用于浏览当前屏幕显示的下一页内容。

⑦ 光标移动键【←】、【↑】、【→】、【↓】：使光标分别向左、向上、向右、向下移动一格。

(4) 数字小键盘区(也称辅助键盘)。

数字小键盘区主要是为大量的数据输入提供方便，该区位于键盘的最右侧。在小键盘区，大多数键都是双字符键，它们一般具有双重功能：一是代表数字键，二是代表编辑键。小键盘的转换开关键是【Num Lock】键。

【Num Lock】称为数字锁定键，该键是一个开关键。每按一次【Num Lock】键，键盘右上角标有 Num Lock 的指示灯会由不亮变为亮。如果 Num Lock 指示灯亮，则小键盘的键作为数字符号键来使用，否则具有编辑键或光标移动键的功能。

2. 键盘操作

键盘上的【A】、【S】、【D】、【F】、【G】、【H】、【J】、【K】、【L】、【;】是基本键位，其中【F】和【J】上有凸起标志，是指法的定位键。键盘操作的手指分工如图 3.21 所示。

图 3.21　键盘操作的手指分工

课后练习

1. 计算机硬件系统由哪些部分组成？
2. CPU 由哪几部分组成？CPU 的性能指标包括哪些内容？
3. 内存分成哪几类？各有什么特点？
4. 主板上有哪些接口和哪些插槽？这些接口、插槽分别连接什么部件？
5. 键盘分成哪几个区域？熟练掌握每个区域的键位构成。

项目四 了解操作系统及 Windows 7 操作系统的基本操作

操作系统(Operating System,OS)是直接运行在"裸机"上的最基本的系统软件,任何其他软件都必须在操作系统的支持下才能运行。本项目通过5个任务介绍操作系统的基本知识,包括操作系统的概念、功能、类型,并讲解 Windows 7 操作系统的相关知识,主要有 Windows 7 操作系统的运行环境、桌面、窗口、对话框与开始菜单,以及汉字输入法的设置。通过本项目的学习,掌握 Windows 7 操作系统的基本操作,熟练使用计算机。

学习目标

- 了解操作系统基本知识
- 了解 Windows 7 操作系统
- 了解 Windows 7 操作系统的桌面、窗口、对话框与开始菜单
- 定制 Windows 7 操作系统的工作环境
- 设置汉字输入法

任务一 了解操作系统基本知识

任务要求

操作系统作为计算机的最底层软件,实现硬件功能的扩展,是用户和计算机的接口。本任务要求了解操作系统的基本概念和发展历史,了解操作系统的基本功能、类型,认识常用的操作系统。

任务实现

(一)了解操作系统的基本概念和发展历史

操作系统是计算机硬件基础上的最底层软件扩展,把裸机扩展成功能强大、使用方便的计算机系统。其他软件以操作系统为支撑环境,如果没有操作系统,其他软件无法直接安装到硬件上,操作系统为系统中的其他软件提供服务,使之通过操作系统提供的功能安装到计算机系统中,方便用户使用。

1. 操作系统

操作系统是计算机系统中最重要的系统软件。专业领域把操作系统的概念理解为:操作系统是在计算机系统中,管理系统资源,控制系统程序执行过程,方便用户使用计算

机的系统软件,是用户与计算机的接口。

2. 操作系统的发展历史

伴随着计算机系统的发展,操作系统历经了从无到有,到如今功能比较完善的历程。

(1)操作系统的产生。

① 手工操作阶段。

在早期的计算机系统中,并没有操作系统,此时的计算机系统只有硬件和相应的驱动控制程序。用户想使用计算机,必须手工操作。此时使用计算机的用户必须是各自研究领域的专家,同时也是计算机专家,能通过手动操作硬件来使计算机工作,以完成相应的任务。所以,早期的计算机主要用来实现科学计算,而没有普及到各行各业。

② 成批处理阶段。

由于计算机硬件的使用限制,且每次只能运行一个程序,因此计算机系统的效率并不高。为提高系统的效率,计算机系统管理人员把多个用户的任务组织在一起,成批处理。虽然在此过程中仍需手工操作,但每次可按顺序从外存储器上读取一个作业执行,完成后,再依次读取下一个作业。

③ 执行系统阶段。

在计算机专家的不懈努力下,计算机系统技术有了长足的进步。某些输入/输出设备的工作已经不需要手工控制,同时开发出一种可以监督系统工作的程序,这种监督程序虽然没有现代操作系统的功能完善,但却可以代替大部分的手工操作,是操作系统的雏形。因此,把这一阶段称为执行系统阶段。

(2)早期的操作系统。

随着计算技术和大规模集成电路的发展,微型计算机迅速发展起来。20 世纪 70 年代中期开始出现了计算机操作系统。1976 年,美国 Digital Research 软件公司研制出 8 位的 CP/M 操作系统。这个系统允许用户通过控制台的键盘对系统进行控制和管理,其主要功能是对文件信息进行管理,以实现硬盘文件或其他设备文件的自动存取。此后出现的一些 8 位操作系统多采用 CP/M 结构。

(3)DOS 操作系统。

计算机操作系统的发展经历了两个阶段。第一个阶段为单用户、单任务的操作系统,继 CP/M 操作系统之后,还出现了 C – DOS、M – DOS、TRS – DOS、S – DOS 和 MS – DOS 等磁盘操作系统。其中的 MS – DOS 是在 IBM – PC 及其兼容机上运行的操作系统,它起源于 SCP86 – DOS,是 1980 年基于 8086 微处理器而设计的单用户操作系统。此后微软公司获得了该操作系统的专利权,配备在 IBM – PC 机上,并命名为 PC – DOS。1981 年,微软的 MS – DOS 1.0 版与 IBM 的 PC 面世,这是第一个实际应用的 16 位操作系统。微型计算机进入一个新的纪元。1987 年,微软公司发布 MS – DOS 3.3 版本,是非常成熟可靠的 DOS 版本,微软取得个人操作系统的霸主地位。

从 1981 年问世至今,DOS 经历了 7 次大的版本升级,从 1.0 版到现在的 7.0 版,不断地改进和完善。但是,DOS 系统的单用户、单任务、字符界面和 16 位的大格局没有变化,因此它对于内存的管理也局限在 640 KB 的范围内。

(4)操作系统新时代。

计算机操作系统发展的第二个阶段是分时操作系统和单用户、多任务操作系统。其典型代表有 UNIX 和 Windows 操作系统。分时的多用户、多任务、树形结构的文件系统以及重定向和管道是 UNIX 的三大特点。Windows 系列是单用户、多任务操作系统的典型代表。

大型机与嵌入式系统使用多样化的操作系统。在服务器方面 Linux、UNIX 和 Windows Server 占据了市场的大部分份额。在超级计算机方面，Linux 取代 UNIX 成为第一大操作系统。随着智能手机的发展，Android 和 iOS 已经成为目前最流行的两大手机操作系统。

（二）了解操作系统的基本功能

从操作系统的概念可知，操作系统的基本功能是管理系统中的资源和控制系统中程序的执行。计算机系统的资源包括硬件资源和软件资源。硬件资源主要有中央处理器（CPU）、内存储器、外存储器、输入/输出设备；软件资源包括系统软件和用户软件，这些软件（包括操作系统本身）以文件的形式存储在外存储器上，用户对计算机的操作通常是执行某个程序完成一定的功能，这种操作被看成是一个作业，操作系统要完成对系统所有作业执行过程的控制与管理。因此操作系统基本功能有处理器管理、存储管理、文件管理、设备管理和作业管理与控制。

1. 处理器管理

处理器管理是指操作系统根据一定的调度算法在多个程序之间分配 CPU 的使用权。在单处理器系统中，操作系统对处理器的管理主要体现在对处理器上运行的程序进行调度和管理。在现代操作系统中，采用多道程序设计技术使系统中可以同时运行多个程序，使得系统能为用户提供更多的功能。在现代操作系统理论中，用进程的概念代替了正在运行的程序。进程是指具有独立功能的程序段在某个数据集合上的一次运行过程，它是一个描述正在运行程序的概念，可以明确地描述"运行过程"这一动态状态，所以处理器管理即是进程管理，进程管理的基本功能如下。

（1）进程状态转换。

进程在程序运行时被创建，当它的功能完成后或系统出现非常事件时被撤销，在操作系统理论研究中，把这一过程称为进程的一个生命周期。系统通过描述进程的状态变迁来记录进程的运行过程。进程在生命周期内，从被创建到运行直至最后被撤销，至少要经历 3 种基本状态：就绪、运行和阻塞，这 3 种基本状态的转换由进程管理实现。

①就绪状态。处于就绪状态的进程是指进程已经满足运行的条件，只要获得 CPU 的使用权就可以运行。

②运行状态。运行状态是指进程已经获得 CPU 的使用权，正占用 CPU，执行它的程序代码。

③阻塞状态。进程在运行过程中由于需要某类设备或等待其他进程发送某类信息而无法继续执行代码，直到等待的设备或信息到来才能继续运行，此时进程所处的状态为阻塞状态，也被称为等待状态。

（2）进程调度。

在微型计算机中只有一个 CPU，而系统中有多个进程同时在运行，为了使每个进程都能顺利运行至任务结束，操作系统要根据一定的算法在多个进程间均衡分配 CPU 的使用权，也就是对多个进程进行合理的调度。

（3）进程互斥与同步。

计算机系统中资源（无论是硬件资源还是软件资源）的特性是：在任一时刻只能为一

个进程服务,这是由资源本身的特点决定的。系统中同时有多个进程申请同一个资源时,只能有一个进程得到资源的使用权,其他进程必须处于等待状态,等待占用资源的进程使用完资源,释放资源的使用权后,系统再次进行资源使用权的分配,这就是进程的互斥。

系统中的进程并不是彼此孤立的,它们在运行过程中由于各种原因而相互作用并存在彼此依赖或相互制约的关系,为完成同一个任务而相互合作的进程被称为伙伴进程。伙伴进程在运行过程中往往需要互通信息或相互等待,进程之间的这种关系被称为进程同步。进程管理必须实现进程的互斥和同步。

2. 存储管理

计算机系统的存储设备包括内存储器和外存储器两部分。系统中的所有程序都在内存储器中运行,存储管理是指对内存储器的管理。一道程序在启动执行前必须先装入内存储器,操作系统根据程序的大小和当前内存空间的实际情况,为每一道程序分配使之能运行的必要存储空间。当程序执行完后,操作系统要把该程序所占用的全部存储空间收回,以分配给其他程序使用。在现代操作系统中,程序不是全部装入内存才能运行。如果内存空间空闲,可以把程序全部装入内存;如果内存空间比较紧缺,程序则部分装入内存就可以运行,在运行过程中,当所需程序片段不在内存中时,操作系统根据一定的调度算法将其从外存储器调入内存,程序可以继续运行,如此进行多次,直到程序运行结束。

3. 文件管理

文件管理涉及的内容有文件存储空间的分配与回收(即外存储器管理)、文件结构、文件目录管理、文件的访问与保护、保密等。系统中所有的信息(包括操作系统本身)都以文件的形式保存在外存储器上,所以管理好文件就能使软件资源发挥更大的作用。文件管理以文件为中心进行资源管理,用户只需对文件进行操作,而不必去关心所操作的文件究竟是文档、程序、多媒体音像还是系统中的其他设备。这种管理方式极大地方便了用户,提高了系统的利用率。

4. 设备管理

计算机系统中,除 CPU 和内存储器之外的所有硬件设备都被称为外围设备。设备管理主要对系统中除外存储器之外的所有设备进行管理(外存储器的管理由文件管理负责)。由于硬件技术发展得比较快,硬件设备的价格越来越为人们所接受,因此系统中同类设备可能配置多台,设备管理要对这些设备进行统一的管理。设备管理要完成的任务如下:

(1)与处理器管理接口。

用户要完成的输入/输出操作出现在进程中,设备管理应向 CPU 提供读/写等命令接口,并把进程的要求转达给设备驱动机构。

(2)设备分配与去配。

现代操作系统允许多个进程同时执行,引起进程对设备的竞争。当进程向系统提出请求使用某个设备时,设备管理程序必须按照一定的算法把此类外围设备中的一个分配给某个进程。如果系统中所有的同类设备都被占用,则进程必须进入等待队列,等待设备的使用权。

(3)并行操作。

在现代操作系统中,一般都有很多费用昂贵的设备,应充分有效地使用这些设备,使之尽可能多地为用户服务;另外,外围设备的工作速度与处理器的工作速度相比较要慢几个数量级。为提高设备和处理器的利用率,进而提高整个系统的效率,设备管理必须提高设备之间、设备与 CPU 之间的并行操作程度。在多通道系统中,设备管理还应考虑通道与通道之间、通道与 CPU 之间的并行操作。在没有通道的情况下,设备管理利用中断技术来完成并行操作。

(4)输入/输出控制。

实际的输入/输出操作要在输入/输出控制下进行。输入/输出操作与具体的设备紧密相关,也与计算机的硬件体系结构紧密相关。在有通道的系统中,要构造相应的通道程序,启动通道,由通道来控制输入/输出操作的过程,CPU 要对通道发出的中断请求做出及时的响应和处理。

(5)缓冲区管理。

内存和 CPU 的工作速度比外围设备的工作速度快许多倍,为减少外围设备与 CPU、内存速度不匹配的问题,系统中设有缓冲区来暂存数据。设备管理负责缓冲区的分配、数据释放及回收等有关管理问题。

5. 作业管理与控制

作业是指用户提交给计算机一次完成的任务。每个任务的完成可能需要经过编程、调试、执行等多个步骤,其中的每个步骤被称为一个作业步。作业管理与控制的主要任务如下。

(1)提供用户界面。

界面有时又被称为接口,意指用户通过"界面"使用操作系统,通过"接口"使用计算机。用户界面有程序界面、图形界面、触摸屏界面等智能化界面。界面的智能化越高,用户使用计算机系统就越方便。例如,Windows 系列操作系统提供图形化界面,使得用户通过鼠标就可以打开相应的软件或文档;而现代化图书馆、车站、机场等用户比较多的服务场所都提供触摸屏式界面,使用户通过触摸计算机的屏幕就可使用计算机,为用户提供了极大的便利。

(2)作业调度。

为提高系统的利用率,内存中可以同时有多个作业处于执行状态。如何根据一定的算法选择作业,使得系统中所有的作业得以顺利执行,是作业管理要完成的作业调度工作。

(3)作业善后处理。

当作业执行完成后,作业管理要做好作业的善后处理工作,以便为后续作业的执行做好准备工作。

在实例操作系统中,操作系统的核心技术不同,操作系统的基本功能就可能不同。例如,在以后要介绍的批处理操作系统中,操作系统的功能有进程管理、存储管理、文件管理、设备管理及作业管理。而对于我们现在常用的 Windows 系列操作系统,由于取消了作业的概念,操作系统的基本功能只有进程管理、存储管理、文件管理和设备管理。

(三)了解操作系统的类型

在操作系统的发展历史中,逐步形成批处理操作系统、分时操作系统、实时操作系统、网络操作系统和分布式操作系统等类型。

1. 批处理操作系统

(1) 单道批处理操作系统。

在监督程序的基础上研发的批处理操作系统中的所有作业按既定的顺序依次完成,硬件的控制由操作系统来完成,不需要用户过多的手工干预。此时的计算机系统,作业必须按次序进入系统,不能多个程序同时进入系统执行并完成,因而把此阶段的操作系统称为单道批处理操作系统,这是操作系统的第一种类型。

(2) 多道批处理操作系统。

随着计算机硬件技术的发展,单道批处理操作系统的局限性日益显著,每次只能有一个作业进入系统执行,CPU 的速度越来越快,但作业在执行的过程中,只有少部分时间是在使用 CPU,大部分时间是在使用外部设备,因此 CPU 的利用率越来越低。为提高 CPU 的利用率,进而提高整个系统的效率,多道程序设计技术应运而生。

多道程序设计技术是指在作业进入系统执行前,先把各个作业输入/输出时间和占用 CPU 的时间进行搭配;当一个作业 A 占用 CPU 时,外围设备处于空闲状态,此时可启动下一个作业 B 进行输入操作,在作业 B 执行前把它在执行中所需的数据预先输入到内存中;当作业 A 使用完 CPU 进行输出时,启动作业 B 使之占用 CPU 执行,同时启动作业 C 进行数据的输入;作业 A 输出结束,输出设备空闲,作业 B 执行完进行输出,作业 C 输入结束,可以占用 CPU 执行代码的功能。如此将系统中的多个作业组合后,可以使多道作业同时进入系统中执行,使 CPU 与外部设备处于并行工作状态,从而提高了整个系统的利用率,减少了系统中作业的平均等待时间。此阶段的批处理操作系统称为多道批处理操作系统。

2. 分时操作系统

在批处理操作系统中,用户把作业交给计算机管理员,作业在系统中成批执行,用户无法与作业进行交互,如果程序在运行中需要进行数据的输入或程序代码的调整,都无法及时与用户进行沟通,给用户带来诸多不便。

在多道程序设计技术的基础上,产生了分时操作系统。分时操作系统由一个主机连接多个输入/输出终端,用户可以通过终端使用计算机。分时操作系统把 CPU 的时间平均分成多个时间片,采用轮转的方式依次为每个用户的任务服务。分时操作系统能保证足够快的响应时间并提供用户与计算机的交互功能,使每个用户都感觉自己独占一台计算机。

3. 实时操作系统

实时操作系统的研究与分时操作系统的研究是同时进行的。实时即及时,在实时操作系统的控制下,计算机系统能及时地响应外部事件的请求,在规定时间内完成对该事件的处理并有效地控制所有实时设备和实时任务协调执行。实时操作系统是根据实际需要设计的专用操作系统,在设计时首先要保证它的实时性和可靠性,其次才是系统效率。实时操作系统常有两种类型,即实时控制操作系统和实时信息处理系统。实时控制操作系统用于生产过程、工业自动化、高科技武器及航空航天等方面的实时控制;实时信息处理系统用于银行业务、车站售票、航空订票等实时事务管理。

4. 网络操作系统

多台计算机物理上连接在一起形成一个计算机网络,通常有一台计算机作为主机,也称为服务器,其他计算机被称为从机或工作站。计算机网络中的各台计算机都配置各自的操作系统,而网络操作系统把它们有机地联系起来,用统一的方法管理整个网络中的资源共享。因此,网络操作系统除具备存储管理、处理器管理、设备管理、文件管理和作业管理的功能之外,还应具有高效可靠的网络通信能力和多种网络服务能力。网络用户只有通过网络操作系统才能享受网络所提供的各种服务。

5. 分布式操作系统

分布式操作系统是在网络操作系统的理论基础上发展起来的新型操作系统,具有网络资源共享和通信的特点。与网络操作系统不同的是:在分布式操作系统中,所有的计算机都是主机(或称为服务器),没有工作站,并且程序在分布式操作系统中可以分布执行,即程序可以分散到系统中任何处于空闲的计算机上执行,最后把结果传回用户所在的计算机。

(四)认识常用的操作系统

目前个人用户常用的操作系统以 Windows 系列操作系统为主,程序开发人员也会用到 UNIX、Linux 系列操作系统。

Windows 系列操作系统是由 Microsoft 公司研发的图形界面"视窗"操作系统,用户只需通过鼠标单击就可以使用计算机,操作方便,简单易学。

UNIX 系列操作系统是分时操作系统的典型代表。当前 Windows 系列操作系统已经占据了微型计算机,而在高档工作站和服务器领域,UNIX 操作系统仍然具有无可替代的作用。尤其在用作互联网服务器方面,UNIX 操作系统的高性能、高可靠性仍然不是 Windows NT 操作系统所能比拟的。

从总体来看,UNIX 操作系统的发展可以分为 3 个阶段。

1. 初始发展阶段

从 1969 年 AT&T 贝尔实验室开发了 UNIX 操作系统,到最初只是在实验室内部使用并完善它,这个阶段 UNIX 操作系统从版本 1 发展到版本 6,同时 UNIX 操作系统也通过分发许可证的方法,允许大学和科研机构获得 UNIX 操作系统的源代码进行研究发展。这个阶段最重要的事件是 UNIX 操作系统的作者使用 C 语言对 UNIX 操作系统的源代码重新改写,使 UNIX 操作系统非常具有可移植性。

2. 丰富发展时期

第二阶段为 20 世纪 80 年代。在 UNIX 操作系统发展到了版本 6 之后,一方面 AT&T 继续发展内部使用的 UNIX 操作系统版本 7,同时也开发了一个对外发行的版本,但改用 System 加罗马字母为版本号来命名,System Ⅲ 和 System Ⅴ 都是相当重要的 UNIX 操作系统版本。此外,其他厂商及科研机构都纷纷改进 UNIX 操作系统,其中以加州大学伯克利分校的 BSD 版本最为著名,从 4.2 BSD 中也派生出了多种商业 UNIX 操作系统版本。这个时期,开始进行 Internet 的研究,而 BSD UNIX 最先实现了 TCP/IP 协议,使 Internet 和 UNIX 紧密地结合在一起。

3. 完善阶段

从 20 世纪 90 年代开始到现在,是 UNIX 操作系统的完善阶段。当 AT&T 推出 System V Release 4(第 5 版本的第 4 次正式发布产品)之后,它和伯克利的 4.3 BSD 已经形成了当前 UNIX 操作系统的两大流派。此时,AT&T 认识到了 UNIX 操作系统的价值,因此起诉包括伯克利在内的很多厂商,伯克利不得不推出不包含任何 AT&T 源代码的 4.4 BSD

Lite,这次司法起诉也使很多 UNIX 厂商从 BSD 转向了 System Ⅴ。

这个时期的另一个事件是 Linux 操作系统的出现。一个完全免费的与 UNIX 兼容的操作系统,运行在非常普及的个人计算机上。目前,Linux 操作系统已经成为仅次于 Windows 操作系统的第二大操作系统。

任务二　了解 Windows 7 操作系统

任务要求

Windows 7 操作系统是目前国内微机上广泛使用的操作系统。本任务要求用户了解并熟悉 Windows 7 操作系统的发展历史、运行环境和安装,以及掌握 Windows 7 操作系统的启动与关闭。

任务实现

(一)了解 Windows 7 操作系统的发展历史

微软公司自 1985 年推出 Windows 1.0 以来,Windows 操作系统经历了三十多年变革,已经成为微型计算机操作系统的首选。

1. Windows 操作系统的发展

Windows 操作系统由微软公司在 1985 年 11 月发行 Windows 1.0。1987 年 11 月正式推出 Windows 2.0,该版本对使用者界面做了一些改进,并增强了键盘和鼠标界面,特别是加入了功能表和对话框。1990 年 5 月发布 Windows 3.0,将 Win/286 和 Win/386 结合到同一种产品中。1992 年 4 月发布在保护模式下运行的 Windows 3.1。

1993 年 7 月发布的 Windows NT 是第一个支持 32 位保护模式的版本。同时,NT 还可以移植到非 Intel 平台上,并在工作站上工作。1995 年 8 月发布 Windows 95,虽然缺少了 Windows NT 中的某些功能,但是具有需要较少硬件资源的优点。1998 年 6 月发布 Windows 98,具有许多加强功能,包括执行效能的提高、更好的硬件支持以及一国际网络和全球资讯网(WWW)更紧密的结合。

2000 年 2 月发布 Windows 2000,其由 Windows NT 发展而来,并正式抛弃了 9X 的内核。2001 年 10 月发布 Windows XP,增强了安全特性,同时加大了验证盗版的技术。2006 年 11 月发布 Vista 系统,是 PC 正式进入双核、大(内存、硬盘)世代。2009 年 10 月发布 Windows 7,其设计主要围绕五个重点——针对笔记本电脑的特有设计,基于应用服务的设计,用户的个性化,视听娱乐的优化,用户易用性的新引擎。其被誉为"除了 XP 外第二经典的 Windows 系统",现在的网络工作者绝大多数在用 Windows 7 操作系统。

2. Windows 7 版本简介

Windows 7 操作系统包括 6 个版本,分别是简易版 Windows 7 Starter,家庭基础版 Windows 7 Home Basic,家庭高级版 Windows 7 Home Premium,专业版 Windows 7 Professional,企业版 Windows 7 Enterprise 和旗舰版 Windows 7 Ultimate。

(二)熟悉 Windows 7 操作系统的运行环境和安装

Windows 7 操作系统对计算机硬件的配置要求较高,如果达不到最低标准,系统的部分功能将无法实现。

1. Windows 7 操作系统的运行环境

在微机上安装 Windows 7 操作系统,硬件推荐使用 CPU 频率为 1 GHz 或者更高的电脑(最低需求为 1 GHz);内存采用 1 GB RAM 或者更多(最小支持 1 GB 内存);硬盘至少 16 GB 的可用磁盘空间;显卡应支持 DirectX 9 图形显示(1024 像素×768 像素,低于该分辨率则无法正常显示部分功能)或可支持触摸技术的显示设备;CD – ROM 或者 DVD 驱动器,还必须有键盘和鼠标。

2. Windows 7 操作系统的安装过程

Windows 7 操作系统的安装过程以传统光盘安装方式为例,其他安装方式诸如 U 盘安装 Windows 7 操作系统和硬盘安装 Windows 7 操作系统的步骤只在调整启动顺序处存在差异,正式安装过程中基本没有区别。将 Windows 7 操作系统光盘放入到电脑光驱中,重启电脑时按 Esc 键或者 F1 键调出启动顺序菜单,在启动顺序菜单选择光盘启动。

(1)光盘启动。

光盘启动后,如图 4.1 所示,出现确认光盘启动的屏幕,上面将出现一行英文"Press any key to boot from CD or DVD..."(意为请按任意键从光盘启动)。此时要注意,DVD 后边的小点不只是省略号,而是计时器。小圆点数量会每隔一秒增加一个,如果 6 个小圆点都出现了还没在键盘上按任何键,光盘启动会取消。

(2)安装程序界面。

按任意键启动后,系统会加载各种所需文件,在此之后会进入安装向导界面,如图 4.2 所示,点击【下一步】,进入安装界面,点击【现在安装】,开始安装 Windows 7 操作系统(图 4.3),在后续的步骤中按提示进行即可完成安装过程。

图 4.1　确认光盘启动　　　图 4.2　安装向导　　　图 4.3　开始安装

(三)掌握 Windows 7 操作系统的启动与关闭

1. 启动 Windows 7 操作系统

启动 Windows 7 操作系统就是启动计算机,进入 Windows 7 操作系统的操作界面即桌面,如图 4.4 所示。Windows 7 操作系统的启动方法有以下几种,在不同情况下应选择合适的方法。

(1)冷启动。

冷启动是指在没有开启计算机电源的情况下加电启动计算机。方法是直接按下机箱面板上或键盘上的【Power】按钮。

（2）热启动。

热启动是指在计算机运行过程中，当遇到系统突然没有响应等情况时，通过【开始】菜单【重新启动】命令重启计算机。

（3）复位启动。

复位启动是指已进入到操作系统界面，由于系统运行出现异常，且热启动失效所采用的一种重新启动计算机的方式。其方法是：按下主机箱上【Reset】按钮重新启动计算机。

2. 注销 Windows 7 操作系统

注销 Windows 7 操作系统就是注销用户并退出当前所有运行的程序，系统重新返回到登录窗口状态。其具体操作为：单击【开始】菜单，在弹出的菜单中选择【注销】命令，如图 4.5 所示，打开【注销 Windows 7】对话框，根据提示，依次关闭系统正在运行的程序，或单击【强制注销】按钮即可。

图 4.4　Windows 7 操作系统的桌面　　　　　图 4.5　【注销】命令

3. 关闭 Windows 7 操作系统

关闭 Windows 7 操作系统即退出 Windows 7 操作系统。退出 Windows 7 操作系统的方法虽然非常简单，但也要按照正确的方法操作，否则输入到计算机中的数据有可能会丢失，对计算机硬件也会有损害。退出 Windows 7 操作系统包括正常退出和意外退出两种。

（1）正常退出 Windows 7 操作系统。

正常退出 Windows 7 操作系统，即关闭计算机或重新启动计算机，首先应关闭已经打开的所有应用软件。如果有编辑的文档或程序文件，应确认已经进行了保存文件操作，否则退出系统后，内存中的所有信息将随着关闭或重启计算机而消失。再次进入计算机系统时，系统处于初始化状态，所有的操作都将重新开始。

正确退出 Windows 7 操作系统的方法是：单击【开始】，在弹出的【开始】菜单，中单击【关机】命令，打开【关闭计算机】对话框，依次关闭系统正在运行的程序，或单击其中的【强制关机】按钮就可以退出 Windows 7 操作系统，关闭计算机。

（2）意外退出 Windows 7 操作系统。

在死机等意外情况下退出 Windows 7 操作系统，则必须进行复位启动或热启动，如果复位启动和热启动都不能退出 Windows 7 操作系统，只能按住机箱上的电源按钮，进行加电冷启动。在此情况下,为避免硬盘损坏,应等计算机断电 10 s 之后再重新加电冷启动。

任务三　了解 Windows 7 操作系统的桌面、窗口、对话框与开始菜单

任务要求

Windows 7 操作系统是提供视窗界面的操作系统。本任务要求用户了解 Windows 7 操作系统的桌面、对话框、任务栏和开始菜单,掌握管理 Windows 7 操作系统窗口的方法和利用【开始】菜单启动程序。

相关知识

Windows 7 操作系统为用户提供的交互界面是视窗,视窗中的可操作目标称为对象,用户通过鼠标和键盘操作视窗中的对象来使用计算机系统。

（一）Windows 7 操作系统的桌面

系统启动后,Windows 7 操作系统提供的视窗界面被称为桌面,如图 4.4 所示。桌面可以用来设置各种程序或文件夹的快捷方式,通过双击快捷方式可以快速启动程序。

1. 图标

桌面上的小图案被称为图标。不同的图标代表不同的含义,如图 4.6 所示,【Internet Explorer】图标代表浏览器软件的快捷方式,用鼠标双击它,可以快速启动浏览器程序；【Administrator】图标代表这是一个文件夹,用鼠标双击它,可以进入【Administrator】文件夹查找存储在其中的文件。

图 4.6　图标

2. 系统图标

（1）计算机。

组织和管理计算机硬盘驱动器、文件夹和文件,同时可以访问连接到计算机的照相机、扫描仪和其他硬件。

（2）Administrator。

Administrator 用于管理和存放经常使用的文件和文件夹,是系统默认的文档保存位置。

（3）网络。

网络用于访问网络上其他计算机上的文件夹和文件的有关信息,在双击展开的窗口中,用户可以查看工作组中的计算机、查看网络位置及添加网络位置等。

(4)回收站。

回收站用于暂时存放被删除的文件或文件夹等,在没有彻底清空回收站前,可以从中还原删除的文件或文件夹。

(5)控制面板。

快速进入控制面板,完成对系统的各种设置。

2. 鼠标指针的状态

当用户进行不同的工作、系统处于不同的运行状态、鼠标指针处于不同位置时,鼠标指针的外形将随之变化,鼠标指针的不同形状说明了 Windows 7 操作系统所处的不同功能状态。如图 4.7 所示,鼠标的状态依次为:选择、文本编辑、忙(等待)、对象选中可移动、链接。

图 4.7　鼠标指针状态

(二)Windows 7 操作系统的窗口

窗口是 Windows 系统中最常见的操作对象,它是屏幕上的一个矩形区域。运行一个程序或打开一个文件、文件夹,系统都会在桌面上打开一个相应的窗口,这也是"Windows"这个名称的由来。窗口按用途可分为应用程序窗口、文件夹窗口和对话框窗口 3 种类型。

应用程序窗口是应用程序与用户之间的可视界面,通过窗口中的各项操作,可以完成应用程序的各项工作任务。文件夹窗口是某个文件夹面向用户的操作平台,通过窗口可以完成文件夹的各项操作。对话框窗口是用户与计算机系统之间进行信息交流的重要接口,通过对对话框中各项选项的选择,完成对象属性的设置和修改。

1. 窗口

Windows 7 操作系统中窗口基本组成元素有【后退/前进】按钮,【地址栏】、【搜索栏】、【工具栏】和【最小化】/【最大化】/【关闭】控制按钮,【菜单栏】和【导航窗格】,【内容显示窗格】和【详细信息窗格】,如图 4.8 所示。

图 4.8　窗口

2. 对话框

对话框是用户与计算机系统之间进行信息交流的重要接口,是特殊类型的窗口,可以提出问题,允许选择选项来执行任务,或者提供信息。对话框有标题栏,其大小是固定的,不能最大化或最小化,也不能任意改变对话框的大小,如图4.9所示。

图4.9 对话框

3.菜单

菜单是窗口的重要组成部分,Windows 7 操作系统提供了3种经典菜单形式,除【开始】菜单外,还有下拉式菜单和弹出式快捷菜单。

(1)下拉式菜单。

Windows 窗口中的菜单栏均采用下拉式菜单方式。菜单中含有多条窗口操作命令,这些命令按功能分组,分别放在不同的菜单项里。在下拉菜单中,当前能够执行的有效命令以深色显示,不能使用的无效命令则呈浅灰色。

(2)弹出式快捷菜单。

弹出式快捷菜单是一种随时随地为用户服务的菜单,包含了对所选对象的相关操作。将鼠标指向某个对象或屏幕的某个位置,单击右键,即可打开一个弹出式菜单,菜单中的内容都是与该文件相关的命令。

(三)Windows 7 操作系统的任务栏

任务栏是位于桌面底部的水平长条,用于显示系统正在运行的程序和已经打开的窗口、当前时间、网络的状态等内容,如图4.10所示。任务栏由【开始】按钮、锁定启动栏、窗口按钮、跳转列表、通知区域和【显示桌面】按钮组成。

图4.10 任务栏

1.【开始】按钮

【开始】按钮用于打开【开始】菜单。【开始】菜单中包括了系统的所有功能,所有的操作都可以从这里开始。

2.锁定启动栏

Windows 7 操作系统取消了快速启动工具栏,需要快速打开程序,可以将常用程序锁定在任务栏中。如果程序已经打开,在任务栏上选择程序,并单击鼠标右键,在弹出菜单中选择【将此程序锁定到任务栏】命令;如果程序没有打开,从【开始】菜单中的【所有程序】中找到所需设置的程序,单击鼠标右键,在弹出菜单中选择【锁定到任务栏】即可。

3. 窗口按钮

Windows 7 操作系统将所有在窗口中运行的程序以最小化图标的形式显示在任务栏上，其中，亮度最高的图标为当前窗口。

4. 跳转列表

跳转列表是 Windows 7 操作系统的一项新增功能，是最近使用的项目列表，可以快速访问同一软件常用的文档、图片、歌曲或网站。鼠标单击任务栏上的程序按钮即可打开跳转列表。

5. 通知区域

通知区域包括时钟、输入法以及一些告知特定程序和计算机设置状态的图标。通知区域位于任务栏的最右侧，包括一个时钟和一组图标。这些图标表示计算机上某程序的状态，或提供访问特定设置的途径。将指针移向特定图标时，会看到该图标的名称或某个设置的状态。

6.【显示桌面】按钮

【显示桌面】按钮位于任务栏的最右侧。该按钮用于在不关闭已打开程序的前提下，调出桌面。【显示桌面】按钮提供了两种方式：将鼠标停放在该按钮上，可以临时查看或快速查看桌面；如果要一直显示桌面，则需单击此按钮。

（四）Windows 7 操作系统的【开始】菜单

【开始】菜单位于任务栏的最左侧，其主要功能是启动应用程序，打开所需的文件和文件夹，搜索文件、文件夹和程序，调整计算机设置，获取帮助信息，关闭或重启计算机，注销 Windows 或切换到其他用户帐户。

1. 打开【开始】菜单

可以使用单击屏幕左下角的【开始】按钮、按【Ctrl】+【Esc】组合键或者按键盘上的【Windows】徽标键三种方式打开【开始】菜单。

2.【开始】菜单的组成

【开始】菜单分为 3 个基本部分：程序列表、搜索框和常用文件列表，如图 4.11 所示。

图 4.11　【开始】菜单

(1)程序列表。

【开始】菜单左边的大窗格显示计算机上程序的一个短列表。该列表分为"固定程序"列表和"常用程序"列表两部分,若列表中没有目标程序,将鼠标移动到【所有程序】上,附到【开始】菜单中的所有程序会全部显示在列表中。

(2)搜索框。

【开始】菜单左边窗格的底部是搜索框,通过输入搜索项可在计算机上查找程序、文件和文件夹。

(3)常用文件列表

【开始】菜单右边窗格提供了对常用文件夹、文件、设置和功能的访问,还可注销Windows 操作系统或关闭计算机。

任务实现

(一)管理 Windows 7 操作系统的窗口

1. 移动窗口

移动窗口时,使用鼠标指向标题栏(窗口的顶部空白位置),单击鼠标左键,拖动窗口至所需放置的位置。也可以利用标题栏的快捷菜单来完成窗口的移动,方法是鼠标右键单击窗口,在弹出的关联菜单中选择【移动】命令,当鼠标指针变为十字形状时,可使用键盘的光标键移动窗口位置,然后按【Enter】键结束移动,如图 4.12 所示。

图 4.12 窗口移动

2. 调整窗口大小

(1)最小化窗口。

单击窗口右上角的【最小化】按钮,可将该窗口最小化到任务栏,需要打开时,只需单击任务栏上的窗口图标即可。还可以使用鼠标右键单击窗口标题栏,在快捷菜单中选择【最小化】,也可以完成窗口的最小化操作。

(2)最大化窗口。

如果要将窗口最大化显示在屏幕上,只需单击窗口右上角的【最大化】按钮,可以将窗口最大化显示,此时的最大化按钮被系统修改为还原按钮,再单击该按钮,可将最大化窗口还原至原来的大小。另外也可以选择窗口标题栏的快捷菜单进行设置。

(3)缩放窗口。

除窗口的最大化和最小化设置外,系统还允许自行调节窗口的大小。将鼠标指向窗口的任意边框或角,当鼠标指针变成双箭头时,拖动窗口边框和角来缩小或放大窗口。另外,可以选择标题栏快捷菜单的【大小】命令来调整窗口的大小。

(4)切换窗口。

当计算机桌面上有多个窗口同时打开时,桌面会变得杂乱无章,此时很难跟踪到已打开的窗口,这时可以使用切换窗口的方法将所需窗口设置为当前窗口。

① 使用任务栏。任务栏提供了整理所有窗口的方式。每个窗口都在任务栏上具有相应的按钮。若要切换到其他窗口,只需单击其任务栏按钮。该窗口将出现在所有其他窗口的前面,成为活动窗口(即当前正在使用的窗口)。

② 使用【Alt】+【Tab】键。通过按【Alt】+【Tab】键可以切换到先前的窗口,或者通过按住【Alt】键并重复按【Tab】键。循环切换所有打开的窗口和桌面,释放【Alt】键可以显示所选的窗口。

(5)排列窗口。

排列窗口有层叠窗口、堆叠显示窗口和并排显示窗口 3 种方式,鼠标右键单击任务栏上的空白处,在弹出快捷菜单中,选择一种排列方式。层叠窗口是指活动窗口排在所有窗口的最前面,而其他窗口逐个排在活动窗口的后面,并且只能看见它们的标题栏;堆叠显示窗口是指按垂直方式排列窗口;并排显示窗口是指按水平方式排列窗口。

(6)关闭窗口。

关闭窗口的方法有 3 种:单击窗口右上角的【关闭】按钮;右击标题栏,打开控制菜单,选择【关闭】命令;单击键盘【Alt】+【F4】键关闭窗口。

(二)利用【开始】菜单启动程序

通过【开始】菜单可以快速启动应用程序,具体方法是:单击【开始】菜单的图标,打开【开始】菜单,在左侧的应用程序列表中查找目标程序,若找到目标,则单击即可启动程序;若没有找到目标,则将鼠标移动到【所有程序】命令上,停留 1 s,所有程序将显示在【开始】菜单上,拖动鼠标,查找目标并启动程序。

若【开始】菜单中没有找到目标程序,则在【搜索框】中输入目标程序,查找程序,单击程序名以启动。为便于今后使用,将程序附在【开始】菜单中即可。

任务四　定制 Windows 7 操作系统的工作环境

任务要求

Windows 7 操作系统的工作环境因用户需求不同,可进行"个性化"设置,本任务要求用户掌握添加和更改桌面系统图标,创建桌面快捷方式,添加桌面小工具,应用主题并设置桌面背景,设置屏幕保护程序,设置 Windows 7 操作系统的用户帐户。

相关知识

（一）创建快捷方式的几种方法

快捷方式是指桌面上的程序图标,用鼠标选中桌面上的图标,双击鼠标左键即可启动应用程序,操作简单快捷。创建应用程序的快捷方式有多种,用户可以根据情境选择创建方法。

1. 安装应用程序时创建快捷方式

在安装应用程序时,用户根据安装向导逐步完成安装过程。在安装向导最后步骤中,通常会有提示用户单击界面上的【完成】按钮结束安装过程,在此界面中,系统会用复选按钮提示用户创建桌面快捷方式。如果有提示信息,在单击【完成】按钮之前,单击提示用户创建桌面快捷方式的复选按钮,即可直接在桌面上创建快捷方式。

2. 利用应用程序创建快捷方式

在【开始】菜单或硬盘上找到应用程序,选中并单击鼠标右键,在弹出的关联菜单上单击【发送到】下一级菜单中的【桌面快捷方式】,即可在桌面上出现应用程序的图标。

3. 创建桌面快捷方式

(1) 鼠标右键单击桌面的空白处,在弹出的快捷菜单中选择【新建】命令。

(2) 在【新建】子菜单中,选择【快捷方式】,如图 4.13 所示。

(3) 打开【创建快捷方式】对话框,如图 4.14 所示,单击【浏览】按钮,选定需要创建快捷方式的对象,单击【确定】按钮。回到【创建快捷方式】对话框,选择【下一步】,输入快捷方式图标的名称,单击【完成】便可在桌面上创建一个相应的图标。

图 4.13　新建快捷方式

图 4.14　创建快捷方式界面

（二）认识【个性化】设置窗口

个性化设置包括主题、桌面背景、窗口颜色、声音效果、屏幕保护程序等,如图 4.15 所示。

1. 主题

主题是计算机上图片、颜色、声音的组合。Windows 7 操作系统提供了 7 种 Aero 主题,用户只需进入【控制面板】下的【外观和个性化】,单击【更改主题】,如图 4.16 所示,在

【Aero 主题】列表框中选择一个满意的主题,即可改变桌面的背景、窗口颜色和声音效果和屏幕保护程序。如果对系统提供的主题不满意,则可以对主题的每一个部分进行单独设计或修改,系统会对所做出的更改以【未保存主题】显示在【我的主题】区域中,同时应用于桌面。对主题的修改包括"桌面背景""窗口边框颜色""声音"和"屏幕保护程序"。

图 4.15 外观和个性化窗口

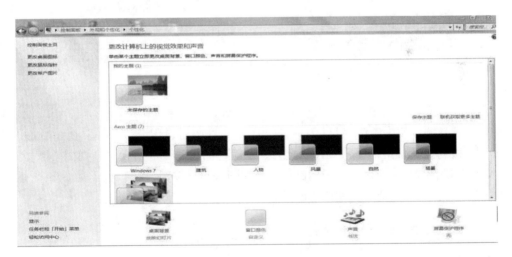

图 4.16 Aero 主题

2. 桌面背景

桌面背景也称为壁纸。可以单击【个性化】窗口下方的【桌面背景】按钮,打开【桌面背景】设置的对话框。用户可以从【Windows 桌面背景】、【图片库】、【顶级照片】、【纯色】位置处,选择单一的颜色或一张图片作为桌面背景。Windows 7 操作系统中可以选择多张图片,以幻灯片的形式交替地显示在桌面上,每张图片停留的时间可以自行定义。

3. 窗口颜色

Windows 7 操作系统中提供了 16 种颜色可供选择,另外还可选择【启动透明效果】的复选框,将窗口以半透明的效果显示。如果对 16 种颜色不满意,还可以用颜色混合器调制出自己满意的颜色。

4.声音效果和屏幕保护程序

声音主要是用于对不同的程序事件配备相应的声音,以示区别。屏幕保护程序主要用于对屏幕保护程序的设定,同时还可以设定进入屏幕保护程序的时间。

任务实现

(一)添加和更改桌面系统图标

桌面系统图标有【Administrator】、【计算机】、【网络】、【回收站】和【控制面板】,如图 4.17 所示。

系统图标是 Windows 操作系统的传统图标,用户可以进行个性化设置,修改相应的图标。在桌面空白处右击,在弹出的快捷菜单中选择【个性化】命令,或者在桌面或【开始】菜单中选择【控制面板】,在打开控制面板后选择【外观和个性化】,打开如图 4.15 所示的外观和个性化窗口,单击【个性化】选项,打开如图 4.18 所示的个性化窗口。

图 4.17 桌面系统图标

图 4.18 个性化窗口

然后在打开的窗口中单击【更改桌面】按钮,弹出如图 4.19 所示的【桌面图标设置】对话框。选择图标栏中的修改目标,单击【更改图标】按钮,打开如图 4.20 所示的【更改图标】对话框,选择意向图标,单击【确定】按钮,返回图 4.19 所示的【桌面图标设置】对话框,便可在对话框上看到相应的图标已修改,单击【应用】按钮,再单击【确定】按钮,返回桌面,便可在桌面上看到系统默认的图标已修改。

图 4.19 【桌面图标设置】对话框

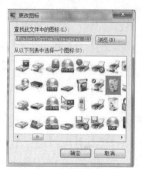

图 4.20 【更改图标】对话框

(二)添加桌面小工具

1. 添加桌面小工具

在【控制面板】的【外观与个性化】窗口中,单击【桌面小工具】,便可打开如图 4.21 所示的【小工具】对话框。双击需要添加的小工具即可将其添加到桌面,或者单击鼠标选定需要添加的小工具,单击鼠标右键选择【添加】,也可将小工具添加到桌面上。

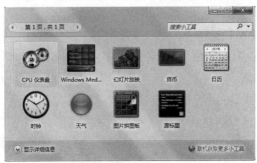

图 4.21 【小工具】对话框

2. 卸载桌面小工具

在【小工具】对话框中,右键单击需要卸载的小工具,在弹出的快捷菜单中选择【卸载】命令可以将其卸载。

3. 删除小工具

如果要删除桌面上的小工具,则选定需要删除的小工具,单击鼠标右键,在弹出菜单中选择【关闭小工具】命令即可完成删除操作。

4. 自定义桌面小工具

(1)更改选项。

在桌面上,右键单击需要更改的小工具,在弹出的菜单中选择【选项】命令,在打开的对话框中对小工具进行相应的设置。

(2)移动小工具。

默认情况下,桌面上的小工具会整齐地排列在屏幕的最右侧,如果需要改变小工具的位置,用鼠标选中小工具,按住左键将其拖动到目标位置,放开鼠标即可。

(3)前端显示。

如果将小工具设置为前端显示,则小工具将始终保持在当前窗口的前端,从而使其始终可见。在小工具的右键快捷菜单中,选择【前端显示】命令即可将小工具设置为前端显示。

(三)应用主题并设置桌面背景

1. 应用主题

用户在主题设置时,需要进入【控制面板】下的【外观和个性化】,单击【更改主题】,如图 4.18 所示,在【Aero 主题】列表框中选择一个目标主题或者单击【联机获取更多主题】,在微软的官网中下载主题,注意下载的主题保存位置,选中后系统自动将主题文件添加到列表中,单击【保存主题】按钮。

2. 设置背景

选中主题后,单击【桌面背景】,打开【桌面背景】对话框,如图 4.22 所示。在图片列表中选择目标图片 1 幅,单击【保存修改】按钮,返回个性化窗口即可。Windows 7 操作系统提供了动态桌面背景的切换,具体实现方法是在图 4.22 所示的图片列表中选择多幅图片,在【更改图片时间间隔】下的下拉列表中选择时间,勾选【无序播放】,单击【保存修改】按钮。桌面背景图片则在指定的时间间隔后进行随机动态变换。

3. 设置窗口颜色和外观

在图 4.18 中,单击【窗口颜色】按钮,打开【窗口颜色和外观】对话框,如图 4.23 所示。Windows 7 操作系统为用户提供 16 种颜色用来设置窗口边框、【开始】菜单和【任务栏】的颜色,颜色浓度可调,若勾选【启用透明效果】复选框,则窗口具有透明效果。如果对系统提供的颜色不满意,可以通过颜色混合器进行自定义颜色设置。单击【高级外观设置】按钮,可以单独对窗口边框等对象进行颜色和外观的配置。

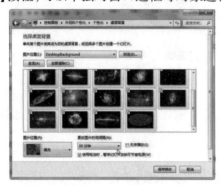
图 4.22 桌面背景

图 4.23 窗口颜色和外观

(四)设置屏幕保护程序

屏幕保护程序的作用是当用户进行计算机操作时,如果需要临时离开计算机或长时间没有动用输入设备(如鼠标和键盘),显示器的屏幕长时间显示不变的画面,这将会使屏幕发光器件疲劳变色,甚至烧毁,最终使屏幕某个区域偏色或变暗。因此当用户长时间不操作计算机,则应使计算机执行相应的屏幕保护程序,保护显示器屏幕,并隐藏用户离开前屏幕的显示信息,防止用户的操作信息泄露。

1. 屏幕保护程序选取

(1)单击图 4.18 中的【屏幕保护程序】按钮,打开【屏幕保护程序设置】对话框,在【屏幕保护程序(S)】的下拉列表框中选择屏幕保护程序,单击【设置】按钮,为所选程序设置相关参数,单击【预览】按钮,预览屏幕保护程序运行效果,屏幕保护程序设置如图 4.24 所示。在实际应用中,屏幕保护程序启动的时间在【等待(W)】后的下拉列表框中进行设置,若在设置的时间内,用户没有动用输入设备,则屏幕保护程序启动。

(2)勾选【在恢复时显示登录屏幕(R)】复选框,则在停止屏幕保护程序时进入登录界面,要求用户输入口令才能返回屏幕保护程序启动时系统的状态。

2. 电源设置

单击【更改电源设置】命令,打开【电源设置】对话框,如图 4.25 所示,可以对显示器的电源方案进行设置。

图4.24 屏幕保护程序设置　　　　　图4.25 电源选项

(五)自定义【任务栏】和【开始】菜单

1. 任务栏设置

任务栏的相关属性在任务栏属性菜单中完成设置，在【任务栏】的空白处单击右键，弹出菜单中选择【属性】，便可打开【任务栏和「开始」菜单属性】对话框，如图4.26所示。

(1)任务栏外观设置。

任务栏外观设置主要包括任务栏中图标外观的设置、图标属性的设置和任务栏的设置。

(2)通知区域。

在通知区域中，单击【自定义】按钮，打开【通知区域图标】窗口，可以完成通知区域中各图标的显示或隐藏的设置。

(3)使用 Aero Peek 预览桌面。

当勾选【使用 Aero Peek 预览桌面】前的复选框时，便可设置在鼠标放置在任务栏的最右侧【显示桌面】按钮时，可以暂时查看桌面。

2. 自定义【开始】菜单

自定义【开始】菜单，可以通过【开始】菜单的属性设置来完成。在【任务栏】的空白处单击鼠标右键，打开快捷菜单栏，单击【属性】，打开【任务栏和「开始」菜单属性】对话框。【开始】菜单的属性设置包括自定义、电源按钮操作和隐私3个部分。

(1)自定义。

对话框中包含了【开始】菜单中右边窗格中各项目的内容，可以选择以菜单或链接的形式显示，或者不显示在【开始】菜单中。在【自定义】对话框中还可以设置【开始】菜单的大小，即设置【开始】菜单中要显示的最近打开过的程序的数目和跳转列表中最近使用的项目数，其默认值为10，如图4.27所示。

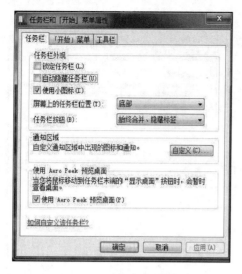

图 4.26　任务栏和【开始】菜单属性

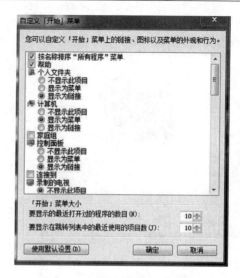

图 4.27　自定义【开始】菜单

(2) 电源按钮操作。

在【开始】菜单中默认的电源按钮是【关机】,可以打开电源按钮操作旁的下拉菜单,选择【切换用户】、【注销】、【锁定】、【重新启动】或【睡眠】按钮作为电源按钮,以方便使用。

(3) 隐私。

隐私部分主要是对最近使用的【开始】菜单中的程序或项目是否储存并显示进行设置。如果定期使用程序,可以通过将程序图标锁定到【开始】菜单以创建程序的快捷方式。锁定的程序图标将出现在【开始】菜单的左窗格的固定窗格中。具体的操作方法是:鼠标右键单击想要锁定到【开始】菜单中的程序图标,在打开的快捷菜单中,选择【附到「开始」菜单】。如果要解锁程序图标,则在【开始】菜单中右键单击,在快捷菜单中选择【从「开始」菜单解锁】。如果要更改【开始】菜单中固定项目的顺序,可以使用鼠标将程序图标拖动到列表中的新位置。

(六) 设置 Windows 7 操作系统的用户帐户

用户帐户用于为每一位共享计算机的用户进行个性化设置,可以选择自己的用户名、图片和密码。使用用户帐户后,用户所创建或保存的文档将默认保存在自己帐户中,从而与其他计算机用户的文档分隔。

在 Windows 7 操作系统中,用户被分为两大类:一类是计算机管理员帐户;另一类为标准帐户。计算机管理员帐户拥有计算机的安全访问权,可以完成对计算进行全系统更改、安装程序、访问计算机上所有用户的操作;标准帐户用户可以使用大多数软件,并对一些不影响其他用户或计算机安全的设置进行修改。没有帐户的用户可以使用来宾(Guest)帐户登录计算机,来宾帐户没有密码,因此可以快速完成登录。

1. 添加帐户

Windows 7 操作系统中添加帐户的具体操作步骤如下:

(1) 在控制面板中,单击【用户帐户和家庭安全】下的【添加或删除用户帐户】命令,打开的【管理帐户】窗口,如图 4.28 所示。

(2)在打开的【管理帐户】窗口中单击【创建一个新帐户】命令,进入【创建新帐户】窗口,如图4.29所示。在该窗口中,输入帐户名称,选择帐户类型为【标准帐户】,单击【创建帐户】按钮。

(3)返回【管理帐户】窗口中,此时可以看到新建的帐户。

图4.28 管理帐户

图4.29 创建新帐户

2.设置帐户属性

一个新的帐户创建好后,用户可以进一步对该帐户的密码、图片等属性进行设置,具体步骤如下。

(1)在【管理帐户】窗口中,单击需要更改设置的帐户,进入【更改帐户】窗口。

(2)单击【更改帐户名称】,打开【重命名帐户】窗口,输入帐户的新名称,并单击【更改名称】按钮完成对帐户名称的更改。

(3)单击【创建密码】,打开【创建密码】窗口,在密码文本框中输入两次相同的密码,单击【创建密码】按钮即可。

(4)单击【更改图片】按钮,打开【选择图片】窗口,系统提供了很多图片供用户选择,选择喜欢的图片,单击【更改图片】按钮即可将帐户图片更改为新图片。如果想使用自己的图片作为帐户图片,则单击窗口中的【浏览更多图片】,在打开的对话框中选择需要的图片,并单击【打开】按钮即可完成设置。

(5)当前帐户为管理员帐户时,可以更改帐户类型。单击【更改帐户类型】打开【更改帐户】窗口,可以将选定用户更改为管理员帐户或标准帐户。

3.删除帐户

删除用户帐户的具体步骤如下。

(1)在【管理帐户】窗口中,单击需要删除的用户帐户。

(2)在打开的【更改帐户】窗口中,单击【删除帐户】按钮。

(3)此时会弹出【删除帐户】窗口。由于系统为每一个帐户设置了不同的文件,包括音乐、视频、文档、桌面等,如果用户想要保留这些文件,可以单击【保留文件】按钮,否则单击【删除文件】按钮。

(4)在弹出的【确认删除】窗口中,单击【删除帐户】按钮即可将该帐户删除。

值得注意的是,来宾帐户只能更改图片,设置是否启用,而不能删除;自己登录的当前帐户不能删除,只能删除其他帐户;标准帐户不能删除管理员。

4. 家庭控制

Windows 7 操作系统新增了家长控制功能,通过此功能可以对用户使用计算机的方式进行协助管理,限制该用户使用计算机的时段、可以运行的程序以及可以玩的游戏类型等。管理员可以对标准用户操作电脑的权限进行设置,但不能对管理员用户进行控制。

(1)在控制面板中,单击【用户帐户和家庭安全】,打开【用户帐户和家庭安全】窗口,如图 4.30 所示。单击【家长控制】选项,并打开【家长控制】窗口,如图 4.31 所示。

图 4.30 【用户帐户和家庭安全】窗口

图 4.31 【家长控制】窗口

(2)选择一个标准用户,或新建一个标准用户,此时会提示用户为管理员设置密码,单击【是】按钮。

(3)打开【设置管理员密码】窗口,输入两次相同的密码,单击【确定】按钮,返回【家长控制】窗口。

(4)单击需要设置家长控制用户,打开【用户控制】窗口,在【家长控制】中选择【启用,应用当前设置】按钮。

(5)单击【时间限制】,打开【时间限制】窗口,通过单击或拖动鼠标来设置要阻止或允许的时间,其中白色代表允许,蓝色代表阻止,设置完成后,单击【确定】按钮。

(6)返回【用户控制】窗口,单击【游戏】,打开【游戏控制】窗口,对窗口中的选项进行设置,并单击【确定】按钮返回【用户控制】窗口。

(7)用户可以单击【允许和阻止特定程序】,打开【应用程序限制】窗口,完成使用应用程序权限的设置,单击【确定】按钮。

任务五 设置汉字输入法

任务要求

使用计算机过程中,不可避免地需要使用汉字输入法。本任务要求了解汉字输入法的分类,认识语言栏,认识汉字输入法的状态条,掌握拼音输入法的输入方式。

相关知识

(一)了解汉字输入法的分类

国内用户在对计算机进行操作时,汉字的录入或输入必不可少,所以用户在计算机中至少要安装一种汉字输入法。汉字输入法是指为了将汉字输入计算机等电子设备而采用的编码方法,是中文信息处理的重要技术。目前的汉字输入法主要包括音码、形码、音形码、无理码以及手写、语音录入等方法。

1. 拼音输入法

拼音输入法采用汉语拼音作为编码方法,包括全拼输入法和双拼输入法。广义上的拼音输入法还包括台湾用户使用的以注音符号作为编码的注音输入法,香港用户使用的以粤语拼音作为编码的粤拼输入法。流行的输入法软件以搜狗拼音、QQ 拼音、百度输入法、谷歌拼音输入法等为代表。

2. 形码输入法

形码输入法是依据汉字字形,如笔画或汉字部件进行编码的方法。最简单的形码输入法是 12345 五笔画输入法,广泛应用在手机等手持设备上。电脑上形码广泛使用的有五笔字型输入法、郑码输入法。在港澳台等地流行的形码有行列输入法等。流行的形码输入法软件有万能五笔、QQ 五笔、搜狗五笔、极点中文输入法等。

3. 音形码输入法

音形码输入法是以拼音(通常为拼音首字母或双拼)加上汉字笔画或者偏旁为编码方式的输入法,包括音形码和形音码两类。代表输入法有二笔输入法和自然码等。流行的输入法软件有超强两笔输入法、极点二笔输入法、自然码输入法软件等。

以上的形码输入法和音形结合码输入法,相比拼音输入法通常具有较低重码率的特点,汉字输入确定性高,熟练后可以高速地输入单字和词组,借助软件平台还可以实现整句的输入。形码或音形码通常不需要输入法软件太多的功能,更不需要软件的智能功能,所以这类输入法的软件通常都非常小巧,而且无须频繁更新词库。

4. 内码输入法

内码输入法属于无理码,并非一般意义上的输入法。在中文信息处理中,要先决定字符集,并赋予每个字符一个编号或编码,称作内码。而一般的输入法,则是以人类可以理解并记忆的方式,为每个字符编码,称作外码。内码输入法是指直接透过指定字符的内码进行输入。但因内码并非人所能理解并记忆,且不同的字符集就会有不同的内码。因此,这并非一种实际可用的输入法。国内使用的内码输入法系统主要有国标码(如 GB 2312、GBK、GB 18030 等)。

(二)认识语言栏

语言栏是一种工具栏,添加文本服务时,它会自动出现在桌面上,如输入语言、键盘布局、手写识别、语音识别或输入法编辑器。语言栏提供了从桌面快速更改输入语言或键盘布局的方法,可以将语言栏移动到屏幕的任何位置,也可以将其最小化到任务栏或隐藏它。语言栏默认位置为任务栏的右侧,如图 4.32 所示。其中图标为输入法的标识符,单击【帮助】按钮可以打开语言栏的帮助信息,【选项】按钮关联选项菜单,如图 4.33 所示。

单击【还原】按钮可将语言栏状态修改为"悬浮于桌面上"。

图4.32 语言栏　　　　　　　　图4.33 语言栏选项菜单

（三）认识汉字输入法的状态条

汉字输入法的状态条提示用户当前输入法的状态。用户只有了解状态条的基本信息，才能正确地使用汉字输入法。以搜狗拼音输入法的状态条为例，如图4.34所示，简单介绍输入法的状态。当前的输入法状态为：输入的字符为中文；符号是半角符号；标点为中文状态的标点；软键盘未开启，用户通过计算机键盘进行输入。

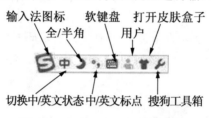

图4.34 搜狗拼音输入法的状态条

当用户单击【切换中/英文状态】按钮时，输入法状态将切换为英文输入状态；单击【全/半角】按钮时，符号状态将切换为全角符号；单击【中/英文标点】按钮时，输入的标点将切换为英文标点；单击【软键盘】按钮，将打开软键盘，用户可以使用鼠标点击软键盘上的字符键进行输入；单击【用户】按钮，通过验证，登录搜狗并使用其资源；单击【打开皮肤盒子】，可以设置输入法的外观；单击【搜狗工具箱】，可以使用相关工具。

（四）掌握拼音输入法的输入方式

拼音输入法是汉字输入中应用最为广泛的输入法。拼音输入法有全拼输入、双拼输入和简拼输入等几种方式。

1. 全拼输入

全拼输入即在输入汉字时，分别将每个汉字的拼音字符全部输入，根据系统的提醒选取所需汉字。例如，输入"中国"，全拼输入时，需要输入"zhong"，在提示的汉字中选取"中"字；然后输入"guo"，在提示的汉字中选取"国"字。

2. 双拼输入

双拼是一种建立在拼音输入法基础上的输入方法，可视为全拼的一种改进，它通过将汉语拼音中每个含多个字母的声母或韵母各自映射到某个按键上，使得每个音都可以用最多两次按键打出，极大地提高了拼音输入法的输入速度。这种声母或韵母到按键的对应表通常称为双拼方案，这种方案不是固定的，现在流行的大多数拼音输入法都支持双拼,并且有各自不同的方案,还允许用户自定义方案。在进行汉字输入时,用户需要将双拼方案熟记,即可快速录入汉字。

3.简拼输入

简拼输入方式是在输入汉字时,简化输入的拼音字符的数量,输入少量的拼音字符,即可选取目标词汇。例如,输入汉字"中国",可以输入"zg"两个拼音字符,也可以输入"zhg"三个拼音字符,在提示的词汇中选择。

任务实现

(一)添加和删除输入法

输入法的相关设置在控制面板的【时钟、语言和区域】下的【区域和语言】中。

1.时钟、语言和区域

在【控制面板】中,单击【时钟、语言和区域】进入【时钟、语言和区域】窗口,该窗口中包含了对【日期和时间】、【区域和语言】两部分的设置,如图4.35所示。

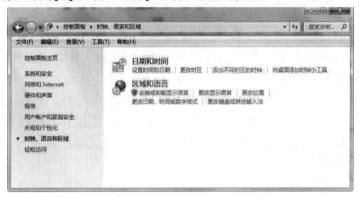

图4.35 【时钟、语言和区域】窗口

(1)日期和时间。

默认的日期和时间是根据计算机中基本输入/输出系统的设置得到的。有时时间和日期由于一些原因无法正常显示,用户可以自行对时间和日期进行校准。

在【日期和时间】对话框中包含【日期和时间】、【附加时钟】和【Internet 时间】3 个选项卡,如图4.36所示。

其中【日期和时间】选项卡主要完成对日期和时间的更改和对时区的更改。用户可以单击相应的按钮,在打开的对话框中进行进一步的设置与修改。【附加时钟】选项卡可以用于添加不同时区的时钟。【Internet 时间】选项卡用于设置计算机与 Internet 的同步信息。

(2)区域和语言。

在【时钟、语言和时区】窗口中,单击【区域和语言】选项,打开【区域和语言】对话框,如图4.37所示。

图 4.36 【日期和时间】对话框　　　图 4.37 【区域和语言】对话框

【区域和语言】对话框中包含【格式】、【位置】、【键盘和语言】和【管理】4个选项卡。

①【格式】选项卡。【格式】选项卡包括了【格式】、【日期和时间格式】及【示例】3个部分。在【格式】中选择使用的语言。【日期和时间格式】中可以对短日期、长日期、短时间和长时间的格式进行设置,除此之外,还可以对一周的第一天进行设置。在【日期和时间】中所设置的格式,会在【示例】中显示出来。

②【位置】选项卡。【位置】选项卡用于设置当前用户所处的位置,即行政区的设置。

③【键盘和语言】选项卡。【键盘和语言】选项卡包含了【更改键盘】和【安装/卸载语言】两种设置。【安装/卸载语言】可以对显示语言进行安装和卸载。【更改键盘】则是对键盘和输入语言进行设置。

④【管理】选项卡。【管理】选项卡用于查看用户的国际设置并将该设置复制到欢迎屏幕、系统帐户和新的用户帐户上。

2. 添加输入法

(1) 添加系统自带输入法。

打开图 4.37 中的【键盘和语言】选项卡,如图 4.38 所示。单击【更改键盘】按钮,打开【文本服务和输入语言】对话框,如图 4.39 所示。

单击【添加】按钮,在打开的【添加输入语言】对话框中,如图 4.40 所示,选择目标输入法,单击【确定】按钮确认即可。

(2) 安装输入法。

通过网络资源下载输入法的安装程序,下载成功后运行,并根据安装向导进行输入法的相关设置即可。

3. 删除输入法

在图 4.39 中,选择要删除的输入法,单击【删除】按钮,被选中的输入法即可删除。

项目四 了解操作系统及 Windows 7 操作系统的基本操作

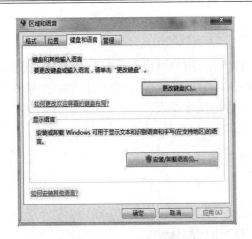

图 4.38 【键盘和语言】选项卡

图 4.39 【文本服务和输入语言】对话框

(二) 设置输入法切换快捷键

单击图 4.39 中的【高级键设置】选项卡，打开【高级键设置】对话框，如图 4.41 所示。在【输入语言的热键】下的列表框中选择需要设置切换快捷键的操作，单击【更改按键顺序】按钮，在弹出的【更改按键顺序】对话框中选择切换顺序键，单击【确定】按钮，返回图 4.41，单击【应用】按钮和【确定】按钮。

图 4.40 【添加输入语言】对话框

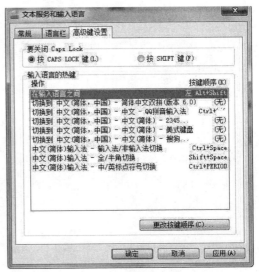

图 4.41 【高级键设置】选项卡

(三) 安装与卸载字体

字体是文字的外在形式特征，即文字的风格。计算机系统已经配置了多种中英文字体。如果系统自带字体不能达到用户的需求，需要用户自己安装合适的字体。

用户设计好字体或者到网络中下载心仪的字体，下载的字体都是以压缩文件形式保存在计算机中。将字体压缩文件解压缩到指定位置，打开解压后的字体文件夹，鼠标右键单击选中的字体文件，在打开的菜单中，单击【安装】命令，可以直接安装字体。

（四）使用搜狗拼音输入法输入汉字

　　搜狗拼音输入法是目前较为流行的汉字输入法，用户可以在计算机中直接安装搜狗拼音输入法。在应用程序中需要进行汉字输入时，用户可以在【任务栏】的右侧输入法区域选择【搜狗拼音输入法】，然后在应用程序中进行汉字录入。

课后练习

1. 什么是操作系统？操作系统有哪些功能？
2. Windows 7 操作系统的【开始】菜单有几个组成部分？
3. 如何进行 Windows 7 操作系统的个性化设置？
4. 如何安装汉字输入法？

项目五　管理计算机中的资源

计算机中的资源由硬件资源和软件资源组成，操作系统是所有资源的管理者。本项目通过 2 个任务讲解 Windows 7 操作系统对系统中的软件信息和硬件资源的管理，包括管理文件和文件夹资源，管理程序和硬件资源。

学习目标

- 了解计算机系统的文件及其相关概念
- 认识计算机系统的软件资源
- 理解计算机系统的硬件资源
- 掌握计算机系统资源的管理方法

任务一　管理文件和文件夹资源

任务要求

计算机系统中的软件资源以文件的形式存放在存储设备上。本任务主要介绍文件管理的相关概念和文件的操作方法。要求掌握文件和文件夹的基本操作，设置文件和文件夹属性，以及使用库。

相关知识

(一) 文件管理的相关概念

文件是操作系统用来存储和管理信息的基本单元，是用文件名来标识的一组相关信息的集合，可以是文本、图形、图像、声音、视频和程序等。每个文件都有一个唯一的标识，用于给存放在磁盘上的文件赋予一个标志，这就是文件名。

1. 文件的命名

文件名一般由文件主名和扩展名两部分组成，其格式为：

〈文件主名〉[.扩展名]

在使用计算机的过程中，通常将文件主名直接称为文件名，表示文件的名称，文件的扩展名表示文件的类型，也称文件的后缀或副名。

文件命名时，应遵守以下规则：

(1) 文件的主名不能省略。
(2) 文件名最多可以有 255 个字符。

(3)文件名可以由英文字母 A～Z、数字 0～9、汉字、空格、特殊字符(MYM、#、&、@、!、( )、%、-、{、}、'、'、~ 等)组成。

(4)文件名中不能包含\、/、:、*、?、"、<、>、|字符。

(5)空格不能作为文件名的开头。

(6)文件名不区分大小写,如 STU 和 stu 是同一文件名。

(7)在同一文件夹中不能使用同一文件名。

(8)不能使用系统保留的设备名作为文件名。

Windows 7 操作系统中常用的设备文件名见表 5.1。

表 5.1　Windows 7 操作系统中常用的设备文件名

设备文件名	外部设备	设备文件名	外部设备
COM1	异步通信口 1	COM2	异步通信口 2
CON	控制台:键盘/屏幕	LPT1/PRN	第一台并行打印机
LPT2	第二台并行打印机	NUL	空设备

在 Windows 7 操作系统中文件的扩展名表示文件的类型,并且扩展名有系统定义和自定义两类。系统定义的扩展名一般不允许修改,否则会发生文件打不开等错误。自定义扩展名一般用 2～4 个字符表征类型,一般用户很少使用。常用的文件类型及对应的扩展名见表 5.2。

表 5.2　常见的文件类型及对应的扩展名

扩展名	文件类型	扩展名	文件类型
DOCX	Microsoft Word	PPTX	Microsoft PowerPoint
XLSX	Microsoft Excel	MDB	Microsoft Access
WAV	波形声音文件	MP3	音乐文件
AVI	Windows 通用视频文件	TXT	纯文本文件
JPG	静态图像压缩文件	BMP	画图文件
GIF	压缩的图形文件	RAR	压缩文件
EXE	可执行程序文件	COM	系统程序文件
HTM	超文本文件	DBF	数据库文件
HLP	帮助文件	DLL	动态链接库文件

2. 文件的属性

文件包括两部分的内容:一部分是文件所包含的信息,即文件的内容;另一部分是文件的说明信息或属性信息,称为文件的属性。文件的属性包括文件的名称、文件的类型、打开方式、位置、大小、访问时间、修改时间和访问权限等。

查看文件属性的操作方法是:用鼠标选中文件,单击右键,在弹出的快捷菜单中选择【属性】命令,即可打开【文件的属性】对话框,如图 5.1 所示。【文件的属性】对话框由

【常规】、【安全】、【详细信息】和【以前的版本】4个选项卡组成。

(1)【常规】选项卡。

【常规】选项卡包含了文件的基本信息,被分为如下5个部分。

① 文件的名称。

② 文件的类型及其打开方式。系统会根据文件的类型选择一个程序作为文件默认的打开方式,如果要使用别的程序打开该文件,则可点击右侧的【更改】按钮,从【打开方式】对话框中选择一种程序作为该文件的打开方式。

③ 文件的位置、大小和其所占用的空间。

④ 文件的创建时间、修改时间和访问时间。

⑤ 属性,属性包括只读和隐藏两种,可以通过对复选框的勾选来确定属性,如果要完成属性的高级设置,则单击属性右侧的【高级】按钮,打开【高级属性】对话框来进行设置。

(2)【安全】选项卡。

【安全】选项卡中包含两部分的内容设置,一部分是享有访问权限的各用户的名称,可以通过单击【编辑】按钮来添加或删除享有访问权限的用户;另一部分是系统对该文件所享有的访问权限。

(3)【详细信息】选项卡。

【详细信息】选项卡列出了该文件的全部信息。

(4)【以前的版本】选项卡。

以前版本选项卡列出了文件所设置的还原点及备份。

3. 文件夹

文件夹是系统组织和管理文件的一种形式,是为方便用户查找、维护和存储而设置在磁盘上的一个位置。在文件夹中可以存放所有类型的文件和下一级文件夹,用户可以将文件分类存放在不同的文件夹中,如图 5.2 所示。

图 5.1 【文件的属性】对话框

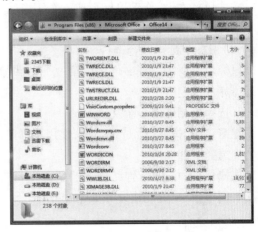

图 5.2 文件夹

对文件夹的命名,只需给定一个文件夹名即可。一个文件夹中不能有相同名称的文件和文件夹。对文件和文件夹命名,最好根据其中存放文件的内容来命名,做到"见名知义"。

在 Windows 7 操作系统中,文件夹是按树形结构来组织和管理的。在这种树形结构中文件夹也被称为目录。目录树的最高层称为根目录,一个逻辑磁盘驱动器只有一个根目录。在根目录中建立的文件夹称为子文件夹(或子目录),子文件夹还可以包含子文件夹。这样在子文件夹中不断添加子文件夹,便形成了一棵倒置的树,根在最上层,树枝向下,树叶是文件。

在 Windows 7 操作系统中,可以通过在地址栏中单击相应的目录,返回到上一级目录或者上几级目录。

4. 路径

用户在磁盘上寻找文件时,所历经的文件夹线路叫路径。路径分为绝对路径和相对路径。

(1)绝对路径。

绝对路径是从根文件夹开始的路径。例如,寻找 Excel 的可执行文件时,其需找路径为 C:\Program File\Microsoft Office\OFFICE12\EXCEL.EXE。通过这条路径就可以找到所需文件。

(2)相对路径。

相对路径是从当前文件夹开始的路径。例如,用户当前所在位置为 C:\Program File\Microsoft Office\ 文件夹下,寻找 Excel 的可执行文件时,则相对路径为 OFFICE12\EXCEL.EXE。

(二)选择文件的几种方式

1. 单文件的选择

打开需要选的目录后,用鼠标单击需要选择的文件即可选定该文件。

2. 连续多个文件的选择

(1)鼠标选择。

按住鼠标左键,拖动鼠标形成一个矩形区域,在包含了所需文件后,松开鼠标左键即可完成多个连续文件的选择。

(2)鼠标与键盘结合选择。

鼠标单击所需选择文件中的第一个文件,然后按住【Shift】键的同时单击最后一个文件即可完成选定。

3. 选择不相邻的多个文件

在窗口中,按住【Ctrl】键不放,使用鼠标单击所需要选择的文件即可完成选定操作。

4. 选择全部文件

拖拽鼠标,框选当前目录下的全部图标;或者在需要进行文件选择的目录下,使用【Ctrl】+【A】组合键能快速完成全选操作。

任务实现

(一)文件和文件夹的基本操作

1. 新建

(1)新建文件。

在桌面或任意目录下,单击鼠标右键,在弹出的快捷菜单中选择【新建】命令,在下级菜单中选择需要建立的文件类型,便可在相应位置处建立一个新文件。文件建立好后,文件名处于编辑状态,此时输入文件名按下回车键即可。

(2)新建文件夹。

在桌面或需要建立文件夹的目录下,单击鼠标右键,在弹出的快捷菜单中,选择【新建】下的【文件夹】命令,此时会在相应位置处出现一个文件夹图标。此时,文件夹图标处于可编辑状态,输入文件名,单击任意位置即可。

2. 重命名

如果需要对文件或文件夹进行更名,可选择【重命名】命令对文件或文件夹的名称进行更改,其具体方法如下:

(1)在需要重命名的文件或文件夹上单击鼠标右键,在弹出的快捷菜单中,选择【重命名】命令,此时,文件名变为可编辑状态,输入新文件名即可。

(2)选中需要更名的文件或文件夹,在菜单栏中的【文件】菜单中,选择【重命名】命令,输入文件或文件夹的新名称即可。

(3)单击需要重命名的文件或文件夹,然后按【F2】快捷键,即可使该文件或文件夹名变为可编辑状态,输入新名即可。

(4)单击需要重命名的文件或文件夹,再单击文件名或文件夹名,此时文件或文件夹名变为可编辑状态。

3. 打开

(1)文件的打开。

打开文件的方法有3种。

① 双击文件图标即可打开该文件。

② 选定需要打开的文件,选择【文件】菜单的【打开】命令,可打开该文件。

③ 鼠标右键单击需要打开的文件,在弹出的快捷菜单中选择【打开】命令。

(2)文件夹的打开。

文件夹也可以采用上面所述的文件打开的3种方法来打开。除以上3种方法外,还可以利用窗口中的导航窗格来打开文件夹。在窗口右侧的导航窗格中找到需要打开的文件夹,并单击该文件夹,此时,会在窗口中的内容显示窗格中显示该文件夹的内容。

4. 删除

(1)鼠标右键单击需要删除的文件或文件夹,在弹出的快捷菜单中,选择【删除】命令即可删除该文件或文件夹。

(2)选中需要删除的文件,在窗口的菜单栏中单击【文件】菜单,选择【删除】命令来删除该文件或文件夹。

(3)直接选中需要删除的文件或文件夹,并将其拖拽至【回收站】中,即可删除该文件或文件夹。

(4)采用键盘上的【Delete】键删除文件或文件夹。

采用上述方法删除的文件或文件夹并没有彻底从计算机中删除,而是被转移到了回收站中,如果该文件或文件夹确定需要删除,则可以在回收站窗口中,右键单击该文件或文件夹,选择【删除】命令,即可将该文件或文件夹彻底删除。也可以选择【回收站】工具栏的【清空回收站】命令,将回收站中的全部文件和文件夹彻底删除。

5. 恢复

(1)双击桌面上的【回收站】图标,打开【回收站】窗口,在该窗口中右键单击需要恢复的文件或文件夹,选择【还原】命令,即可在原位置处查找到该文件或文件夹。

(2)在【回收站】窗口中,选中需要恢复的文件或文件夹,单击工具栏中的【还原此项目】按钮,即可将该文件或文件夹恢复。

除了上述单个文件的还原外,系统还支持批量还原操作,选中需要还原的多个文件和文件夹,此时,工具栏中的【还原此项目】的按钮变为【还原选定的项目】的按钮,单击该按钮,即可将选定的文件和文件夹全部还原。此外,如果回收站中的文件和文件夹要全部还原,则在回收站窗口中不要选择任何文件或文件夹,此时工具栏中的【还原此项目】按钮变为【还原所有项目】按钮,单击该按钮可将回收站中的全部文件和文件夹一起还原。

6. 移动

(1)在原文件夹和目标文件夹均打开的条件下,可以采用鼠标拖拽法来移动文件或文件夹。在原文件夹中选中需要移动的文件或文件夹,按住鼠标左键不放,拖动该文件或文件夹至目标文件夹后,松开鼠标即可。

(2)选中需要移动的文件或文件夹,单击鼠标右键,选择【剪切】命令,此时文件以半透明状态显示。在目标文件夹的空白处单击右键,选择【粘贴】命令,即可将文件或文件夹移至目标文件夹。

(3)选定需要移动的文件或文件夹,按下快捷键【Ctrl】+【X】,打开或单击目标文件夹,按下快捷键【Ctrl】+【V】,完成移动。

(4)选定需要移动的文件或文件夹,选择【编辑】菜单的【移动到文件夹】命令,此时会打开【移动项目】的对话框,在对话框中选择目标文件夹并单击【移动】按钮,即可将该文件移至目标文件夹。

(5)如果要将文件或文件夹移动到当前目录的上级目录中,可以直接拖动该文件或文件夹到地址栏中对应目录上即可。

7. 复制

(1)在原文件夹和目标文件夹均打开的条件下,可以采用鼠标拖拽法来复制文件或文件夹。在原文件夹中选中需要复制的文件或文件夹,按住【Ctrl】键并用鼠标将文件拖拽到目标文件夹,松开鼠标即可。

(2)选中需要移动的文件或文件夹,单击鼠标右键,选择【复制】命令,在目标文件夹的空白处单击右键,选择【粘贴】命令,即可将文件或文件夹复制到目标文件夹中。

(3)选定需要移动的文件或文件夹,按下快捷键【Ctrl】+【C】,打开或单击目标文件夹,按下快捷键【Ctrl】+【V】,完成文件复制。

(4)选定需要复制的文件或文件夹,选择【编辑】菜单栏的【复制到文件夹】命令,此时会打开【复制项目】的对话框,在对话框中选择目标文件夹并单击【复制】按钮,即可将该文件复制到目标文件夹。

8. 搜索

搜索框位于窗口的地址栏的右侧和【开始】菜单的最下方,在搜索框中输入与所要查找文件的全名或部分名称,或者输入与文件相关的词或短语,即可进行搜索。文件的搜索从输入第一个字就开始,如当输入"A"时,所有名称以字母 A 开头的文件都将显示在文件列表中。

如果知道文件所在的文件夹,可以直接在文件夹中进行搜索。如果不知道文件所在文件夹,则需进行全盘搜索。如果搜索出的结果过多,可以使用过滤器对搜索结果进行过滤。例如,单击搜索框,在下拉菜单中选择【修改日期】作为过滤条件,此时会在下拉菜单中出现日历,选择合适的日期即可对搜索结果进一步过滤。系统还提供了【类型】、【大小】等过滤条件,由于搜索文件的类型不同,系统提供的过滤条件也不尽相同。

9. 使用【计算机】浏览文件和文件夹

通过【计算机】窗口中的导航窗格和内容显示窗格可以直接访问硬盘上的文件和文件夹。具体操作如下:双击桌面上的【计算机】图标,打开【计算机】窗口,使用【计算机】窗口左侧的导航窗格来浏览计算机中的文件和文件夹;单击【计算机】窗口地址栏右侧的黑色下拉按钮,可以选择相应的路径,来跳转到相应的文件夹,实现对文件夹及文件夹下文件的浏览。

10. 使用【资源管理器】浏览文件和文件夹

使用 Windows 7 操作系统中的资源管理器,可以查看计算机中的所有文件与文件夹组成的树形文件系统结构,可以清楚地了解文件或文件夹的结构和位置。启动资源管理的方法很多,具体操作如下:

(1) 菜单打开。

单击【开始】按钮,在【开始】菜单中单击【所有程序】,查找【附件】,在【附件】下单击【Windows 资源管理器】命令,打开资源管理器窗口,默认是【库】窗口,如图 5.3 所示。

(2) 命令调用。

单击【开始】按钮,在【开始】菜单中单击【运行】命令,在打开如图 5.4 所示的【运行】对话框中输入"explorer",单击【确定】按钮,便可打开资源管理器。最快捷的方式可以通过鼠标右键单击任务栏上【开始】按钮,选择【打开 Windows 资源管理器】即可。

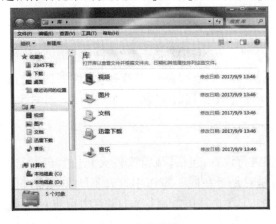

图 5.3 【库】窗口　　　　　　图 5.4 【运行】对话框

(二) 设置文件和文件夹属性

1. 文件与文件夹的显示方式

Windows 7 操作系统提供了 5 种文件与文件夹的显示方式:图标大小、列表、详细信息、平铺和内容。

(1)图标大小。

通过不同的图标大小来显示文件或文件夹,系统提供了4种图标大小等级,分别是超大图标、大图标、中等图标和小图标。

(2)列表。

列表方式是指将文件和文件夹按列的形式排列在窗口中。

(3)详细信息。

详细信息方式是按列的形式显示文件和文件夹的名称、修改时间、类型和大小。

(4)平铺。

平铺方式是用最直观的窗口显示文件和文件夹的图标和文件信息。

(5)内容。

内容方式是显示文件和文件夹的修改日期及文件的大小。

在文件和文件夹的显示窗口中,设置查看文件和文件夹的方式可以在内容显示窗口中单击【查看】菜单;或者在空白处单击右键,在弹出快捷菜单中选择【查看】命令;或者单击工具栏右侧【更改视图】的下拉按钮。

2. 文件与文件夹的排列方式

查看文件或文件夹时,除了使用前面的【查看】命令来排列文件和文件夹外,还可以按照某种特定的规则对文件和文件夹进行排序,从而提高文件或文件夹的浏览速度。在Windows 7操作系统中提供了两种方式对文件和文件夹进行排序,即排序方式和分组方式。

在文件、文件夹显示窗口中,单击鼠标右键,在弹出的快捷菜单中选择【排序方式】或【分组依据】命令,然后在其子菜单中选择【名称】、【修改日期】、【大小】或【类型】对窗口中的文件和文件夹进行排序;选择好排序方式后,可以选择按【递增】或【递减】的方式进一步细化。

3. 文件夹选项

文件夹选项用于对文件夹的工作方式和文件夹内容的显示方式进行设置。在文件和文件夹的显示窗口中,单击菜单栏中的【工具】菜单,在下拉菜单中选择【文件夹选项】命令,打开【文件夹选项】对话框,其中包括【常规】、【查看】和【搜索】3个选项卡,如图5.5所示。

(1)【常规】选项卡

【常规】选项卡用于对文件夹的常规属性进行设置,包括【浏览文件夹】、【打开项目方式】和【导航窗格】3个选项。【浏览文件夹】是对是否在同一窗口中打开不同文件夹进行设置;【打开项目方式】则是用于设置项目的打开方式是单击鼠标,还是双击鼠标;【导航窗格】则用于设置导航窗格中文件的显示。

(2)【查看】选项卡。

【查看】选项卡中包含了【文件夹视图】和【高级设置】两个部分,如图5.6所示。【文件夹视图】用于将该文件夹正在使用的视图应用于同种类型的文件夹上;【高级设置】则是用于对文件夹的属性进行高级设置。

(3)【搜索】选项卡。

【搜索】选项卡用于对文件夹的搜索内容和搜索方式进行设置,如图5.7所示。

项目五　管理计算机中的资源

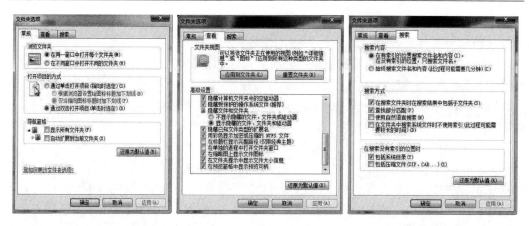

图5.5　【文件夹选项】对话框　　　图5.6　【查看】选项卡　　　图5.7　【搜索】选项卡

4. 隐藏和显示

（1）隐藏文件或文件夹。

① 右键单击需要隐藏的文件夹上，在弹出的快捷菜单中选择【属性】命令，打开如图5.1所示的【文件的属性】对话框。

② 在弹出的属性对话框中，勾选【隐藏】复选框，单击【确定】按钮。

③ 被设置为隐藏属性的文件夹消失了。

（2）显示并取消隐藏文件或文件夹。

① 打开桌面上的任意一个文件夹，选择【工具】菜单中的【文件夹选项】命令。

② 在【文件夹选项】对话框中，选择【查看】选项卡。

③ 在【查看】选项卡的【高级设置】中，选择【显示隐藏的文件、文件夹和驱动器】选项，如图5.6所示，即可将隐藏的文件或文件夹显示出来。

（三）使用库

1. 库的概念

库是一个有效的文件管理模式，库的概念并非传统意义上用于存放文件的文件夹，它还具备了在电脑上快速查找文件的作用。因此，可以说库是一种特殊的文件夹。在Windows 7操作系统中，可以通过使用库的方式来组织文件夹的存储。通过库中的文件夹，来管理位于硬盘上不同位置的文件或文件夹。

在 Windows 7 操作系统中，默认的库包含有【视频】、【图片】、【文档】以及【音乐】4 个种类，分别用于管理计算机中的视频、图片、文档和音乐类型文件，访问时采用同文件夹相同的访问方式。默认情况下，打开资源管理器就相当于进入了库，如图 5.3 所示。

2. 创建新库

打开【库】窗口，在工具栏上单击【新建库】按钮，输入库的名称，按回车键确认。若要将文件复制、移动或保存到库，必须在库中先包括一个文件夹，以便让库知道存储文件的位置，此文件夹将自动成为该库的默认保存位置。在【库】窗口中单击新建的库，打开【新建库】窗口，如图 5.8 所示。

单击内容显示窗格中的【包括一个文件夹】按钮，在弹出的窗口中选择一个文件夹作为库的默认保存位置，单击【包括文件夹】按钮，完成操作。

3. 设置库

（1）添加文件夹到库。

打开资源管理器，在导航窗格中找到所要包含的文件夹，选定该文件夹，单击工具栏中【包含到库中】的按钮，并在下拉列表中选择相应的库，即可完成操作；或者在资源管理器中选择要添加到库的文件夹，单击右键，在弹出的快捷菜单中选择【包含到库中】，并在其子菜单中单击相应的库。

（2）删除库中的文件夹。

① 打开资源管理器窗口，在导航窗格中单击要删除文件夹的库，此时，内容显示窗格中显示该库的内容，单击库名称下的"2 个位置"（数字 2 是库中文件夹的数量），打开库对话框，在该对话框中选择需要删除的文件夹，单击【删除】按钮和【确定】按钮即可将所选文件夹从库中删除。

② 在资源管理器的导航窗格中选择要删除文件夹的库，单击鼠标右键，在弹出的快捷菜单中选择【属性】命令，打开【新建库属性】对话框，如图 5.9 所示。在该对话框中的【库位置】中选择需要删除的文件夹，单击【删除】按钮和【确定】按钮，完成该文件夹的删除操作。

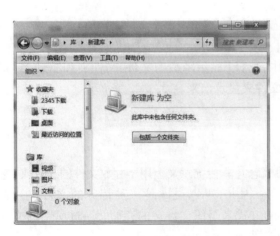
图5.8 【新建库】窗口

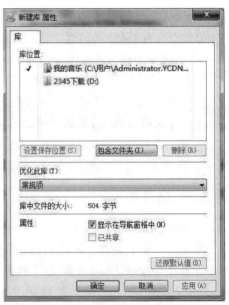
图5.9 【新建库属性】对话框

任务二 管理程序和硬件资源

任务要求

控制面板是操作系统视窗界面的一个重要组成部分，用户通过控制面板可以查看并操作基本的系统设置，更改辅助功能选项。本任务要求用户认识控制面板，了解计算机软件和硬件的安装方法，掌握安装和卸载应用程序，打开和关闭 Windows 功能，安装打印机硬件驱动程序以及设置鼠标和键盘,并学会使用附件程序系统工具、画图、计算器和记事本。

相关知识

(一)认识控制面板

控制面板是 Windows 7 操作系统图形用户界面的一部分,是系统中重要的设置工具,是用户管理计算机资源的接口。控制面板允许用户查看并操作基本的系统设置和控制,如添加硬件、添加/删除软件、控制用户帐户、更改辅助功能选项等。

1. 显示

显示设置包括屏幕分辨率、刷新频率、文本的放大与缩小等。

(1)屏幕分辨率。

屏幕分辨率是指屏幕上文本和图像的清晰度。分辨率越高,屏幕上显示的对象越清晰,同时屏幕上的对象显得越小,因此屏幕上可以容纳的内容越多,反之,屏幕上容纳的对象则越少。通常 CRT 监视器显示 800×600 或 1024×768 的分辨率,LCD 监视器则可以支持更高的分辨率。

(2)屏幕分辨率的设置。

在【控制面板】窗口中单击【外观和个性化】类别名,在打开的【外观和个性化】窗口中单击【显示】分组下的【调整屏幕分辨率】命令,打开【更改显示器外观】对话框,在【分辨率】下拉列表中,选择合适的分辨率,单击【应用】按钮,系统将应用刚才选定的分辨率。如果能够正常显示,会弹出【显示设置】对话框,选择【保留更改】按钮,将保留分辨率设置;选择【还原】按钮或者在 15 s 能不做出响应,分辨率将返回到原始设置。

(3)屏幕刷新频率。

影响显示器显示效果的另一个重要因素是屏幕刷新频率。如果刷新频率太低,显示器可能会出现闪烁,通常选择 75 Hz 以上的刷新频率。刷新频率的设置方法是单击【更改显示器外观】对话框中的【高级设置】按钮,打开【通用即插即用监视器】对话框,选择【监视器】选项卡,对刷新频率进行设置即可。

2. 系统设置

Windows 7 操作系统中提供多种查看和修改系统设置的方法,通过【控制面板】中的【系统和安全】分类下的【系统】命令,可打开【系统】窗口;或者右键单击桌面上【计算机】图标,在弹出的快捷菜单中选择【属性】命令,打开【系统】窗口,如图 5.10 所示。

(1)查看系统属性。

在【系统】窗口中可以查看计算机系统的基本信息,包括系统的版本、处理器型号、类型、安装内存、计算机全名、工作组等信息。由于计算机的配置不同,因此这些信息也不尽相同。

(2)计算机名。

在【系统】窗口中列出了计算机名、计算机全名和工作组的名称。如果需要对计算机名及网络属性进行更改,则可单击【系统】窗口中的【更改设置】按钮,打开【系统属性】对话框,如图 5.11 所示。在【系统属性】对话框中列出了计算机全名和工作组的名称,用户可以在计算机描述左侧的文本框中输入对本机的描述信息。如果要将计算机加入域或工作组,则可以单击窗口中的【网络 ID】按钮,打开【加入域或工作组】向导,完成对计算机的设置。如果要对计算机重命名,或者更改其域或工作组,则可单击【更改】按钮,打开【计算机名/域更改】对话框来进行更改。

图 5.10 【系统】窗口

(3) 设备管理器。

设备管理器为用户提供计算机中所有安装硬件的图形显示,使用设备管理器可以检查硬件的状态并更新硬件设备的驱动程序。另外,还可以利用设备管理器的诊断功能解决设备冲突问题。

单击图 5.10【系统】窗口左侧列表中的【设备管理器】命令,打开【设备管理器】窗口,如图 5.12 所示。在该窗口中,单击设备名称左侧的箭头按钮,展开下一级选项,便可从中选择所需设置的硬件设备,右键单击该硬件设备,在弹出的快捷菜单中选择【更新驱动程序软件】命令,可以根据硬件添加向导为新增硬件设备添加驱动程序;选择【禁用】或【卸载】命令,可以将该硬件设备禁用或是将该硬件的驱动程序卸载;选择【扫描检测硬件改动】命令,可以检查该硬件设备工作是否正常;选择【属性】命令,可以完成对硬件设备的高级设置。

(4) 高级设置。

在【系统属性】窗口的【高级】选项卡中,用户可以对计算机性能、用户配置文件、启动和故障恢复、环境变量进行设置。

除上述 4 种系统设置外,用户还可以对系统的远程协助、远程桌面、系统还原、保护设置等属性进行设置。

图 5.11 【系统属性】对话框　　　图 5.12 【设备管理器】窗口

(二)计算机软件的安装

软件安装到计算机中,通常采用复制或者安装程序两种方式。普通的应用软件不需要安装软件的引导,只需复制到计算机指定的文件夹中即可。自带安装程序的软件,需要启动安装程序,根据安装程序的引导,逐步完成软件的安装过程。

1. 安装程序

安装程序(或称安装软件)用以协助用户安装应用软件或驱动程序。安装程序的文件名常见有"setup"和"install"两种。安装程序通常也会同时提供卸载程序(或称反安装程序)以协助使用者将软件从电脑中删除。

2. 安装软件的流程

常用软件的安装步骤如下:
(1)欢迎使用该软件的讯息提示。
(2)阅读终端使用者授权条款。
(3)选择要安装的组件。
(4)选择要安装的路径。
(5)确认配置信息并准备开始安装。
(6)提示安装完成。
根据安装程序的提示,用户可以方便地完成软件的安装工作。

(三)计算机硬件的安装

1. 安装硬件

安装计算机的硬件设备,首先进行硬件部件的连接。在计算机关机的情况下,根据接口选择主机箱的插槽,将硬件部件的插口插入插槽,并进行固定。

启动计算机,打开【控制面板】窗口,在【硬件和声音】分类下,单击【添加设备】,打开

【添加设备】对话框,如图 5.13 所示。系统将搜索到新连接到系统的硬件设备显示在列表中,选中该设备,单击右键,在弹出的快捷菜单中单击【为此硬件安装驱动程序】。在安装程序的引导下,逐步完成驱动程序的安装。驱动程序安装成功,硬件设备即可使用。

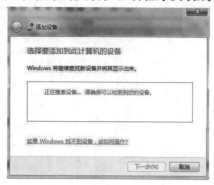

图 5.13 【添加设备】对话框

2. 删除硬件设备

从计算机中卸下硬件设备后,应及时卸载该设备的驱动程序,以免造成不必要的系统冲突或误操作。

① 进入【控制面板】窗口,双击【添加或删除程序】图标,进入【添加或删除程序】窗口。

② 单击窗口左上角的【更改或删除程序】图标,计算机会将已经安装到系统的所有程序列表显示出来。

③ 根据需要选择要卸载的程序,目标以蓝底白字的形式显示,确认后,单击目标右下角的【更改/删除】按钮卸载程序。

任务实现

(一)安装和卸载应用程序

控制面板中的【添加/删除程序】用于管理计算机中的程序和组件,主要包括安装和卸载程序。在【控制面板】的分类中单击【程序】,打开【程序】窗口,如图 5.14 所示。

图 5.14 【程序】窗口

1. 添加新程序

在【程序】窗口中,选择【如何安装程序】选项,进入【Windows 帮助和支持】窗口,该窗口中列出安装程序的所有帮助信息,并提供了两种安装程序的方法,即通过 CD 或 DVD 安装程序,或者从 Internet 上下载安装程序。

2. 卸载程序

在【程序】窗口中选择【卸载程序】选项,打开【程序和功能】窗口。此时,系统已经安装的程序以列表的形式显示在该窗口中,从中选择需要删除的程序,单击【删除/更改】按钮,即可对该程序进行卸载操作。

3. 查看已安装的更新

在【程序】窗口中,选择【查看已安装的更新】选项,打开【已安装更新】窗口。在该窗口中列出了已经安装的所有更新程序,用户可以选择【卸载】命令对这些更新程序进行卸载。

4. 设置默认程序

【默认程序】窗口可以通过【程序】下的【默认程序】打开,可以设定程序的访问和默认值,包括【设置默认程序】、【将文件类型或协议与程序关联】、【更改"自动播放"设置】和【设置程序访问和计算机的默认值】。

(二)打开和关闭 Windows 功能

在如图 5.14 所示的【程序】窗口中,单击【打开或者关闭 Windows 功能】,打开【Windows 功能】窗口,如图 5.15 所示。选择要开启的功能,勾选功能的复选框,单击【确定】按钮,系统将弹出【更改功能】信息框,如图 5.16 所示。系统配置好相应的功能后,返回图 5.14 所示的对话框中。如果要关闭某些功能,在图 5.14 中单击该项功能,将功能前复选框中的选中符号去掉,单击【确定】按钮,系统会弹出图 5.16 所示的信息框,静待几分钟即可。

图 5.15 【Windows 功能】窗口

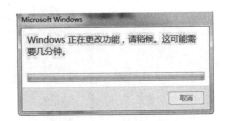

图 5.16 【更改功能】信息框

(三)安装打印机硬件驱动程序

安装打印机有两种方式,可以在计算机系统进行本地打印机的安装,也可以安装网络打印机。

将打印机连接至主机,打开打印机电源,在【控制面板】窗口中单击【硬件和声音】分类下的【查看设备和打印机】命令,打开的【设备和打印机】窗口,如图 5.17 所示。单击【添加打印机】命令,打开【添加打印机】向导窗口,如图 5.18 所示。选择【添加本地打印机】,单击【下一步】按钮;选择打印机端口,单击【下一步】按钮;在安装打印机的驱动程序中,选择【Windows Update】或者【从磁盘安装】,单击【下一步】按钮;输入计算机名,单击【下一步】按钮;等待安装结束。

图 5.17　【设备和打印机】窗口

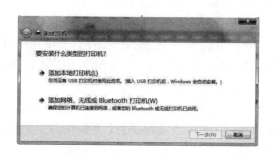

图 5.18　【添加打印机】窗口

(2)共享打印机

在新安装的打印机图标上单击鼠标右键,选择【共享】命令,打开打印机的属性对话框,切换至【共享】选项卡,选择【共享这台打印机】,并在【共享名】输入框中填入需要共享的名称,单击【确定】按钮即可完成共享的设定。可以通过【打印测试页】检测设备是否可以正常使用。

(四)设置鼠标和键盘

1.设置鼠标的灵敏度

在【控制面板】中选择【硬件与声音】功能,然后选择【设备和打印机】下的【鼠标】命令,打开【鼠标属性】对话框,如图 5.19 所示,根据选项卡进行鼠标相关精确度的调整。

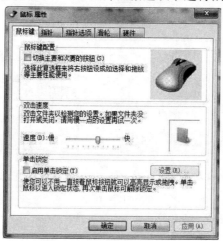

图 5.19　【鼠标属性】对话框

2. 键盘鼠标键的状态

鼠标键的 3 种状态为标准单击状态、右键单击状态和同时按下左右键状态。

(1)标准单击状态。

启用鼠标键后系统处于该状态下,此时,所有的操作都与左键有关,托盘中的鼠标图标左键发暗。

(2)右键单击状态。

按数字键盘上的减号(-)进入该状态,此时所有的操作都与右键有关,托盘中的鼠标图标右键发暗。

(3)同时按下左右键状态。

按数字键盘上的星号(*)进入该状态,此时所有的操作都是在左、右两键同时按下的状态下进行,托盘中的鼠标图标左、右两键都发暗。要切换到标准单击状态,按数字键盘上的斜杠(/)键。

3. 开启键盘鼠标键

(1)打开【控制面板】窗口,单击【轻松访问】。

(2)在【轻松访问】窗口中,单击【更改键盘的工作方式】。

(3)选择使用键盘控制鼠标。

鼠标键的相关操作方式有鼠标键的打开与关闭、用鼠标键移动鼠标指针、用鼠标键单击鼠标指针和用鼠标键拖放。

(1)打开鼠标键。

①按【Ctrl】+【Esc】组合键打开开始选单,按【S】键然后按【C】键打开控制面板。

②按方向键移动到【辅助选项】,按回车键打开它的属性对话框。

③按【Ctrl】+【Tab】组合键切换到【鼠标】页,按【Alt】+【M】组合键选中【使用鼠标键】选项。

④按【Alt】+【S】组合键进入鼠标键设置对话框,按【Alt】+【T】选中【最高速度】项,然后按右方向键将其调至最大,同理,将【加速】项调至最大。

⑤按两次回车键退出对话框后就可以使用鼠标键了。

⑥按【Num Lock】键进行打开和关闭的切换。

(2)用鼠标键移动鼠标指针。

①水平或垂直移动鼠标指针:按数字键盘上的箭头键。

②沿对角移动鼠标指针:按数字键盘上的【Home】、【End】、【PageUp】和【PageDown】键。

③加快移动:先按住【Ctrl】键,然后再按①、②中的按键。

④减慢移动:先按住【Shift】键,然后再按①、②中的按键。

(3)用鼠标键单击。

以下涉及的所用按键均指数字键盘上的按键。

①左键单击,按【5】,要双击则按加号【+】。

②右键单击,先按减号【-】进入右键单击状态,然后按【5】,此后要用右键双击则按加号【+】即可。

③同时用两个鼠标键单击,先按星号【*】,然后按【5】,要双击则按加号【+】。

(4)用鼠标键拖放。

①按箭头键将鼠标指针移动到要拖放的对象上。

②按【Insert】键选中(或称抓起)对象。

③按箭头键将鼠标指针移动到目的地。

④按【Delete】键释放对象。

(五)使用附件程序系统工具、画图、计算器、记事本

Windows 7 操作系统提供了很多实用的小程序,可以通过【开始】菜单中的【所有程序】下的【附件】打开它们。

1. 系统工具

系统工具中的实用工具有 Internet Explorer、Windows 轻松传送、Windows 轻松传送报告、磁盘清理、磁盘碎片整理程序、计算机、控制面板、任务计划程序、系统还原、系统信息、专用字符编辑程序、资源监视器和字符映射表。

2. 画图

"画图"程序是一个简单的绘图软件,可以利用其提供的画图工具绘制简单图片或进行有创意的设计,还可以利用文字工具为图片添加文字说明。Windows 7 操作系统为"画图"程序添加了很多新功能,如可以为任意图片加入设定好的图形框。

3. 计算器

Windows 7 操作系统的"计算器"不仅有漂亮的界面,而且功能强大。除了可以完成基本的算术运算(如加、减、乘、除运算)和科学计算器的功能(如对数运算及、阶乘运算、十六进制数运算等)外,还可以完成单位转化和计算日期、贷款月供额、油耗等功能。

4. 记事本

"记事本"是一个用来创建文本文档编辑器,只能完成纯文本文件的编辑,无法对文本进行特殊的格式化处理,默认情况下,文件保存后的扩展名为.txt。

课后练习

1. 什么是文件？什么是文件夹？如何创建文件夹？
2. 如何创建库？
3. 如何卸载程序？
4. 鼠标的主键如何切换？

项目六　做好计算机维护

计算机维护是指对计算机性能实施维护措施,是提高计算机使用效率和延长计算机使用寿命的重要措施。计算机维护主要体现在两个方面:一是硬件的维护;二是软件的维护。硬件的维护包括计算机的硬件部件的使用维护和环境维护,软件维护包括软件更新。本项目通过1个任务,简单介绍计算机系统的维护知识。

学习目标

- 了解磁盘维护的基本方法
- 了解计算机系统的工作环境

任务　维护磁盘与计算机系统

任务要求

磁盘是计算机所有程序和信息存储的重要设备,在日常使用计算机的过程中,要关注磁盘的维护。计算机系统的维护是计算机用户的日常工作之一,本任务要求了解磁盘维护和计算机系统维护的基本知识,掌握磁盘清理、整理磁盘碎片、检查磁盘、关闭无响应的程序等知识。

相关知识

(一)磁盘维护基础知识

1. 读写忌断电

磁盘的转速多为 5400 r/min 和 7200 r/min,在进行读写时,整个盘片处于高速旋转状态中,如果突然切断电源,将使得磁头与盘片猛烈摩擦,从而导致磁盘出现坏道甚至损坏,经常会造成数据流丢失。在关机时,注意机箱面板上的磁盘指示灯是否闪烁,即磁盘已经完成读写操作之后才可以按照正常的程序关闭电脑。磁盘指示灯闪烁时,一定不可切断电源。如果是移动硬盘,最好要先执行硬件安全删除,成功后方可拔掉。

2. 保持良好的环境

磁盘对环境的要求比较高,有时候严重集尘或是空气湿度过大,都会造成电子元件短路或是接口氧化,从而引起磁盘性能的不稳定甚至损坏。

3. 防止受震动

磁盘是十分精密的存储设备,进行读写操作时,磁头在盘片表面的浮动高度只有几微米;即使在不工作的时候,磁头与盘片也是接触的。磁盘在工作时,一旦发生较大的震动,就容易造成磁头与盘片相撞击,导致盘片资料区损坏或刮伤,丢失磁盘内所储存的文件数据。

4. 减少频繁操作

如果长时间运行一个程序(如大型软件或玩游戏),磁头会长时间频繁读写同一个磁盘位置,而使磁盘产生坏道。另外,如果长时间使用一个操作系统,也会使系统文件所在的磁盘扇区(不可移动)处于长期读取状态,从而加快该扇区的损坏速度。当然,最好是安装两个或两个以上的操作系统交替使用,以避免对磁盘某个扇区做长期的读写操作。

5. 恰当的使用时间

在每天的工作中,不要让磁盘的工作时间超过 10 h,而且不要连续工作超过 8 h,应该在使用一段时间之后就关闭电脑,让磁盘有足够的休息时间。

6. 定期整理碎片

磁盘工作时会频繁地进行读写操作,同时程序的增加、删除也会产生大量的不连续的空间与碎片。当不连续空间与碎片数量不断增多时,就会影响到磁盘的读取效能。如果数据的增删操作较为频繁或经常更换软件,则应该每隔一定的时间(如一个月)就运行 Windows 操作系统自带的碎片整理工具,进行碎片和不连续空间的重组工作,将磁盘的性能发挥至最佳。

7. 稳定的电源供电

计算机系统应使用性能稳定的电源,如果电源的供电不纯或功率不足,很容易就会造成资料丢失甚至磁盘损坏。

8. 不要强制性关机

强制关机会使磁盘与指针产生强烈的摩擦,长期这样的话,磁盘会丢失信息,所以,一定要正确关机。

(二)系统维护基础知识

计算机对工作环境的要求主要包括环境温度、湿度、清洁度、电磁干扰、静电、防震、接地、供电条件等方面的要求,这些环境因素对计算机的正常运行有很大的影响。只有在良好的环境中计算机才可以长期正常工作。

1. 温度和湿度对计算机的影响

(1)温度。

计算机各部件和存储介质对温度都有严格的规定,如果超过或者无法达到这个标准,计算机的稳定性就会降低,同时使用寿命也会缩短。如温度过高时,各部件运行过程中产生的热量不易散发,影响部件的工作稳定性,并极易造成部件过热烧毁,尤其是计算机中发热量较大的 CPU 等信息处理器件,还会引起数据丢失及数据处理错误。经常在高温环境下运行,元器件会加速老化,明显缩短计算机的使用寿命。而温度过低时,对一些机械装置的润滑机构不利,如造成键盘触点接触不良、软驱磁头小车或打印机字车运行不畅、打印针受阻等故障。同时还会出现水汽凝聚或结露现象。所以计算机工作环境温度应保持适中,一般温度是在 18~30 ℃ 之间。

夏季当室温达到 30 ℃ 及以上时,应减少开机次数,缩短使用时间,每次使用时间不要超过 2 h;当室温在 35 ℃ 以上时,最好不要使用计算机,以防止损坏。

(2)湿度。

计算机的工作环境应保持干燥,在较为潮湿的季节中计算机电路板表面和器件都容易氧化、发霉和结露,键盘按键也可能失灵。特别是显示器管座受潮,使显示器需开机很长一段时间才能慢慢地有显示。在潮湿的环境中光盘很容易发霉,对驱动器的损伤很大。经常使用的计算机,由于机器自身可以产生一定热量,所以不易受到潮湿的侵害。在较为潮湿的环境中,建议计算机每天至少开机一小时来保持机器内部干燥。一般将计算机房的湿度保持在 40%~80% 之间。

2. 灰尘对计算机的影响

灰尘可以说是计算机的隐形杀手,很多硬件故障都是由灰尘造成的。比如灰尘沉积在电路板上,会造成散热不畅,使得电子器件温度升高,老化加快。灰尘也会造成接触不良和电路板漏电。灰尘混杂在润滑油中形成的油泥,会严重影响机械部件的运行。计算机房内灰尘粒度要求小于 0.5 μm,每立方米空间的尘粒数应小于 1000 粒。

3. 电磁干扰对计算机的影响

计算机应避免电磁干扰,电磁干扰会造成系统运行故障,数据传输和处理错误,甚至会出现系统死机。这些电磁干扰一方面来自于计算机外部的电器设备如手机、音响等。还有可能是机箱内部的组件质量不过关造成电磁串扰。减少电磁干扰的方法是保证计算机周围不摆设容易辐射电磁场的大功率电器设备。同时选购声卡、显卡等设备时,最好采用知名品牌,产生电磁干扰的可能性较小。一般来说,可以采用计算机设备的屏蔽、接地等方法,还可以将电器设备之间相隔一定的距离(1.5 m)加以解决。要求干扰环境的电磁场强应小于 800 A/m。

4. 静电对计算机的影响

在计算机运行环境中,常常存在静电现象。如人在干燥的地板上行走,摩擦将产生 1000 V 以上的静电,当脱去化纤衣物而听见放电声时,静电已高达数万伏。

5. 机械震动对计算机的影响

计算机在工作时不能受到震动,主要是因为硬盘和某些设备怕震动。目前硬盘转速都保持在 5400 r/min 或 7200 r/min 高速运转,由于采用了温切斯特技术,硬盘的盘片旋转时,磁头是不碰盘面的(离盘面 0.1~0.3 μm),但震动就很容易使磁头碰击盘面,从而划伤盘面形成坏块。震动也会使光盘读盘时脱离原来光道,而无法正常读盘。对于打印机、扫描仪等外设,如果没有一个稳定的操作环境,也无法提供最佳的工作状态。震动也是导致螺钉松动、焊点开裂的直接原因。因此计算机必须远离震动源,放置计算机的工作台应平稳且要求结构坚固。击键和其他操作应轻柔,运行中的计算机绝对不允许搬动。即使计算机已经关闭,强烈的震动和冲击也会导致部件和设备的损坏。

6. 接地条件对计算机的影响

由于漏电等原因,计算机设备的外壳极有可能带电,为保障操作人员和设备的安全,计算机设备一定要接地。对于公用机房和局域网内计算机的接地将尤为重要。接地可分为直流接地、交流接地和安全接地。直流接地是指把各直流电路的逻辑工作地通过地网连接在一起,使其成为稳定的零电位,此接地就是电路接地;交流接地是指把三相交流电源的中性线与主接地极连通,此方法在计算机系统上是不允许使用的,接地系统的接地电阻应小于 4 Ω。

7. 供电条件对计算机的影响

计算机能否长期正常运行与电源的质量是否可靠有着密切的关系,因此电源应具备良好的供电质量和供电的连续性。在供电质量方面,要求 220 V 电压和频率稳定,电压偏差不大于10%;过高的电压极易烧毁计算机设备中的电源部分,也会给板卡等部件带来不利的影响。电压过低会使计算机设备无法正常启动和运行,即使能启动,也会出现经常性的重启动现象,久而久之也会导致计算机部件的损坏。因此,最好采用交流稳压净化电源给计算机系统供电。当然计算机本身电源的好坏也是非常重要的。一个质量好的计算机电源有助于降低计算机的故障率。在供电的连续性方面,建议购置一台计算机专用的UPS,它不仅可以保证输入电压的稳定而且遇到意外停电等突发性事件时,还能够用储存的电能继续为计算机供电一段时间,这样就可以从容不迫地保存当前正在进行的工作,保证计算机的数据的安全。

计算机在日常使用中,应进行经常或定期地检查和维护,以保证计算机正常运行,防止故障的发生。计算机日常的使用和维护应注意:

(1)计算机运行环境要经常检查。计算机运行环境经常性检查的项目主要包括温度、湿度、清洁度、静电、电磁干扰、防震、接地系统、供电系统等方面,对不合要求的运行环境要及时地调整。

(2)对计算机各部件定期要进行清洁。例如,用毛刷和吸尘器清洁机箱内的灰尘,清洁打印机灰尘及清洗打印头,清洁光盘驱动器内灰尘及清洁磁头,清洁键盘等。

(3)正常开关机。开机顺序是先打开外设(如显示器、打印机、扫描仪等)的电源,再开主机。关机顺序则相反,先关闭主机电源,再关闭外设电源。使用完毕后,应彻底关闭计算机系统的电源。

(4)不要频繁地开关机。每次开、关机的时间间隔应不小于30 s,因为硬盘等高速运转的部件,在关机后仍会运转一段时间。频繁地开关机极易损坏硬盘等部件。

(5)在增删计算机的硬件设备时,必须在彻底断电下进行,禁止带电插拔计算机部件及信号电缆线。

(6)在接触电路时,不应用手直接触摸电路板上的铜线及集成电路的引脚,以免人体所带的静电击坏集成电路。

(7)计算机在运行时,不应随意地移动和震动计算机,以免震动造成硬盘磁道的划伤。在安装、搬运计算机过程中也要轻拿、轻放,防止损坏计算机部件。

(8)盘片保存要注意防霉、防潮、防磁、防脏物污染和防划伤等。

(9)经常性地对硬盘中的重要数据进行备份,保证数据的安全性。

(10)经常进行病毒的检查和清除,对外来的软件在使用前要进行查、杀病毒处理。

(11)计算机及外设的电源插头要使用三线插头,确保计算机接地。机箱的接地端不能与交流电源的零线接在一起,供电要安全可靠。

(12)操作键盘时,力度要适当,不能过猛,手指按下后应立即弹起。

任务实现

(一)磁盘分区与格式化

1.分区

计算机硬盘常用容量有500 GB、1 TB、2 TB,对如此大容量的存储空间,需要进行合理的分区,将不同类型的应用程序和文件存放在不同的空间,具体的分区操作如下:

(1)选择【计算机】,单击鼠标右键,在弹出的快捷菜单中选择【管理】,打开【计算机管理】窗口,如图6.1所示。

(2)在【计算机管理】窗口中选择【存储】下的【磁盘管理】,打开【磁盘管理】窗口,如图6.2所示。

(3)选择需要分割的磁盘,单击右键打开相关联的快捷菜单,选择【压缩卷】。

(4)输入需要划分出的空间大小,单击【压缩】按钮。

 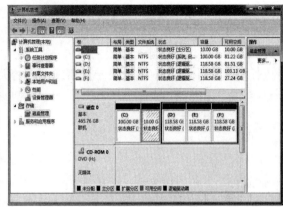

图6.1 【计算机管理】窗口　　　　　图6.2 【磁盘管理】窗口

(5)压缩完毕后,会发现【磁盘管理】窗口中增加了一个盘符。这一部分空间就是新磁盘区域,右键单击,在快捷菜单中选择【新建简单卷】。

(6)按照向导程序的指导,逐步进行【选择大小】,输入【硬盘名称】,确认【是否格式化】,完成分区操作。

2. 格式化

(1)选择【计算机】,单击右键打开相关联的快捷菜单,选择【管理】,打开【计算机管理】窗口,如图6.1所示。

(2)在【计算机管理】窗口中选择【存储】下的【磁盘管理】,打开【磁盘管理】窗口,如图6.2所示。

(3)右键单击要格式化的卷,然后单击【格式化】,打开【格式化】对话框,如图6.3所示。

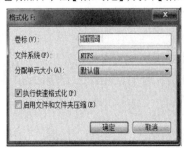

图6.3 【格式化】对话框

(4)在【卷标(V):】后的文本框中输入新的卷标识,在【文件系统(F):】后单击右侧的下拉按钮,选择文件系统的类型,单击【确定】按钮。

(5)在弹出的确认对话框中,单击【确定】按钮,实现格式化操作。

(二) 磁盘清理

(1) 在桌面上双击【计算机】图标,打开【计算机】窗口,选择需要清理的盘,单击右键打开相关联的快捷菜单,选择【属性】,打开【属性】对话框,如图6.4所示。

(2) 单击【磁盘清理】,打开【磁盘清理】对话框,如图6.5所示。

(3) 系统进行扫描,扫描完毕后,在【要删除的文件】组中显示可以删除的文件。用户选择要删除的文件,单击【确定】按钮。弹出【确认】对话框,单击【确认】按钮。

(4) 系统将自动删除被选中的文件,进行磁盘清理。清理过程可能会需要几分钟或者更长时间,具体执行时间取决于要清理文件的大小。

(5) 清理完毕后,弹出确定对话框,可以看到磁盘的已用空间减少。

图6.4 【属性】对话框

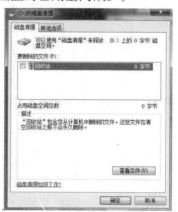

图6.5 【磁盘清理】对话框

(三) 整理磁盘碎片

(1) 在桌面上双击【计算机】图标,打开【计算机】窗口,选择需要清理的磁盘,单击右键打开相关联的快捷菜单,选择【属性】,打开【属性】对话框,如图6.4所示。

(2) 在【属性】对话框中选择【工具】选项卡,如图6.6所示。

(3) 在【工具】选项卡的【碎片整理】组中,选择【立即进行碎片整理】,打开【磁盘碎片整理程序】对话框,如图6.7所示。所有的磁盘都显示出来,可以选定点击任何一个磁盘,然后点击【磁盘碎片整理】按钮。

(4) 程序将先进行磁盘分析,分析结束后,进行碎片的合并,碎片整理完成,单击【关闭】按钮。

(四) 检查磁盘

(1) 在桌面上双击【计算机】图标,打开【计算机】窗口。

(2) 在【计算机】窗口中选择要检测的磁盘,如检测 D 盘,单击【本地磁盘(D:)】,选中 D 盘,单击右键打开相关联的快捷菜单,选择【属性】命令,打开【属性】对话框,如图6.4所示。

(3) 选择【工具】选项卡,单击【查错】分组中的【开始检查】按钮,如图6.6所示。

图6.6 【工具】选项卡

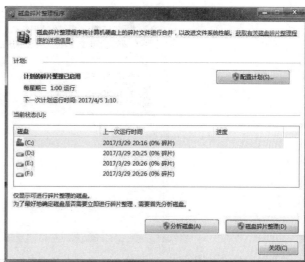
图6.7 【磁盘碎片整理程序】对话框

（4）在打开的【检查磁盘】对话框中，选择【磁盘检查选项】分组中的两个选项，单击【开始】按钮，如图6.8所示。系统开始进行磁盘检查，检查过程可能会需要几分钟或者更长时间。

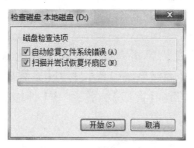
图6.8 【检查磁盘】对话框

（五）关闭无响应程序

当系统程序长时间没有响应时，如果想要关闭该程序，可通过任务管理器实现。

（1）按住【Ctrl】+【Alt】+【Delete】键，系统将打开【系统选项列表】，选择【启动任务管理器】，打开【任务管理器】对话框，如图6.9所示。或鼠标右键单击任务栏的空闲位置，在打开的相关联的快捷菜单中，选择【启动任务管理器】。

（2）在【应用程序】选项卡中，查看当前开启的应用程序，选择状态为【未响应】的程序，单击【结束任务】按钮。

（3）系统将弹出提示信息框，提示用户"程序长时间未响应，继续等待或者强制关闭"，可以先等待，长时间没有响应也可以强制关闭。

图 6.9 【任务管理器】对话框

(六)设置虚拟内存

计算机中所有运行的程序都需要经过内存来执行,如果执行的程序很大或很多,就会导致内存消耗殆尽。为了解决这个问题,Windows 操作系统运用了虚拟内存技术,即拿出一部分硬盘空间来充当内存使用,这部分空间即称为虚拟内存。设置虚拟内存的方法如下:

(1)在桌面上选择【计算机】,单击右键打开相关联的快捷菜单,选择【属性】,打开【系统】窗口,单击左侧列表的【高级系统设置】,打开【系统属性】对话框,如图 6.10 所示。

(2)选择【系统属性】窗口里的【高级】标签,单击【性能】分组中的【设置】按钮,打开【性能选项】对话框,如图 6.11 所示。

图 6.10 【系统属性】对话框

图 6.11 【性能选项】对话框

(3)选择【高级】选项卡,如图 6.12 所示。

(4)在【高级】选项卡中的【虚拟内存】分组中单击【更改】按钮,打开【虚拟内存】对话框,如图 6.13 所示。

项目六 做好计算机维护

图 6.12 【高级】选项卡

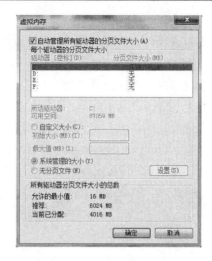

图 6.13 【虚拟内存】对话框

(5)单击【自动管理所有驱动器的分页文件大小】,在【每个驱动器的分页文件大小】分组中,选择设置虚拟内存的磁盘,在【可用空间】分组中单击【自定义大小】,在初始大小和最大值后的文本框中输入设置的虚拟内存的容量(虚拟内存设置的原则是:虚拟内存最小值是物理内存的 1~1.5 倍;虚拟内存最大值是物理内存的 2~2.5 倍),单击【确定】按钮。

(七)管理自启动程序

计算机启动过程中如果加载过多的应用程序,会导致计算机初始化时间变长,启动变慢。通过设置自启动程序,可以提高系统启动的速度,设置自启动程序的过程如下:

(1)打开【开始】菜单,单击【运行】,在弹出的【运行】对话框中"msconfig",单击【确定】按钮,打开【系统配置】对话框,如图 6.14 所示。

(2)选择【启动】选项卡,将不需要开机自动启动的软件名称前的复选框中的【√】去掉,单击【确定】。

图 6.14 【系统配置】对话框

(八)自动更新系统

计算机系统默认设置是实时在后台更新 Windows 系统的组件。默认设置由系统自动完成,无须用户的参与,但默认设置在组件实时更新时,会导致计算机系统同时运行的程序较多,致使计算机系统的效率下降,用户正在使用的软件运行速度变慢,等待时间变长。为了避免此类情况,用户可以修改 Windows 的系统更新设置,由用户来控制系统的组件的更新,不影响用户正在进行的其他工作,具体操作如下:

(1)打开【控制面板】窗口,设置【控制面板】的查看方式为【大图标】,如图 6.15 所示。

(2)单击【Windows Update】选项,打开【Windows Update】窗口,如图 6.16 所示。

(3)单击窗口左侧的【更改设置】,打开【更改设置】对话框,如图 6.17 所示。

图 6.15 【控制面板】窗口

图 6.16 【Windows Update】窗口

图 6.17 【更改设置】对话框

(4)单击【重要更新】分组的下拉列表框中右侧的箭头按钮,选择【检查更新,但是让我选择是否下载和安装更新】；单击【推荐更新】分组的复选按钮，使其前方的复选框处于选中状态；单击【谁可以安装更新】分组的复选按钮，使其前方的复选框处于未选中状态，取消所有用户在计算机上安装更新的权限；单击【确定】按钮，即可完成设置。

经过以上设置后，用户即可控制系统中软件的下载和安装的时间，或者是否下载和安装。

课后练习

1. 计算机系统对环境温度的要求有哪些？如何实现？
2. 如何关闭无响应的程序？
3. 设置虚拟内存的作用是什么？

项目七　编辑 Word 2010 文档

Word 2010 是 Microsoft 公司开发的 Office 2010 办公组件之一,主要用于文字处理工作。Word 2010 提供了比较出色的功能,其增强后的功能可创建专业水准的文档,旨在提供上乘的文档格式设置工具,利用它还可更轻松、高效地组织和编写文档。下面就让我们一起来感受一下 Word 的魅力吧。

学习目标

- 输入和编辑"自我介绍"
- 编辑招聘启事
- 编辑宣传海报

任务一　输入和编辑"自我介绍"

任务要求

小王是一名大一新生,想要加入学生会好好锻炼自己的综合能力,这天他向辅导员老师提交了一篇自我介绍,参考效果如图 7.1 所示,相关要求如下。

尊敬的老师:

您好!

我是 2020 级软件工程专业的一名新生,名叫王小雪。本人性格外向,曾经在体委学习过,所以对一些体育方面的技能和管理还是有一定的了解。

希望能参加体育部的竞选。我竞选的是学生会体育部部员一职,虽然我很清楚,我的竞争对手都是各班经过精挑细选出来的精英,实力不可小觑,但我充分相信自己的能力,所以,今天,我能够接受挑战,挑战自我。

我知道这条路上有许多挑战,但我自信我有能力担起体育部这副担子,因为我的热情,我的毅力,我实事求是的工作态度。如果我有幸当选,我将以良好的精神状态,大胆的管理学生会事物,使校园生活更加多姿多彩,真正做好本届学生会的工作。

假如我未能当选,说明时间给我考验。我也不会灰心、气馁,我将在今后努力提高自己的能力,同时希望学生会的工作在本届学生会成员的管理、协作下越做越好!

图 7.1　自我介绍

(1) 新建 Word 文档。
(2) 输入文档内容。
(3) 修改和编辑文档内容。
(4) 查找和替换文档内容。
(5) 进行撤销和恢复操作。
(6) 保存文档内容。

相关知识

(一) Word 2010 概述

Word 2010 是 Microsoft 公司开发的 Office 2010 办公组件之一,主要用于文字处理工作。Word 的最初版本是由 Richard Brodie 为了运行 DOS 的 IBM 计算机在 1983 年编写的。随后的版本可运行于 Apple Macintosh(1984 年)、SCO UNIX 和 Microsoft Windows(1989 年),并成为 Microsoft Office 的一部分,Word 2010 于 2010 年 6 月 18 日上市。

Microsoft Word 2010 提供了较出色的功能,其增强后的功能可创建专业水准的文档,可以更加轻松地与他人协同工作并可在任何地点访问创建的文件。

Word 2010 旨在提供较上乘的文档格式设置工具,利用它还可更轻松、高效地组织和编写文档,并可实现无论何时何地灵感迸发,都可捕获这些灵感。

(二) Word 2010 的启动和退出

1. 启动 Word 2010

(1) 选择【开始】/【所有程序】/【Microsoft Office】/【Microsoft Word 2010】命令。
(2) 创建了 Word 2010 的桌面快捷方式后,双击桌面上的快捷方式图标。
(3) 在任务栏中的"快速启动区"单击 Word 2010 图标。
(4) 在桌面空白处或文件夹空白处单击鼠标右键/【新建】/【Microsoft Word 2010】。

2. 退出 Word 2010

(1) 选择【文件】/【退出】命令。
(2) 单击 Word 2010 窗口右上角的【关闭】按钮。
(3) 按【Alt + F4】组合键。
(4) 单击 Word 窗口左上角的控制菜单图标,在打开的下拉列表中选择【关闭】选项。

(三) 熟悉 Word 2010 的工作界面

Word 2010 的工作界面如图 7.2 所示。

1. 标题栏

标题栏位于 Word 2010 操作界面的最顶端,用于显示程序名称和文档名称和右侧的【窗口控制】按钮组(包含【最小化】按钮、【最大化】按钮和【关闭】按钮),可最大化、最小化和关闭窗口。

2. 快速访问工具栏

快速访问工具栏中显示了一些常用的工具按钮,默认按钮有【保存】按钮、【撤销】按钮、【恢复】按钮。用户还可自定义按钮,只需单击该工具栏右侧的【下拉】按钮,在打开的下拉列表中选择相应选项即可。

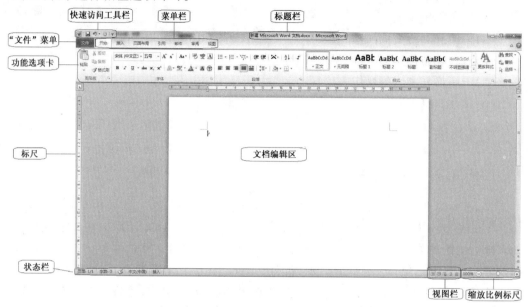

图 7.2　Word 2010 的工作界面

3. "文件"菜单

"文件"菜单中的内容与 Office 其他版本中的"文件"菜单类似,主要用于执行与该组件相关文档的新建、打开、保存等基本命令,菜单右侧列出了用户经常使用的文档名称,菜单最下方的【选项】命令可打开【选项】对话框,在其中可对 Word 组件进行常规、显示、校对等多项设置。

4. 功能选项卡

Word 2010 默认包含了 7 个功能选项卡,单击任一选项卡可打开对应的功能区,单击其他选项卡可分别切换到相应的选项卡,每个选项卡中分别包含了相应的功能组集合。

5. 标尺

标尺主要用于对文档内容进行定位,位于文档编辑区上侧称为水平标尺,左侧称为垂直标尺,通过水平标尺中的缩进按钮,还可快速调节段落的缩进和文档的边距。

6. 文档编辑区

文档编辑区是指输入与编辑文本的区域,对文本进行的各种操作结果都显示在该区域中。新建一篇空白文档后,在文档编辑区的左上角将显示一个闪烁的光标,称为插入点,该光标所在位置便是文本的起始输入位置。

7. 状态栏

状态栏位于操作界面的最底端,主要用于显示当前文档的工作状态。其包括当前页数、字数、输入状态等,右侧依次显示视图切换按钮和显示比例调节滑块。

(四)自定义 Word 2010 的工作界面

1. 自定义快速访问工具栏

(1)添加常用命令按钮。在快速访问工具栏右侧单击下拉按钮,在打开的下拉列表中选择常用的选项,如选择【打开】选项,可将该命令按钮添加到快速访问工具栏中。

(2)删除不需要的命令按钮。在快速访问工具栏的命令按钮上单击鼠标右键,在弹出的快捷菜单中选择【从快速访问工具栏删除】命令可将相应的命令按钮从快速访问工具栏中删除。

(3)改变快速访问工具栏的位置。在快速访问工具栏右侧单击下拉按钮,在打开的下拉列表中选择【在功能区下方显示】选项可将快速访问工具栏显示到功能区下方;再次在下拉列表中选择【在功能区上方显示】选项可将快速访问工具栏还原到默认位置。

2. 自定义功能区

在 Word 2010 工作界面中用户可选择【文件】/【选项】命令,在打开的【Word 选项】对话框中单击【自定义功能区】选项卡,在其中根据需要显示或隐藏相应的功能选项卡、创建新的选项卡、在选项卡中创建组和命令等,如图7.3所示。

图7.3 【自定义功能区】选项卡

3. 显示或隐藏文档中的元素

(1)在【视图】/【显示】组中单击选中或撤销选中标尺、网格线和导航窗格元素对应的复选框即可在文档中显示或隐藏相应的元素,如图7.4所示。

(2)在【Word 选项】对话框中单击【高级】选项卡,向下拖拽对话框右侧的滚动条,在"显示"栏中单击选中或撤销选中【显示水平滚动条】、【显示垂直滚动条】或【在页面视图中显示垂直标尺】元素对应的复选框,也可在文档中显示或隐藏滚动条,如图7.5所示。

图 7.4　显示或隐藏元素

图 7.5　显示或隐藏滚动条等内容

任务实现

（一）创建"自我介绍"文档

通过【开始菜单】或快捷方式启动 Word 2010 后，将自动创建一个名为"文档 1"的空白文档，如再次启动将依次命名为"文档 2"……也可先确定文档所在位置然后通过右击鼠标的方式创建 Word 文档，此时文档名为"新建 Microsoft Office Word 2010 文档"。

（1）打开 D 盘，在窗口空白处单击鼠标右键，在弹出的快捷菜单中选择【新建】/【Microsoft Word 2010】，此时将在 D 盘根目录下新建一个 Word 文档。

（2）双击该 Word 文档即可打开编辑。

（3）如需再次创建文档可选择【文件】/【新建】命令，在打开的面板中选择【空白文档】选项，在面板右侧单击【新建】按钮，或在打开的任意文档中按【Ctrl + N】组合键也可新建文档，新建文档过程如图 7.6 所示。

图7.6 新建文档过程

(二)输入文档文本

打开文档后就可以在文档编辑区输入文档内容并进行编辑。

(1)将光标定位于文档编辑区,确定中文输入法,输入文档开头"尊敬的老师",如图7.7所示。

图7.7 输入文档开关

(2)编辑完标题后可继续"自我介绍"正文内容的编辑,如直接在标题后输入【Enter】键,则后面的内容格式会继承标题格式。

(3)注意段首内容缩进两个字符,可通过连续输入4次【Space】键完成。一段内容输入完毕后可以通过输入【Enter】键结束并新起一段。文档内容如图7.8所示。

(三)修改和编辑文本

将文本内容输入完毕后有时会根据需要对文本内容进行修改和编辑,如将文中第二段内容移动位置。

1.选择文本

对已有内容进行修改和编辑时需要先确定操作对象,即选择文本,选中的文本内容添加了蓝色选择框。

(1)通过按住鼠标左键拖动的方式选择文本内容的第二段。

尊敬的老师：

您好！

希望能参加**外联部**的竞选。我竞选的是学生会**外联部**部员一职，虽然我很清楚，我的竞争对手都是各班经过精挑细选选出来的精英，实力不可小觑，但我充分相信自己的能力，所以，今天，我能够接受挑战，挑战自我。

本人性格外向，曾经在体委学习过，所以对一些体育方面的技能和管理还是有一定的了解。

我知道这条路上有许多挑战，但我自信我有能力担起外联部这副担子，因为我的热情，我的毅力，我实事求是的工作态度。如果我有幸当选，我将以良好的精神状态，大胆的管理学生会事物，使校园生活更加多姿多彩，真正做好本届学生会的工作。

假如我未能当选，说明时间给我考验。我也不会灰心、气馁，我将在今后努力提高自己的能力，同时希望学生会的工作在本届学生会成员的管理、协作下越做越好！

图 7.8 文档内容

（2）将光标定位于文本内容左侧空白区，待光标变为向右指向的空心箭头时单击鼠标左键即可选中一行内容，双击鼠标左键可以选中一段，三击鼠标左键可以选中整篇文档。

（3）将光标定位于预选内容的起始位置，按下【Shift】键的同时在预选内容的结束位置单击鼠标左键。

2. 复制、粘贴文本

确定好操作对象后可对文本内容进行复制操作，复制的文本内容被放在剪贴板上。

（1）选择所需文本内容后，在【开始】/【剪贴板】组中单击【复制】按钮复制文本，定位到目标位置（如在新的文本文档中）在【开始】/【剪贴板】组中单击【粘贴】按钮粘贴文本。

（2）在所选文本内容上单击鼠标右键，在弹出的快捷菜单中选择【复制】命令，定位到目标位置单击鼠标右键，在弹出的快捷菜单中选择【粘贴】命令粘贴文本。

（3）选择所需文本内容后，按【Ctrl+C】组合键复制文本，定位到目标位置按【Ctrl+V】组合键粘贴文本内容。

（4）选择所需文本内容后，按住【Ctrl】键不放，将光标置于所选文本内容之上，按住鼠标左键将其拖动到目标位置即可。

3. 移动文本

通过移动操作可以改变文本内容的位置，如将"自我介绍"的第三、四段互换位置。

（1）选择第三段文本内容后，在【开始】/【剪贴板】组中单击【剪切】按钮或按【Ctrl+X】组合键，剪切的内容也被存放在剪贴板上。

（2）在文档的第四段结尾处单击鼠标并按【Enter】键确定插入点，通过单击【开始】/【剪贴板】组中【粘贴】按钮，或按【Ctrl+V】组合键，即可将剪贴板中文本内容移动到插入点，如图 7.9 所示。

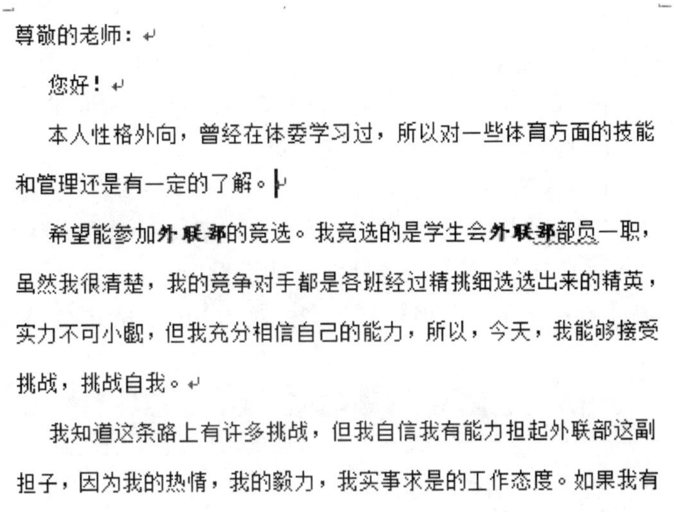

尊敬的老师：

您好！

本人性格外向，曾经在体委学习过，所以对一些体育方面的技能和管理还是有一定的了解。

希望能参加**外联部**的竞选。我竞选的是学生会**外联部**部员一职，虽然我很清楚，我的竞争对手都是各班经过精挑细选选出来的精英，实力不可小觑，但我充分相信自己的能力，所以，今天，我能够接受挑战、挑战自我。

我知道这条路上有许多挑战，但我自信我有能力担起外联部这副担子，因为我的热情，我的毅力，我实事求是的工作态度。如果我有

图 7.9　移动文本

4. 插入文本

在第二段内容前插入一句话，如"我是 2020 级软件工程专业的一名新生，名叫王小雪。"

（1）将光标定位于第二段起始位置。

（2）确定状态栏中编辑状态为"插入"状态，如为"改写"状态则需按【Insert】键将编辑状态改为"插入"状态，否则输入内容将覆盖原有内容。

（3）输入文本内容"我是 2020 级软件工程专业的一名新生，名叫王小雪"，如图 7.10 所示。

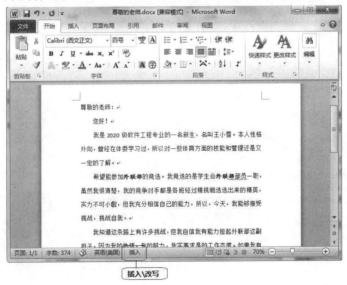

图 7.10　插入文本内容

（四）查找和替换文本

如果想要将文本内容中部分内容进行替换则可以使用 Word 文档中的查找和替换功能。如将文本内容中"加粗""楷体"的"外联部"改为"宋体""非加粗"的"体育部"需进行如下操作：

(1)在【开始】/【编辑】组中单击【替换】,或按【Ctrl + H】组合键。

(2)打开【查找和替换】对话框,在【查找内容】中输入"外联部"。

(3)单击【替换】组中的【格式】/【字体】,打开查找字体对话框,将中文字体设为"楷体",字形"加粗",单击【确定】按钮完成查找字体的设置。

(4)在【替换为】中输入"体育部"。

(5)单击【替换】组中的【格式】/【字体】,打开查找字体对话框,将中文字体设为"宋体",字形"常规",单击【确定】按钮完成查找字体的设置。

(6)此时可看见【查找内容】选项格式与【替换为】选项格式均已设定,如图 7.11 所示。

图 7.11　替换文本内容及格式设置

(7)单击【全部替换】按钮,完成文档内容的替换,替换完成后将自动弹出对话框提示用户完成了几处替换,如图 7.12 所示。

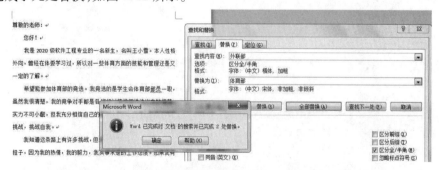

图 7.12　全部替换文本

(8)单击【确定】按钮,关闭【查找和替换】对话框,此时在文档中即可看到具有【楷体】【加粗】格式的【外联部】内容已全部替换为【体育部】文本,而【宋体】【常规】格式的外联部没有被替换,如图 7.13 所示。

(五)撤销和恢复操作

有时我们的误操作会需要撤销前几步的操作,如将之前的替换操作撤销。

(1)单击【快速访问栏】工具栏中的【撤销】按钮，或按【Ctrl+Z】组合键，即可恢复到替换操作之前的效果，如图 7.14 所示。

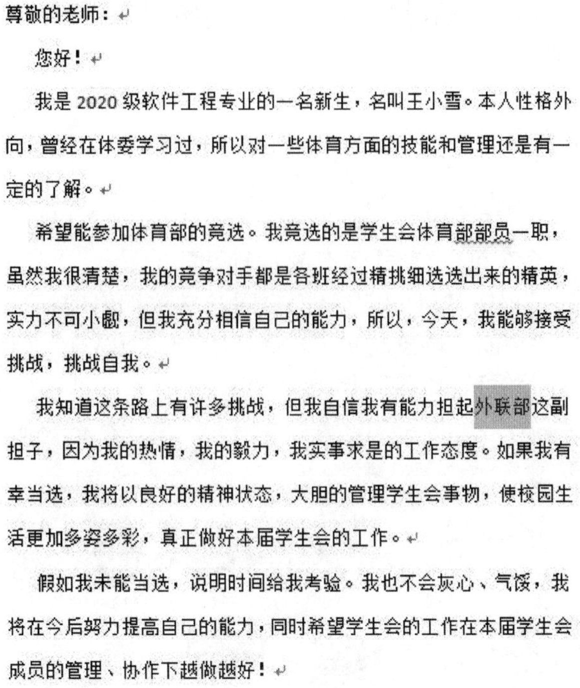

尊敬的老师：

您好！

我是 2020 级软件工程专业的一名新生，名叫王小雪。本人性格外向，曾经在体委学习过，所以对一些体育方面的技能和管理还是有一定的了解。

希望能参加体育部的竞选。我竞选的是学生会体育部部员一职，虽然我很清楚，我的竞争对手都是各班经过精挑细选出来的精英，实力不可小觑，但我充分相信自己的能力，所以，今天，我能够接受挑战，挑战自我。

我知道这条路上有许多挑战，但我自信我有能力担起外联部这副担子，因为我的热情，我的毅力，我实事求是的工作态度。如果我有幸当选，我将以良好的精神状态，大胆的管理学生会事物，使校园生活更加多姿多彩，真正做好本届学生会的工作。

假如我未能当选，说明时间给我考验。我也不会灰心、气馁，我将在今后努力提高自己的能力，同时希望学生会的工作在本届学生会成员的管理、协作下越做越好！

图 7.13　替换结果

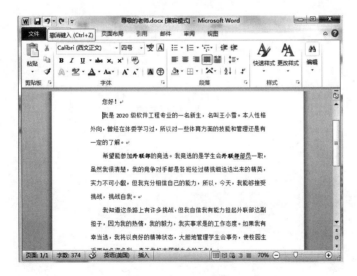

图 7.14　撤销效果

(2)单击【恢复】按钮，或按【Ctrl+Y】组合键，便可以恢复到"撤销"操作前的文档效果，撤销了多少次就可以恢复多少次。

(六)保存"自我介绍"文档

文档编辑完毕后应及时将文档进行保存，长文档在编辑过程中应设置自动保存。

(1) 如果是通过鼠标右键新建的方式建立的 Word 文档,说明文档已经确定存储的位置及名称,在编辑完成文档内容后可以通过【文件】/【保存】命令,或按【Ctrl+S】组合键或单击快速访问工具栏中的【保存】按钮对文档进行保存。

(2) 如果是通过其他方式新建的 Word 文档(此时文档名为:文档 x.docx),在编辑完文本内容后通过【文件】/【保存】命令可以打开【另存为】对话框,首先确定文件保存的路径,然后确定文件保存名称及保存类型,最后单击【保存】按钮即可完成 Word 文档的保存,如图 7.15 所示。

(3) 如果是已经保存过的文件,可以通过另存为功能将文档另存为一个新的文档。选择【文件】/【另存为】命令可以打开【另存为】对话框。

(4) 在编辑长文档过程中,容易出现死机等问题导致编辑的文档来不及保存而丢失文档内容,使用自动保存功能可避免此问题。选择【文件】/【Word 选项】/【保存】,可以设置自动保存时间及路径等信息,如图 7.16 所示。

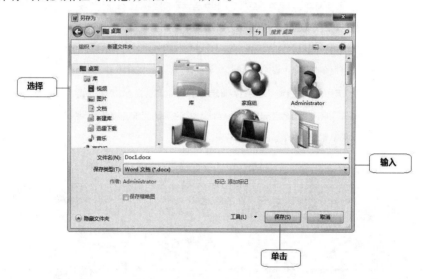

图 7.15 保存文档

图 7.16 自动保存信息设置

任务二　编辑招聘启事

任务要求

通过激烈的角逐,小王最终被校外联部录取。为了考察她的能力,部长让小王为外联部纳新撰写活动计划,如图 7.17 所示。相关要求如下:

(1)设置字体格式。

(2)设置段落格式。

(3)设置项目符号和编号。

(4)设置边框和底纹。

(5)保护文档。

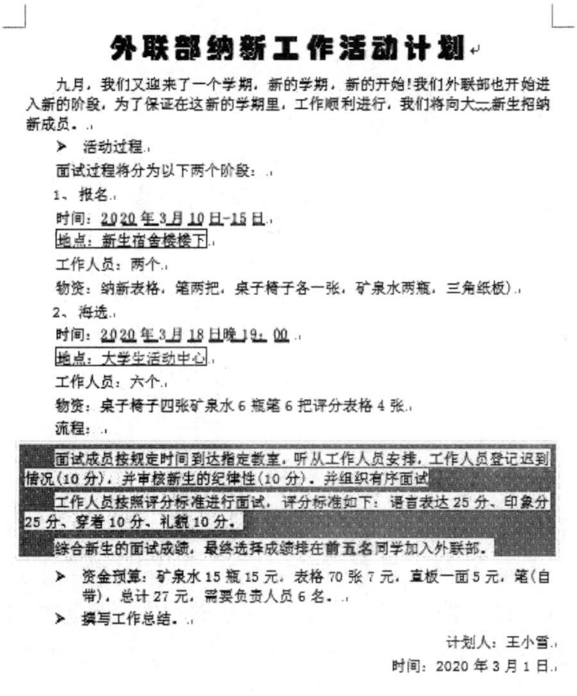

外联部纳新工作活动计划

九月，我们又迎来了一个学期，新的学期，新的开始！我们外联部也开始进入新的阶段，为了保证在这新的学期里，工作顺利进行，我们将向大二新生招纳新成员。

➢ 活动过程

面试过程将分为以下两个阶段：

1、报名

时间：2020 年 3 月 10 日-15 日

地点：新生宿舍楼楼下

工作人员：两个

物资：纳新表格，笔两把，桌子椅子各一张，矿泉水两瓶，三角纸板)

2、海选

时间：2020 年 3 月 18 日晚 19：00

地点：大学生活动中心

工作人员：六个

物资：桌子椅子四张矿泉水 6 瓶笔 6 把评分表格 4 张

流程：

面试成员按规定时间到达指定教室，听从工作人员安排，工作人员登记迟到情况(10 分)，并审核新生的纪律性(10 分)。并组织有序面试

工作人员按照评分标准进行面试，评分标准如下：语言表达 25 分、印象分 25 分、穿着 10 分、礼貌 10 分。

综合新生的面试成绩，最终选择成绩排在前五名同学加入外联部。

➢ 资金预算：矿泉水 15 瓶 15 元，表格 70 张 7 元，直板一面 5 元，笔(自带)，总计 27 元，需要负责人员 6 名。

➢ 撰写工作总结。

计划人：王小雪

时间：2020 年 3 月 1 日

图 7.17　活动计划效果图

相关知识

(一)认识字符格式

Word 2010 字符和段落格式主要通过【字体】和【段落】组进行设置。选择相应的字符或段落文本,然后在【字体】和【段落】组中单击相应按钮,便可快速设置常用字符或段落格式,如图 7.18 所示。

图 7.18　字体和段落组

(二) 添加段落编号

在进行文本内容的编辑过程中,有时需要对文本内容添加段落编号以使得文本内容层次更加清晰。此时,可先选择预添加编号的段落,选择【段落】/【编号】,即可为文本内容添加段落编号,也可以通过【定义新编号格式】对编号格式进行设置。设置编号起始值如图 7.19 所示。

图 7.19　设置编号起始值

(三) 自定义项目符号样式

在【开始】/【段落】组中单击【项目符号】按钮右侧的下拉按钮,在打开的下拉列表中选择【定义新项目符号】选项,然后在打开的对话框中单击【符号】按钮,打开【符号】对话框,选择需要的符号进行设置即可;在【定义新项目符号】对话框中单击【图片】按钮,再在打开的对话框中选择计算机中的图片文件,单击【导入】按钮,则可选择计算机中的图片文件作为项目符号,如图 7.20 所示。

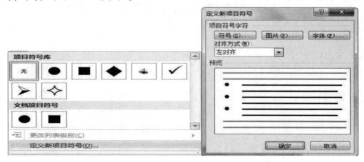

图 7.20　设置项目符号样式

任务实现

（一）打开文档

（1）选择【文件】/【打开】命令,或按【Ctrl+O】组合键。
（2）在【打开】对话框的"地址栏"列表框中选择文件路径,在窗口工作区中选择"工作计划"文档,单击【打开】按钮打开该文档,结果如图7.21所示。

图7.21　打开文档

（二）设置字体格式

1. 使用浮动工具栏设置

（1）打开"活动计划.docx"文档,选择标题文本,停止选择后,我们会看到淡淡的浮动工具栏,将鼠标指针移动到浮动工具栏上,工具栏会变清晰起来,在"字体"下拉列表框中选择【华文琥珀】选项。
（2）在"字号"下拉列表框中选择【二号】选项。
（3）在第二行选择【居中】选项,效果如图7.22所示。

图7.22　快速工具栏设置效果

（4）在【文件】/【选项】/【常规】中可以设置选择文本内容时是否显示浮动工具栏。

2. 使用"字体"组设置

（1）选择正文内容,在【开始】/【字体】组的【字体】下拉列表框中选择"宋体",如图7.23所示。在【字号】下拉列表框中选择【四号】选项,如图7.24所示。
（2）在"活动计划"文本中,选中"报名时间",按住【Ctrl】键的同时可以加选"海选时间"文本内容,在【开始】/【字体】组中单击"加粗"可将字体加粗显示,单击【下划线】按钮右侧的下拉按钮,可以设置下划线样式与颜色,如图7.25所示。

图 7.23　设置字体　　　　　　　　　图 7.24　设置字号

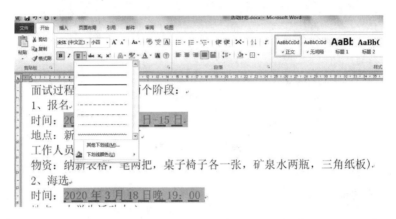

图 7.25　设置加粗与下划线

(3)在【字体】组中单击【字体颜色】按钮右侧的下拉按钮，在打开的下拉列表中可以设置字体颜色，如图 7.26 所示。

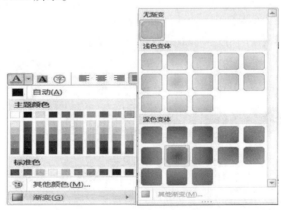

图 7.26　设置字体渐变颜色

3.使用【字体】对话框设置

(1)选择标题文本,在【字体】组右下角单击"对话框启动器"图标,如图 7.27 所示。

(2)在打开的【字体】对话框中单击【高级】选项卡,在【间距】下拉列表框中选择【加宽】选项,其后的"磅值"数值框将自动显示"2 磅","位置"设置为"提升",在下面的预览框中可以看到设置效果,单击【确定】按钮完成操作,如图 7.27 所示。

图 7.27 设置字符间距

(3)选择"前五名"文本,通过【字体】对话框中【字体】选项卡设置特殊效果,选择"字形"为"加粗","字体颜色"为"红色",在"着重号"下拉列表框中选择"."选项,在下面的预览框中观察设置效果,完成后单击【确定】按钮,如图 7.28 所示。

图 7.28 设置着重号

(三)设置段落格式

1. 设置段落对齐方式

Word 中的段落对齐方式包括左对齐、右对齐、居中对齐、两端对齐和分散对齐 5 种方式,在浮动工具栏和【段落】组中单击相应的对齐按钮,可以设置不同的段落对齐方式,如图 7.29 所示。

(1)选择文本落款内容,在【段落】组中单击【文本右对齐】按钮,效果如图 7.30 所示。

资金预算:矿泉水 15 瓶 15 元,表格 70 张 7 元,直板一面 5 元,笔(自带),总计 27 元,需要负责人员 6 名。
撰写工作总结。

计划人:王小雪.
时间:2020 年 3 月 1 日.

图 7.29 段落对齐方式　　　　　图 7.30 设置文本右对齐

(2)当我们在编辑英文文本内容时,有时需要文本内容两端对齐,英文内容文本左对齐与两端对齐效果对比如图 7.31 所示。

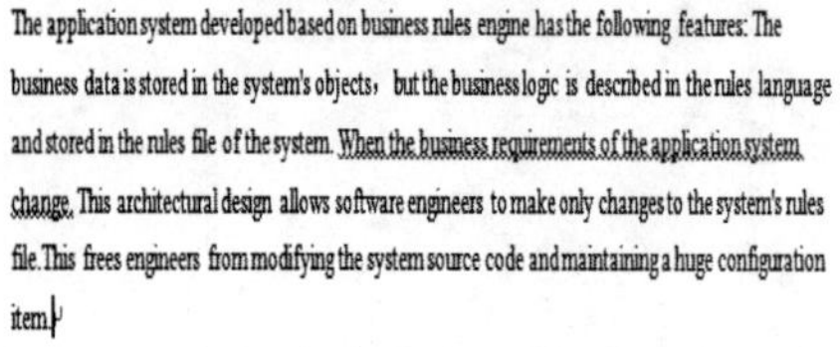

(a)文本左对齐效果 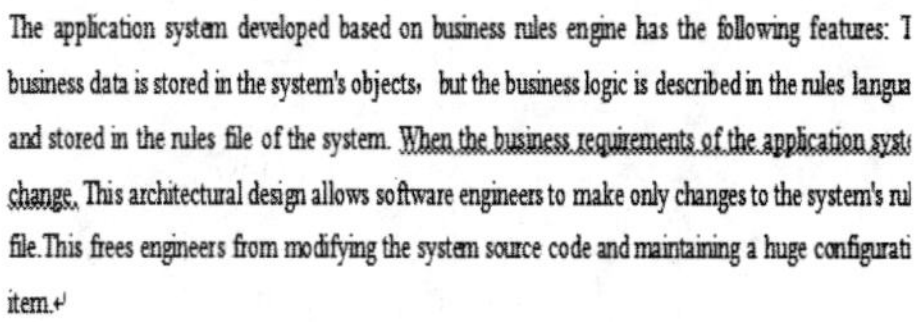　　　　　　　　　　(b)文本两端对齐效果

图 7.31　英文内容文本左对齐与两端对齐效果对比

2. 设置段落缩进

段落缩进是指段落左右两边文字与页边距之间的距离,包括左缩进、右缩进、首行缩进和悬挂缩进。为了更精确和详细地设置各种缩进量的值,可以通过【段落】对话框进行设置,具体操作如下:

(1)选择正文内容,在【段落】组右下角单击"对话框启动器"图标。

(2)在打开的【段落】对话框中有【缩进和间距】选项卡【换行和分页】选项卡以及【中文版式】选项卡。在【缩进和间距】选项卡中,选择【特殊格式】下拉列表框中的【首行缩进】选项,"磅值"数值框中自动显示数值为"2 字符",完成后单击【确定】按钮,如图 7.32 所示。

(3)有时我们需要将磅值单位设置为"磅",此时可以在"磅值"中使用键盘输入的方式修改单位。

3. 设置行间距和段间距

行间距是指段落中一行文字底部到下一行文字底部的间距,而段间距是指相邻两个段之间的距离,包括段前和段后的距离。Word 默认的行间距是单倍行距,用户可以根据实际需要进行设置,具体设置操作如下:

(1)选择正文文本,在【段落】组右下角单击"对话框启动器"图标。

(2)打开【段落】对话框,单击【缩进和间距】选项卡,在【间距】栏的【段前】数值框中输入"3 磅","段后"数值框中设置为"0 行"。

(3)行距设置为"固定值""15 磅",完成后单击【确定】按钮,如图 7.33 所示。

图 7.32　在【段落】对话框中设置首行缩进

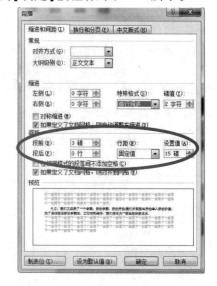
图 7.33　设置段落间距与行距

4. 换行和分页设置

在【换行和分页】选项卡中还可对分页、行号和断字等进行设置,如图 7.34 所示。单击【中文版式】选项卡,可以对中文文稿的特殊版式进行设置,如按中文习惯控制首尾字符、允许标点溢出边界等。

图 7.34 【换行和分页】选项卡

(四)设置项目符号和编号

使用项目符号与编号功能,可以为属于并列关系的段落添加■、●、★等项目符号,也可以添加"1、2、3"或"Ⅰ、Ⅱ、Ⅲ"等编号,还可以组成多级列表,使文档层次分明、条理清晰。

1. 设置项目符号

在【开始】/【段落】组中单击【项目符号】按钮,可以添加默认样式的项目符号;若单击【项目符号】按钮 右侧的下拉按钮,在打开的下拉列表的【项目符号库】栏中可以选择更多的项目符号样式。具体设置操作如下:

(1)选择"活动过程"文本,按住【Ctrl】键的同时加选"资金预算"与"撰写工作总结"文本内容。

(2)在【段落】组中单击【项目符号】按钮 右侧的下拉按钮,在打开的下拉列表的【项目符号库】栏中选择【➢】选项,返回文档,设置项目符号的效果如图 7.35 所示。

图 7.35 设置项目符号的效果

（3）如果在项目符号库中找不到所需要的项目符号，我们还可以在【定义新项目符号】对话框中添加。选择项目符号下拉列表中的【定义新项目符号】，打开【定义新项目符号】对话框。点击【符号】按钮在弹出的对话框中选取适合的项目符号，如图7.36所示，也可以通过【图片】按钮导入本机中其他图片作为项目符号。

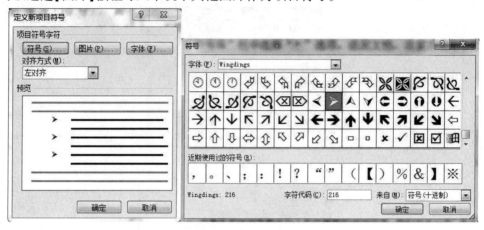

图7.36　【定义新项目符号】对话框及【符号】对话框

2. 设置编号

编号主要用于设置一些按一定顺序排列的项目，如操作步骤或合同条款等。设置编号的方法和设置项目符号的方法类似，即在【段落】组中单击【编号】按钮，可以添加默认样式的编号；若单击【编号】按钮右侧的下拉按钮，在打开的下拉列表的【编号库】栏中可以选择更多的编号样式，具体设置操作如下：

（1）通过按住【Ctrl】键加选的方式选择面试过程的两个阶段"报名"和"海选"文本内容。

（2）在【段落】组中单击【编号】按钮右侧的下拉按钮，即可打开下拉列表的【编号库】，如图7.37所示。

（3）选择其中一种编号单击即可将所选内容添加编号。

（4）如果编号库中没有需要的编号格式，则可以通过【定义新编号格式】方式自定义编号格式。先选中编号样式，然后在编号格式中输入编号与文本内容分隔符，如图7.38所示在编号格式中输入"、"。

图7.37　编号库

图7.38　自定义编号格式

3. 多级列表

多级列表在展示同级文档内容时,还可以显示下一级文档内容,常用于长文档的制作。设置多级列表的方法为选择要应用多级列表的文本,在【段落】组中单击【多级列表】按钮,在打开的下拉列表的【列表库】栏中选择多级列表样式。

(五)设置边框与底纹

1. 为字符设置边框与底纹

(1)同时选择"报名地点"与"海选地点",然后在【字体】组中单击【字符边框】按钮设置字符边框,如图 7.39 所示。

(2)继续在【字体】组中单击【字符底纹】按钮设置字符底纹,如图 7.40 所示。

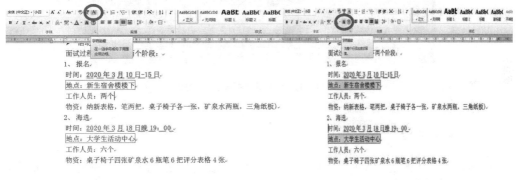

图 7.39 设置字符边框　　　　　图 7.40 设置字符底纹

2. 为段落设置边框与底纹

(1)选择"海选流程"文本内容,在【段落】组中单击【底纹】按钮右侧的下拉按钮,在打开的下拉列表中选择【黄色】选项,效果如图 7.41 所示。

(2)在【段落】组中单击【下框线】按钮右侧的下拉按钮,在打开的下拉列表中选择【边框与底纹】选项,效果如图 7.42 所示。

图 7.41 在段落组中设置底纹　　　　　图 7.42 选择边框与底纹选项

(3)在打开的【边框和底纹】对话框中单击【边框】选项卡,在【设置】栏中选择【方框】选项,在【样式】列表框中选择【━━━━】选项,颜色为"黄色",宽度为"1.5 磅"。

(4)单击【底纹】选项卡,在【填充】下拉列表框中选择【绿色】选项,图案样式选择"5%",如图 7.43 所示。单击【确定】按钮,在文档中设置边框与底纹后的效果,如图 7.44 所示。

 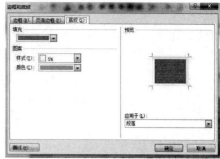

图7.43　通过对话框设置边框和底纹

面试成员按规定时间到达指定教室，听从工作人员安排，工作人员登记迟到情况(10分)，并审核新生的纪律性(10分)。并组织有序面试

工作人员按照评分标准进行面试，评分标准如下：语言表达25分、印象分25分、穿着10分、礼貌10分。

综合新生的面试成绩，最终选择成绩排在前五名同学加入外联部。

图7.44　段落添加边框与底纹效果

（六）保护文档

在 Word 文档中为了防止他人随意查看文档信息，可以通过对文档进行加密来保护整个文档，具体操作如下：

(1)选择【文件】/【信息】命令，在窗口中间位置单击【保护文档】按钮，在打开的下拉列表中选择【用密码进行加密】选项。

(2)在打开的【加密文档】对话框的文本框中输入密码"123"，然后单击【确定】按钮，在打开的【确认密码】对话框的文本框中重复输入密码"123"，如图7.45所示，然后单击【确定】按钮。

图7.45　对文档进行加密

(3)单击任意选项卡返回工作界面，在快速访问工具栏中单击【保存】按钮保存设置。关闭该文档，再次打开该文档时将打开【密码】对话框，在文本框中输入密码，然后单击

【确定】按钮即可打开。

任务三 编辑宣传海报

任务要求

王小雪的活动计划通过了,部长将纳新活动完全交由王小雪负责,现在她需要利用 Word 2010 的相关功能为活动设计制作一个宣传海报,完成后参考效果如图 7.46 所示。

图 7.46 "宣传海报"效果图

相关知识

在【插入】/【插图】组中可以为文档添加图片、剪贴画、形状、图表、SmartArt 图形等,同时还提供屏幕剪辑功能方便用户截取屏幕信息。

(1)插入【图片】功能,允许用户引用外部文件中各种类型图片。

(2)【剪贴画】允许用户插入文档,包括绘图、影片、声音或库存照片以展示特定的概念。

(3)【形状】是指具有某种规则形状的图形,如线条、正方形、椭圆、箭头和星形等,当需要在文档中绘制图形或为图片等添加形状标注时都会用到,并可对其进行编辑美化。

(4)插入【SmartArt】图形可以以直观的方式交流信息。其包括图形列表、流程图以及更为复杂的图形,如维恩图和组织结构图。

(5)插入【图表】用于演示和比较数据。可用类型包括条形图、饼图、折线图、面积图和曲面图等。

在【插入】/【文本】组中可以为文档添加文本框、艺术字、日期时间等。

任务实现

(一)插入并编辑文本框

利用文本框可以制作出特殊的文档版式,在文本框中可以输入文本,也可以插入图

片,在文档中插入的文本框可以是 Word 自带样式的文本框,也可以是手动绘制的横排或竖排的文本框,具体操作如下:

(1)在桌面创建一个名为"宣传海报.docx"的 Word 文档。在【插入】/【文本】组中单击【文本框】按钮,在打开的下拉列表中提供了可插入文本框的类型。用户可以在内容框中选择系统设计好的类型,也可以插入 office.com 中的其他文本框或普通的横排文本框与竖排文本框。此时通过拖动滑轮的方式向下查找,选择【瓷砖型提要栏】选项,插入到文档中,效果如图 7.47 所示。

(2)在文本框中直接输入需要的文本内容,并设置字体为"楷体""四号""白色"字体,且为"单倍行距",如图 7.48 所示。

图 7.47　选择文本框类型

图 7.48　输入文本内容

(二)插入图片

为了使 Word 文档内容更加丰富、美观,用户可以根据需要在文档中插入图片。下面在"宣传海报"文档中插入一张"二维码"图片,具体操作如下:

(1)在【插入】/【插图】组中单击【图片】按钮。

(2)在打开的【插入图片】对话框中设置图片路径与图片类型,找到需要的图片名称,在窗口工作区中选择要插入的图片,这里选择"二维码.png"图片,单击【插入】按钮,如图 7.49 所示。

图 7.49　插入图片

(3)鼠标左键单击选中插入的"二维码.png"图片,通过【格式】选项卡,在【排列】组中选择"位置",此时可以设置图片在文档中的位置,包括"嵌入文本行中""文字环绕"与"其他布局选项"。此时在"文字环绕"栏中选择"中间居中"方式,如图7.50所示。

(4)将图片拖动到文档适当位置。

(5)保持图片选中状态,可见图片周围出现圆形控制柄,如图7.51所示。将鼠标移动到圆形控制柄处鼠标指针变成双向箭头,此时拖动鼠标可以调整图片大小,将图片调整适合大小。图片上方绿色圆形控制柄可以调整图片方向。

图7.50　选择文本框类型　　　　图7.51　图片选中效果

(6)选中图片。在【格式】/【图片样式】组中选择"金属框架"样式。通过点击 按钮还可以选择其他样式。同时我们也可以为图片设置边框、三维效果及图片版式等,如图7.52所示。

图7.52　图片样式

(三)插入剪贴画

Word本身还提供剪贴画供用户使用,包括静态图片以及动态图片。为文档添加"喇叭"剪贴画的操作步骤如下:

(1)在【插入】/【插图】组中单击【剪贴画】按钮,此时在窗体左侧弹出【剪贴画】窗口,如图7.53所示。

(2)在【搜索文字】文本框中输入"喇叭",单击【搜索】按钮,找到适合的剪贴画,单击剪贴画右侧小三角在弹出的菜单中选择"插入",即可将所选剪贴画插入到文档中,如图

7.54 所示。

图 7.53　剪贴画窗口

图 7.54　插入剪贴画

(3) 选中剪贴画。通过【控制柄】调整剪贴画大小。

(4) 选中剪贴画。在【格式】/【形状样式】组中选择其他形状样式中的"彩色轮廓,橙色,强调颜色 6",如图 7.55 所示。

图 7.55　形状样式

(四) 插入形状

插入形状功能可以插入现有的形状,如矩形和圆、箭头、线条、流程图符号和标注等。为文档插入形状操作如下:

(1) 在【插入】/【插图】组中选择形状,在弹出的下拉列表中选择"星与旗帜"中的"爆炸形 1"。

(2) 当光标变成"十字形"时,拖拽鼠标即可绘制形状。

(3) 保持形状选择状态。在【格式】/【形状样式】组中选择"浅色 1 轮廓,彩色填充 - 红色,强调颜色 2"。

(4) 保持形状选择状态。输入文字"NEW",并设置文字字体为"Calibri",字号为"小初"。

(5) 保持形状选择状态。通过调整形状上方绿色圆形旋转柄及四周控制柄,调整形状方向和大小。

(五) 插入艺术字

在文档中插入艺术字,可呈现出不同的效果,达到增强文字观赏性的目的。下面在"宣传海报"中插入艺术字美化标题样式,具体操作如下:

(1)在【插入】/【文本】组中单击【艺术字】按钮,在打开的下拉列表框中选择【填充 - 蓝色,强调文字颜色1,塑料棱台,映像】选项,此时可插入艺术字,如图7.56所示。

(2)选中"请在此放置您的文字"输入"外联部招新啦",调整艺术字大小及位置。

(3)确定艺术字的选中状态。在【格式】/【艺术字样式】组中设置文本效果,在下拉菜单中选择"旋转"/"腰鼓"。

图7.56 插入艺术字

(六)插入 SmartArt 图形

插入 SmartArt 图形可以直观的方式交流信息,方便用户在文档中展示流程图、结构图或关系图等图示内容,具有结构清晰、样式美观的特点。下面在"宣传海报"文档中插入 SmartArt 图形,具体操作如下:

(1)在【插入】/【插图】组中单击"SmartArt"图形,可以弹出选择【选择 SmartArt 图形】对话框,如图7.57所示。对话框左侧按照功能对图形进行分类,用户可以根据分类快速找到需要的图形。对话框中间是该分类中包含的 SmartArt 图形,右侧为所选图形的样式及简介。

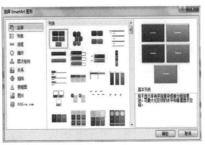

图7.57 【选择 SmartArt 图形】对话框

(2)选择"循环"类别中的"六边形射线",此时在文档中即可添加 SmartArt 图形。

(3)保持图形的选中状态。在【格式】/【排列】组中设置图形位置为"中间居中",并调整图形到位置。

(4)在【设计】/【SmartArt 样式】组中选择"更改颜色",单击"彩色,强调文字颜色",如图7.58所示。

(5)输入文本内容。

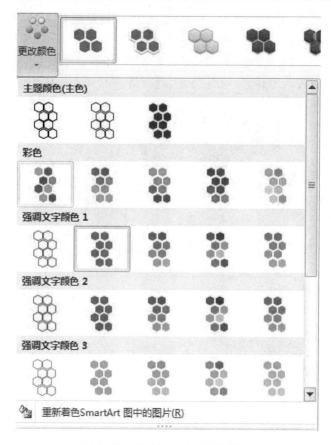

图 7.58　更改 SmartArt 样式颜色

课后练习

1. 操作题。

启动 Word 2010,按照下列要求对文档进行操作:

(1)在 D 盘根目录中新建一个名为"手机使用说明书.docx"的文本文档。

(2)在文档中输入 50 字左右的手机使用说明,注意输入法及中英文切换键的使用,设置字体为楷体,字号为四号,单倍行距,段前 0.5 磅。

(3)为说明书标题设置艺术字效果。设置橙色艺术字样式及发光文字效果。

(4)插入竖排文本框并输入文本,在其中设置文本的项目符号,然后设置形状填充为"无填充颜色",形状轮廓为"无轮廓",设置文本的艺术字样式并调整文本框位置。

(5)插入"图片重点流程"效果的 SmartArt 图形,设置图形的排列位置为"浮于文字上方",在 SmartArt 中输入相应的文本,更改 SmartArt 样式的颜色和样式,并调整图形位置与大小。

2. 操作题。

制作"个人简历",按照下列要求对文档进行操作,最终效果如图 7.59 所示。

(1)在 D 盘根目录中创建名为"个人简历.docx"的 Word 文档。

(2)添加"照片"图片,设置"照片"的图片样式为"柔滑边缘椭圆"并设置图片效果为"无柔化边缘"。为图片添加边缘框,边框设为蓝色,将照片和圆环居中对齐。

(3)插入3个"五边形"作为标头,设置形状填充颜色与轮廓颜色均为"浅蓝",调整大小及位置后在里面添加相应文字。

(4)在左侧"五边形"标题下方插入文本框,并输入相应文字信息,调整格式。

(5)"熟练技术"一栏的进度条通过添加两个重叠的灰度不同的矩形实现。

(6)在左边插入文本框,输入"个人简介"回车调整文字字体和大小,再输入"---"3个减号后回车就会出现一条分割线。

(7)在分割线下方,再次插入文本框,里面输入个人简介相关文字信息。将光标定位到文本框之外,按回车键,输入"工作经验"后输入分割线并再次添加承载工作经验内容的文本框。依次操作直到将"获得荣誉"标题及内容文本框输入完毕。

(8)选择设置好格式的"个人简历"4个字,然后选择【开始】/【剪贴板】组中的"格式刷",回到文档中,此时光标变成一把刷子,将光标放置于"工作经验"上拖动鼠标,即可复制"个人简历"的格式。依次操作将其余格式进行复制。

(9)"个人简历"前方的图片可通过插入素材图片方式实现,注意调整大小以及图片位置。

图7.59 个人简历最终效果

项目八　排版 Word 2010 文档

Word 不仅可以实现简单的图文编辑,还能实现长文档的编辑和版式设计。本项目将通过 3 个典型任务,介绍文档的排版方法,包括在文档中插入和编辑表格,使用样式控制文档格式、页面设置和打印设置等。

学习目标

- 制作个人简历表
- 新闻排版
- 排版和打印毕业论文

任务一　制作个人简历表

任务要求

参加毕业实习之前,王小雪需要制作一份个人简历表方便找工作时使用,效果如图 8.1 所示。

相关要求如下:
(1)插入表格。
(2)插入行/列。
(3)删除行/列。
(4)合并单元格。
(5)设置表格属性。
(6)设置表格边框和底纹。

相关知识

(一)插入表格的几种方式

在 Word 2010 中通过【插入】/【表格】组可以自动插入表格,指定行列表格和手动绘制的表格,将所选文字转换为表格,导入 Excel 电子表格,以及格式库中规定格式的表格等。下面进行具体介绍。

1. 插入自动表格

插入自动表格的具体操作如下:
(1)将插入点定位到需插入表格的位置,在【插入】/【表格】组中单击【表格】按钮。
(2)在打开的下拉列表中按住鼠标左键不放并拖动,直到达到需要的表格行列数,如图 8.2 所示。

(3)释放鼠标即可在插入点位置插入表格。

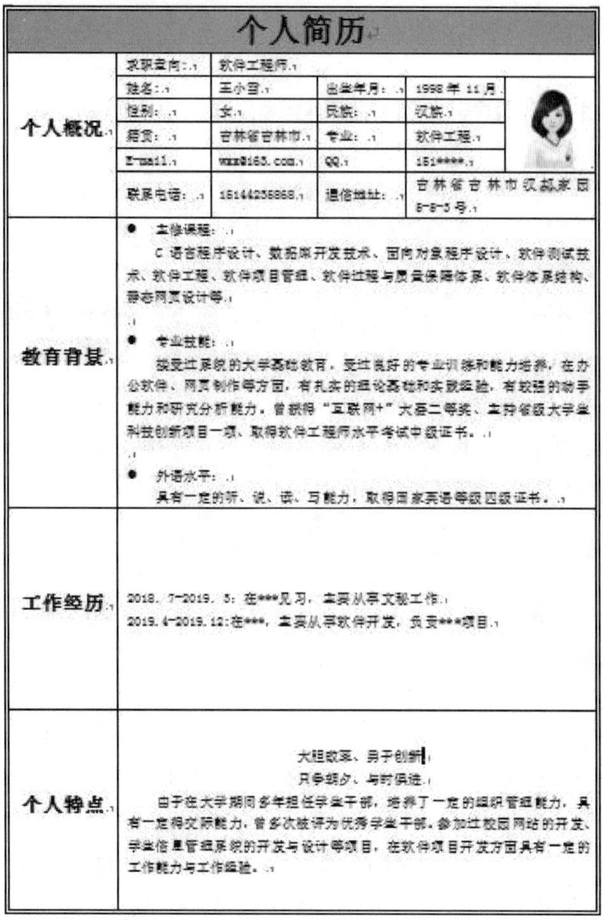

个人简历					
个人概况	求职意向:	软件工程师			
	姓名:	王小雪	出生年月:	1998 年 11 月	
	性别:	女	民族:	汉族	
	籍贯:	吉林省吉林市	专业:	软件工程	
	E-mail	xxx@163.com	QQ	151****	
	联系电话:	15144256868	通信地址:	吉林省吉林市汉越家园 8-8-5 号	
教育背景	● 主修课程: C 语言程序设计、数据库开发技术、面向对象程序设计、软件测试技术、软件工程、软件项目管理、软件过程与质量保障体系、软件体系结构、静态网页设计等 ● 专业技能: 接受过系统的大学基础教育，受过良好的专业训练和能力培养，在办公软件、网页制作等方面，有扎实的理论基础和实践经验，有较强的动手能力和研究分析能力。曾获得“互联网+”大赛二等奖、主持省级大学生科技创新项目一项、取得软件工程师水平考试中级证书。 ● 外语水平: 具有一定的听、说、读、写能力，取得国家英语等级四级证书。				
工作经历	2018．7-2019．3：在***见习，主要从事文秘工作 2019.4-2019.12:在***，主要从事软件开发，负责***项目				
个人特点	大胆改革、勇于创新 只争朝夕、与时俱进 由于在大学期间多年担任学生干部，培养了一定的组织管理能力，具有一定得交际能力，曾多次被评为优秀学生干部。参加过校园网站的开发、学生信息管理系统的开发与设计等项目，在软件项目开发方面具有一定的工作能力与工作经验。				

图 8.1　个人简历表

2. 插入指定行列表格

插入指定行列表格的具体操作如下：

(1)在【插入】/【表格】组中单击【表格】按钮，在打开的下拉列表中选择【插入表格】选项，打开【插入表格】对话框。

(2)在该对话框中可以自定义表格的行列数和列宽，如图 8.3 所示，然后单击【确定】按钮也可创建表格。

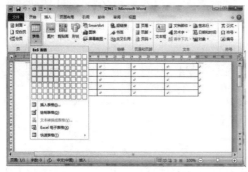

图 8.2　插入自动表格

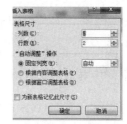

图 8.3　插入指定行列表格

3. 绘制表格

自动插入只能插入比较规则的表格，对于一些较复杂的表格，可以手动绘制，其具体操作如下：

(1)在【插入】/【表格】组中单击【表格】按钮，在打开的下拉列表中选择【绘制表格】选项。

(2)此时鼠标指针变成画笔形状，在需要插入表格处按住鼠标左键不放进行拖动，此时，出现一个虚线框显示的表格，拖动鼠标调整虚线框到适当大小后释放鼠标，绘制出表格的边框。

(3)按住鼠标左键不放从一条线的起点拖动至终点，释放鼠标左键，即可在表格中画出横线、竖线和斜线，从而将绘制的边框分成若干单元格，并形成各种样式的表格。在空白处双击鼠标左键可以结束表格的绘制状态。

文档中已插入了表格，在【设计】/【绘图边框】组中单击【绘制表格】按钮，在表格中拖动鼠标绘制横线或竖线，可添加表格的行列数，若绘制斜线，可用于制作斜线表头。

(二)选择表格

在文档中可对插入的表格进行调整，调整表格前需先选择表格，在 Word 中选择表格有以下 3 种情况。

1. 选择整行表格

选择整行表格主要有以下两种方法。

(1)将鼠标指针移至表格左侧，当鼠标指针呈向右倾斜箭头时形状时，单击可以选择整行。如果按住鼠标左键不放向上或向下拖动，则可以选择多行。

(2)在需要选择的行列中单击任意单元格，在【表格工具】/【布局】/【表】组中单击【选择】按钮，在打开的下拉列表中选择【选择行】选项即可选择该行。

2. 选择整列表格

选择整列表格主要有以下两种方法：

(1)将鼠标指针移动到表格顶端，当鼠标指针呈向下实心箭头形状时，单击可选择整列。如果按住鼠标左键不放向左或向右拖动，则可选择多列。

(2)在需要选择的行列中单击任意单元格，在【表格工具】/【布局】/【表】组中，打开下拉列表，选择【选择列】选项即可选择该列。

3. 选择整个表格

(1)将鼠标指针移动到表格边框线上，然后单击表格左上角的【全选】按钮，即可选择整个表格。

(2)通过在表格内部拖动鼠标选择整个表格。

(3)在表格内单击任意单元格，在【表格工具】/【布局】/【表】组中单击【选择】按钮，在打开的下拉列表中选择【选择表格】选项，即可选择整个表格。

(三)将表格转换为文本

将表格转换为文本的具体操作如下：

(1)单击表格左上角的【全选】按钮选择整个表格，然后在【表格工具布局】/【数据】组中单击【转换为文本】按钮，如图 8.4 所示。

(2)打开【表格转换成文本】对话框,如图8.5(a)所示,在其中选择合适的文字分隔符,单击【确定】按钮,即可将表格转换为文本。

(四)将文本转换为表格

将文本转换为表格的具体操作如下:

(1)拖动鼠标选择需要转换为表格的文本。然后在【插入】/【表格】组中单击【表格】按钮打开的下拉列表中选择【将文字转换成表格】选项。

(2)在打开的【将文字转换成表格】对话框中根据需要设置表格尺寸和文本分隔符,如图8.5(b)所示,完成后单击按钮,即可将文字转换为表格。

图8.4 转换为文本按钮　　　　图8.5 表格和文本的转换

任务实现

(一)绘制个人简历表格框架

在使用Word制作表格时,最好事先在纸上绘制表的大致草图,规划行列数,然后再在Word中创建并编辑表格,以便快速创建表格,其具体操作如下:

(1)在D盘根目录创建名为"个人简历表.docx"的Word文档。打开该文档,确定"个人简历表"插入位置。

(2)在【插入】/【表格】组中单击"表格"按钮,在打开的下拉列表中选择【插入表格】选项,打开【插入表格】对话框。

(3)在该对话框中分别将"列数"和"行数"设置为"6"和"5",如图8.6所示。单击【确定】按钮即可创建表格。

(4)按住鼠标拖动的方法选择表格中第一行的六个单元格,此时单元格反色显示。在选中的单元格上右击鼠标,在弹出的菜单中选择【合并单元格】选项,如图8.7所示,将第一行单元格合并。

(5)在第一行中输入标题"个人简历"并设置"宋体"字体、"二号"字号、加粗、居中显示。

(6)在第一行单元格中单击鼠标右键,在弹出的快捷菜单中选择【边框和底纹】菜单项,如图8.8所示。此时弹出边框和底纹对话框,选择底纹选项卡,在填充颜色中选择"白色,背景1,深色25%",在应用于中选择"单元格",如图8.9所示。此时第一行单元格具有灰色底纹效果。

图 8.6 插入表格

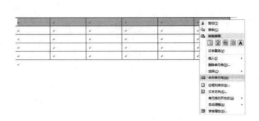

图 8.7 合并单元格

图 8.8 快捷菜单

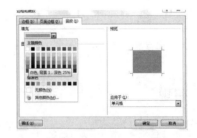

图 8.9 底纹颜色设置

(7) 使用鼠标左键拖动的方式将第 2、3、4 行第一列单元格选中,此时单元格呈现反色显示,在选中单元格单击鼠标右键,在弹出的菜单中选择【合并单元格】选项,操作同步骤(4)。

(8) 将光标定位于第 2 行单元格外的回车换行处,如图 8.10 所示。此时有定位符闪烁,单击【Enter】按钮,即可插入一行。反复执行此操作,再插入两行。也可以将光标定位于预插入某一行左侧,当鼠标变成空心向右指向的箭头时单击,选中一行。然后在【表格工具-布局】/【行和列】中选择"在上方插入"或"在下方插入",如图 8.11 所示。插入列时也需要先选中某一列然后进行插入。

图 8.10 使用回车插入　　　　　图 8.11 使用按钮插入

(9) 鼠标拖动的方法选择最后一行单元格,选择【表格工具-布局】/【合并】组中的

【拆分单元格】,如图8.12所示。在弹出的【拆分单元格】对话框中输入列数为6,行数为2,如图8.13所示。单击【确定】按钮,完成单元格的拆分。

图8.12 【合并/拆分单元格】按钮

图8.13 【拆分单元格】对话框

(10)将第2行,第3、4、5、6列单元格合并;将第3、4、5、6行,第6列单元格合并,操作同第(4)步。合并效果如图8.14所示,也可以在【表格工具-布局】/【合并】组中选择【合并单元格】按钮进行合并。

图8.14 合并效果

(11)如果需要删除单元格则需要先选中单元格,然后再选中的单元格中单击鼠标右键,在弹出的菜单上选择"删除单元格",在弹出的对话框中选择"删除正行"。如需删除整个表格,则需用光标单击表格左上角的十字叉图标,然后删除。

(二)编辑个人简历表格

为了使插入的表格更加规范,还需对表格属性进行编辑,其具体操作如下。

(1)鼠标拖动的方法选择后三行单元格,在选中的单元格中单击鼠标右键,在弹出的快捷菜单中选择【表格属性】菜单项,打开【表格属性】对话框,选择【行】选项卡,设置尺寸为指定高度"5厘米",如图8.15所示。在【表格属性】对话框中也可以进行列宽的设定。

当选中的单元格行高列宽不统一时,无法使用表格属性统一为其赋值。

(2)当选中的单元格行高列宽不统一时,无法使用表格属性统一为其赋值。此时可以将光标放置于单元格分割线上,当光标变成上下箭头时按住鼠标左键拖动分割线即可调整单元格大小。

(3)当无法确定单元格具体尺寸时,也可以根据单元格内容或窗口自动调整单元格大小。保持表格的选中状态,在【表格工具-布局】/【单元格大小】组中单击【自动调整】按钮,在打开的下拉列表中选择【根据内容自动调整表格】选项,如图8.16所示。

图 8.15　表格属性　　　　图 8.16　自动调整单元格大小

(三) 输入与编辑表格内容

表格外形编辑好后,就可以向表格中输入相关的表格内容,并设置对应的格式,其具体操作如下:

(1)在表格对应的位置输入相关的文本并插入图片信息,如图 8.17 所示。

图 8.17　输入文本

(2)选择第一列单元格中的内容,右击鼠标,在弹出的快捷菜单中选择"单元格对齐方式",设置为"水平居中对齐"。也可以在【表格工具－布局】/【对齐方式】组中单击【水平居中】按钮,如图 8.18 所示。

图 8.18 对齐方式

(3)设置第一列单元格中文字内容的字体格式为"宋体、四号、加粗"。

(4)选择表格中剩余文本,设置对齐方式为"中部两端对齐",字体格式为"宋体、五号"。

(5)为"教育背景"内容添加"项目符号"使其更有层次,为"个人特点"内容设置部分内容居中显示,设置段落首行缩进两个字符。

(6)根据实际情况适当调整单元格大小,使其美观、整齐。

(四)设置与美化表格

完成表格内容的编辑后,还可以对表格的边框和填充颜色进行设置,以美化表格,其具体操作如下:

(1)在表格中单击鼠标右键,在弹出的快捷菜单中选择【边框和底纹】命令。

(2)打开【边框和底纹】对话框,在【设置】栏中选择【自定义】选项,在【样式】列表框中选择【双实线】选项,选择适合的颜色和宽度,在【预览】框中依次单击表格外边框,如图 8.19 所示。

图 8.19 设置边框和底纹

(3)单击【确定】按钮,完成表格外框线设置,效果如图 8.20 所示。

(4)在【边框和底纹】对话框中还可以设置页面边框,设置方法与表格边框设置方法类似,这里不再赘述。

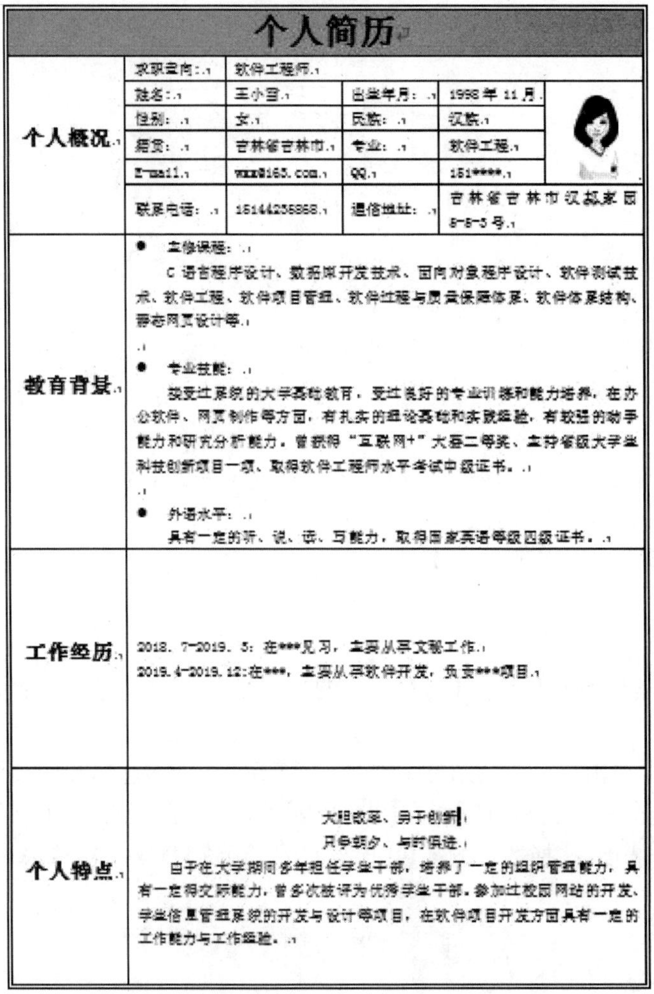

个人简历

个人概况	求职意向：	软件工程师			
	姓名：	王小雪	出生年月：	1998年11月	
	性别：	女	民族：	汉族	
	籍贯：	吉林省吉林市	专业：	软件工程	
	E-mail	xxx@163.com	QQ	151****	
	联系电话：	15144256868	通信地址：	吉林省吉林市汉越家园 8-8-5号	
教育背景	● 主修课程： C语言程序设计、数据库开发技术、面向对象程序设计、软件测试技术、软件工程、软件项目管理、软件过程与质量保障体系、软件体系结构、静态网页设计等。 ● 专业技能： 接受过系统的大学基础教育，受过良好的专业训练和能力培养，在办公软件、网页制作等方面，有扎实的理论基础和实践经验，有较强的动手能力和研究分析能力。曾获得“互联网+”大赛二等奖、主持省级大学生科技创新项目一项、取得软件工程师水平考试中级证书。 ● 外语水平： 具有一定的听、说、读、写能力，取得国家英语等级四级证书。				
工作经历	2018.7-2019.5：在***见习，主要从事文秘工作。 2019.4-2019.12:在***，主要从事软件开发，负责***项目。				
个人特点	大胆改革、勇于创新 只争朝夕、与时俱进。 由于在大学期间多年担任学生干部，培养了一定的组织管理能力，具有一定得交际能力，曾多次被评为优秀学生干部。参加过校园网站的开发、学生信息管理系统的开发与设计等项目，在软件项目开发方面具有一定的工作能力与工作经验。				

图 8.20　设置外边框后的效果

任务二　新闻排版

任务要求

王小雪最终被企业录取，经理决定让其先在办公室任职秘书，熟悉公司情况。最近公司要推出内部报刊以方便员工了解公司运营情况及最新消息，经理要求王小雪对新闻内容进行排版，完成后参考效果如图 8.21 所示。相关要求如下：

(1)设置纸张大小。

(2)设置页边距。

(3)进行分栏排版。

(4)设置页面颜色。

(5)添加封面。

(6)设置标题样式。

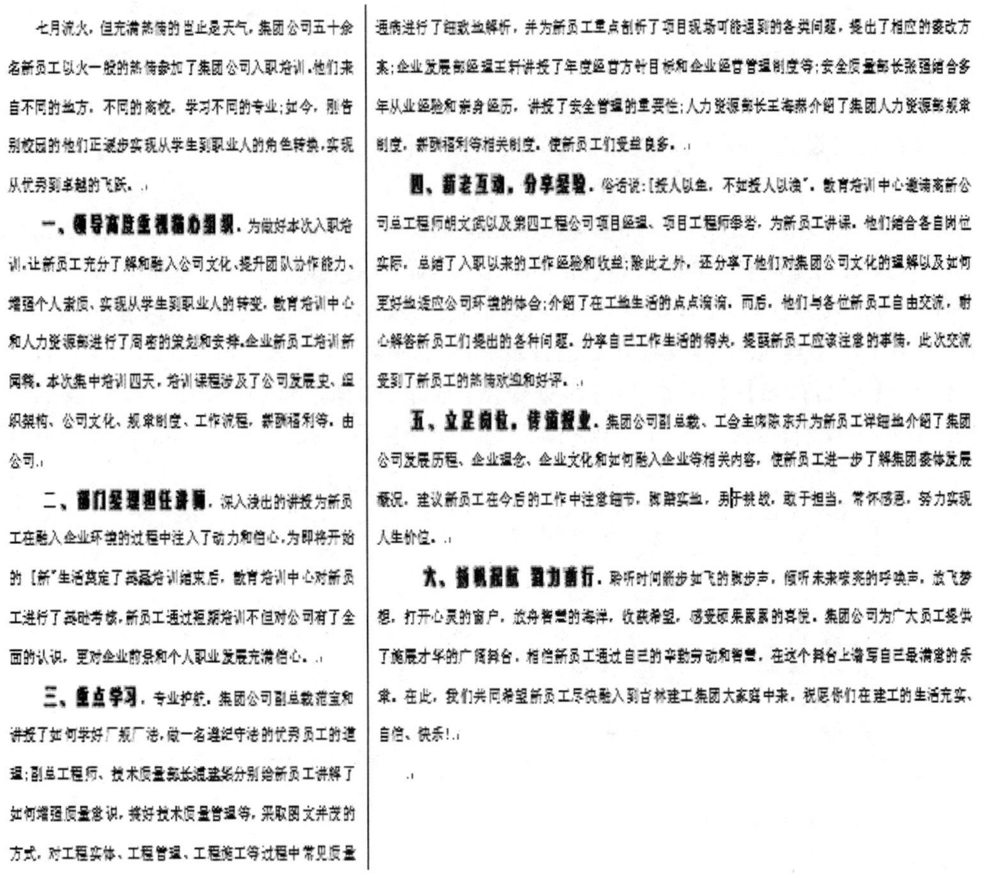
七月流火，但充满热情的岂止是天气，集团公司五十余名新员工以火一般的热情参加了集团公司入职培训，他们来自不同的地方，不同的高校，学习不同的专业；如今，刚告别校园的他们正逐步实现从学生到职业人的角色转换，实现从优秀到卓越的飞跃。

一、领导高度重视精心组织。为做好本次入职培训，让新员工充分了解和融入公司文化、提升团队协作能力、增强个人素质、实现从学生到职业人的转变，教育培训中心和人力资源部进行了周密的策划和安排。企业新员工培训新闻稿，本次集中培训四天，培训课程涉及了公司发展史、组织架构、公司文化、规章制度、工作流程、薪酬福利等，由公司。

二、部门经理担任讲师。深入浅出的讲授为新员工在融入企业环境的过程中注入了动力和信心，为即将开始的【新"生活奠定了基础培训结束后，教育培训中心对新员工进行了基础考核，新员工通过短期培训不但对公司有了全面的认识，更对企业前景和个人职业发展充满信心。

三、重点学习，专业护航。集团公司副总裁范宝和讲授了如何学好厂规厂法，做一名遵纪守法的优秀员工的道理；副总工程师、技术质量部长孟建华分别给新员工讲解了如何增强质量意识，搞好技术质量管理等，采取图文并茂的方式，对工程实体、工程管理、工程施工等过程中常见质量通病进行了细致地解析，并为新员工重点剖析了项目现场可能遇到的各类问题，提出了相应的整改方案；企业发展部经理王轩讲授了年度经营方针目标和企业经营管理制度等；安全质量部长张强结合多年从业经验和亲身经历，讲授了安全管理的重要性；人力资源部长王海燕介绍了集团人力资源部规章制度、薪酬福利等相关制度，使新员工们受益良多。

四、新老互动，分享经验。俗话说：【授人以鱼，不如授人以渔"，教育培训中心邀请高新公司总工程师胡文武以及第四工程公司项目经理、项目工程师李岩，为新员工讲课，他们结合各自岗位实际，总结了入职以来的工作经验和收益；除此之外，还分享了他们对集团公司文化的理解以及如何更好地适应公司环境的体会；介绍了在工地生活的点点滴滴，而后，他们与各位新员工自由交流，耐心解答新员工们提出的各种问题，分享自己工作生活的得失，提醒新员工应该注意的事情，此次交流受到了新员工的热情欢迎和好评。

五、立足岗位，铸造敬业。集团公司副总裁、工会主席陈东升为新员工详细地介绍了集团公司发展历程、企业理念、企业文化和如何融入企业等相关内容，使新员工进一步了解集团整体发展概况，建议新员工在今后的工作中注意细节，脚踏实地，勇于挑战，敢于担当，常怀感恩，努力实现人生价值。

六、扬帆起航　奋力前行。聆听时间飞步如飞的脚步声，倾听未来嘹亮的呼唤声，放飞梦想，打开心灵的窗户，放舟智慧的海洋，收获希望，感受硕果累累的喜悦。集团公司为广大员工提供了施展才华的广阔舞台，相信新员工通过自己的辛勤劳动和智慧，在这个舞台上谱写自己最精彩的乐章。在此，我们共同希望新员工尽快融入到吉林建工集团大家庭中来，祝愿你们在建工的生活充实、自信、快乐！

图 8.21　排版“新闻稿”后的效果

相关知识

(一)页面布局

设置文档页面版式包括设置页面大小、页边距和页面背景，以及添加水印、封面等，这些设置将应用于文档的所有页面。

1. 设置主题

Word 2010 提供了各种主题，通过应用这些主题可快速更改文档的整体效果，统一文档的整体风格。设置主题的方法是：在【页面布局】/【主题】组中单击【主题】按钮，在打开的下拉列表中选择一种主题样式，文档的颜色和字体等效果将发生变化。

2. 设置页面大小、页面方向和页边距

默认的 Word 页面大小为 A4(21 cm×29.7 cm)，页面方向为纵向，页边距为普通，在【页面布局】/【页面设置】组中：

(1)单击【纸张大小】按钮门右侧的按钮，在打开的下拉列表框中选择一种页面大小选项；或选择【其他页面大小】选项，在打开的【页面设置】对话框中输入文档宽度值和高度值。

(2)单击【纸张方向】按钮右侧的按钮，在打开的下拉列表中选择“横向”选项，可以将页面置为横向。

（3）单击【页边距】按钮下方的按钮,在打开的下拉列表框中选择一种页边距选项;或选择【自定义页边距】选项,在打开的【页面设置】对话框中输入上、下、左、右页边距值。

（4）单击【分栏】按钮,可将页面内容拆成两栏或更多栏。

（5）在页面设置中还可以插入【分割符】,将在任务三中详细介绍。

3. 设置页面背景

在 Word 中,页面背景可以是纯色背景、渐变色背景和图片背景。设置页面背景的方法是:

（1）在【页面布局】/【页面背景】组中单击【页面颜色】按钮,在打开的下拉列表中选择一种页面背景颜色,如图 8.22 所示,若选择【填充效果】选项,在打开的对象中单击【渐变】、【图片】等选项卡,便可设置渐变色背景和图片背景等。

（2）在【页面布局】/【页面背景】组中单击【水印】按钮,可以在打开下拉列表框中选择默认的水印效果,也可以设置"图片水印"或用户"自定义文字水印",如图 8.23 所示。

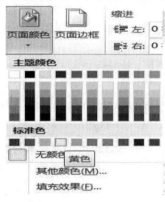

图 8.22　设置页面颜色

图 8.23　设置水印效果

4. 添加封面

在制作某些办公文档时,可通过添加封面表现文档的主题,封面内容一般包含标题、副标题、文档摘要编写时间、作者和公司名称等。添加封面的方法是:在【插入】/【页】组中单击【封面】按钮,在打开的下拉列表中选择一种封面样式,如图 8.24 所示,为文档添加该类型的封面,然后输入相应的封面内容即可。

图 8.24　插入封面页

(二)模板与样式

模板和样式是 Word 中常用的排版工具,下面分别介绍模板与样式的相关知识。

1. 模板

Word 2010 的模板是一种固定样式的框架,包含了相应的文字和样式,下面分别介绍新建模板、使用已有的模板和管理模板的方法。

(1)新建模板。选择【文件】/【新建】命令,在中间的【可用模板】栏中选择【我的模板】选项,打开【新建】对话框,在【新建】栏单击选中【模板】选项,如图 8.25 所示,单击【确定】按钮即可新建一个名称为"模板 1"的空白文档窗口,保存文档后其后缀名为".docx"。

(2)套用模板。选择【文件】/【选项】命令,打开【word 选项】对话框,选择左侧的【加载项】选项在右侧的【管理】下拉列表中选择【模板】选项,单击【确定】按钮,打开【模板和加载项】对话框如图 8.26 所示,在其中单击【选用】按钮,在打开的对话中选择需要的模板,然后返回对话框,单击选中【自动更新文档样式】复选框,单击【确定】按钮即可在已存在的文档中套用模板。

图 8.25　新建模板

图 8.26　【模板和加载项】对话框

2. 样式

在编排一篇长文档或是一本书时,需要对许多的文字和段落进行相同的排版工作,如果只是利用字体格式和段落格式进行编排,费时且容易厌烦,更重要的是很难使文档格式保持一致。使用样式能减少许多重复的操作,在短时间内编排出高质量的文档。

样式是指一组已经命名的字符和段落格式,它设定了文档中标题、题注以及正文等各个文件元素的格式,用户可以将一种样式应用于某个段落,或段落中选择的字符上,所选择的段落或字符便具有这种样式的格式。对文档应用样式主要有以下作用:

(1)使用样式使文档的格式更便于统一。

(2)使用样式便于构筑大纲,使文档更有条理,编辑和修改更简单。

(3)使用样式便于生成目录。

任务实现

(一)设置页面大小

日常应用中可根据文档内容自定义页面大小,其具体操作如下:

(1)打开"员工新闻稿.docx"文档,在【页面布局】/【页面设置】组中单击右下角的【对话框启动器】图标,打开【页面设置】对话框,如图 8.27 所示。

(2)在页边距选项卡中设置"上、下边距为 2.5 厘米""左、右边距为 3.5 厘米",纸张方向为"横向"。

(3)在【纸张】选项卡中设置纸张大小为"A3"。

(4)单击【确定】按钮完成设置。

图 8.27　设置页面大小

(二)分栏设置

(1)在【页面布局】/【页面设置】组中单击"分栏",在弹出的下拉列表中选择"更多分栏",弹出分栏对话框,如图 8.28 所示。

(2)在【分栏】对话框中选择"两栏",添加"分割线",取消"栏宽相等"设置第一栏的宽度为"34 字符",间距为"2 字符"。点击【确定】按钮观察分栏效果,如图 8.29 所示。

图 8.28　设置分栏

图 8.29　分栏效果

(三)设置水印

水印效果就是在页面内容后面插入虚影文字,这通常表示文档需要特殊对待,如"机密"或"紧急"。

(1)在【页面布局】/【页面背景】组中选择【水印】按钮,在弹出的下拉列表中选择【自定义水印】。

(2)打开【水印】对话框,选择"文字水印",在文字中输入"新闻",字体为"宋体",字号为"自动",颜色为"橙色,强调文字颜色6",如图8.30所示。

(3)点击【确定】按钮完成水印效果的设置,效果如图8.31所示。用户还可以通过【水印】对话框为文档添加图片水印。

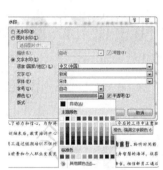

图8.30 设置水印

图8.31 水印栏效果

(四)设置样式

样式是一系列格式的集合,使用它可以快速统一或更新文档格式。Word 2010中有3种样式类型,即段落样式、字符样式及链接段落和字符样式。用户可以通过Word 2010自带的内置样式进行设置,也可以根据实际情况自定义样式。如需对长文档进行目录的编辑则必须先设置标题样式。下面为"新闻稿.docx"文档套用内置样式,其具体操作如下:

(1)选中预编译样式的文本内容,在【开始】/【样式】组的列表框中选择"标题1"选项,如图8.32所示。

图8.32 设置内置样式

(2)返回文档编辑区,即可查看设置标题样式后的文档效果,如图8.33所示。

(五)创建样式

Word 2010中内置样式是有限的,当用户需要使用的样式在Word中并没有内置样式时,可创建样式,其具体操作如下:

图 8.33 查看效果

(1) 选中预编译样式的文本内容,在【开始】/【样式】组中单击右下角的"对话框启动器"图标,或通过快捷键"Ctrl + Alt + Shift + S"打开【样式】任务窗格,如图 8.34 所示。

(2) 在【样式】任务窗格,单击【新建样式】按钮,打开【根据格式设置创建新样式】对话框,如图 8.35 所示。

图 8.34 【样式】任务窗格　　　图 8.35 【根据格式设置创建新样式】对话框

(3) 在打开的对话框的"名称"文本框中输入"My1",在格式栏中将格式设置为"方正姚体、四号、加粗"。

(4) 单击【格式】按钮,在打开的下拉列表中选择【段落】选项,打开【段落】对话框。设置段落缩进与间距,单击【确定】按钮,返回到【根据格式设置创建新样式】对话框。

(5) 再次单击【格式】按钮,在打开的下拉列表中选择【边框】选项。打开【边框和底纹】对话框,单击【底纹】选项卡,在【填充】栏的下拉列表中选择"白色,背景框 1",依次单击【确定】按钮,关闭对话框。

(6) 回文档编辑区,即可在样式任务窗格中看到名为"My1"的样式,如图 8.36 所示。

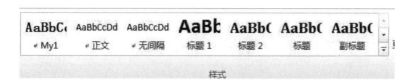

图 8.36　新建样式

(五)修改样式

创建新样式时,如果用户对创建后的样式有不满意的地方,可通过“修改”样式功能对其进行修改,其具体操作如下:

(1)鼠标右键单击【样式】任务窗格中预修改的样式,如“My1”样式。在打开的菜单中选择“修改”菜单项,如图 8.37 所示。

(2)在打开的修改对话框中单击【格式】按钮,将字号调整为“三号”字,选择“文字效果”。在打开的【设置文本格式效果】对话框中选择“发光和柔化边缘”,将发光预设为“红色,8pt 发光”,如图 8.38 所示。

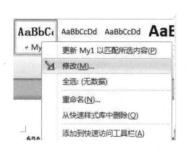

图 8.37　选择【修改】选项

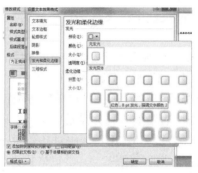

图 8.38　修改字体和颜色

(3)选中文本中的标题,将其设置为“My1”样式,效果如图 8.39 所示。

七月流火，但充满热情的岂止是天气。集团公司五十余名新员工以火一般的热情参加了集团公司入职培训，他们来自不同的地方，不同的高校，学习不同的专业；如今，刚告别校园的他们正逐步实现从学生到职业人的角色转换，实现从优秀到卓越的飞跃。

一、领导高度重视精心组织。为做好本次入职培训，让新员工充分了解和融入公司文化，提升团队协作能力，增强个人素质，实现从学生到职业人的转变，教育培训中心和人力资源部进行了周密的策划和安排，企业新员工培训新闻稿。本次集中培训四天，培训课程涉及了公司发展史、组织架构、公司文化、规章制度、工作流程、薪酬福利等，由公司。

二、部门经理担任讲师。深入浅出的讲授为新员工在融入企业环境的过程中注入了动力和信心，为即将开始的「新」生活奠定了基础培训结束后，教育培训中心对新员工进行了基础考核，新员工通过短期培训不但对公司有了全面的认识，更对企业前景和个人职业发展充满信心。

三、重点学习，专业护航。集团公司副总裁范宝和讲授了如何学好厂规厂法，做一名遵纪守法的优秀员工的道理；副总工程师、技术质量部长姚建华分别给新员工讲解了如何增强质量意识，搞好技术质量管理等，采取图文并茂的方式，对工程实体、工程管理、工程施工等过程中常见质量通病进行了细致地解析，并为新员工重点剖析了项目现场可能遇到的各类问题，提出了相应的整改方案；企业发展部经理王轩讲授了年度经营方针目标和企业经营管理制度等；安全质量部长张强结合多年从业经验和亲身经历，讲授了安全管理的重要性；人力资源部长王海燕介绍了集团人力资源部规章制度，薪酬福利等相关制度，使新员工们受益良多。

四、新老互动，分享经验。俗话说：「授人以鱼，不如授人以渔」，教育培训中心邀请高新公司总工程师胡文武以及第四工程公司项目经理、项目工程师李岩，为新员工讲课，他们结合各自岗位实际，总结了入职以来的工作经验和收益；除此之外，还分享了他们对集团公司文化的理解以及如何更好地适应公司环境的体会；介绍了在工地生活的点点滴滴。而后，他们与各位新员工自由交流，耐心解答新员工们提出的各种问题，分享自己工作生活的得失，提醒新员工应该注意的事情，此次交流受到了新员工的热情欢迎和好评。

五、立足岗位，扎根建业。集团公司副总裁、工会主席陈东升为新员工详细地介绍了集团公司发展历程、企业理念、企业文化和如何融入企业等相关内容，使新员工进一步了解集团整体发展概况，建议新员工在今后的工作中注意细节，脚踏实地，勇于挑战，敢于担当，常怀感恩，努力实现人生价值。

六、扬帆起航 奋力前行。聆听时间前进如飞的脚步声，倾听未来嘹亮的呼唤声，放飞梦想，打开心灵的窗户，放舟智慧的海洋，收获希望，感受硕果累累的喜悦。集团公司为广大员工提供了施展才华的广阔舞台，相信新员工通过自己的辛勤劳动和智慧，在这个舞台上谱写自己最满意的乐章。在此，我们共同希望新员工尽快融入到吉林建工集团大家庭中来，祝愿你们在建工的生活充实、自信、快乐！

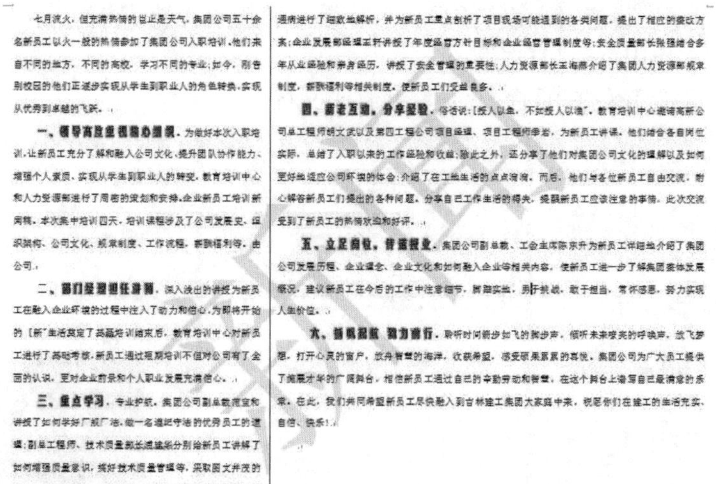

图 8.39　自定义样式效果

任务三　排版和打印毕业论文

任务要求

王小雪毕业实习非常顺利,在毕业实习期间,她一边工作一边按照指导老师发放的毕业设计任务书要求,完成了实验调查和论文内容的书写,接下来,她需要使用 Word 2010 对论文的格式进行排版,完成后参考效果如图 8.40 所示,相关要求如下:

(1)新建样式,设置正文字体,中文为"宋体"、西文为"Times New Roman",字号为"五号",首行统一缩进 2 个字符。

(2)设置一级标题字体格式为"黑体、三号、加粗",段落格式为"居中对齐、段前段后均为 0 行、2 倍行距"。

(3)设置二级标题字体格式为"微软雅黑、四号、加粗",段落格式为"左对齐、1.5 倍行距"。

(4)设置"关键字:"文本字符格式为"微软雅黑、四号、加粗",后面的关键字格式与正文相同。

(5)使用大纲视图查看文档结构,然后分别在每个部分的前面插入分页符。

(6)添加"反差型(奇数页)"样式的页眉,设置中文为"宋体",西文为"Times New Roman",字号为"五号",行距为"单倍行距",对齐方式为"居中对齐"。

(7)添加"边线型"页脚,设置中文为"宋体",西文为"Times New Roman",字号为"五号",段落样式为"单倍行距,居中对齐",页脚显示当前页码。

(8)选择"毕业论文"文本,设置格式为"方正大标宋简体、小初、居中对齐",选择"降低企业成本途径分析"文本,设置格式为"黑体、小二、加粗、居中对齐"。

(9)分别选择"姓名""学号""专业"文本,设置格式为"黑体、小四",然后利用【Space】键使其居中对齐。同样利用【Space】键使论文标题上下居中对齐。

(10)提取目录。设置"制表符前导符"为第一个选项,"格式"为"正式",撤销选中"使用超链接而不使用页码"复选框。

(11)选择【文件】/【打印】命令,预览并打印文档。

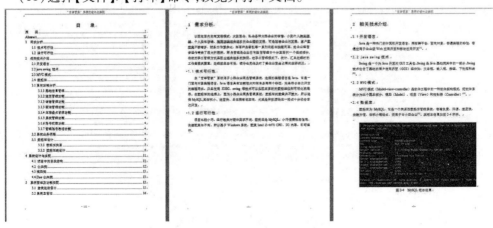

图 8.40　"毕业论文"文档效果

相关知识

(一)插入题注

题注通常用于为文档中的图片或表格进行自动编号并在对象下方显示描述性文字信息,从而节约手动编号的时间,其具体操作如下:

(1)在【引用】/【题注】组中单击【插入题注】按钮,如图 8.41 所示,打开【题注】对话框。

(2)在【标签】下拉列表框中选择需要设置的标签,也可以单击【新建标签】按钮,打开【新建标签】对话框,在【标签】文本框中输入自定义的标签名称,如图 8.42 所示。

(3)单击【确定】按钮返回对话框,即可查看添加的新标签,再次单击【确定】按钮即可返回文档。

图 8.41 插入题注

图 8.42 编辑题注信息

(二)创建交叉引用

"交叉引用"可以将文档中的图片、表格与正文相关的说明文字创建对应的关系,通过"交叉引用"引用标题、图表和表格之类的项目,如果将内容移动到其他位置,则"交叉引用"将自动进行更新。默认情况下将以超链接形式插入"交叉引用"。其具体操作如下:

(1)将插入点定位到要使用"交叉引用"的位置,在【引用】/【题注】组中单击【交叉引用】按钮,打开【交叉引用】对话框,如图 8.43 所示。

(2)在【引用类型】下拉列表框中选择需要引用的类型,然后在【引用哪一个书签】列表框中选择需要用的选项,这里没有创建书签,故没有选项。单击①按钮即可创建交叉引用。在选择插入的文本范围时,插入的"交叉引用"的内容将显示为灰色底纹,若修改被引用的内容,返回引用时按【F9】键即可更新。

图 8.43　创建交叉引用

(三) 插入批注

批注用于在阅读时对文中的内容添加评语和注解,其具体操作如下:

(1) 选择要插入批注的文本,在【审阅】/【批注】组中单击【新建批注】按钮,此时选择的文本处将出现一条引至文档右侧的引线。

(2) 批注中用"[ ]"括起批注内容,在右侧批注文本框中输入文本内容。

(3) 使用相同的方法可以为文档添加多个批注,并且批注会自动编号排列,单击【上一页】按钮或【下一页】按钮,可查看添加的批注。

(4) 若要删除,需先选中批注。在【审阅】/【批注】组中点击【删除】按钮,在弹出的下拉列表中选择【删除】可在要删除的批注上单击鼠标右键,在弹出的快捷菜单中选择【删除】命令。若想删除所有批注则选择"删除文档中的所有批注"。

(四) 添加修订

对错误的内容添加修订,并将文档发送给制作人员予以确认,可减少文档出错率,其具体操作如下:

(1) 在【审阅】/【修订】组中单击【修订】按钮,如图 8.44 所示。进入修订状态,此时对文档的任何操作都将被记录下来。

(2) 对文档内容进行修改,在修改后原位置会显示修订的结果,并在左侧出现一条竖线,表示该处进行了修订。

(3) 在【审阅】/【修订】组中单击按钮右侧【显示标记】的下拉按钮,在打开的下拉列表中选择【批注框】/【在批注框中显示修订】选项,如图 8.45 所示。

(4) 对文档修订结束后,必须再次单击【修订】按钮,退出修订状态,否则文档中任何操作都会被作为修订操作,也可以在【审阅】/【修订】组中单击按钮右侧【最终状态】的下拉按钮选择【原始状态】。

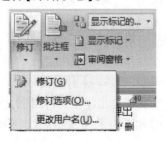

图 8.44　修订

图 8.45　显示标记

(五)插入并编辑公式

当需要使用一些复杂的数学公式时,可使用 Word 中提供的公式编辑器快速、方便地编写数学公式,如"求和"公式或求"平均值"公式等,其具体操作如下:

(1)在【插入】/【符号】组中单击【公式】按钮下方的下拉按钮,在打开下拉列表中选择【插入新公式】选项。

(2)在文档中将出现一个公式编辑框,在【设计】/【结构】组中单击【括号】按钮,在打开的下拉列表的【事例和堆栈】栏中选择【事例(两条件)】选项。

(3)单击括号上方的条件框,将插入点定位到其中,并输入数据,然后在【符号】组中单击【大于】按钮。

(4)单击括号下方的条件框,选择该条件框,然后在【设计】/【结构】组中单击【分数】按钮,在打开的下拉列表的【分数】栏中选择【分数(竖式)】选项。

(5)在插入的公式编辑框中输入数据,完成后在文档的任意处单击退出公式编辑框。

任务实现

(一)设置文档格式

毕业论文在初步完成后需要为其设置相关的文本格式,使其结构分明,其具体操作如下:

(1)打开名为"毕业论文.docx"的文档,为文档标题设计标题样式。

(2)将"1 需求分析、2 相关技术介绍、3 系统分析……"等一级标题内容设置为标题1,格式为"黑体,2 号,段后 2 行,1.5 倍行距,大纲级别为 1 级"。

(3)将"1.1 技术可行性、1.2 运行可行性、2.1 开发语言……"等二级标题内容设置为标题 2。格式为"黑体,4 号,段前 0.5 行,1.5 倍行距,大纲级别为 2 级"。

(4)设置正文格式,中文为"宋体",西文为"Times New Roman",字号为"小四号",首行缩进"2 个字符",设置正文行距为"1.25 倍行间距"。设置完成后为整篇文档应用相关的样式即可。

(二)使用大纲视图

大纲视图适用于长文档中文本级别较多的情况,以便查看和调整文档结构,其具体操作如下:

(1)在【视图】/【文档视图】组中单击按钮,将视图模式切换到大纲视图,在【大纲】【文纲工具】组中的【显示级别】下拉列表中选择【1 级】选项。

(2)查看所有 1 级标题文本后,双击"系统分析"文本段落左侧的加号标记,可展开下一级的内容,如图 8.46 所示。

(3)设置完成后在【大纲】/【关闭】组中单击【关闭大纲视图】按钮或在【视图】/【文档视图】组中单击【页面视图】按钮,返回页面视图模式。

(三)插入分隔符

分隔符主要用于标识文字分隔的位置,其具体操作如下。

(1)将插入点定位到一级标题"1 需求分析"之前,在【页面布局】/【页面设置】组中单击【分隔符】按钮,在打开的下拉列表中选择【分节符】栏中的【下一页】选项(此页为目录预留页,一般目录中页眉页脚内容或格式与正文不同,所以不能与正文在同一节进行编辑)。

(2)此时,"1 需求分析"的内容前将出现一页空白页。插入分页符如图 8.47 所示。

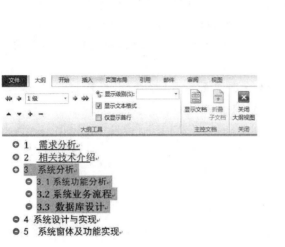
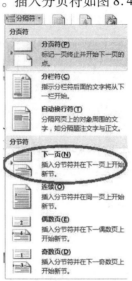

图 8.46　使用大纲视图　　　　图 8.47　插入分页符

(3)将插入点定位到文本"2 相关技术介绍"之前,在【页面布局】/【页面设置】组中单击【分隔符】按钮在打开的下拉列表中的【分页符】栏中选择【分页符】选项。

(4)重复上面的操作将所有一级标题内容均插入一个分页符,使一级标题作为一页的页首。

如果文档中的标记并未显示,可在【开始】/【段落】组中单击【显示/隐藏编辑标记】按钮,该按钮呈选中状态,此时隐藏的编辑标记将显示出来。

(四)设置页眉页脚

为了使页面更美观,便于阅读,许多文档都添加了页眉和页脚。在编辑文档时,可在页眉和页脚中输入文本及图形,如页码、公司徽标、日期和作者名等,其具体操作如下:

(1)在【插入】/【页眉和页脚】组中单击【页眉】按钮。在打开的下拉列表中选择【编辑页眉】选项,此时文档上方处于编辑模式,输入页眉内容"大学毕业论文",单击选中"首页不同"复选框,可继续设置偶数页页眉,如图 8.48 所示。

图 8.48　奇偶页设置不同页眉

(2)在【插入】/【页眉和页脚】组中单击【页脚】按钮,选择【编辑页脚】。在【页眉和页脚工具-设计】/【页眉和页脚】组中选择【页码】,在下拉菜单中选择【设置页码格式】,如图 8.49 所示。

(3)在打开的设置【页码格式】对话框中设置编号格式为"-1-",设置页码编号为起始页码"-1-",单击【确定】按钮完成设置,如图8.50所示。

(4)鼠标双击"目录预留页"页脚处,设置其页码格式为"Ⅰ",单击确定完成设置。可以看到目录页与正文页的页码格式不同。

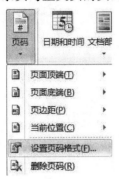

图8.49 插入页码

图8.50 设置页码格式

(五)创建目录

对于设置了多级标题样式的文档,可通过索引和目录功能提取目录,其具体操作如下:

(1)将光标定位在目录页。在【引用】/【目录】组中单击【目录】按钮,在弹出的下拉菜单中选择【插入目录】,如图8.51所示。

(2)再弹出的【目录】对话框中设置目录是否显示页码、显示级别、制表符前导符样式等信息,如图8.52所示。

(3)单击【确定】按钮完成目录的添加。

图8.51 插入目录

图8.52 设置目录样式

（六）预览并打印文档

在文档中对文本内容编辑完成后可将其打印出来，即把制作的文档内容输出到纸张上。但是为了使输出的文档内容效果更佳，及时发现文档中隐藏的错误排版样式，可在打印文档之前预览打印效果，其具体操作如下：

(1)选择【文件】/【打印】命令，弹出级联菜单，如图8.53所示，在窗口右侧预览打印效果。

(2)对预览效果满意后，在【打印】栏的"份数"数值框中设置打印份数为"2"。

(3)在打印菜单中设置"双面打印"。

(4)在菜单中间的【设置】栏中的第一个下拉列表框中选择【打印当前页面】选项，将只打印插入点所指定的页；若选择"打印自定义范围"选项，在其下的【页数】文本框中输入起始页码或页面范围（连续页码可以使用英文半角连接符"－"分隔，不连续的页码可以使用英文半角逗号","分隔），则可只打印指定范围内的页面。

(5)点击【打印】按钮开始打印。

图8.53　打印设置

课后练习

1.新建"学生工作手册.docx"文档，按照下列要求对文档进行操作：

(1)为文档插入"运动型"封面，在"键入文档标题""公司名称""选取日期"模块中输入相应的文本。

(2)为整个文档应用"新闻纸"主题。

(3)在文档中为每一章的标题应用"标题1"样式。

(4)使用大纲视图显示两级大纲内容，然后退出大纲视图。

(5)为文档中的图片插入题注。

(6)为文档设置页眉和页脚，注意目录页页脚与正文页脚格式不同。

(7)为文档设置目录。

(8)设置双面打印输出。

2. 在 Word 中自制一个班级学期成绩表:

(1)插入表格。

(2)行信息为学生,列信息为科目。

(3)自动计算每名同学的总成绩和平均成绩。

(4)按总成绩排序,当总成绩相同时,第一科成绩作为次关键字排序。

项目九 制作 Excel 2010 电子表格

Excel 2010 是一款功能强大的电子表格处理软件,可以帮助我们发现模式或趋势,从而做出更明智的决策并提高分析大型数据集的能力。本项目通过两个任务介绍 Excel 2010 的使用方法,包括基本操作、编辑数据、设置格式及打印表格等。

学习目标

- 制作学生成绩表
- 编辑产品价格表

任务一 制作学生成绩表

任务要求

期末考试结束后,班长李丽利用 Excel 2010 制作一份班级同学的成绩表,以"学生成绩表"为文件名保存,李丽取得班级学生成绩单后,利用 Excel 2010 进行表格设置,参考效果如图 9.1 所示,相关要求如下:

(1)新建一个工作簿,以"学生成绩表"为文件名保存。

(2)在 A1 单元格中输入文本"计算机技术 1 班成绩表",在 A2:G2 单元格中依次输入"序号、学号、姓名、英语、高数、大学物理、上机实训"。

(3)在 A3 单元格中输入数字 1,然后利用鼠标进行序列填充。

(4)同样的方法输入学号列的数据,依次输入学生姓名及每名学生各科的成绩。

(5)合并 A1:G1 单元格区域,设置单元格格式为"方正兰亭超细黑简体、18"。

(6)选择 A2:G2 单元格区域,设置单元格格式为"方正姚体、12、居中对齐",设置底纹为"茶色、背景 2、深色 50%"。

(7)选择 D3:F13 单元格区域,为其设置条件格式为"加粗倾斜、红色"。

(8)自动调节 E 列的列宽,手动设置第 2~13 行的行高为"16"。

(9)为工作表设置图片背景,背景图片为提供的"背景.jpg"素材。

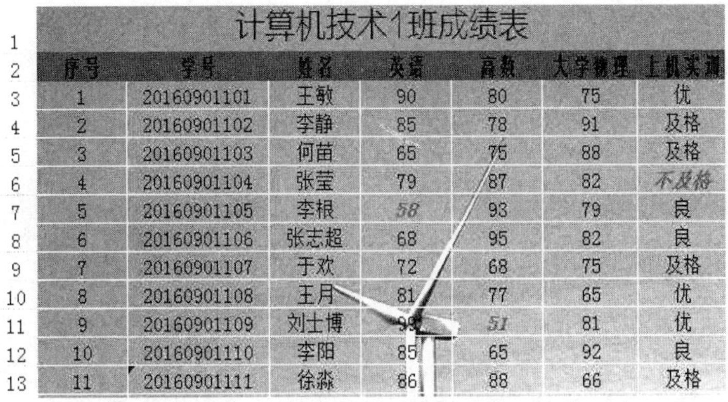

图 9.1 "学生成绩表"工作簿参考效果

相关知识

（一）Excel 2010 概述

Microsoft Excel 2010 可以通过比以往更多的方法分析、管理和共享信息，帮助您做出更好、更明智的决策。全新的分析和可视化工具可帮助跟踪和突出显示重要的数据趋势，可以在移动办公时从几乎所有 Web 浏览器或 Smartphone 访问重要数据，用户甚至可以将文件上传到网站并与其他人同时在线协作。无论是要生成财务报表还是管理个人支出，使用 Excel 2010 都能够更高效、更灵活地实现目标。

Excel 2010 不仅具有强大的数据组织、计算、分析和统计功能，还可以通过图表、图形及强大的函数功能形象地显示处理结果，与 Office 其他组件相互调用数据，实现资源共享。

（二）熟悉 Excel 2010 工作界面、工作簿、工作表和单元格

Excel 2010 的工作界面与 Word 2010 的工作界面基本相似，由快速访问工具栏、标题栏、文件选项卡、功能选项卡、功能区、编辑栏和工作表编辑区等部分组成，如图 9.2 所示。Excel 2010 中，工作簿、工作表和单元格是构成 Excel 的框架，了解其概念以及它们之间的包含与被包含的关系，有助于在 Excel 2010 中执行相应的操作。

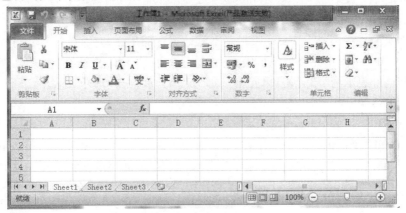

图 9.2 Excel 2010 工作界面

1. 编辑栏

编辑栏用来显示和编辑当前活动单元格中的数据或公式。默认情况下,编辑栏中包括名称框、【插入函数】按钮 f_x 和编辑框,但在单元格中输入数据或插入公式与函数时,编辑框中的【取消】按钮 ✖ 和【输入】按钮 ✔ 也将显示出来。

(1)名称框。名称框用来显示当前单元格的地址或函数名称,如在名称框中输入"A3"后,按【Enter】键表示选择 A3 单元格。

(2)【插入函数】按钮 f_x。单击该按钮,将快速打开【插入函数】对话框,在其中可选择相应的函数插入到表格中。

(3)编辑框。编辑框用于显示在单元格中输入或编辑的内容,并在其中直接输入和编辑。

(4)【取消】按钮 ✖。单击该按钮表示取消输入的内容。

(5)【输入】按钮 ✔。单击该按钮表示确定并完成输入的内容。

2. 工作表编辑区

工作表编辑区是 Excel 编辑数据的主要场所,它包括行号与列号、单元格和工作表标签等。

(1)行号与列号。行号用"1、2、3…"等阿拉伯数字标识,列号用"A、B、C…"等大写英文字母标识。一般情况下,单元格地址表示为"行号+列号",如位于 A 列 1 行的单元格可表示为 A1 单元格。

(2)工作表标签。工作表标签用于显示工作表的名称,如"Sheet1""Sheet2""Sheet3"等。在工作表标签左侧单击 ◄ 或 ► 按钮,当前工作表标签将返回到最左侧或最右侧的工作表标签。单击 ◄ 或 ► 按钮将向前或向后切换一个工作表标签。若在工作表标签左侧的任意一个滚动显示按钮上单击鼠标右键,在弹出的快捷菜单中选择任意一个工作表也可切换工作表。

3. 工作簿、工作表和单元格的概念

(1)工作簿。工作簿即 Excel 文件,是用来存储和处理数据的主要文档,也称电子表格。默认情况下,新建的工作簿以"工作簿1"命名,若继续新建工作簿,则以"工作簿2""工作簿3"等命名,且工作簿名称将显示在标题栏的文档名处。

(2)工作表。工作表用来显示和分析数据,它存储在工作簿中。默认情况下,一张工作簿中包含 3 个工作表,分别以"Sheet1""Sheet2""Sheet3"进行命名。

(3)单元格。单元格是 Excel 中最基本的数据存储单元,它通过对应的行号和列号进行命名和引用。单个单元格地址可表示为"行号+列号",而多个连续的单元格称为单元格区域,其地址表示为"单元格:单元格",如 A2 单元表格与 C5 单元表格之间连续的单元格可表示为 A2:C5 单元格区域。

4. 工作簿、工作表、单元格的关系

工作簿包含了一张或多张工作表,工作表又是由排列成行或列的单元格组成。在计算机中工作簿以文件的形式独立存在,在 Excel 2010 中创建的文件扩展名为".xlsx",而工作表依附在工作簿中,单元格则依附在工作表中,因此它们三者之间是包含与被包含的关系。

(三)切换工作簿视图

在 Excel 中,可根据需要在视图栏中单击视图按钮 中的相应按钮,或在【视图】/【工作簿视图】组中单击相应的按钮来切换工作簿视图。下面分别介绍各工作簿视图的作用。

(1)普通视图。普通视图是 Excel 中的默认视图,用于正常显示工作表,在其中可以执行数据输入、数据计算和图表制作等操作。

(2)页面布局视图。在页面布局视图中,每一页都会同时显示页边距、页眉和页脚,用户可以在此视图模式下编辑数据、添加页眉和页脚,并可以通过拖动标尺中的上边或左边的滑块设置页面边距。

(3)分页预览视图。分页预览视图可以显示蓝色的分页符,用户可以用鼠标拖动分页符以改变显示的页数和每页的显示比例。

(4)全屏显示视图。要在屏幕上尽可能多地显示文档的内容,可以切换为全屏显示视图,单击【视图】/【工作簿视图】组中的【全屏显示】按钮 ,即可切换到全屏显示视图,在该模式下,Excel 将不显示功能区和状态栏等部分。

(四)选择单元格

要在单元格中输入数据,首先应选择输入数据的单元格。在工作表中选择单元格的方法有以下 6 种。

(1)选择单个单元格。单击单元格,或在名称框中输入单元格的行号和列号后按【Enter】键即可选择所需的单元格。

(2)选择所有单元格。单击行号和列号左上角交叉处的【全选】按钮 ,或按住【Ctrl + A】组合键即可选择工作表中的所有单元格。

(3)选择相邻的多个单元格。选择起始单元格后,按住鼠标左键不放拖拽鼠标到目标单元格,或按住【Shift】键的同时选择目标单元格,即可选择相邻的多个单元格。

(4)选择不相邻的多个单元格。按住【Ctrl】键的同时依次单击需要选择的单元格,即可选择不相邻的多个单元格。

(5)选择整行。将鼠标移动到需要选择的行号上,当鼠标光标变成 形状时,单击即可选择该行。

(6)选择整列。将鼠标移动到需要选择的列号上,当鼠标光标变成 形状时,单击即可选择该列。

(五)合并与拆分单元格

当默认的单元格样式不能满足实际需要时,可通过合并与拆分的方法来设置单元格。

1. 合并单元格

在编辑单元格的过程中,为了使表格结构看起来更美观,层次更清晰,有时需要对某些单元格区域进行合并操作。选择需要合并的多个单元格,然后在【开始】/【对齐方式】组中单击【合并后居中】按钮 。单击【合并后居中】按钮右侧的下拉按钮,在打开的下拉列表中选择【跨越合并】、【合并单元格】、【取消单元格合并】等选项。

2. 拆分单元格

拆分单元格的方法与合并单元格的方法完全相反，在拆分时选择合并的单元格，然后单击【合并后居中】按钮，或打开【设置单元格格式】对话框，在【对齐方式】选项卡下撤销选中【合并单元格】复选框即可。

(六) 插入与删除单元格

在表格中可插入和删除单个单元格，也可插入或删除一行或一列单元格。

1. 插入单元格

插入单元格的具体操作如下。

(1) 选择单元格，在【开始】/【单元格】组中单击【插入】按钮右侧的下拉按钮，在打开的下拉列表中选择【插入工作表行】或【插入工作表列】选项，即可插入整行或整列单元格。此处选择【插入单元格】选项。

(2) 打开【插入】对话框，单击选中对应的单选项后，单击【确定】按钮即可。

2. 删除单元格

删除单元格的具体操作如下。

(1) 选择要删除的单元格，单击【开始】/【单元格】组中的【删除】按钮右侧的下拉按钮，在打开的下拉列表中选择【删除工作表行】或【删除工作表列】选项，即可删除整行或整列单元格。此处选择【删除单元格】选项。

(2) 打开【插入】对话框，单击选中对应的单选项后，单击【确定】按钮即可。

(七) 查找与替换数据

在 Excel 表格中手动查找与替换某个数据将会非常麻烦，且容易出错，此时可利用查找与替换功能快速定位到满足查找条件的单元格，并将单元格中的数据替换为需要的数据。

1. 查找数据

利用 Excel 提供的查找功能查找数据的具体操作如下。

(1) 在【开始】/【编辑】组中单击【查找和选择】按钮，在打开的下拉列表中选择【查找】选项，打开【查找和替换】对话框，单击【查找】选项卡。

(2) 在【查找内容】下拉列表框中输入要查找的数据，单击【查找下一个】按钮，便能快速查找到匹配条件的单元格。

(3) 单击【查找全部】按钮，可以在【查找和替换】对话框下方列表中显示所有包含需要查找数据的单元格位置。单击【关闭】按钮，关闭【查找和替换】对话框。

2. 替换数据

替换数据的具体操作如下。

(1) 在【开始】/【编辑】组中单击【查找和选择】按钮，在打开的下拉列表中选择【替换】选项，打开【查找和替换】对话框，单击【替换】选项卡。

(2) 在【查找内容】下拉列表框中输入要查找的数据，在【替换为】下拉列表框中输入需替换的内容。

(3) 单击【查找下一个】按钮，查找符合条件的数据，然后单击【替换】按钮进行替换，或单击【全部替换】按钮，将所有符合条件的数据一次性全部替换。

任务实现

(一) 新建并保存工作簿

启动 Excel 2010 后,系统自动新建名为"工作簿 1"的空白工作簿,根据用户的需要还可以新建更多的空白工作簿,具体操作如下。

(1) 选择【开始】/【所有程序】/【Microsoft Office】/【Microsoft Excel 2010】命令,启动 Excel 2010,然后选择【文件】/【新建】命令,在【可用模板】列表框中选择【空白工作簿】选项,然后单击【创建】按钮。

(2) 系统新建了名为"工作簿 2"的空白工作簿。

(3) 选择【文件】/【保存】命令,在打开的【另存为】对话框的【地址栏】下拉列表框中选择文件保存路径,在【文件名】下拉列表框中输入"学生成绩表.xlsx",然后单击【保存】按钮。

【提示】

按【Ctrl+N】组合键可以快速新建空白工作簿,在桌面或文件夹的空白位置处单击鼠标右键,在弹出的快捷菜单中选择【新建】/【Microsoft Excel 工作表】命令也可新建空白工作簿。

(二) 输入工作表数据

输入数据是制作表格的基础,Excel 支持各种类型数据的输入,如数值型、文本型、时间型、日期型等数据,尽管数据类型不同,但输入方法基本相同,具体操作如下。

(1) 选择 A1 单元格,在其中输入文本"计算机技术 1 班成绩表",然后按【Enter】键将切换到 A2 单元格,在其中输入文本【序号】。

(2) 按【→】键或【Tab】键切换到 B2 单元格,在其中输入文本"学号",然后使用相同的方法依次在 C2:G2 单元格区域输入文本"姓名""英语""高数""大学物理"和"上机实训"。

(3) 选择 A3 单元格,在其中输入数字"1",将鼠标指针移动到单元格右下角,出现"╋"形状的控制柄,按住【Ctrl】键的同时,在控制柄上按住鼠标左键不放,并向下拖动鼠标至 A13 单元格,此时 A4:A13 单元格区域将自动生成序号。

(4) 拖动鼠标选择 B3:B13 单元格区域,在【开始】/【数字】组中的【数字格式】下拉列表中选择【文本】选项,然后在 B3 单元格中输入学号"20160901101",并拖动控制柄为 B4:B13 单元格区域创建自动填充,如图 9.3 所示。

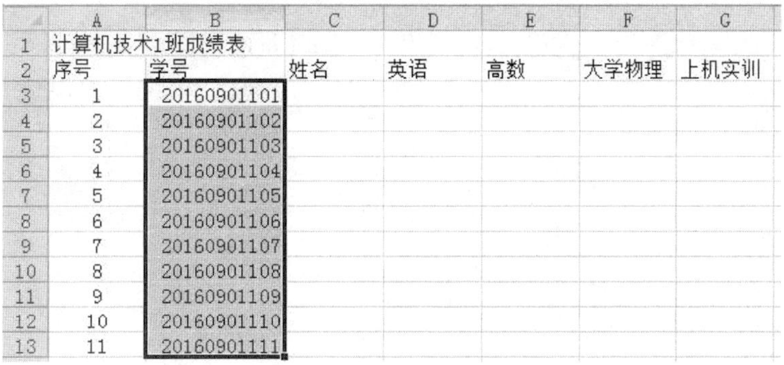

图 9.3 自动填充数据

(三)设置数据有效性

为保证输入的数据在指定的范围内,可以通过为单元格设置数据有效性实现,从而减少出错率,具体操作如下。

(1)在 C3:C13 单元格区域中输入学生姓名。

(2)选择 D3:F13 单元格区域,在【数据】选项卡/【数据工具】组中单击【数据有效性】按钮,打开【数据有效性】对话框,在【允许】下拉列表中选择【整数】选项,在【数据】下拉列表中选择【介于】选项,在"最大值"和"最小值"文本框中分别输入数值100和数值0,如图9.4 所示。

图9.4　设置数据有效性

(3)在【数据有效性】对话框中,单击【输入信息】选项卡,在【标题】文本框中输入"注意"文本,在【输入信息】文本框中输入"请输入0—100之间的整数"文本。

(4)在【数据有效性】对话框中,单击【出错警告】选项卡,在【标题】文本框中输入"出错"文本,在【错误信息】文本框中输入"输入的数据不在正确范围内,请重新输入"文本,完成后单击【确定】按钮。

(5)在 D3:F13 单元格中依次输入相关课程的学生成绩,选择 G3:G13 单元格区域,打开【数据有效性】对话框,在【设置】选项卡的【允许】下拉列表中选择【序列】选项,在来源文本框中输入"优,良,及格,不及格"文本。

(6)选择 G3:G13 单元格区域任意单元格,单击单元格右侧的下拉按钮,在打开的下拉列表中选择需要的选项即可,如图9.5 所示。

	A	B	C	D	E	F	G
1	计算机技术1班成绩表						
2	序号	学号	姓名	英语	高数	大学物理	上机实训
3	1	20160901101	王敏	90	80	75	优
4	2	20160901102	李静	85	78	91	及格
5	3	20160901103	何苗	65	75	88	优
6	4	20160901104	张莹	79	87	82	良
7	5	20160901105	李根	58	93	79	及格
							不及格
8	6	20160901106	张志超	68	95	82	良
9	7	20160901107	于欢	72	68	75	及格
10	8	20160901108	王月	81	77	65	优
11	9	20160901109	刘士博	99	51	81	优
12	10	20160901110	李阳	85	65	92	良
13	11	20160901111	徐淼	86	88	66	及格

图9.5　选择输入的数据

(四)设置单元格格式

数据输入完成后,通常还需要对单元格的格式进行设置,从而制作出一个美观的表格,具体操作如下。

(1)选择 A1:G1 单元格区域,在【开始】/【对齐方式】组中单击【合并后居中】按钮,或单击该按钮右侧的下拉按钮,在打开的下拉列表中选择"合并后居中"选项。

(2)设置后回到工作表中,可以看到所选择的单元格区域已经合并为一个单元格,而且其中的数据已经自动居中显示。

(3)保持选择状态,在【开始】/【字体】组的"字体"下拉列表框中选择"方正兰亭超细黑简体"选项,在【字号】下拉列表框中选择"18"选项。

(4)选择 A2:G2 单元格区域,设置其字体为"方正姚体",字号为"12",在【开始】/【对齐方式】组中单击【居中对齐】按钮。

(5)保持选择状态,在【开始】/【字体】组中单击【填充颜色】按钮 右侧的下拉按钮,在打开的下拉列表中选择"茶色、背景 2、深色 50%"选项,设置对齐方式为"居中对齐",完成后的效果如图 9.6 所示。

	A	B	C	D	E	F	G
1			计算机技术1班成绩表				
2	序号	学号	姓名	英语	高数	大学物理	上机实训
3	1	20160901101	王敏	90	80	75	优
4	2	20160901102	李静	85	78	91	及格
5	3	20160901103	何苗	65	75	88	及格

图 9.6　设置单元格格式

(五)设置单元格条件格式

通过设置单元格条件格式,用户可以将不满足或满足条件的数据单独显示出来,其具体操作如下。

(1)选择 D3:F13 单元格区域,在【开始】/【样式】组中单击【条件格式】按钮,在打开的下拉列表中单击"新建规则"选项,打开【新建格式规则】对话框。

(2)在【选择规则类型】对话框中选择"只为包含以下内容的单元格设置格式"选项,在"编辑规则说明"栏部分,条件格式下拉列表选择"单元格值"和"小于"选项,并在右侧的数据框中输入数值"60",如图 9.7 所示。

(3)单击【格式】按钮,打开【设置单元格格式】对话框,在【字体】选项卡中设置字形为"加粗倾斜",颜色设置为标准色中的"红色",如图 9.8 所示。

(4)依次单击【确定】按钮返回工作界面,使用相同的方法为 G3:G13 单元格区域设置条件格式。

图9.7 【新建格式规则】对话框

图9.8 设置单元格条件格式

(六) 调整行高与列宽

单元格的行高和列宽在默认状态下是固定不变的,为了解决单元格中的数据太多不能完全显示内容的问题,则需调整单元格的行高或列宽,使其符合单元格大小,具体操作如下。

(1) 选择 F 列,在【开始】/【单元格】组中单击【格式】按钮,在打开的下拉列表中选择【自动调整列宽】选项,设置后工作表中可看到 F 列变宽,且其中的数据完整显示,如图 9.9 所示。

(2) 将鼠标指针移到第 1 行行号间的间隔线上,当鼠标指针形状改变时,按住鼠标左键向下拖动,此时鼠标指针旁边将显示行高的具体数据,待拖动至适合的高度后释放鼠标。

(3) 选择第 2~13 行,在【开始】/【单元格】组中单击【格式】按钮,在打开的下拉列表中选择"行高"选项,在打开的【行高】对话框的数值框中输入"16",单击【确定】按钮,此时,返回工作表中可看到第 2~13 行的行高发生改变,如图 9.10 所示。

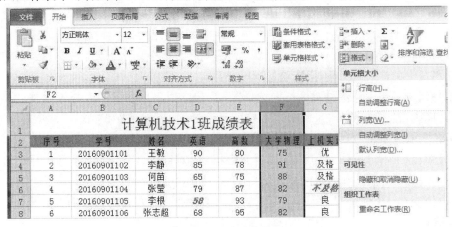
图9.9 自动调整列宽

计算机技术1班成绩表						
序号	学号	姓名	英语	高数	大学物理	上机实训
1	20160901101	王敏	90	80	75	优
2	20160901102	李静	85	78	91	及格
3	20160901103	何苗	65	75	88	及格
4	20160901104	张莹	79	87	82	不及格
5	20160901105	李根	58	93	79	良
6	20160901106	张志超	68	95	82	良
7	20160901107	于欢	72	68	75	及格
8	20160901108	王月	81	77	65	优
9	20160901109	刘士博	99	51	81	优
10	20160901110	李阳	85	65	92	良
11	20160901111	徐淼	86	88	66	及格

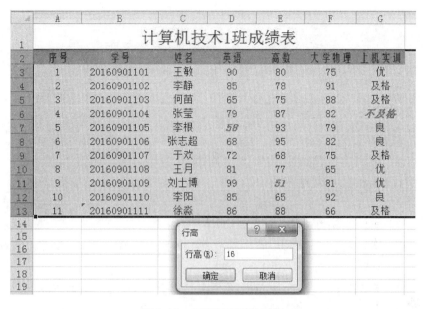

图 9.10　设置行高后的效果

(七)设置工作表背景

默认情况下,Excel 工作表中的数据呈白底黑字显示。为了使制作的工作表更加美观,可以为其填充颜色,也可以插入图片作为背景,具体操作如下。

(1)在【页面布局】/【页面设置】组中单击【背景】按钮,打开【工作表背景】对话框,在【地址栏】下拉列表框中选择保存背景图片的路径,在工作区选择图片“背景.jpg”,单击【插入】按钮。

(2)设置成功后,工作表中可看到将图片设置为工作表背景后的效果,如图 9.11 所示。

计算机技术1班成绩表						
序号	学号	姓名	英语	高数	大学物理	上机实训
1	20160901101	王敏	90	80	75	优
2	20160901102	李静	85	78	91	及格
3	20160901103	何苗	65	75	88	及格
4	20160901104	张莹	79	87	82	不及格
5	20160901105	李根	58	93	79	良
6	20160901106	张志超	68	95	82	良
7	20160901107	于欢	72	68	75	及格
8	20160901108	王月	81	77	65	优
9	20160901109	刘士博	99	51	81	优
10	20160901110	李阳	85	65	92	良
11	20160901111	徐淼	86	88	66	及格

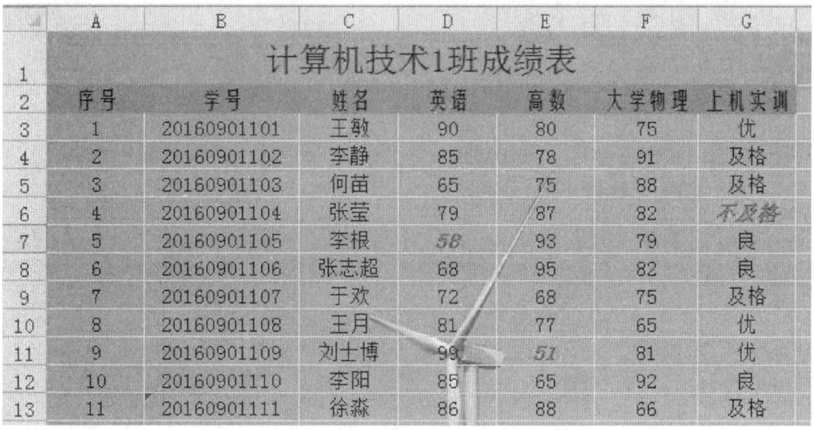

图 9.11　设置工作表背景后的效果

任务二　编辑产品价格表

任务要求

王欢是某商场护肤品专柜的库管员，需要进一批新产品，王欢准备制作一份产品价格表，用于比对产品成本，经过市场调查，王欢利用 Excel 2010 完成了表格的制作，工作簿最终效果如图 9.12 所示，具体要求如下。

(1)新建一个 Excel 2010 工作簿，先插入一个工作表"Sheet4"，然后再将"Sheet2""Sheet3"和"Sheet4"工作表删除。

(2)复制两次"Sheet1"工作表，并分别通过"双击工作表标签"的方法将所有工作表重命名为"MS 系列""YS 系列"和"RY 系列"。

(3)将"MS 系列"工作表以 C4 单元格为中心拆分为 4 个窗格，将"YS 系列"工作表 B3 单元格为冻结中心冻结表格。

(4)分别将 3 个工作表依次设置为"红色、绿色、紫色"。

(5)将工作表的对齐方式设置为"垂直居中"横向打印 3 份。

(6)选择"RY 系列"的 E3:E11 单元格区域，为其设置保护，最后为工作表和工作簿分别设置保护密码，其密码为"925"。

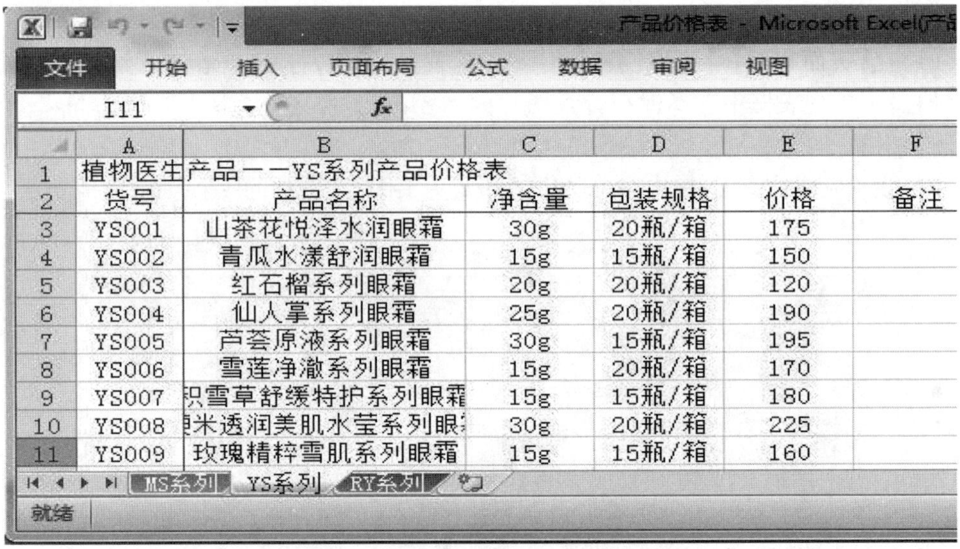

	A	B	C	D	E	F
1	植物医生产品——YS系列产品价格表					
2	货号	产品名称	净含量	包装规格	价格	备注
3	YS001	山茶花悦泽水润眼霜	30g	20瓶/箱	175	
4	YS002	青瓜水漾舒润眼霜	15g	15瓶/箱	150	
5	YS003	红石榴系列眼霜	20g	20瓶/箱	120	
6	YS004	仙人掌系列眼霜	25g	20瓶/箱	190	
7	YS005	芦荟原液系列眼霜	30g	15瓶/箱	195	
8	YS006	雪莲净澈系列眼霜	15g	20瓶/箱	170	
9	YS007	积雪草舒缓特护系列眼霜	15g	15瓶/箱	180	
10	YS008	米透润美肌水莹系列眼	30g	20瓶/箱	225	
11	YS009	玫瑰精粹雪肌系列眼霜	15g	15瓶/箱	160	

图 9.12　"产品价格表"工作簿最终效果

相关知识

(一)选择工作表

选择工作表的实质是选择工作表标签，主要有以下 4 种方法。

(1)选择单张工作表。单击工作表标签，可选择对应的工作表。

（2）选择连续多张工作表。单击选择第一张工作表，按住【Shift】键不放的同时选择其他工作表。

（3）选择不连续的多张工作表。单击选择第一张工作表，按住【Ctrl】键不放的同时选择其他工作表。

（4）选择全部工作表。在任意工作表上单击鼠标右键，在弹出的快捷菜单中选择【选定全部工作表】命令。

（二）隐藏与显示工作表

在工作簿中，当不需要显示某个工作表时，可将其隐藏，当需要时再将其重新显示出来，其具体操作如下。

（1）选择需要隐藏的工作表，在其上单击鼠标右键，在弹出的快捷菜单中选择【隐藏】命令，即隐藏所选的工作表。

（2）在工作簿的任意工作表上单击鼠标右键，在弹出的快捷菜单中选择【取消隐藏】命令。

（3）在打开的【取消隐藏】对话框的列表框中选择需显示的工作表，然后单击【确定】按钮即可将隐藏的工作表显示出来，如图9.13所示。

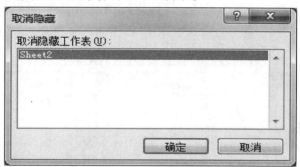

图9.13 【取消隐藏】对话框

（三）设置超链接

在制作电子表格时，可根据需要为相关的单元格设置超链接，其具体操作如下。

（1）单击选择需要设置超链接的单元格，在【插入】/【超链接】组中单击 按钮，打开【插入超链接】对话框。

（2）在打开的对话框中可根据需要设置链接对象的位置等，如图9.14所示，完成后单击【确定】按钮。

（四）套用表格格式

如果用户希望工作表更美观，但又不想浪费太多的时间设置工作表格式时，可利用套用工作表格式功能直接调用系统中已经设置好的表格格式，不仅可以提高工作效率，还可以保证表格格式的美观，其具体操作如下。

（1）选择需要套用表格格式的单元格区域，在【开始】/【样式】组中单击【套用表格格式】按钮 ，在打开的下拉列表中选择一种表格样式选项。

图 9.14 【插入超链接】对话框

（2）由于已选择了套用范围的单元格区域，这里只需在打开的【套用表格格式】对话框中单击【确定】按钮即可，如图 9.15 所示。

（3）套用表格格式后，将激活【表格工具－设计】选项卡，在其中可重新设置表格样式和表格样式选项。另外，在【表格工具－设计】/【工具】组中单击【转换为区域】按钮，可将套用的表格格式转换为区域，即转换为普通的单元格区域。

	A	B	C	D	E	F
1			植物医生产品——YS系列产品价格表			
2	货号	产品名称	净含量	包装规格	价格	备注
3	YS001	山茶花悦泽水润眼霜	30g	20瓶/箱	175	
4	YS002	青瓜水漾舒润眼霜	15g	15瓶/箱	150	
5	YS003	红石榴系列眼霜	20g	20瓶/箱	120	
6	YS004	仙人掌系列眼霜	25g	20瓶/箱	190	
7	YS005	芦荟原液系列眼霜	30g	15瓶/箱	195	
8	YS006	雪莲净澈系列眼霜	15g	20瓶/箱	170	
9	YS007	积雪草舒缓特护系列眼霜	15g	15瓶/箱	180	
10	YS008	米透润美肌水莹系列眼…	30g	20瓶/箱	225	
11	YS009	玫瑰精粹雪肌系列眼霜	15g	15瓶/箱	160	

图 9.15 套用表格格式

任务实现

（一）打开工作簿

对于计算机中已保存好的工作簿，想要查看或编辑，首先要打开该工作簿，具体操作如下。

（1）启动 Excel 2010 程序，选择【文件】/【打开】命令。

（2）【打开】对话框中，在地址栏下拉列表框中选择需要打开的文件的保存路径，在工作区选择"产品价格表.xlsx"工作簿，单击【打开】按钮即可打开已选择的工作簿，如图 9.16 所示。

图 9.16 【打开】对话框

【提示】

按【Ctrl+O】组合键,也可打开【打开】对话框,在其中选择文件路径和所需的文件。另外,在计算机中双击需打开的 Excel 文件也可以打开所需的工作簿。

(二)插入与删除工作表

在打开的 Excel 工作簿中,如果工作表的数量不够用,可以通过插入工作表来增加工作表的数量,如果工作表数量太多,可以将其删除以节省系统资源。

1. 插入工作表

默认情况下,Excel 工作簿中提供了 3 张工作表,用户可以根据需要插入新的工作表。下面在"产品价格表.xlsx"工作簿中通过【插入】对话框插入空白工作表,具体操作如下。

(1)在"Sheet1"工作表标签上单击鼠标右键,在弹出的快捷菜单中选择【插入】命令。

(2)在打开的【插入】对话框的"常用"选项卡的列表中选择"工作表"选项,然后单击【确定】按钮,即可插入新的空白工作表,如图 9.17 所示。

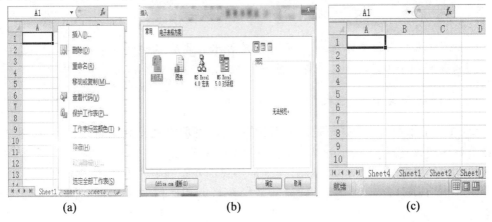

图 9.17 插入工作表

【提示】

在【插入】对话框中单击"电子表格方案"选项卡,在其中可以插入基于模板的工作表。另外,在工作表标签后单击【插入工作表】按钮,或在【开始】/【单元格】组中单击【插入】按钮下方的按钮,在打开的下拉列表中选择"插入工作表"选项,都可快速插入空白工作表。

2. 删除工作表

编辑工作簿过程中,如果存在多余的工作表或不需要的工作表时,可以将其删除。下面将删除"产品价格表.xlsx"工作簿中的"Sheet2""Sheet3"和"Sheet4"工作表,具体操作如下。

(1)按住【Ctrl】键不放,同时选择"Sheet2""Sheet3"和"Sheet4"工作表,在任何一个将要删除的工作表标签上单击鼠标右键,在弹出的快捷菜单中选择【删除】命令,如图9.18所示。

(2)返回工作簿,即可看到"Sheet2""Sheet3"和"Sheet4"工作表已被删除。

图9.18 删除工作表

【提示】

若要删除有数据的工作表,将打开询问是否永久删除这些数据的提示对话框,单击【删除】按钮将删除工作表和工作表的数据,单击【取消】按钮将取消删除工作的操作。

(三)移动与复制工作表

Excel中工作表的位置并不是固定不变的,为了避免重复复制相同的工作表,用户可根据需要移动或复制工作表,可以在原表格的基础上改变表格位置后快速添加多个相同的表格。下面将在"产品价格表.xlsx"工作簿中移动并复制工作表,具体操作如下。

(1)在"Sheet1"工作表上单击鼠标右键,在弹出的快捷菜单中选择【移动或复制】命令。

(2)在打开的【移动或复制工作表】对话框的【下列选定工作表之前】列表框中选择移动工作表的位置,这里选择"移至最后"选项,然后单击选中【建立副本】复选框复制工作表,完成后单击【确定】按钮即可移动并复制"sheet1"工作表,如图9.19所示。

图9.19 设置移动位置并复制工作表

【提示】

将鼠标指针移动到需移动或复制的工作表标签上,按在鼠标右键不放并进行拖动,或按住【Ctrl】键不放的同时按住鼠标左键进行拖动。此时鼠标指针变成 ,将其拖到目标工作表之后释放鼠标,此时工作表标签上有一个 ▼ 符号将随鼠标指针移动,释放鼠标后在目标工作表中可看到移动或复制的工作表。

(3)用相同方法在"Sheet1(2)"工作表后继续移动并复制工作表,如图9.20所示。

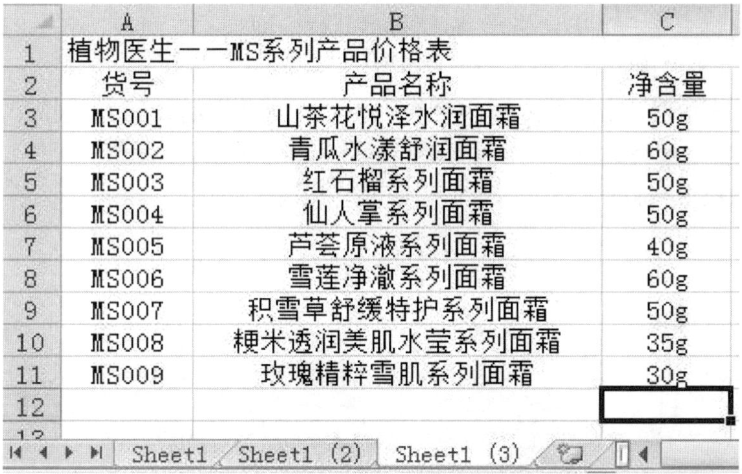

图9.20 移动并复制工作表

(四)重命名工作表

Excel 工作簿中的工作表名称默认为"Sheet1""Sheet2"等,为了便于查询,可重命名工作表。下面将在"产品价格表.xlsx"工作簿中重命名工作表,具体操作如下。

(1)在需要重新命名的"Sheet1"工作表的标签上单击鼠标右键,在弹出的快捷菜单中选择【重命名】命令,或者直接双击"Sheet1"工作标签,此时选择的工作表标签呈现可编辑状态,而且该工作表的名称自动呈黑底白字状态。

(2) 直接输入文本"MS 系列",然后在工作表的任意位置单击或按【Enter】键即可退出编辑状态。

(3) 使用相同的方法将"Sheet1(2)"和"Sheet1(3)"工作表标签重命名为"YS 系列"和"RY 系列",完成后再在重命名后的工作表中根据需要修改其中的数据,如图 9.21 所示。

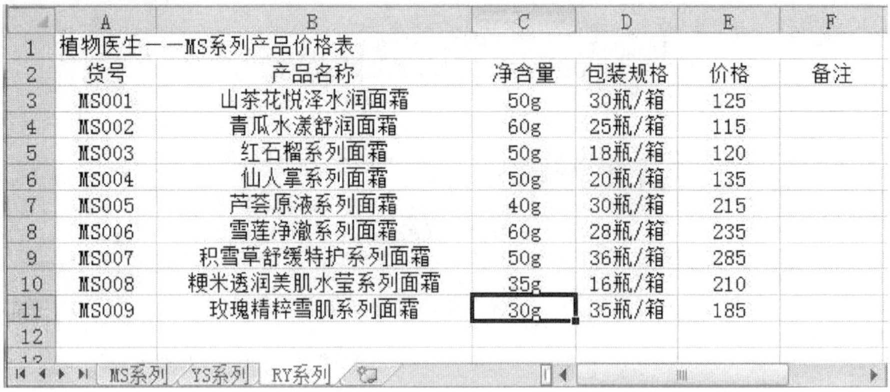

图 9.21　重命名工作表

(五) 拆分工作表

Excel 中可以将工作表拆分为多个窗格,工作表拆分后每个窗格中都可以进行单独的操作,有利于在数据量比较大的工作表中查看数据的前后对照关系。要拆分工作表,首先应选择好作为拆分中心的单元格,然后执行拆分命令即可。下面在"产品价格表.xlsx"工作簿的"MS 系列"工作表中以 C4 单元格为中心拆分工作表,其具体操作如下。

(1) 在"MS 系列"工作表中选择 C4 单元格,然后在【视图】/【窗口】组中单击▦按钮。

(2) 此时工作簿将以 C4 单元格为中心拆分为 4 个窗格,在任意一个窗口中选择单元格,然后滚动鼠标滚轴即可显示出工作表中的其他数据,如图 9.22 所示。

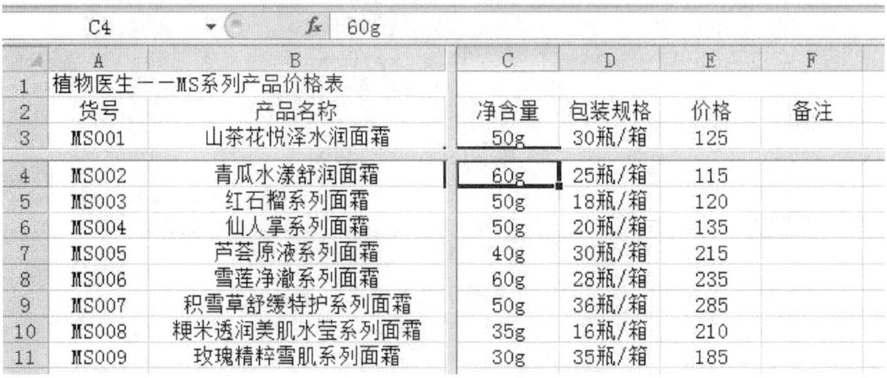

图 9.22　拆分工作表

(六) 冻结工作表

在 Excel 工作簿数据量比较大的工作表中,为了方便查看表头与数据的对应关系,可通过冻结工作表窗格随意查看工作表的其他部分而不移动表头所在的行或列。下面在

"产品价格表.xlsx"工作簿的"YS系列"工作表中以B3单元格为冻结中心冻结窗格按钮，其具体操作如下。

(1)选择"YS系列"工作表，在其中选择B3单元格作为冻结中心，然后在【视图】/【窗口】组中单击■按钮，在打开的下拉列表中选择"冻结拆分窗格"选项。

(2)设置成功后返回工作表中，即可保持B3单元格上方和左侧的行和列位置不变，通过拖动水平滚动条或垂直滚动条，即可查看工作表其他部分的行或列，如图9.23所示。

	A	B	C	D	E	F
1	植物医生产品——YS系列产品价格表					
2	货号	产品名称	净含量	包装规格	价格	备注
3	YS001	山茶花悦泽水润眼霜	30g	20瓶/箱	175	
4	YS002	青瓜水漾舒润眼霜	15g	15瓶/箱	150	
5	YS003	红石榴系列眼霜	20g	20瓶/箱	120	
6	YS004	仙人掌系列眼霜	25g	20瓶/箱	190	
7	YS005	芦荟原液系列眼霜	30g	15瓶/箱	195	
8	YS006	雪莲净澈系列眼霜	15g	20瓶/箱	170	
9	YS007	积雪草舒缓特护系列眼霜	15g	15瓶/箱	180	
10	YS008	粳米透润美肌水莹系列眼霜	30g	20瓶/箱	225	
11	YS009	玫瑰精粹雪肌系列眼霜	15g	15瓶/箱	160	

图9.23 冻结拆分窗格

(七)设置工作表标签颜色

在默认状态下，工作表标签呈白底黑字显示。为了让工作表标签更加美观醒目，工作表标签的颜色可根据需要进行设置。下面在"产品价格表.xlsx"工作簿中设置工作表标签颜色，其具体操作如下。

(1)右键单击"产品价格表.xlsx"工作簿中的"MS系列"工作表，在弹出的快捷菜单中选择【工作表标签颜色】/【红色】命令。

(2)设置成功后返回工作表中，即可查看设置的工作表标签颜色，使用相同的方法分别为"YS系列"和"RY系列"工作表设置其工作表标签颜色为"绿色"和"紫色"，如图9.24所示。

	A	B	C	D	E	F
1	植物医生——MS系列产品价格表					
2	货号	产品名称	净含量	包装规格	价格	备注
3	MS001	山茶花悦泽水润面霜	50g	30瓶/箱	125	
4	MS002	青瓜水漾舒润面霜	60g	25瓶/箱	115	
5	MS003	红石榴系列面霜	50g	18瓶/箱	120	
6	MS004	仙人掌系列面霜	50g	20瓶/箱	135	
7	MS005	芦荟原液系列面霜	40g	30瓶/箱	215	
8	MS006	雪莲净澈系列面霜	60g	28瓶/箱	235	
9	MS007	积雪草舒缓特护系列面霜	50g	36瓶/箱	285	
10	MS008	粳米透润美肌水莹系列面霜	35g	16瓶/箱	210	
11	MS009	玫瑰精粹雪肌系列面霜	30g	35瓶/箱	185	
12						

MS系列 / YS系列 / RY系列 /

图9.24 设置工作表标签颜色

(八)预览并打印表格数据

Excel工作簿满足编辑人员的需要后，即可打印表格。打印表格之前，需要先预览打印效果,表格内容和页面设置都满意后,即可开始打印。打印 Excel 时根据需要打印内容的不同,可以选择是打印整个工作表还是打印区域数据。

1. 设置打印参数

选择需要打印的工作表并预览打印效果后,如果表格内容和页面设置不满意,可以重新设置,如设置纸张方向和纸张页边距等,直至设置满意后再打印。下面在"产品价格表.xlsx"工作簿中预览并打印工作表,其具体操作如下。

(1)选择【文件】/【打印】命令,在【打印】窗口右侧预览工作表的打印效果,在窗口中间列表框的【设置】栏的【纵向】下拉列表框中选择【横向】选项,再在窗口中间列表框的下方单击【页面设置】按钮,如图 9.25 所示。

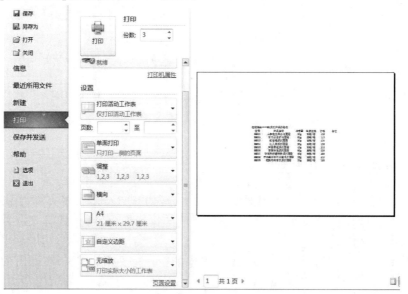

图 9.25 预览打印效果并设置纸张方向

(2)在打开的【页面设置】对话框中单击【页边距】选项卡,在【居中方式】栏中单击选中【水平】和【垂直】复选框,然后单击【确定】按钮,如图 9.26 所示。

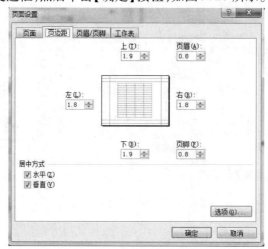

图 9.26 设置居中方式

(3)返回打印窗口,在窗口上方的【打印】栏的【份数】数值框中设置打印份数为数值"3",设置完成后单击【打印】按钮,即可完成表格的打印。

【提示】

在【页面设置】对话框中单击【工作表】选项卡,在其中可设置打印区域或打印标题等内容,然后单击【确定】按钮,返回工作簿的打印窗口,单击【打印】按钮可只打印设置的区域数据。

2. 设置打印区域数据

如果表格中的数据只需打印其中一部分时,可以通过设置工作表的打印区域来打印表格数据。下面在"产品价格表.xlsx"工作簿中设置打印的区域为A1:F4单元格区域,具体操作如下。

(1)选择工作表中的A1:F4单元格区域,在【页面布局】/【页面设置】组中单击【打印区域】按钮,在打开的下拉列表中选择"设置打印区域"选项,所选区域四周将出现虚线框,表示该数据将被打印。

(2)选择【文件】/【打印】命令,单击【打印】按钮即可,如图9.27所示。

(九)保护表格数据

若Excel表格中存放着一些重要的数据,则可以利用Excel提供的保护单元格、保护工作表和保护工作簿等功能对表格中的数据进行保护,避免他人查看或恶意更改表格数据。

1. 保护单元格

为保护单元格的数据不被他人更改,可以锁定一些写有重要数据的单元格,或隐藏单元格中包含的计算公式。设置锁定单元格或隐藏公式后,还需设置保护工作表功能。下面在"产品价格表.xlsx"工作簿中"RY系列"工作表的E3:E11单元格区域设置保护功能,其具体操作如下。

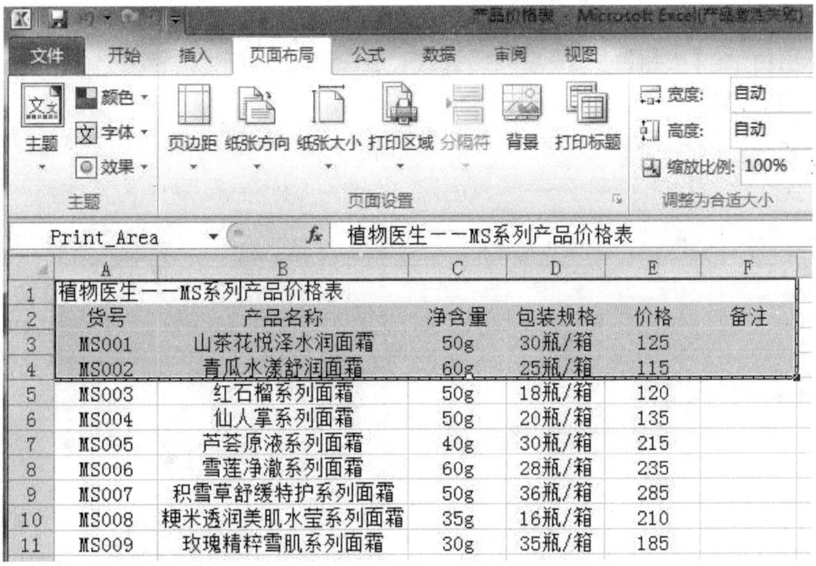

图9.27 设置打印区域数据

(1) 在工作簿中的"RY 系列"工作表中,选择 E3:E11 单元格区域,鼠标右键单击选定区域,在弹出的快捷菜单中选择【设置单元格格式】命令。

(2) 在打开的【设置单元格格式】对话框中单击【保护】选项卡,单击选中【锁定】和【隐藏】复选框,单击【确定】按钮完成单元格的保护设置,如图 9.28 所示。

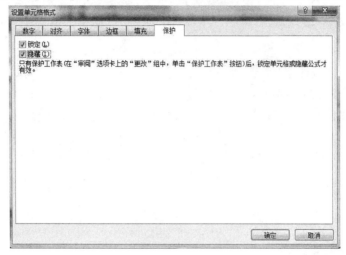

图 9.28　保护单元格

2. 保护工作表

Excel 工作簿中的工作表设置保护功能后,其他用户只能查看却不能修改工作表数据,可以避免他人恶意更改工作表数据。在"产品价格表.xlsx"工作簿中设置工作表的保护功能的具体操作如下。

(1) 在【审阅】/【更改】组中单击【保护工作表】按钮。

(2) 在打开的【保护工作表】对话框的【取消工作表保护时使用的密码】文本框中输入取消保护工作表的密码,这里输入密码"925",然后单击【确定】按钮。

(3) 在打开的【确认密码】对话框的【重新输入密码】文本框中输入与前面相同的密码,然后单击【确定】按钮,如图 9.29 所示,返回工作簿中可发现相应选项卡中的按钮或命令以灰色状态显示。

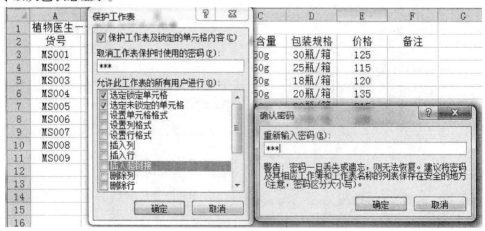

图 9.29　保护工作表

【提示】
设置工作或工作簿的保护密码时,应设置容易记忆的密码,且不能过长,可以设置数字和字母组合的密码,这样不易丢失或忘记,且安全性较高。

3. 保护工作簿

为避免工作簿中的重要数据被他人使用或者更改,可使用工作簿的保护功能,保证工作簿的结构和窗口不被他人修改。在"产品价格表.xlsx"工作簿中设置工作簿的保护功能的具体操作如下。

(1)在【审阅】/【更改】组中单击【保护工作簿】按钮。

(2)在打开的【保护结构和窗口】对话框中单击选中【结构】和【窗口】复选框,表示在每次打开工作簿时,工作簿窗口的大小和位置都相同,然后在【密码】文本框中输入密码"925",单击【确定】按钮。

(3)在打开的【确认密码】对话框的【重新输入密码】文本框中,输入与前面相同的密码,单击【确定】按钮,如图9.30所示,返回工作簿中,完成后再保存并关闭工作簿。

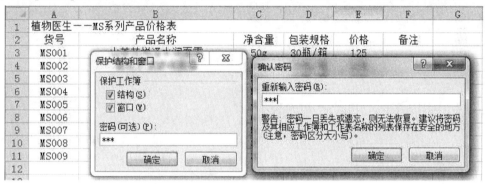

图9.30　保护工作簿

课后练习

1. 新建一个空白工作簿,并将其以"预约客户登记.xlsx"为名保存,按照下列要求对表格进行操作。

(1)依次在单元格中输入相关文本、数字、日期与时间、特殊符号等内容。

(2)使用鼠标左键拖动控制填充数据,然后使用鼠标右键拖动控制柄填充数据,最后通过【序列】对话框填充数据。

(3)数据录入完成后保存工作簿并退出 Excel 2010。

2. 新建一个空白工作簿,按照下列要求对表格进行操作。

(1)将新建的空白簿以"员工信息表.xlsx"为名进行保存,然后在其中选择相应的单元格输入数据,并填充序列数据。

(2)删除"Sheet2"和"Sheet3"工作表,然后将"Sheet1"工作表重命名为"员工信息表"。

(3)以 C3 单元格为冻结中心冻结窗格并查看数据,完成后保存并退出 Excel 2010。

3. 打开"往来客户一览表.xlsx"工作簿,按照下列要求进行操作。

(1) 合并 A1:L1 单元格区域,然后选择 A~L 列,自动调整列宽。

(2) 选择 A3:A12 单元格区域,在【设置单元格格式】对话框的数字选项卡中自定义序号的格式"000"。

(3) 选择 I3:I12 单元格区域,在【设置单元格格式】对话框的【数字】选项卡中设置数字格式为"文本",完成后在相应的单元格中输入 11 位以上的数字。

(4) 剪切 A10:I10 单元格区域中的数据,将其插入到第 7 行下方。

(5) 将 B6 单元格的"明铭"修改为"德瑞",再查找"有限公司",并替换为"有限责任公司"。

(6) 选择 A1 单元格,设置字体格式为"方正粗黑宋简体、20、深蓝",选择 A2:L2 单元格区域,设置字体格式为"方正粗黑宋简体、12"。

(7) 选择 A2:L2 单元格区域,设置对齐方式为"居中",边框为"所有框线",完成后重新调整单元格行高与列宽。

(8) 选择 A2:L2 单元格区域,套用表格格式"表样式中等深浅 16",完成后保存工作簿。

项目十 计算和分析 Excel 2010 数据

Excel 2010 是一款出色的具有强大的数据处理功能的电子表格处理软件,主要体现在数据计算和数据分析上。本项目将通过 3 个典型任务,介绍在 Excel 2010 中计算和分析数据的方法,包括公式与函数的使用、排序数据、筛选数据、分类汇总数据、创建图表分析数据,以及数据透视图和数据透视表分析数据等。

学习目标

- 制作银行存款记录单
- 统计分析职工工资表
- 制作学生成绩分析图

任务一 制作银行存款记录单

任务要求

张彤是一名银行职员,部门主管交给张彤一份记录了存款日、期限、存款金额和利率等原始数据的银行存款记录单,如图 10.1 所示。部门主管要求张彤根据原始数据将表格中的序号、到期日、会员级别、存款排行榜、白金卡会员数、存款金额的总和、存款金额的最大值、存款金额的最小值和平均值等数据填充完整,张彤利用 Excel 2010 制作完成了银行存款记录单,其工作簿效果如图 10.2 所示,相关要求如下。

(1)使用填充序列功能自动填充序号。
(2)使用公式计算利息。
(3)使用求和函数 SUM 计算存款总金额。
(4)使用最大值函数 MAX 计算存款最大金额。
(5)使用最小值函数 MIN 计算存款最小金额。
(6)使用平均值函数 AVERAGE 计算存款金额的平均值。
(7)使用 IF 函数计算会员级别。
(8)使用 COUNTIF 函数计算白金卡会员数。
(9)使用 DATE 函数计算到期日。
(10)使用 RANK 函数计算存款排行榜。

	A	B	C	D	E	F	G	H	I	J	K
1						银行存款记录单					
2	序号	姓名	银行	存款日	期限	到期日	存款金额	利率	利息	会员级别	存款排行榜
3		李钰涵	农业银行	2017/2/5	2		¥50,000	4.80%	2400.00		
4		张开益	工商银行	2015/5/9	1		¥153,000	3.20%	4896.00		
5		邵玉琴	中国银行	2016/8/12	4		¥220,000	4.80%	10560.00		
6		王壮壮	工商银行	2017/2/11	2		¥5,000	4.80%	240.00		
7		孙思怡	农业银行	2016/10/10	3		¥61,000	4.20%	2562.00		
8		姚莉君	工商银行	2017/11/3	5		¥260,000	4.80%	12480.00		
9		王春明	农业银行	2015/8/2	4		¥550,000	4.80%	26400.00		
10		吴美霞	工商银行	2017/6/14	2		¥130,000	4.80%	6240.00		
11		李子鉴	农业银行	2018/1/3	3		¥30,000	4.20%	1260.00		
12		孙文豪	工商银行	2016/1/10	3		¥180,000	4.20%	7560.00		
13											
14						存款最大金额：					
15						存款最小金额：					
16						平均存款金额：					
17						总金额：					
18											
19						白金卡会员数：					

图 10.1 "银行存款记录单"原数据表

	A	B	C	D	E	F	G	H	I	J	K
1						银行存款记录单					
2	序号	姓名	银行	存款日	期限	到期日	存款金额	利率	利息	会员级别	存款排行榜
3	1	李钰涵	农业银行	2017/2/5	2	2019/2/5	¥50,000	4.80%	2400.00	银卡	8
4	2	张开益	工商银行	2015/5/9	1	2016/5/9	¥153,000	3.20%	4896.00	白金卡	5
5	3	邵玉琴	中国银行	2016/8/12	4	2020/8/12	¥220,000	4.80%	10560.00	金钻卡	3
6	4	王壮壮	工商银行	2017/2/11	2	2019/2/11	¥5,000	4.80%	240.00	普通卡	10
7	5	孙思怡	农业银行	2016/10/10	3	2019/10/10	¥61,000	4.20%	2562.00	银卡	7
8	6	姚莉君	工商银行	2017/11/3	5	2022/11/3	¥260,000	4.80%	12480.00	金钻卡	2
9	7	王春明	农业银行	2015/8/2	4	2019/8/2	¥550,000	4.80%	26400.00	金钻卡	1
10	8	吴美霞	工商银行	2017/6/14	2	2019/6/14	¥130,000	4.80%	6240.00	白金卡	6
11	9	李子鉴	农业银行	2018/1/3	3	2021/1/3	¥30,000	4.20%	1260.00	普通卡	9
12	10	孙文豪	工商银行	2016/1/10	3	2019/1/10	¥180,000	4.20%	7560.00	白金卡	4
13											
14						存款最大金额：	¥550,000				
15						存款最小金额：	¥5,000				
16						平均存款金额：	¥163,900				
17						总金额：	¥1,639,000				
18											
19						白金卡会员数：	3				

图 10.2 "银行存款记录单"工作簿效果

相关知识

(一) 单元格序列填充

Excel 中的自动填充功能是 Office 系列产品的一大特色。当表格中的行或列的部分数据形成一个序列时(所谓序列,是指行或者列的数据有一个相同的变化趋势,如数字 2、4、6、8…、时间 1 月 1 日、2 月 1 日……,就可以使用 Excel 提供的自动填充功能来快速填充数据。

1.使用填充柄填充数据

大多数序列都可以使用自动填充功能来进行操作,在 Excel 中便是使用"填充柄"来自动填充。填充柄是位于当前活动单元格右下方的黑色方块,可以用鼠标拖动它进行自动填充。

使用自动填充功能可以填充具有一定排列顺序的数值及日期等类型数据。如果在单元格 A2 中输入数字"1"并确认,选中 A2 单元格,将鼠标指针移至该单元格右下角的黑色小方块(即填充柄)上,待鼠标变成"+"形状时,按住鼠标左键同时拖动至单元格A8上释放,单击自动弹出的"自动填充选项",然后在弹出的下拉菜单中选择"填充序列"选项,即可将数字以序列方式填充在单元格区域中。

2. 使用对话框填充数据

遇到复杂的数据时,仅仅用鼠标拖动填充柄是不可能完成填充的,需要使用序列填充。例如,使用序列填充功能填充一个等比数列"2、6、18、54、162"。

首先在单元格A1中输入数字"2",然后在【开始】/【编辑】组中单击【填充】按钮,单击【系列】选项打开【序列】对话框,如图10.3所示。单击【确定】按钮,则可实现序列的填充。

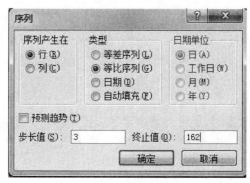

图10.3 【序列】对话框

(二)公式运算符和语法

公式是对工作表中的数据进行分析和计算的表达式,由运算符和参与运算的操作数组成。运算符可以是算术运算符、比较运算符、文本运算符和引用运算符;操作数可以是常量、单元格引用和函数等。在Excel中使用公式需要了解公式中的运算符和公式语法,下面分别对其简单介绍。

1. 运算符

运算符即公式中的运算符号,用于对公式中的元素进行特定计算。运算符主要用于连接数字并产生相应的计算结果。公式中常用的运算符见表10.1。

表10.1 公式中常用的运算符

运算符类型	运算符	说明
引用运算符	冒号(:)、单个空格、逗号(,)	引用公式范围、分隔等作用
负号	-	负号(例如-1)
数学运算符	+、-、*、/、^、%	加、减、乘、除、乘幂、百分比
文本运算符	&	连接两个文本字符串(连接)
比较运算符	=、<>、<、<=、>、>=	等于、不等于、小于、小于等于、大于、大于等于

2. 语法

Excel 中的公式是按照特定的顺序进行数值运算的,这一特定顺序即为语法。Excel 中的公式遵循一个特定的语法,最前面的是等号,后面是参与计算的元素和运算符。如果公式中同时用到了多个运算符,则需要按照运算符的优先级别进行运算,如果公式中包含了相同优先级别的运算符,则先进行括号里面的运算,然后从左到右依次计算。

(三)单元格引用和单元格引用分类

在使用公式计算数据前要了解单元格引用和单元格引用分类的基础知识。

1. 单元格引用

在 Excel 中是通过单元格的地址来引用单元格的,单元格地址是指单元格的行号与列标的组合。如"=193800+123140+14520+152300",数据"193800"位于 B3 单元格,其他数据依次位于 C3、D3 和 E3 单元格中,通过单元格引用,可以将公式输入为"=B3+C3+D3+E3",同样可以获得相同的计算结果。

2. 单元格引用分类

在计算数据表中的数据时,通常会通过复制或移动公式来实现快速计算,因此会涉及不同的单元格引用方式。Excel 中包括相对引用、绝对引用和混合引用 3 种引用方法,对于不同的引用方式,得到的计算结果也不相同。

(1)相对引用。相对引用是指输入公式时直接通过单元格地址来引用单元格。相对引用单元格后,如果复制或剪切公式到其他单元格,那么公式中引用的单元格地址会根据复制或剪切的位置而发生相应改变。

(2)绝对引用。绝对引用是指无论引用单元格的公式位置如何改变,所引用的单元格均不会发生变化。绝对引用的形式是在单元格的行列号前加上符号"MYM"。

(3)混合引用。混合引用包含了相对引用和绝对引用。混合引用有两种形式,一种是行绝对、列相对,如"BMYM2"表示行不发生变化,但是列会随着新的位置发生变化;另一种是行相对、列绝对,如"MYMB2"表示列保持不变,但是行会随着新的位置而发生变化。

(四)使用公式计算数据

Excel 中的公式是对工作表中的数据进行计算的等式,它以"=(等号)"开始,其后是公式的表达式。公式的表达式可包含运算符、常量数值、单元格引用和单元格区域引用。

1. 输入公式

在 Excel 中输入公式的方法与输入数据的方法类似,只需将公式输入到相应的单元格中,即可计算出结果。输入公式的方法为选择要输入公式的单元格,在单元格或编辑栏中输入"=",接着输入公式内容,完成后按【Enter】键或单击编辑栏上的【输入】按钮即可。

在单元格中输入公式后,按【Enter】键可在计算出公式结果的同时选择同列的下一个单元格;按【Tab】键可在计算出公式结果的同时选择同行的下一个单元格;按【Ctrl+Enter】组合键则在计算出公式结果后,仍保持当前单元格的选择状态。

2. 编辑公式

编辑公式与编辑数据的方法相同。选择含有公式的单元格,将插入点定位在编辑栏或单元格中需要修改的位置,按【Backspace】键删除多余或错误的内容,再输入正确的内容。完成后按【Enter】键即可完成公式的编辑，Excel 自动对新公式进行计算。

3. 复制公式

在 Excel 中复制公式是快速计算数据的最佳方法，因为在复制公式的过程中，Excel 会自动改变引用单元格的地址，可避免手动输入公式的麻烦，提高工作效率。通常使用"常用"工具栏或菜单进行复制粘贴；也可通过拖动控制柄进行复制；还可选择添加了公式的单元格，按【Ctrl + C】组合键进行复制，然后再将插入点定位到要复制的单元格，按【Ctrl + V】组合键进行粘贴就可完成公式的复制。

（五）Excel 2010 中的常用函数

函数是预先定义好的公式。公式和函数既可以引用同一工作表中的单元格，也可以引用不同工作表中的单元格，甚至可以引用不同工作簿的工作表中的单元格。因此，公式是 Excel 的重要组成部分。Excel 提供了财务、逻辑、文本、日期和时间、查找与引用、数学和三角、统计等 11 类共 300 多种函数，支持对工作表中的数据进行求和、求平均值、汇总及其他复杂运算。部分常用的函数及其功能见表 10.2。

表 10.2 部分常用的函数及其功能

序号	函数类型	函数	功能
1	数学统计函数	Int(Number)	返回不大于该数的最大函数
2		ROUND(Number, Num_digits)	返回指定小数位数的四舍五入数值
3		SUM(Number 1, Number 2,⋯)	计算一组数值的总和
4		AVERAGE(Number 1, Number 2,⋯)	计算一组数值的平均值
5		MAX/MIN(Number 1, Number 2,⋯)	计算一组数值的最大值或最小值
6		COUNT(Value 1, Value 2,⋯)	计算出某区域内数值的个数
7		COUNTIF(Value 1, Value 2,⋯)	计算某区域内满足条件的数值个数
8		SUMIF(Range, Criteria, Sum_range)	计算满足指定条件的单元格求和，Range 为需要计算数目的单元格区域 Criteria 为确定条件
9		RANK(Number, Ref, Order)	在指定区域中针对某一个数的最佳排名，Number 为需要排名的数字，Ref 为包含一组数字的数组或引用，Order 为排名的方式（升序 1，降序 0）
10	日期函数	TODAY( ) NOW( )	返回系统当前日期或时间
11		DATE(Year, Month, Day)	返回由给定的年、月、日数值组成的日期

续表 10.2

序号	函数类型	函数	功能
12	日期函数	YEAR(Serial_number) MONTH(Serial_number) DAY(Serial_number)	返回对应日期的年、月和日
13		Weekday(Serial_number,Return_type)	返回给定日期的星期几
14	逻辑函数	IF(Logical_test,Value 1,Value 2)	若逻辑表达式为真,返回 Value 1 的值,否则返回 Value 2 的值
15		And(Logical 1,Logical 2,…)	若参数全部为真值,则返回 True,否则返回 False
16		OR(Logical 1,Logical 2,…)	返回各参数逻辑或运算结果
17	文本函数	RIGHT(Text,Num_chars) LEFT(Text,Num_chars)	从右边/左边截取指定长度的文本子串
18		MID(Text,Start_num,Num_chars)	从指定位置截取指定长度的文本子串
19		LEN(Text)	返回指定文本包含字符的个数
20		Trim(Text)	去掉文本 Text 左边和右边的空格字符
21		Concatenate(Text 1,Text 2,…)	连接 Text 1,Text 2 等,将其合并为一个大的字符串

任务实现

(一)序列的自动填充

序列填充主要用于输入一系列有规律的或具有相同特征的数据,如周一到周日、一组按一定顺序编号的产品名称等,可以通过自动填充的方式填充数据,避免手动一次输入的费时费力。

(1)启动 Excel 2010 程序,选择【文件】/【打开】命令,打开"银行存款记录单.xlsx"工作簿,选择 A3 单元格,在其中输入数字 1,如图 10.4(a)所示。

(2)选定 A3 单元格,将鼠标移动到单元格区域的右下角,会有一个称为填充柄的黑色小方块。当鼠标指针移动至填充柄时,鼠标指针会变为"+"形状,此时拖动鼠标可以填充相同数据或序列数据,拖动鼠标到最后一个单元格时,会出现一个 图标,如图 10.4(b)所示。

(3)单击该图标 ,在弹出的下拉列表中选择"填充序列",如图 10.4(c)所示。

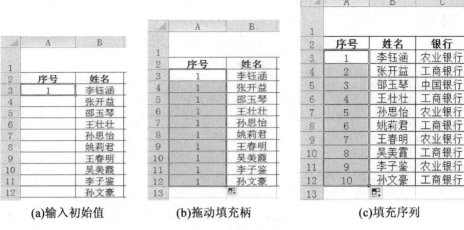

图 10.4　自动填充序列

（二）使用公式

Excel 中的公式是能够根据需要对表格中的数据进行计算的等式，它以"=（等号）"开始，其后是公式的表达式。下面在"银行存款记录单.xlsx"工作簿中利用公式计算利息，已知利息的计算公式为：利息＝存款金额×年利率，具体操作如下。

（1）输入公式。如图 10.5 所示，在单元格 I3 中输入公式"＝G3＊H3"，表示要计算 G3 和 H3 单元格的乘积，即计算 50000 元在银行存款一年所得的利息，得到的结果如图 10.6 所示。

图 10.5　输入公式　　　　　　　　图 10.6　利息计算结果

（2）复制公式。选中输入公式的单元格 I3，拖动单元格右下角的填充柄，向下复制公式即可得到其他单元格数据的计算结果，如图 10.7 所示。

（三）使用常用函数

SUM 函数、MAX 函数、MIN 函数和 AVERAGE 函数是 Microsoft Excel 中的常用函数，主要用于计算某一个单元格区域中所有数值的总和、最大值、最小值和平均值，下面在"银行存款记录单.xlsx"工作簿中利用求和函数计算存款金额的总和、最大值、最小值和平均值，具体操作如下。

（1）打开"银行存款记录单.xlsx"工作簿，选择 G17 单元格，点击编辑栏的【插入函数】按钮,在打开的【插入函数】对话框中选择 SUM 函数,如图 10.8 所示,单击【确定】按钮,打开【函数参数】对话框。

图 10.7 复制公式

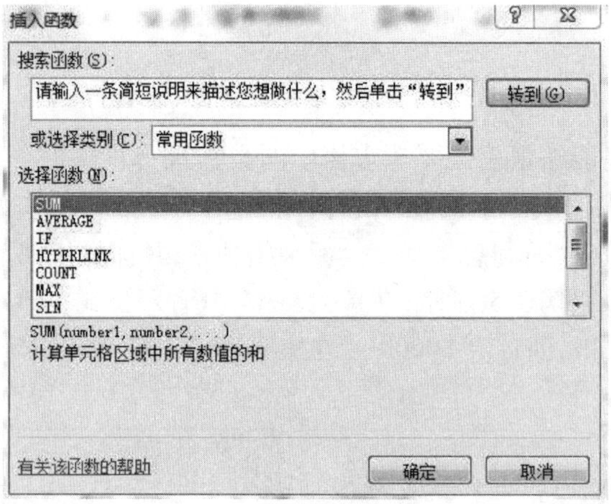

图 10.8 【插入函数】对话框

(2)在【函数参数】对话框(图 10.9)中,选择参数 G3:G12,系统会自动在 Number1 文本框的右侧显示该区域中的部分数值{50000;153000;220000;5000;61000;…},共 10 个参数,该参数是银行存款的所有记录,然后单击【确定】按钮,即可计算出存款总金额的值。

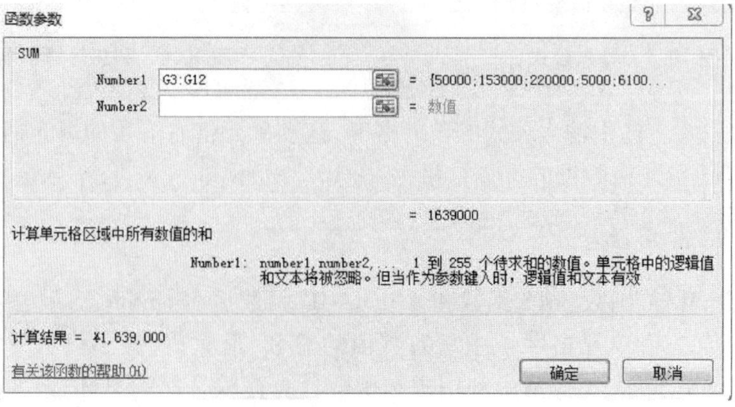

图 10.9 【函数参数】对话框

(3) 按照 SUM 函数的使用方法，利用 MAX、MIN 和 AVERAGE 函数依次计算出存款金额的最大值、最小值和平均值，计算结果如图 10.10 所示。

	A	B	C	D	E	F	G	H	I	J	K
1						银行存款记录单					
2	序号	姓名	银行	存款日	期限	到期日	存款金额	利率	利息	会员级别	存款排行榜
3	1	李钰涵	农业银行	2017/2/5	2		¥50,000	4.80%	2400.00		
4	2	张开益	工商银行	2015/5/9	1		¥153,000	3.20%	4896.00		
5	3	邵玉琴	中国银行	2016/8/12	4		¥220,000	4.80%	10560.00		
6	4	王壮怡	工商银行	2017/2/11	2		¥5,000	4.80%	240.00		
7	5	孙思怡	农业银行	2016/10/10	3		¥61,000	4.20%	2562.00		
8	6	姚莉君	工商银行	2017/11/3	5		¥260,000	4.80%	12480.00		
9	7	王春明	农业银行	2015/8/2	4		¥550,000	4.80%	26400.00		
10	8	吴美霞	工商银行	2017/6/14	2		¥130,000	4.80%	6240.00		
11	9	李子鉴	农业银行	2018/1/3	3		¥30,000	4.20%	1260.00		
12	10	孙文豪	工商银行	2016/1/10	3		¥180,000	4.20%	7560.00		
13											
14						存款最大金额；	¥550,000				
15						存款最小金额；	¥5,000				
16						平均存款金额；	¥163,900				
17						总金额：	¥1,639,000				

图 10.10　常用函数计算结果

（四）使用 IF 函数

嵌套函数 IF 用于判断数据表中的某个数据是否满足指定条件，如果满足则返回特定值，不满足则返回其他值。

1. 计算用户的会员级别（两类会员级别）

根据"银行存款记录单.xlsx"工作簿中的"存款金额"列数据，利用嵌套 IF 函数计算用户的会员级别。

假设只有两类会员，存款金额在 200000 元以上（包含 200000 元）的用户为金钻卡，否则为普通卡。其具体操作如下。

(1) 选择 J3 单元格，按【Shift + F3】组合键或单击编辑栏中的【插入函数】按钮，打开【插入函数】对话框。

(2) 在【或选择类别】下拉列表框中选择【逻辑】选项，在【选择函数】列表框中选择"IF"选项，如图 10.11 所示，然后单击【确定】按钮，打开【函数参数】对话框。

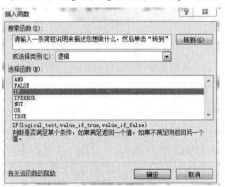

图 10.11　【插入函数】对话框

(3) 在打开的【函数参数】对话框中，分别在 3 个文本框中输入 IF 函数的参数，即判断条件和返回逻辑值，单击【确定】按钮，参数设置如图 10.12 所示。

图 10.12　IF 函数的参数设置

(4)返回到操作界面,由于 G5 单元格中的值大于"200000",因此 J5 单元格显示为"金钻卡",将鼠标指针移动到 J3 单元格右下角,当鼠标指针变为"十"形状时,按住鼠标左键不放向下拖拽至 J12 单元格处鼠标释放,自动生成其他客户会员级别,如图 10.13 所示。

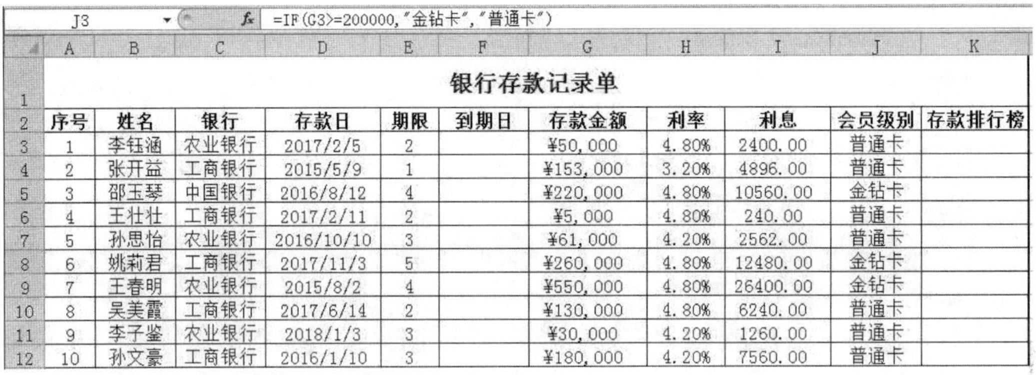

图 10.13　IF 函数计算结果

2. 计算用户的会员级别(4 类会员级别)

根据"银行存款记录单.xlsx"工作簿中的"存款金额"列数据,利用嵌套 IF 函数计算用户的会员级别。

假设会员级别分为 4 类,分别为"金钻卡""白金卡""银卡"和"普通卡",与存款金额的对应关系为:存款金额在 200000 元以上(包含 200000 元)的用户为金钻卡,存款金额在 100000 元以上(包含 100000)的用户为白金卡,存款金额在 50000 元以上(包含 50000 元)的用户为银卡,其他用户为普通卡。那么会员级别的填充需要在 IF 函数中嵌套使用 if 函数才能完成计算。IF 函数嵌套应用可以通过在编辑栏手动输入的方式实现,计算结果如图 10.14 所示。

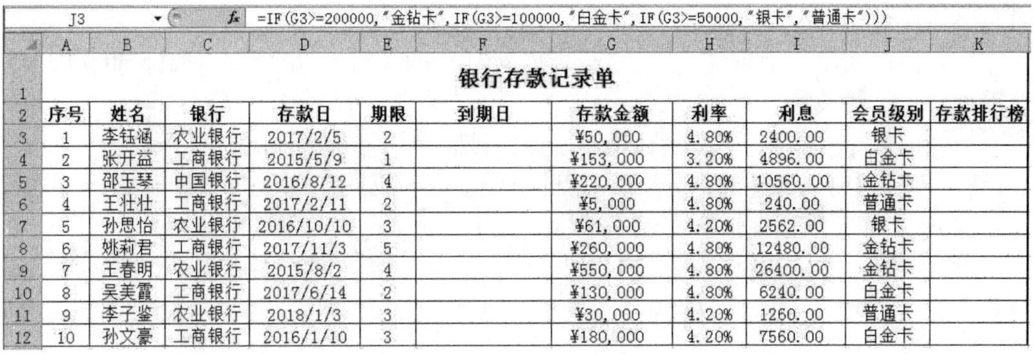

图 10.14 嵌套 IF 函数计算结果

（五）使用 COUNTIF 函数

COUNTIF 函数用来计算给定区域中满足指定条件的单元格的个数。其格式为 COUNTIF(Range,Criteria)，其中 Range 是需要计算的单元格区域；Criteria 是单元格必须满足的条件，其形式可以是数字、表达式或文本。例如，条件可以表示为"60""＞60°""教授"等。具体操作如下。

（1）选择 G19 单元格，在【公式】/【函数库】组中单击【插入函数】按钮或【Shift + F3】组合键盘，打开【插入函数】对话框。

（2）在【或选择类别】下拉列表框中选择【统计】选项，在【选择函数】列表框中选择 "COUNTIF"选项，单击【确定】按钮，打开【函数参数】对话框。

（3）在"Range"文本框中输入"J3:J12"，在"Criteria"文本框中输入"白金卡"，参数设置如图 10.15 所示，单击【确定】按钮，即可看到计算结果。

图 10.15 COUNTIF 函数的参数设置

（六）使用 DATE 函数

DATE 函数用于返回在 Microsoft Excel 日期时间代码中代表日期的数字，下面在"银行存款记录单.xlsx"工作簿中根据"存款日"和存款"期限"，利用 DATE 函数计算"到期日”，具体操作如下。

(1)选择 F3 单元格，在【公式】/【函数库】组中单击【插入函数】按钮或【Shift + F3】组合键盘，打开【插入函数】对话框。

(2)在【或选择类别】下拉列表框中选择【日期与时间】选项，在【选择函数】列表框中选择【DATE】选项，单击【确定】按钮，打开【函数参数】对话框。

(3)在 DATE 函数编辑器中对 Year、Month、Day 3 个参数分别进行计算。

①“到期日”中的年是“存款日”(2017 - 2 - 5)中的年与期限的和，因此“到期日”的计算方法是：通过年截取函数 Year( )，截取“存款日”的年“2017”，然后再加上“期限”，即 Year(D3) + E3。

②“到期日”中的“月”就是“存款日”的“月”即 Month(D3)。

③“到期日”中的“日”就是“存款日”的“日”即 Day(D3)。

DATE 函数的参数设置如图 10.16 所示，单击【确定】按钮，即可得到到期日“2019 - 2 - 5”。

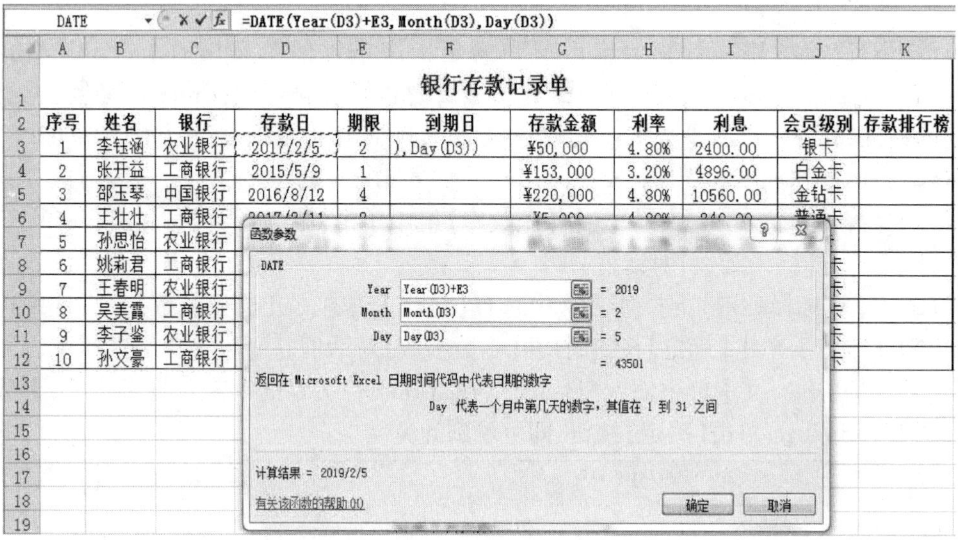

图 10.16 DATE 函数的参数设置

(4)返回到操作界面，再次选择输入函数的单元格 F3，将鼠标指针移动到 F3 单元格右下角，当鼠标指针变为“+”形状时，按住鼠标左键不放向下拖拽至 F12 单元格处鼠标释放，即可自动填充其他客户的到期日，如图 10.17 所示。

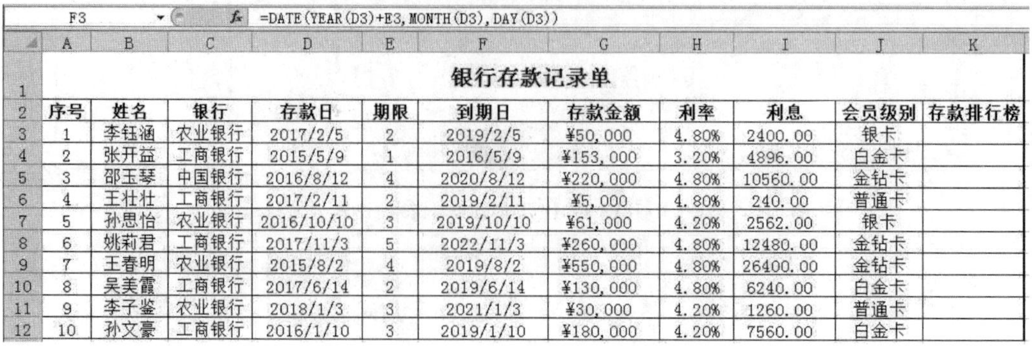

F3 =DATE(YEAR(D3)+E3,MONTH(D3),DAY(D3))

银行存款记录单

序号	姓名	银行	存款日	期限	到期日	存款金额	利率	利息	会员级别	存款排行榜
1	李钰涵	农业银行	2017/2/5	2	2019/2/5	¥50,000	4.80%	2400.00	银卡	
2	张开益	工商银行	2015/5/9	1	2016/5/9	¥153,000	3.20%	4896.00	白金卡	
3	邵玉琴	中国银行	2016/8/12	4	2020/8/12	¥220,000	4.80%	10560.00	金钻卡	
4	王壮壮	工商银行	2017/2/11	2	2019/2/11	¥5,000	4.80%	240.00	普通卡	
5	孙思怡	农业银行	2016/10/10	3	2019/10/10	¥61,000	4.20%	2562.00	银卡	
6	姚莉君	工商银行	2017/11/3	5	2022/11/3	¥260,000	4.80%	12480.00	金钻卡	
7	王春明	农业银行	2015/8/2	4	2019/8/2	¥550,000	4.80%	26400.00	金钻卡	
8	吴美霞	工商银行	2017/6/14	2	2019/6/14	¥130,000	4.80%	6240.00	白金卡	
9	李子鉴	农业银行	2018/1/3	3	2021/1/3	¥30,000	4.20%	1260.00	普通卡	
10	孙文豪	工商银行	2016/1/10	3	2019/1/10	¥180,000	4.20%	7560.00	白金卡	

图 10.17 DATE 函数的计算结果

（七）使用 RANK 函数

RANK 函数用来返回某个数字在数字列表中的排位，下面在"银行存款记录单.xlsx"工作簿中利用公式计算"存款排行榜"列数据，即对"存款金额"进行排名，要求存款金额最高的为第 1 名。其具体操作如下。

（1）选择 K3 单元格，在【公式】/【函数库】组中单击【插入函数】按钮或【Shift + F3】组合键盘，打开【插入函数】对话框。

（2）在【插入函数】对话框中【搜索函数】列表框中输入"RANK"，然后单击【转到】按钮，通过搜索函数的方式找到 RANK 函数，如图 10.18 所示。

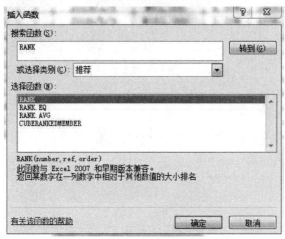

图 10.18　搜索 RANK 函数

（3）在【选择函数】列表框中选择"RANK"选项，单击【确定】按钮，在打开【函数参数】对话框中将 Number 设置为 G3，将 Ref 设置为 $G$3:$G$12，然后单击【确定】按钮得到第一行数据的排名情况为 8，对 RANK 函数的参数设置如图 10.19 所示。

图 10.19　RANK 函数的参数设置

(4)返回到操作界面,再次选择输入函数的单元格 K3,将鼠标指针移动到 K3 单元格右下角,当鼠标指针变为"十"形状时,按住鼠标左键不放向下拖拽至 K12 单元格处鼠标释放,即可自动填充其他客户的存款排名情况,如图 10.20 所示。

序号	姓名	银行	存款日	期限	到期日	存款金额	利率	利息	会员级别	存款排行榜
1	李钰涵	农业银行	2017/2/5	2	2019/2/5	¥50,000	4.80%	2400.00	银卡	8
2	张开益	工商银行	2015/5/9	1	2016/5/9	¥153,000	3.20%	4896.00	白金卡	5
3	邵玉琴	中国银行	2016/8/12	4	2020/8/12	¥220,000	4.80%	10560.00	金钻卡	3
4	王壮壮	工商银行	2017/2/11	2	2019/2/11	¥5,000	4.80%	240.00	普通卡	10
5	孙思怡	农业银行	2016/10/10	3	2019/10/10	¥61,000	4.20%	2562.00	银卡	7
6	姚莉君	工商银行	2017/11/3	5	2022/11/3	¥260,000	4.80%	12480.00	金钻卡	2
7	王春明	农业银行	2015/8/2	4	2019/8/2	¥550,000	4.80%	26400.00	金钻卡	1
8	吴美霞	工商银行	2017/6/14	2	2019/6/14	¥130,000	4.80%	6240.00	白金卡	6
9	李子鉴	农业银行	2018/1/3	3	2021/1/3	¥30,000	4.20%	1260.00	普通卡	9
10	孙文豪	工商银行	2016/1/10	3	2019/1/10	¥180,000	4.20%	7560.00	白金卡	4

图 10.20 RANK 函数的计算结果

任务二 统计分析职工工资表

任务要求

李毅是某企业人事部职工,依惯例对企业职工工资表进行统计分析,"职工工资表"源数据如图 10.21 所示,相关要求如下。

工号	姓名	性别	部门	职位	参加工作时间	基本工资	工龄工资	实际收入
002	刘安吉	男	企划部	员工	2000/9/6	2500	165	2665
005	彭友	男	企划部	经理	2009/5/1	3500	79	3579
009	王东旭	男	企划部	实习生	2017/1/1	2000	1	2001
011	王宇龙	男	企划部	员工	2010/3/18	2500	70	2570
014	闫翼	女	企划部	员工	2013/12/1	2500	33	2533
015	杨晨辰	女	企划部	实习生	2017/1/21	2000	1	2001
018	詹琳琳	女	企划部	员工	2012/2/20	2500	50	2550
020	张飞龙	男	企划部	员工	2016/6/17	2500	7	2507
001	林禹岐	男	人事部	员工	2015/10/2	2500	14	2514
006	齐珍	女	人事部	员工	2015/12/12	2500	12	2512
007	石雨晴	女	人事部	经理	2011/10/6	3500	54	3554
012	王泽超	男	人事部	实习生	2017/1/11	2000	1	2001
019	张辰宇	男	人事部	员工	2015/8/9	2500	16	2516
003	刘踏	女	销售部	经理	2010/11/12	3500	63	3563
004	刘长丰	男	销售部	副经理	2012/6/15	3000	47	3047
008	孙恺	男	销售部	员工	2016/3/15	2500	10	2510
010	王鹤溆	女	销售部	员工	2016/6/16	2500	7	2507
013	席懿璇	女	销售部	员工	2012/5/17	2500	48	2548
016	杨佳鑫	女	销售部	实习生	2017/1/15	2000	1	2001
017	杨勤姣	女	销售部	实习生	2017/2/11	2000	1	2001

图 10.21 "职工工资表"源数据

(1)使用排序,按"基本工资"由高到低重新排列顺序。

(2)使用自动筛选和自定义筛选,筛选出"参加工作时间"在"2015 年 1 月 1 日"之后"销售部"部门的职工信息。

(3)使用高级筛选,筛选出人事部的员工和企划部的实习生。

(4)使用条件格式,将工龄工资大于"50"的数据以"浅红色填充深红色文本"显示出来。

(5)分类汇总各部门所有职工的工龄工资及实际收入的和。

(6)创建数据透视表,要求汇总各部门、各职位男、女职工的工龄工资和实际收入的和,同时还要汇总各部门男、女职工的人数。

(7)创建数据透视图,要求用柱形图表示汇总信息。汇总各部门及各职位男、女职工的工龄工资和实际收入的和。

相关知识

(一)数据清单

数据清单是指在 Excel 中按记录和字段的结构特点组成的数据区域。Excel 可以对数据清单执行各种数据管理和分析功能,包括查询、排序、筛选及分类汇总等数据库基本操作。数据清单是一种包含行列标题和多行数据且每行同列数据的类型和格式完全相同的 Excel 工作表。创建数据清单时需要注意以下事项。

(1)每张工作表只能使用一个数据清单。在一张工作表上只能建立一个数据清单。某些清单管理功能(如筛选)一次只能在一个数据清单中使用。

(2)将相似项置于同一列。在设计数据清单时,应使同一列中的各行具有相同含义的数据项。

(3)清单独立。在工作表的数据清单与其他数据间至少留出一个空列和一个空行。在执行排序、筛选或插入自动汇总等操作时,这将有利于 Excel 检测和选定数据清单的范围。

(二)数据排序

数据排序是统计工作中的一项重要内容,Excel 中可将数据按照指定的顺序规律进行排序,一般情况下数据排序分为以下 3 种情况。

(1)单列数据排序。单列数据排序是指在工作表中以一列单元格中的数据为依据,对工作表中的所有数据进行排序。

(2)多列数据排序。在对多列数据进行排序时,需要按某个数据进行排列,该数据则称为"关键字"。以关键字进行排序,其他列中的单元格数据将随之发生变化。对多列数据进行排序时,首先需要选择多列数据对应的单元格区域,然后选择关键字,排序时就会自动以该关键字进行排序,未选择的单元格区域将不参与排序。

(3)自定义排序。使用自定义排序可以通过设置多个关键字对数据进行排序,并可以通过其他关键字对相同的数据进行排序。

(三)数据筛选

数据筛选是对数据进行分析时常用的操作之一。数据筛选分为以下 3 种情况。

(1)自动筛选。自动筛选数据即根据用户设定的筛选条件,自动将表格中符合条件的数据显示出来,而表格中的其他数据将隐藏。

(2)自定义筛选。自定义筛选是在自动筛选的基础上进行操作的,即单击自动筛选后的需自定义的字段名称右侧的下拉按钮 ▼,在打开的下拉列表中选择相应的选项确定筛选条件,然后在打开的【自定义筛选方式】对话框中进行相应的设置。

(3)高级筛选。若需要根据自己设置的筛选条件对数据进行筛选,则需要使用高级筛选功能。高级筛选功能可以筛选出同时满足两个或两个以上约束条件的记录。

(四)分类汇总

分类汇总是指对所有资料分类进行汇总。在日常工作中我们经常接触到 Excel 二维数据表格,经常需要根据表中某列数据字段对数据进行分类汇总。

(1)分类汇总功能可以对数据表进行分类求和、计数、求平均值等 11 种汇总,也可以很方便地移去分类汇总的结果,恢复数据表的原形。

(2)如果要按照多个分类字段进行汇总,则需多次使用"分类汇总"命令,每次在其中选择分类字段、汇总方式和汇总项,并取消勾选【替换当前分类汇总】复选框,就可将多次汇总结果同时显示出来。

(3)当使用分类汇总后,往往希望将汇总结果复制到一个新的数据表中,但直接复制后,复制的是所有数据,无法只复制汇总结果。此时就需要使用【Alt + :】组合键选取当前屏幕中显示的内容,然后再进行复制粘贴。

任务实现

(一)排序职工工资表数据

使用 Excel 中的数据排序功能对数据进行排序,有助于快速直观地显示并查找所需的数据,下面在"职工工资表.xlsx"工作簿中按"基本工资"由高到低将其重新排列顺序。其具体操作如下。

(1)打开"职工工资表.xlsx"工作簿,单击"数据排序"工作表,选中数据表区域内的任一单元格。

(2)单击【数据】选项卡【排序和筛选】功能组【排序】按钮,在弹出的【排序】对话框中,设置"主要关键字"为"基本工资",设置"排序依据"为"数值",设置次序为"降序",如图 10.22 所示。

图 10.22 【排序】对话框

(3) 单击【确定】按钮，即可完成对"职工工资表"数据按职工"基本工资"降序排列，如图 10.23 所示。

	A	B	C	D	E	F	G	H	I
1	职工工资表								
2	工号	姓名	性别	部门	职位	参加工作时间	基本工资	工龄工资	实际收入
3	005	彭友	男	企划部	经理	2009/5/1	3500	79	3579
4	007	石雨晴	女	人事部	经理	2011/10/6	3500	54	3554
5	003	刘路	女	销售部	经理	2010/11/12	3500	63	3563
6	004	刘长丰	男	销售部	副经理	2012/6/15	3000	47	3047
7	002	刘安吉	男	企划部	员工	2000/9/6	2500	165	2665
8	011	王宇龙	男	企划部	员工	2010/3/18	2500	70	2570
9	014	闫翼	女	企划部	员工	2013/12/1	2500	33	2533
10	018	詹琳琳	女	企划部	员工	2012/2/20	2500	50	2550
11	020	张飞龙	男	企划部	员工	2016/6/17	2500	7	2507
12	001	林禹岐	男	人事部	员工	2015/10/2	2500	14	2514
13	006	齐珍	女	人事部	员工	2015/12/12	2500	12	2512
14	019	张辰宇	男	人事部	员工	2015/8/9	2500	16	2516
15	008	孙恺	男	销售部	员工	2016/3/15	2500	10	2510
16	010	王鹤凝	女	销售部	员工	2016/6/16	2500	7	2507
17	013	席懿璇	女	销售部	员工	2012/5/17	2500	48	2548
18	009	王东旭	男	企划部	实习生	2017/1/11	2000	1	2001
19	015	杨晨辰	女	企划部	实习生	2017/1/21	2000	1	2001
20	012	王泽超	男	人事部	实习生	2017/1/11	2000	1	2001
21	016	杨佳鑫	女	销售部	实习生	2017/1/11	2000	1	2001
22	017	杨勤姣	女	销售部	实习生	2017/2/11	2000	1	2001

图 10.23　基本工资降序排列

【提示】

数据表中的数据较多，很可能出现数据相同的情况，此时可以单击【添加条件】按钮，添加更多排序条件，这样就能解决相同数据的排序问题。另外，在 Excel 2010 中，除了可以对数字进行排序外，还可以对字符或日期进行排序，对于字母而言，升序是从 A 到 Z 排列；对于日期来说，升序是日期按最早的日期到最晚的日期进行排序，降序则相反。

(二) 筛选职工工资表数据

Excel 筛选数据功能可根据需要显示满足某一个或某几个条件的数据，而隐藏其他的数据。

1. 普通筛选

自动筛选可以快速在数据表中显示指定字段的记录并隐藏其他记录。自定义筛选多用于筛选数值数据，通过设定筛选条件可以将满足指定条件的数据筛选出来，而将其他数据隐藏。下面在"职工工资表.xlsx"工作簿中筛选出"参加工作时间"在"2015 年 1 月 1 日"之后"销售部"部门的职工信息，具体操作如下。

(1) 打开文件"职工工资表.xlsx"工作簿，单击"普通筛选"工作表，选中数据表区域内的任一单元格。

(2) 单击【数据】选项卡【排序和筛选】功能组的【筛选】按钮。

(3) 单击"部门"列标题旁的箭头，在下拉列表中选中"销售部"，如图 10.24 所示。

(4) 单击【确定】按钮，然后单击"参加工作时间"列标题旁的箭头，选择"日期筛选"的"之后"选项，在弹出的【自定义自动筛选方式】对话框中设定筛选条件，如图 10.25 所示。

(5) 单击【确定】按钮，筛选结果如图 10.26 所示。

(6) 单击【数据】选项卡【排序和筛选】功能组【清除】按钮将取消筛选结果。

图 10.24　筛选部门

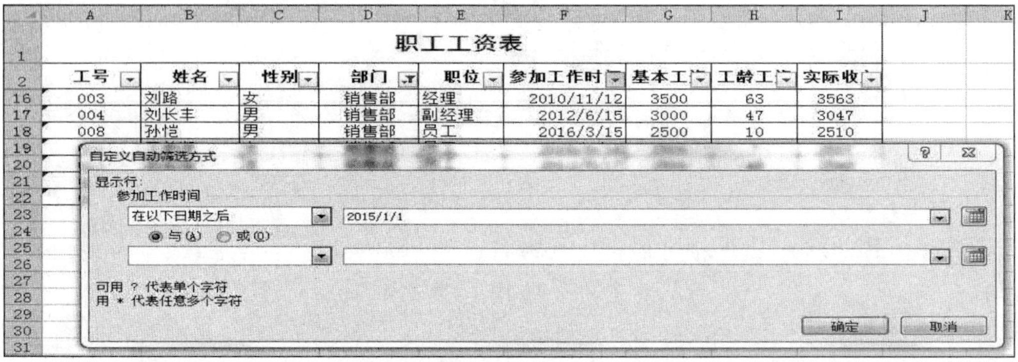

图 10.25　筛选条件设置

图 10.26　筛选结果

【提示】

通过选择字段可以同时筛选多个字段的数据。单击【筛选】按钮 后,将打开设置筛选条件的下拉列表框,只需在其中单击选中对应的复选框即可。在 Excel 2010 中还能通过颜色、数字和文本进行筛选,但是这类筛选方式需要提前对表格中的数据进行设置,筛选并查看数据后,在【排序和筛选】组中单击【清除】按钮,可清除筛选结果,但仍保持筛选状态;单击【筛选】按钮 ,可直接退出筛选状态,返回到筛选前的数据表。

2. 高级筛选

通过高级筛选功能,可以自定义筛选条件,在不影响当前数据表的情况下显示出筛选结果,而对于较复杂的筛选,可以使用高级筛选来进行。下面在"职工工资表.xlsx"工作簿中筛选出人事部的员工和企划部的实习生,具体操作如下。

(1)打开文件"职工工资表.xlsx"工作簿,单击"高级筛选"工作表。

(2)建立条件区域,在 D25:E27 区域输入图 10.27 所示的内容。

	A	B	C	D	E	F	G	H	I
1				职工工资表					
2	工号	姓名	性别	部门	职位	参加工作时间	基本工资	工龄工资	实际收入
3	002	刘安吉	男	企划部	员工	2000/9/6	2500	165	2665
4	005	彭友	男	企划部	经理	2009/5/1	3500	79	3579
5	009	王东旭	男	企划部	实习生	2017/1/11	2000	1	2001
6	011	王宇龙	男	企划部	员工	2010/3/18	2500	70	2570
7	014	闫翼	女	企划部	员工	2013/12/1	2500	33	2533
8	015	杨晨辰	女	企划部	实习生	2017/1/21	2000	1	2001
9	018	詹琳琳	女	企划部	员工	2012/2/20	2500	50	2550
10	020	张飞龙	男	企划部	员工	2016/6/17	2500	7	2507
11	001	林禹岐	男	人事部	员工	2015/10/2	2500	14	2514
12	006	齐珍	女	人事部	员工	2015/12/12	2500	12	2512
13	007	石雨晴	女	人事部	经理		3500	54	3554
14	012	王泽超	男	人事部	实习生	2017/1/11	2000	1	2001
15	019	张辰宇	男	人事部	员工	2015/8/9	2500	16	2516
16	003	刘路	女	销售部	经理	2010/11/12	3500	63	3563
17	004	刘长丰	男	销售部	副经理	2012/6/15	3000	47	3047
18	008	孙恺	男	销售部	员工	2016/3/15	2500	10	2510
19	010	王鹤翟	女	销售部	员工	2016/6/16	2500	7	2507
20	013	席懿璇	女	销售部	员工	2012/5/17	2500	48	2548
21	016	杨佳鑫	女	销售部	实习生	2017/1/15	2000	1	2001
22	017	杨勤旋	女	销售部	实习生	2017/2/11	2000	1	2001
23									
24									
25				部门	职位				
26				人事部	员工				
27				企划部	实习生				

图 10.27 高级筛选条件

(3)单击【数据】选项卡【排序和筛选】功能组【高级】按钮,弹出【高级筛选】对话框。

(4)在"列表区域"处设置要进行筛选的区域,即 A2:I22,在"条件区域"处设置条件所在的区域,即 D25:E27,如图 10.28 所示。

图 10.28 【高级筛选】对话框

(5)单击【确定】按钮,得到的结果如图 10.29 所示。

	A	B	C	D	E	F	G	H	I
1	职工工资表								
2	工号	姓名	性别	部门	职位	参加工作时间	基本工资	工龄工资	实际收入
5	009	王东旭	男	企划部	实习生	2017/1/11	2000	1	2001
8	015	杨晨辰	女	企划部	实习生	2017/1/21	2000	1	2001
11	001	林禹岐	男	人事部	员工	2015/10/2	2500	14	2514
12	006	齐珍	女	人事部	员工	2015/12/12	2500	12	2512
15	019	张辰宇	男	人事部	员工	2015/8/9	2500	16	2516

图 10.29　高级筛选结果

【提示】

条件区域的位置可任意,同一条件行不同单元格的条件为"与"关系,不同条件行不同单元格的条件为"或"关系。

(6)单击【数据】选项卡【排序和筛选】功能组【清除】按钮将取消筛选结果。

4. 使用条件格式

条件格式用于将数据表中满足指定条件的数据以特定的格式显示出来,从而便于直观查看与区分数据。下面在"职工工资表.xlsx"工作簿中将工龄工资大于"50"的数据以"浅红色填充深红色文本"显示,具体操作如下。

(1)选择 H2:H22 单元格区域,在【开始】/【样式】组中单击【条件格式】按钮,在打开的下拉列表中选择【突出显示单元格规则】/【大于】选项。

(2)打开【大于】对话框,在数值框中输入"50",在【设置为】下拉列表框中选择【浅红色填充深红色文本】选项,单击【确定】按钮,如图 10.30 所示。

图 10.30　【大于】对话框

(3)此时即可将 H2:H22 单元格区域中所有数据大于"50"的单元格以浅红色填充显示,如图 10.31 所示。

(三)对数据进行分类汇总

运用 Excel 的分类汇总功能可对表格中同一类数据进行统计运算,使工作表中的数据变得更加清晰直观。下面按部门汇总"职工工资表.xlsx"工作簿中各部门的工龄工资及实际收入的和,具体操作如下。

(1)打开文件"职工工资表.xlsx"工作簿,单击"分类汇总"工作表,单击排序区域 A2:I22。

	A	B	C	D	E	F	G	H	I
1	职工工资表								
2	工号	姓名	性别	部门	职位	参加工作时间	基本工资	工龄工资	实际收入
3	002	刘安吉	男	企划部	员工	2000/9/6	2500	165	2665
4	005	彭友	男	企划部	经理	2009/5/1	3500	79	3579
5	009	王东旭	男	企划部	实习生	2017/1/11	2000	1	2001
6	011	王宇龙	男	企划部	员工	2010/3/18	2500	70	2570
7	014	闫翼	女	企划部	员工	2013/12/1	2500	33	2533
8	015	杨晨辰	女	企划部	实习生	2017/1/21	2000	1	2001
9	018	詹琳琳	女	企划部	员工	2012/2/20	2500	50	2550
10	020	张飞龙	男	企划部	员工	2016/6/17	2500	7	2507
11	001	林禹岐	男	人事部	员工	2015/10/2	2500	14	2514
12	006	齐珍	女	人事部	员工	2015/12/12	2500	12	2512
13	007	石雨晴	女	人事部	经理	2011/10/6	3500	54	3554
14	012	王泽超	男	人事部	实习生	2017/1/11	2000	1	2001
15	019	张辰宇	男	人事部	员工	2015/8/9	2500	16	2516
16	003	刘路	女	销售部	经理	2010/11/12	3500	63	3563
17	004	刘长丰	男	销售部	副经理	2012/6/15	3000	47	3047
18	008	孙恺	男	销售部	员工	2016/3/15	2500	10	2510
19	010	王鹤凝	女	销售部	员工	2016/6/16	2500	7	2507
20	013	席懿璇	女	销售部	员工	2012/5/17	2500	48	2548
21	016	杨佳鑫	女	销售部	实习生	2017/1/15	2000	1	2001
22	017	杨勤姣	女	销售部	实习生	2017/2/11	2000	1	2001

图 10.31　应用条件格式显示效果

（2）按"部门"排序。

（3）单击【数据】选项卡【分级显示】功能组【分类汇总】按钮，弹出【分类汇总】对话框。

（4）在【分类字段】下拉列表框中单击"部门"，在【汇总方式】下拉列表框中单击"求和"，在【选定汇总项】列表框中单击"工龄工资"和"实际收入"，如图 10.32 所示。

图 10.32　【分类汇总】对话框

（5）单击【确定】按钮，分类汇总结果如图 10.33 所示。

（四）创建数据透视表

数据透视表是一种交互式的数据报表，可以快速汇总大量的数据，同时对汇总结果进行各种筛选以查看源数据的不同统计结果。

数据透视表可以进行求和、计数等计算，所进行的计算与数据及数据透视表中的排列有关。如可以水平或者垂直显示字段值，然后计算每一行或列的合计；也可以将字段值作为行号或列号，在每个行列交汇处计算出各自的数量，然后计算小计和总计。

图 10.33 分类汇总结果

下面为"职工工资表.xlsx"工作簿创建数据透视表,要求汇总各部门、各职位男、女职工的工龄工资和实际收入的和,同时还要汇总各部门男、女职工的人数,具体操作如下。

(1)打开"职工工资表.xlsx"工作簿,将数据先按"部门"排序,再按"职称"排序,单击"数据透视表"工作表,单击区域 A2:I22。

(2)单击【插入】选项卡【表格】功能组【数据透视表】按钮,在弹出的【创建数据透视表】对话框中设置列表区域和数据透视表的位置,如图 10.34 所示。透视表数据源选择"职工工资表"数据(标题除外),透视表位置选中【新工作表】单选按钮。

(3)单击【确定】按钮,进入"数据透视表视图"界面,如图 10.35 所示。此时的数据透视表是空表,若要生成数据透视表,还需要进行数据透视表字段的设置。

图 10.34 【创建数据透视表】对话框

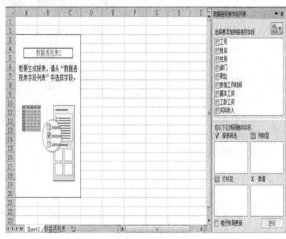

图 10.35 空的数据透视表

(4)在空的数据透视表中,在"选择要添加到报表的字段"列表中,分别将"部门"拖入"报表筛选"区域,"职位"拖入"行标签"区域,"性别"拖入"列标签"区域,"工龄工资"和"实际收入"拖入"数值"区域。在数据区中,系统自动将"工龄工资"和"实际收入"的汇总方式设置为"求和",如果设定不正确,可双击相应按钮进行修改,如图10.36所示。

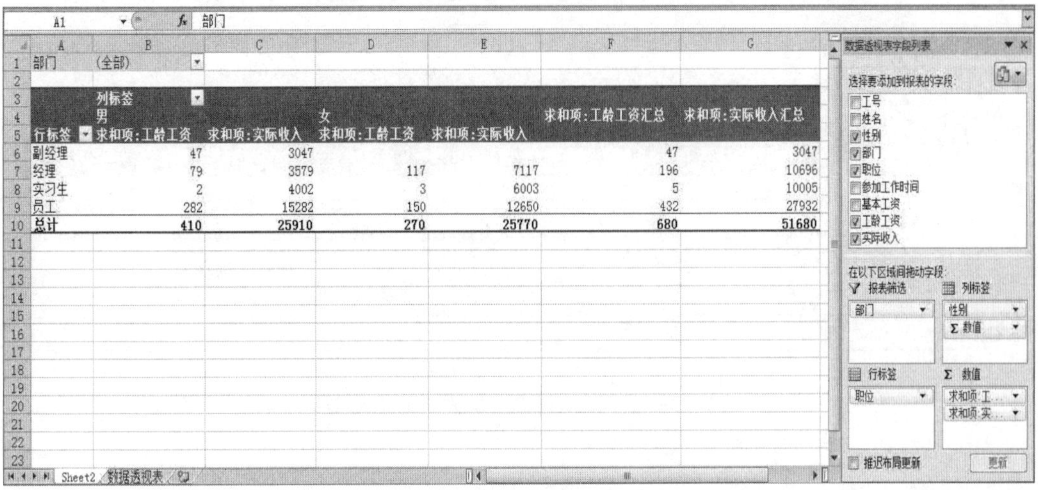

图10.36 数据透视表结果

(5)根据需要添加字段。将要添加的字段拖入相应的区域即可。例如,增加"基本工资"的总和,将"基本工资"字段拖入"数值"区域即可。

(6)根据需要删除字段。将要删除的字段的选中标志取消即可。例如,删除"工龄工资"的总和,即将"工龄工资"字段的选中标志取消。

(7)修改字段的汇总方式。例如,将"基本工资"字段的求和改为求平均值。在数值区域,选中"基本工资"字段后的下拉列表,选中【值字段设置】选项,如图10.37所示。

(8)在弹出的【值字段设置】对话框的【值汇总方式】的【计算类型】列表框中选择"平均值",如图10.38所示,单击【确定】按钮,"基本工资"汇总方式修改后效果如图10.39所示。

图10.37 "基本工资"字段后的下拉列表

图10.38 【值字段设置】对话框

(9)可根据需要修改筛选条件,如只看"人事部"的各个统计数据,则在部门的搜索中只勾选"人事部",如图10.40所示,单击【确定】按钮,效果如图10.41所示。

	A	B	C	D	E	F	G
1	部门	(全部)					
2							
3		列标签					
4		男		女		求和项:实际收入汇总	平均值项:基本工资汇总
5	行标签	求和项:实际收入	平均值项:基本工资	求和项:实际收入	平均值项:基本工资		
6	副经理	3047	3000			3047	3000
7	经理	3579	3500	7117	3500	10696	3500
8	实习生	4002	2000	6003	2000	10005	2000
9	员工	15282	2500	12650	2500	27932	2500
10	总计	25910	2550	25770	2550	51680	2550

图 10.39 "基本工资"汇总方式修改后效果

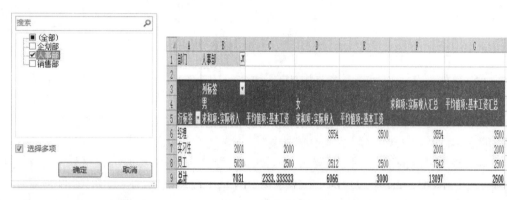

图 10.40 修改筛选条件　　　　图 10.41 筛选条件修改后效果

(五)创建数据透视图

通过数据透视表分析数据后,为了直观地查看数据情况,还可以根据数据透视表制作数据透视图。下面为"职工工资表.xlsx"工作簿创建数据透视图,要求用柱形图表示汇总信息。汇总各部门及各职位男、女职工的工龄工资和实际收入的和,具体操作如下。

(1)打开文件"职工工资表.xlsx"工作簿,单击"数据透视图"工作表,单击区域 A2:I22。

(2)单击【插入】选项卡【表格】功能组【数据透视表】下的三角按钮,单击【数据透视图】按钮。打开【创建数据透视表及数据透视图】对话框,在对话框中,单击 A2:I22 作为要分析的数据,单击"现有工作表",并设置放置数据透视表的位置 A27:I47,如图 10.42所示。

(3)单击【确定】按钮,效果如图 10.43 所示。此时的数据透视图是空的,若要生成数据透视图,还需要进行数据透视图字段的设置。

(4)在空的数据透视图中,分别将"部门"拖入"报表筛选"区域,"职位"和"性别"拖入"轴字段"区域,"工龄工资"和"实际收入"拖入"数值"区域。在数据区中,系统自动将"工龄工资"和"实际收入"的汇总方式设置为"求和",如果设定不正确,可双击相应按钮进行修改,汇总结果如图 10.44 所示。

图 10.42 【创建数据透视表及数据透视图】对话框

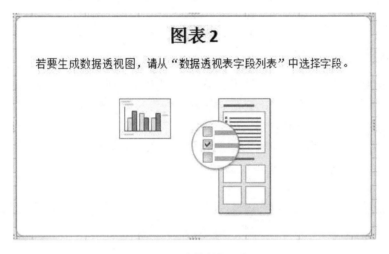

图 10.43 空的数据透视图

(5)根据需要添加字段,将要添加的字段拖入相应的区域即可。例如,增加"基本工资"的总和,将"基本工资"字段拖入"数值"区域即可,汇总结果如图 10.45 所示。

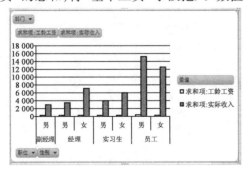

图 10.44 数据透视图汇总结果

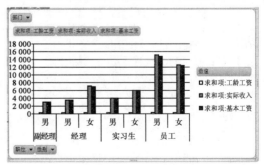

图 10.45 修改后的数据透视图汇总结果

(6)根据需要删除字段。将要删除字段的选中标志取消即可。例如,删除"职位"的分类,将"职位"字段的选中标志取消即可。

(7)数据透视图修改字段的汇总方式、修改筛选条件等的设置方式与数据透视表的设置方式相同。

【提示】

数据透视图和数据透视表是相互联系的,即改变数据透视表,则数据透视图将发生相应的变化;反之若改变数据透视图,则数据透视表也发生相应的变化。另外,数据透视表中的字段可拖动到4个区域,各区域的作用如下:①"报表筛选"区域,作用类似于自动筛选,是所在数据透视表的条件区域,在该区域的所有字段都将作为筛选数据区域内容的条件;②"行标签"和"列标签"两个区域用于将数据横向或纵向显示;③"数值"区域与分类汇总选项的分类字段作用相同,"数值"区域的内容主要是数据。

任务三　制作学生成绩分析图

任务要求

期末考试结束了,计算机专业学生成绩表如图10.46所示。为了能够形象地反映出数据的对比关系及趋势,张老师让李正同学制作一份成绩分析表,相关要求如下。

(1)创建类型为"三维簇状柱形图"的图表。
(2)编辑图表,修改图表类型、数据源和图表选项,为图表添加标签。
(3)为"英语"数据列创建趋势线。
(4)为各科目创建迷你图。

	A	B	C	D	E	F	G	H
1	学生成绩表							
2	学号	姓名	班级	计算机基础	英语	政治	高数	总成绩
3	20180340101	宋品吉	计算机1班	85	73	66	78	302
4	20180340102	宋宇	计算机1班	55	66	49	67	237
5	20180340103	谭世玉	计算机1班	66	78	89	79	312
6	20180340104	李晶晶	计算机1班	67	69	76	66	278
7	20180340105	袁镇日	计算机1班	95	88	97	87	367
8	20180340106	焦竹青	计算机2班	78	76	66	49	269
9	20180340107	李原	计算机2班	67	73	69	89	298
10	20180340108	刘思彤	计算机2班	79	49	67	76	271
11	20180340109	刘奕萱	计算机2班	66	89	79	97	331
12	20180340110	苏子轩	计算机2班	83	78	78	79	318
13	20180340111	贾龙昊	计算机3班	78	67	69	76	290
14	20180340112	周姝含	计算机3班	85	95	88	97	365
15	20180340113	曾小琴	计算机3班	79	78	76	66	299
16	20180340114	毛阿倩	计算机3班	66	67	73	69	275
17	20180340115	吴家辉	计算机3班	88	82	93	49	312
18	20180340116	邹定楸	计算机3班	82	85	71	89	327

图10.46　"学生成绩表"源数据

相关知识

(一)图表的类型

图表是 Excel 重要的数据分析工具,在 Excel 中提供了多种图表类型,如条形图、折线图和饼图等,用户可根据不同的情况选用不同类型的图像。下面介绍 5 个常用的类型及其适用情况。

(1)柱形图。柱形图常用于几个项目之间数据的对比。

(2)条形图。条形图与柱形图的用法相似,但 x 轴与 y 轴对应的数据与柱形图相反。

(3)折线图。折线图多用于显示相等时间间隔数据的变化趋势。折线图可以显示随时间(根据常用比例设置)而变化的连续数据,因此非常适用于显示在相等时间间隔下数据的趋势。

(4)饼图。饼图用于显示一个数据系列中各项的大小与各项总和的比例。

(5)面积图。面积图用于显示每个数值的变化量,强调数据随时间变化的幅度,还能直观地体现整体和部分的关系。

(二)使用图表的注意事项

制作的图表要具备必要的图表元素,还需让人一目了然,在制作图表前应该注意以下 6 点。

(1)在制作图表前如需先制作表格,应根据前期收集的数据制作出相应的电子表格,并对表格进行一定的美化。

(2)根据表格中某些数据项或所有数据项创建相应形式的图表。选择电子表格中的数据时,可根据图表的需要视情况而定。

(3)检查创建的图表中的数据有无遗漏,及时对数据进行添加或删除。然后对图表形状样式和布局等内容进行相应的设置,完成图表的创建与修改。

(4)不同的图表类型能够进行的操作可能不同,如二维图表和三维图表就具有不同的格式设置。

(5)图表中的数据较多时,应该尽量将所有数据都显示出来,所以一些非重点的部分,如图表标题、坐标轴标题和数据表格等都可以省略。

(6)办公文件讲究简单明了,对于图表的格式和布局等,最好使用 Excel 自带的格式,除非有特定的要求,否则没必要设置复杂的格式影响图表的阅读。

任务实现

(一)创建图表

Excel 可以使用图表将工作表中的数据以图形的形式表示,使得数据更加直观、易懂。创建图表时,首先需要创建或打开数据表,然后根据数据表创建图表。下面为"学生成绩表.xlsx"工作簿创建图表,要求图表类型为"三维簇状柱形图",具体操作如下。

(1)打开文件"学生成绩表.xlsx",单击"创建图表"工作表。

(2)单击【插入】选项卡【图表】下的三角按钮,弹出【插入图表】对话框,单击主类(柱形图)及其子类(三维簇状柱形图),如图 10.47 所示。

(3)单击【确定】按钮,出现的空图表如图 10.48 所示。

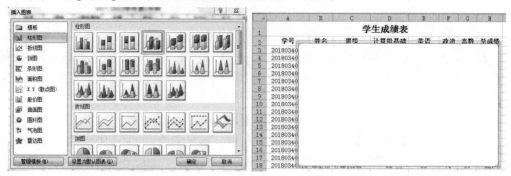

图 10.47　【插入图表】对话框　　　　图 10.48　空图表

(4)单击【设计】选项卡【数据】功能组【选择数据】按钮,弹出【选择数据源】对话框。单击"图表数据区域"文本框后面的【选择数据】按钮,选择图表数据区 A2:G18,如图 10.49 所示。

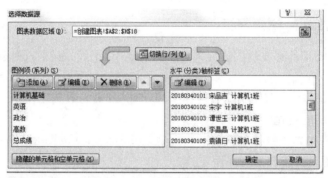

图 10.49　【选择数据源】对话框

(5)编辑"水平(分类)轴标签",选定 B3:B18。操作结果如图 10.50 所示。

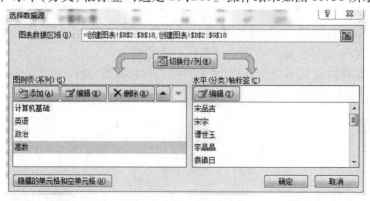

图 10.50　设置水平(分类)轴标签和图例项(系列)

(6)各项设置已经完成,单击【确定】按钮,结果如图 10.51 所示。

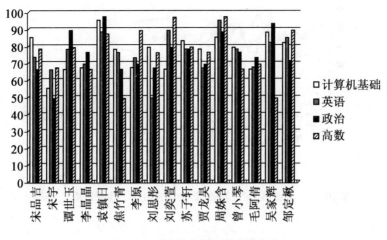

图 10.51 三维簇状柱形图成绩图表

【提示】

在 Excel 2010 中,在制作图表前,也可以先选择好数据源,再选择图表类型,这时可以选定数据源,然后再根据要求设置参数。

(二)编辑图表

编辑图表包括修改图表数据、修改图表类型、设置图表样式、调整图表布局、设置图表格式、调整图表对象的显示以及分布等操作,具体操作如下。

(1)在"编辑图表"工作表中选定制作图表的数据源,即"姓名""英语"和"高数"列。

(2)更改图表类型。单击【插入】选项卡【图表】下的三角按钮,弹出【插入图表】对话框,单击主类(折线图)及其子类(三维折线图),单击【确定】按钮,结果如图 10.52 所示。

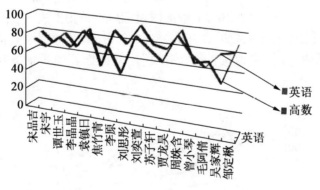

图 10.52 学生成绩三维折线图

(3)更改数据源和图表选项。选中图表区的图表,单击【设计】选项卡【数据】功能组【选择数据】按钮,弹出【选择数据源】对话框,可进行图表选项的修改。例如,添加"计算机基础"数据列。编辑"图例项",单击【添加】按钮,弹出如图 10.53 所示的【编辑数据系列】对话框,设置"系列名称"为"编辑图表!＄D＄2",设置"系列值"为"编辑图表!＄D＄3:＄D＄18",单击【确定】按钮,结果如图 10.53 所示。

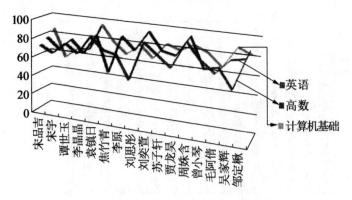

图 10.53 增加"计算机基础"后的学生成绩三维折线图

(4)删除数据行。若要删除图表中的"高数"列数据,在图表中单击选中"高数"数据线,按下【Delete】键,效果如图 10.54 所示。

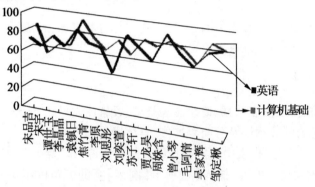

图 10.54 删除"高数"列数据

(5)添加标签。例如,为图 10.54 增加图表标题。单击图表区,单击【布局】选项卡【标签】功能组的【图表标题】按钮,在其下拉菜中单击放置位置为"图表上方",编辑数据标签,将文本"图表标题"更改为"成绩图表"。其他标签的添加方法类似,效果如图 10.55 所示。

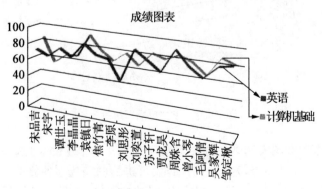

图 10.55 添加标签

【提示】

删除图表中的数据不会影响数据表中的数据,但在删除数据表中的数据时,图表中相对应的数据会随之被删除。

(三)使用趋势线

趋势线用于对图表数据的分布与规律进行标识,从而使用户能够直观地了解数据的变化趋势,或对数据进行预测分析。下面为"学生成绩表.xlsx"工作簿中的图表添加趋势线,具体操作如下。

(1)单击【设计】选项卡【类型】功能组【更改图表类型】按钮,打开【更改图表类型】对话框,单击主类(柱形图)及其子类(簇状柱形图),单击【确定】按钮。

(2)在图表中单击需要设置趋势线的数据系列"英语",单击【布局】选项卡【分析】功能组的【趋势线】按钮。在其下拉菜单中选择【指数趋势线】选项,此时即可为图表中的"英语"数据系列添加趋势线,右侧图例下方将显示出趋势线信息,效果如图 10.56 所示。

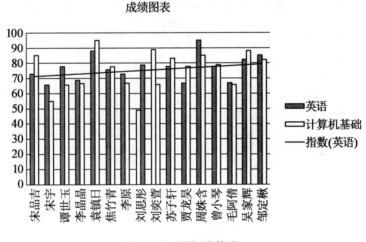

图 10.56　添加趋势线

【提示】

这里再次对图表类进行了更改,是因为更改前的图表类型不支持设置趋势线。要查看图表是否支持趋势线,只需单击图表,在【图表工具】/【分析】组中查看【趋势线】按钮是否可用。

(四)插入迷你图

迷你图不但简洁美观,而且可以清晰地展现数据的变化趋势,并且占用空间也很小,因此为数据分析工作提供了极大的便利,下面为"学生成绩表.xlsx"工作簿创建迷你图,要求迷你图类型为"折线图",具体操作如下。

(1)打开"学生成绩表.xlsx"工作簿,单击"创建迷你图"工作表。

(2)在"创建迷你图"工作表中选定 D19 单元格,单击【插入】选项卡【迷你图】功能组【折线图】按钮,打开【创建迷你图】对话框,如图 10.57 所示。

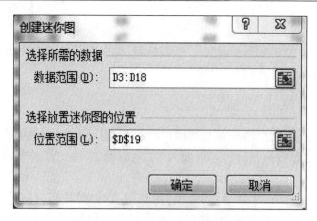

图 10.57 【创建迷你图】对话框

(3)设置"数据范围"为 D3:D18,设置"位置范围"为 D19,单击【确定】按钮。再利用填充柄创建其他各列的迷你图,结果如图 10.58 所示。

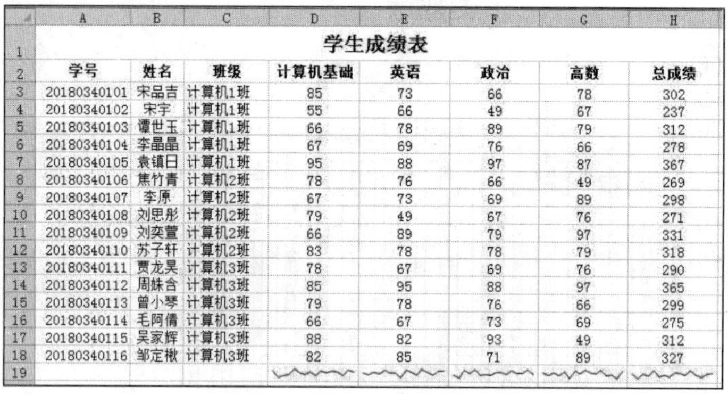

图 10.58 折线迷你图

【提示】

迷你图无法使用【Delete】键删除,正确的删除方法是,在迷你图工具的【设计】/【分组】组中点击【清除】按钮。

课后练习

1. 打开素材文件"员工工资表.xlsx"工作簿,按照下列要求进行操作。

(1)选择 F5:F20 和 J5:J20 单元格区域,然后在【公式】/【函数库】组中单击【自动求和】按钮快速计算应领工资和应扣工资。

(2)分别选择 K5:K20 和 M5:M20 单元格区域,在编辑栏中输入公式"= F5 − J5"和"= K5 − L5",完成后按【Ctrl + Enter】组合键计算实发工资和税后工资。

(3)选择 L5:L20 区域,在编辑栏中输入函数"= IF(K5 − 1500 < 0,0,IF(K5 − 1500 < 1500,0.03(K5 − 1500) − 0,IF(K5 − 1500 < 4500,0.1(K5 − 1500) − 105,IF(K5 − 1500 < 9000, 0.2(K5 − 1500) − 555,IF(K5 − 1500 < 35000,0.25(K5 − 1500) − 1500)))))",完成后按

【Ctrl+Enter】组合键计算个人所得税。

(4)选择A3:M4单元格区域,在【排序和筛选】组中单击【筛选】按钮,完成后在工作表中相应表头数据对应的单元格右侧单击按钮筛选需查看的数据。

2. 打开"每月销量分析表.xlsx"工作簿,按照下列要求对表格进行操作。

(1)在A7单元格中输入数据迷你图,然后在B7:M7单元格区域中创建迷你图,并显示迷你图标注和设置迷你图样式为"迷你图样式彩色#2",完成后调整行高。

(2)同时选择A3:A6和N3:N6单元格区域,创建"簇状条形图",然后设置图标布局为"布局5",并输入图表标题"每月产品销量分析图表",再设置图表样式为"样式28",形状样式为"细微效果—黑色,深色1",完成后移动图表到适合的位置。

(3)选择A2:N6单元格区域,创建数据透视表并将其存放到新的工作表中,然后添加每月对应的字段,完成后设置数据透视表样式为"数据透视表样式中等深浅10"。

3. 打开"产品销售统计表.xlsx"工作簿,按照下列要求对表格进行操作。

(1)在【数据】/【数据工具】组中单击【删除重复项】按钮,删除重复项。

(2)选择F列任意单元格,在【数据】/【排序和筛选】组中单击【升序】按钮,按照"总计"值大小由低到高排序。

(3)选择数据表中的任意单元格,单击【排序和筛选】组中的【筛选】按钮,进入筛选状态。

(4)单击"区域"单元格中的下拉按钮,在打开的下拉列表中撤销选中其他3个工种选项对应的复选框,撤销选中【新城地区】复选框,单击【确定】按钮。

(5)选择A列的任意一个单元格,在【数据】/【分级显示】组中单击【分类汇总】按钮,打开【分类汇总】对话框。

(6)在【分类字段】下拉列表中选择【区域】选项,在【汇总方式】下拉列表框中选择【求和】选项,在【选定汇总】列表框中单击选中【总计】复选框,单击【确定】按钮。

项目十一　制作 PowerPoint 2010 幻灯片

PowerPoint 作为 Office 的三大核心组件之一，由若干张幻灯片组成，扩展名为".pptx"或".ppt"，主要用于幻灯片的制作与播放，该软件在各种演讲、报告、教学、产品展示等场合已成为必不可少的辅助工具。它帮助用户以简单快捷的操作，做出图文并茂、富有感染力的演示文稿，并且还可通过图示、视频动画等多媒体形式表现复杂的内容，使展示的内容更加形象、生动、富有感染力。本项目将通过两个典型任务，介绍制作 PowerPoint 演示文稿的基本操作，包括文件操作，文本输入与美化，插入图片、图示、艺术字，插入表格和视频等演示文稿常用元素的方法。

学习目标

- 制作"毕业论文答辩"演示文稿
- 制作"消防安全知识讲座"演示文稿

任务一　制作毕业论文答辩演示文稿

任务要求

毕业论文是同学们对于大学四年学习的总结，也是对未来研究方向的展望，在毕业论文答辩过程中，一份简洁明了、条理清晰的演示文稿可以更好地辅助答辩过程。图 11.1 所示为制作完成后的"毕业论文答辩"演示文稿，具体要求如下。

（1）启动 PowerPoint 2010，新建一个"新建 PPT 演示文稿.pptx"，并重新命名为"毕业论文答辩.pptx"，保存在电脑桌面上。

（2）在第一张标题幻灯片中输入演示文稿的主标题和副标题。

（3）新建一张"垂直排列标题与文本"版式的幻灯片，作为演示文稿的目录，并在文本框中输入文本。

（4）新建一张"标题和内容"版式的幻灯片，在占位符中输入文本后，添加一个文本框，并在文本框中输入文本。

（5）新建 4 张"标题与内容"版式的幻灯片，然后分别在其中输入需要的内容。

（6）复制第 1 张幻灯片到第 2 张幻灯片后，然后调整第 3 张幻灯片的位置到幻灯片结尾。

（7）在第 4 张幻灯片中移动文本的位置。

（8）在第 4 张幻灯片中复制文本，再对复制后的文本进行修改。

（9）在第 8 张幻灯片中修改标题文本，删除副标题文本。

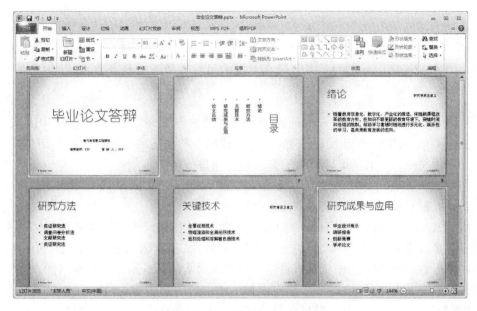

图 11.1 "毕业论文答辩"演示文稿

相关知识

(一) PowerPoint 2010 概述

PowerPoint 2010 全新的界面设计,使操作更简便、功能更完善,新增的视频和图片编辑功能是新亮点。此外,切换效果和动画运行起来比以往更为流畅和丰富。近年来,我国 PowerPoint 应用水平逐步提高,应用领域越来越广,它正成为人们工作、生活的重要组成部分,在工作汇报、企业宣传、产品推广、婚礼庆典、项目竞标、管理咨询等领域占着举足轻重的地位。

(二) 熟悉 PowerPoint 2010 工作界面

选择【开始】/【所有程序】/【Microsoft Office】/【Microsoft PowerPoint 2010】命令或双击计算机磁盘中保存的 PowerPoint 2010 演示文稿(其扩展名为". pptx")即可启动 PowerPoint 2010,并打开 PowerPoint 2010 工作界面,如图 11.2 所示。

图 11.2 PowerPoint 2010 工作界面

【提示】

以双击演示文稿的形式启动 PowerPoint 2010，将在启动的同时打开该演示文稿；以选择命令的方式启动 PowerPoint 2010，将在启动的同时自动生成一个名为"演示文稿1"的空白演示文稿，Office 的几个软件启动方法类似，用户可触类旁通。

从图 11.2 可以看出，PowerPoint 2010 的工作界面与 Word 2010 和 Excel 2010 的工作界面基本类似，其中快速访问工具栏、标题栏、选项卡和功能区中的结构及作用更是基本相同。下面将对 PowerPoint 2010 特有部分的作用进行介绍。

(1) 幻灯片窗格。幻灯片窗格位于演示文稿编辑区的右侧，用于显示编辑幻灯片的内容，其功能与 Word 的文档编辑区类似。

(2) "幻灯片大纲"浏览窗格。"幻灯片大纲"浏览窗格位于演示文稿编辑区的左侧，上方有两个选项卡，单击不同的选项卡，可在"幻灯片"浏览窗格和"大纲"浏览窗格之间切换。其中在"幻灯片"浏览窗格中将显示当前演示文稿所有幻灯片的缩略图，单击某个幻灯片缩略图，将在右侧的幻灯片窗格中显示该幻灯片的内容，如图 11.3 所示。在"大纲"浏览器或幻灯片窗格中可以显示当前演示文稿中所有幻灯片的标题与正文内容，用户在"大纲"浏览窗格或幻灯片窗格编辑文本内容时，将同步在另一个窗格中产生变化，如图 11.4 所示。

图 11.3 "幻灯片"浏览窗格

(3) 备注窗格。备注窗格一般用来建立、修改和编辑演讲者的备注信息，可以记录演讲者所需要的提示、解释和说明等信息，为演讲者提供有关演示文稿的注释资源，以方便演讲者在正式演讲时参考。

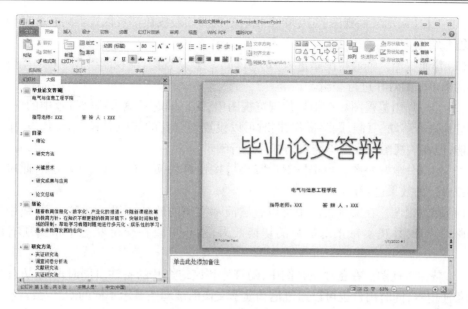

图 11.4 "大纲"浏览窗格

（4）状态栏。状态栏位于工作界面的下方，如图 11.5 所示，它主要由状态提示栏、视图切换按钮和显示比例栏组成。其中状态提示栏用于显示幻灯片的数量、序列信息，以及当前演示文稿使用的主题；视图切换按钮用于在演示文稿的不同视图之间进行切换，单击相应的视图切换按钮即可切换到对应的视图中，从左到右依次是【普通视图】按钮、【幻灯片浏览】按钮、【阅读视图】按钮、【幻灯片放映】按钮；显示比例栏用于设置幻灯片窗格中幻灯片的显示比例，单击【-】按钮或【+】按钮，将以 10%的比例缩小或放大幻灯片，拖动两个按钮之间的【光标】按钮，将适时放大或缩小幻灯片，单击右侧的【使幻灯片适应当前窗口】按钮，将根据当前幻灯片窗格的大小显示幻灯片。

图 11.5 状态栏

（三）认识演示文稿与幻灯片

一份演示文稿就是一个 PowerPoint 文件，由若干张幻灯片组成。两者是包含与被包含的关系，每张幻灯片又有自己独立表达的主题，这些幻灯片相互联系，共同表达了演示文稿所要体现的内容。

演示文稿由"演示"和"文稿"两个词语组成，这说明它是用于演示某种效果而制作的文档，主要用于会议、产品展示、教学课件等领域。

（四）认识 PowerPoint 2010 视图

PowerPoint 2010 提供了普通视图、幻灯片浏览视图、幻灯片放映视图、阅读视图和备注页视图 5 种视图模式，在工作界面下方的状态栏中单击相应的视图切换按钮或者在标题栏【视图】/【演示文稿视图】组中单击相应的视图切换按钮都可以进行切换。各种视图的功能介绍如下。

(1)普通视图。普通视图是进入 PowerPoint 的默认视图,此视图模式下可对幻灯片整体结构和单张幻灯片进行编辑。

(2)幻灯片浏览视图。在幻灯片浏览视图中,可以同时预览多张幻灯片中的内容,并对幻灯片进行移动、复制、删除操作,同时可以设置幻灯片的放映方式、动画特效、排练计时功能,但在该视图模式下不能对幻灯片进行编辑。

(3)幻灯片放映视图。单击【幻灯片放映】按钮可切换至幻灯片放映视图,此时幻灯片将按设定的效果进行放映。

(4)阅读视图。在阅读视图中可以查看演示文稿的放映效果,预览演示文稿中设置的动画和声音,并观察每张幻灯片的切换效果,用户可以在全屏状态下审阅所有的幻灯片。

(5)备注页视图。在备注页视图中,幻灯片和该幻灯片的备注页同时出现,方便用户编辑备注内容,同时用户也可以通过拖动演示文稿的滚动条显示不同的幻灯片,对相应的幻灯片进行注释编辑。

【提示】

在工作界面下方的状态栏中无法切换到"备注页视图",在"演示文稿视图"功能区中无法切换到"幻灯片放映视图"。

(五)演示文稿的基本操作

启动 PowerPoint 2010 后,就可以对 PowerPoint 文件(即演示文稿)进行操作了,由于 Office 软件的共通性,因此演示文稿的操作与 Word 文档的操作也有一定的相似之处。

1. 新建演示文稿

启动 PowerPoint 2010 后,选择【文件】/【新建】命令,将在工作界面右侧显示所有与新建演示文稿相关的选项,如图 11.6 所示。

图 11.6　新建演示文稿相关的选项

在工作界面右侧的"可用的模板和主题"栏和"Office.com 模板"栏中可选择不同的

演示文稿的新建模式,选择一种需要新建的演示文稿类型后,单击右侧的【创建】按钮,可新建演示文稿。

(1)空白演示文稿。使用默认模板新建演示文稿。此外,启动 PowerPoint 2010 后,系统会自动新建一个空白演示文稿,或在 PowerPoint 2010 界面按【Ctrl+N】组合键快速新建一个空白演示文稿。

(2)最近打开的模板。选择该选项后,将在打开的窗格中显示用户最近使用过的演示文稿模板,选择其中的一个,将以该模板为基础新建一个演示文稿。

(3)样本模板(图11.7)。选择该选项后,将在右侧显示 PowerPoint 2010 提供的所有样本模板,选择一个后单击【创建】按钮,将新建一个以选择的样式模板为基础的演示文稿。此时演示文稿中已有多张幻灯片,并有设计的背景、文本等内容,可方便用户依据该样本模板,快速制作类似的演示文稿效果。

(4)主题。选择该选项后,将在右侧显示提供的主题选项,用户可选择其中一个选项进行演示文稿的新建。通过"主题"中的模板新建的演示文稿只有一张标题幻灯片,但其中已有设置好的背景及文本效果,因此同样可以简化用户的设置操作。

(5)我的模板。选择该选项后,将打开【新建演示文稿】对话框,在其中选择用户以前保存为 PowerPoint 模板文件的选项(关于保存 PowerPoint 模板文件的方法将在后面详细讲解),单击【确定】按钮,完成演示文稿的新建。

(6)根据现有内容新建。选择该选项后,将打开【根据现有演示文稿新建】对话框,选择已经保存在计算机磁盘中的任意一个演示文稿,单击【新建】按钮,将打开该演示文稿,用户可在原来的演示文稿的基础上修改制作自己的演示文稿。

(7)"Office.com 模板"栏。"Office.com 模板"栏下列出了多个文件夹,每个文件夹是一类模板,选择一个文件夹,将显示该文件夹下的 Office 网站上提供的所有该类演示文稿模板,选择一个需要的模板类型后,单击【下载】按钮,将自动下载该模板,然后以该模板为基础新建一个演示文稿。需要注意的是,要使用"Office.com 模板"栏中的功能需要计算机连接网络后才能实现,否则无法下载模板并新建演示文稿。

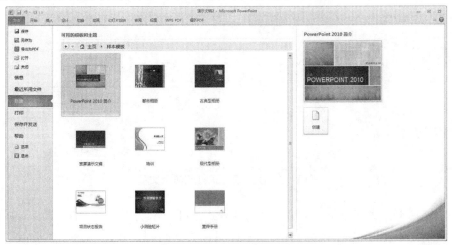

图 11.7 样本模板

2. 打开演示文稿

当需要对已有的演示文稿进行编辑、查看或放映时,首先要打开该演示文稿。打开演示文稿的方式有多种,如果未启动 PowerPoint 2010,可直接双击需打开的演示文稿的图标。在启动 PowerPoint 2010 后,打开演示文稿可分为以下 4 种情况。

(1)打开演示文稿的一般方法。启动 PowerPoint 2010 后,选择【文件】/【打开】命令或按【Ctrl + O】组合键,打开【打开】对话框,在其中选择需要打开的演示文稿,单击【打开】按钮,即可打开选择的演示文稿。

(2)打开最近使用的演示文稿。PowerPoint 2010 提供了记录最近打开演示文稿保存路径的功能,如果想打开刚关闭的演示文稿。可选择【文件】/【最近所用文件】命令,在打开的页面中将显示最近使用的演示文稿名称和保存路径,然后选择需打开的演示文稿即可将其打开。

(3)以只读方式打开演示文稿。以只读方式打开的演示文稿只能进行浏览,不能更改演示文稿中的内容。其打开方法是:选择【文件】/【打开】命令,打开【打开】对话框,在其中选择需要打开的演示文稿,单击【打开】按钮右侧的下拉按钮,在打开的下拉列表中选择【以只读方式打开】选项,如图 11.8 所示。此时,打开的演示文稿"标题"栏中将显示"只读"字样。

图 11.8 以只读方式打开演示文稿

(4)以副本方式打开演示文稿。以副本方式打开演示文稿是指将演示文稿进行编辑时不会影响源文件的效果。其打开方法和以只读方式打开演示文稿的方法类似,在打开的【打开】对话框中选择需打开的演示文稿后,单击【打开】按钮右侧的下拉按钮,在打开的下拉列表中选择【以副本方式打开】选项,在打开的演示文稿"标题"栏中将显示"副本"字样。

【提示】

在【打开】对话框中按住【Ctrl】键的同时选择多个演示文稿选项,单击【打开】按钮,可一次性打开多个演示文稿。

3. 保存演示文稿

在演示文稿的编辑过程中,应该养成随时保存文件的习惯,同时制作好的演示文稿应及时保存在计算机中。用户可以根据需要选择不同的保存方式。

(1)直接保存演示文稿。直接保存演示文稿是最常用的保存方法,其方法是:选择【文件】/【保存】命令或单击快速访问工具栏中的【保存】按钮,打开【另存为】对话框,选择保存位置并输入文件名后,单击【保存】按钮。当执行过一次保存操作后,再次选择【文件】/【保存】命令或单击【保存】按钮,可将两次保存操作之间所有编辑的内容再次进行保存。

(2)另存为演示文稿。若不想改变原有文件演示文稿中的内容,可通过【另存为】命令将演示文稿保存在其他位置或更改其名称。选择【文件】/【另存为】命令,打开【另存为】对话框,重新设置保存的位置或文件名,单击【保存】按钮,如图11.9所示。

图11.9 【另存为】对话框

(3)将演示文稿保存为模板。将制作好的演示文稿保存为模板,可提高制作同类演示文稿的速度。选择【文件】/【保存】命令,打开【另存为】对话框,在【保存类型】下拉列表框中选择【PowerPoint 模板】选项,单击【保存】按钮。

(4)保存为低版本演示文稿。如果希望保存的演示文稿可以在 PowerPoint 97、PowerPoint 2003 软件中打开或编辑,应将其保存为低版本。打开【另存为】对话框,在【保存类型】下拉列表框中选择【PowerPoint 97—2003 演示文稿】选项。

（5）自动保存演示文稿。在制作演示文稿的过程中，为了减少不必要的损失，可设置演示文稿定时保存，即达到指定时间后，无须用户执行保存操作，系统将自动对其进行保存。选择【文件】/【选项】命令，打开【PowerPoint 选项】对话框，单击【保存】选项卡，在【保存演示文稿】栏中单击选中两个复选框，然后在【保存自动恢复信息时间间隔】复选框后面的数值框中输入自动保存的时间间隔，在【自动恢复文件位置】文本框中输入文件未保存就关闭时的临时保存位置，单击【确定】按钮，如图 11.10 所示。

图 11.10 "自动保存"演示文稿

4. 关闭演示文稿

完成演示文稿的编辑或结束放映操作后，若不再需要对演示文稿进行其他操作，可将其关闭。关闭演示文稿的常用方法有以下 3 种。

（1）通过单击按钮关闭。单击 PowerPoint 2010 工作界面标题栏右上角的【关闭】按钮，关闭演示文稿并退出 PowerPoint 程序。

（2）通过快捷菜单关闭。在 PowerPoint 2010 工作界面标题栏上单击鼠标右键，在弹出的快捷菜单中选择【关闭】命令。

（3）通过命令关闭。选择【文件】/【关闭】命令，关闭当前演示文稿。

(六)幻灯片的基本操作

幻灯片是演示文稿的组成部分，一个演示文稿一般都由多张幻灯片组成，所以操作幻灯片就成了在 PowerPoint 2010 中编辑演示文稿最主要的操作之一。

1. 新建幻灯片

创建的空白演示文稿默认只有一张幻灯片，用户可以根据需要在演示文稿的任意位置新建幻灯片。常用的新建幻灯片的方法主要有如下 3 种。

(1) 通过快捷菜单新建。在工作界面左侧的"幻灯片"浏览窗格中需要新建幻灯片的位置处单击鼠标右键,在弹出的快捷菜单中选择【新建幻灯片】命令。

(2) 通过选项卡新建。版式用于定义幻灯片中内容的显示位置,用户可根据需要向里面放置文本、图片及表格等内容。选择【开始】/【幻灯片】组,单击【新建幻灯片】按钮下方的下拉按钮,在打开的下拉列表框中选择新建幻灯片的版式,将新建一张带有版式的幻灯片,如图 11.11 所示。

(3) 通过快捷方式新建。在幻灯片窗格中,选择任意一张幻灯片的缩略图,按【Enter】键将在选择的幻灯片后新建一张与所选幻灯片版式相同的幻灯片。

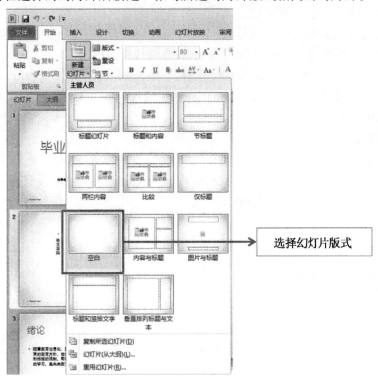

图 11.11 选择幻灯片版式

2. 选择幻灯片

先选择后操作是计算机操作的默认规律,在 PowerPoint 2010 中也不例外,要操作幻灯片,必须要先进行选择操作。需要选择的幻灯片的张数不同,其方法也有所区别,主要有以下 4 种。

(1) 选择单张幻灯片。在"幻灯片/大纲"浏览窗格或"幻灯片浏览"视图中单击幻灯片缩略图,可选择该幻灯片。

(2) 选择多张相邻的幻灯片。在"大纲/幻灯片"浏览窗格或"幻灯片浏览"视图中,单击要连续选择的第 1 张幻灯片,按住【Shift】键不放,再单击需选择的最后一张幻灯片,释放【Shift】键后,两张幻灯片之间的所有幻灯片均被选择。

(3) 选择多张不相邻的幻灯片。在"大纲/幻灯片"浏览窗格或"幻灯片浏览"视图中,单击要选择的第 1 张幻灯片,按住【Ctrl】键不放,依次单击需要选择的幻灯片。

(4) 选择全部幻灯片。在"大纲/幻灯片"浏览窗格或"幻灯片浏览"视图中,按住

【Ctrl + A】组合键,选择当前演示文稿中全部幻灯片。

3. 移动和复制幻灯片

在制作演示文稿的过程中,可能需要对各幻灯片顺序进行调整,或者需要在某些已完成的幻灯片上修改信息,将其制作成新的幻灯片,此时就需要移动和复制幻灯片,其方法分别如下。

(1)通过鼠标移动或复制。选择需要移动的幻灯片,按住鼠标左键不放拖动到目标位置后释放鼠标完成移动操作;选择幻灯片后,按住【Ctrl】键的同时拖动到目标位置可实现幻灯片的复制。

(2)通过菜单命令移动和复制。选择需要移动或复制的幻灯片,在其上单击鼠标右键,在弹出的快捷菜单中选择【剪切】或【复制】命令。将鼠标定位到目标位置,单击鼠标右键,在弹出的快捷菜单中选择【粘贴】命令,完成幻灯片的移动或复制。

(3)通过快捷键移动或复制。选择需要移动或复制的幻灯片,按【Ctrl + X】组合键(移动)或【Ctrl + C】组合键(复制),然后在目标位置按【Ctrl + V】组合键(粘贴),完成移动或复制操作。

4. 删除幻灯片

在"幻灯片/大纲"浏览窗格和"幻灯片浏览"视图中可删除演示文稿中多余的幻灯片,其方法是:选择需删除的一张或多张幻灯片后,按【Delete】键或单击鼠标右键,在弹出的快捷菜单中选择【删除幻灯片】命令。

任务实现

(一)新建并保存演示文稿

下面将新建一个主题为"主管人员"的演示文稿,然后以"毕业论文答辩.pptx"为名保存在计算机桌面上,其具体操作如下。

(1)选择【开始】/【所有程序】/【Microsoft Office】/【Microsoft PowerPoint 2010】命令,启动 PowerPoint 2010。

(2)选择【文件】/【新建】命令,选择【可用的面板和主题】/【主题】中的【主管人员】选项,单击右侧的【创建】按钮,如图 11.12 所示。

(3)在快速访问栏中单击【保存】按钮,打开【另存为】对话框,在"地址栏"中选择【桌面】选项,在【文件名】文本框中输入"毕业论文答辩",在【保存类型】下拉列表中选择【PowerPoint 演示文稿】选项,单击【保存】按钮,如图 11.13 所示。

(二)新建幻灯片并输入文本

下面将制作首页幻灯片,首先在标题幻灯片中输入主标题和副标题文本,然后新建第 2 张幻灯片,其版式为"内容与标题",在占位符中输入演示文稿的目录内容,具体操作如下。

(1)新建的演示文稿有一张标题幻灯片,在"单击此处添加标题"占位符中单击,其中文字将自动消失,切换到中文输入法输入"毕业论文答辩"。

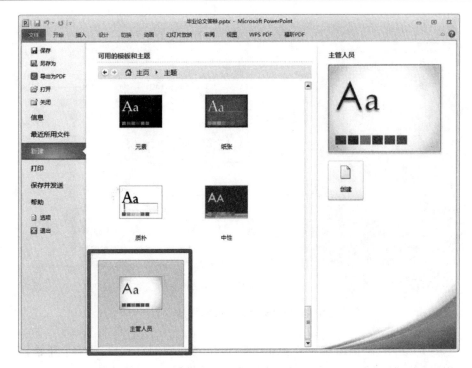

图 11.12　选择主题

图 11.13　设置"保存"参数

（2）在副标题占位符中单击,然后输入"电气与信息工程学院""指导老师:×××""答辩人:×××",如图 11.14 所示。

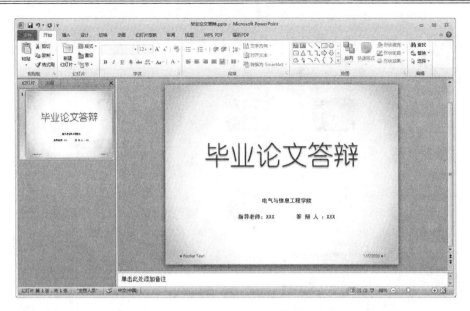

图 11.14　制作标题幻灯片

(3)在"幻灯片"浏览窗格中将鼠标光标定位到标题幻灯片后,选择【开始】/【幻灯片】组,单击【新建幻灯片】按钮下方的下拉按钮,在打开的下拉列表中选择【垂直排列标题与文本】选项,如图 11.15 所示。

图 11.15　选择幻灯片版式

(4)在标题幻灯片后新建一张"垂直排列标题与文本"版式的幻灯片,如图 11.16 所示。然后在各占位符中输入图 11.17 所示的文本,在上方的内容占位符中输入文本时,系统默认在文本前添加项目符号,用户无须手动完成,按【Enter】键对文本进行分段,如果文本的位置不满意,可以使用鼠标对文本框进行移动,以此完成第 2 张幻灯片的制作。

图 11.16　新建的幻灯片版式　　　　图 11.17　输入文本

(三) 文本框的使用

下面将制作第 3 张幻灯片,首先新建一张版式为"标题和内容"的幻灯片,然后在占位符中输入内容,并删除文本占位符前的项目符号,在幻灯片右上角插入一个横排文本框,在其中输入文本内容,具体操作如下。

(1) 在"幻灯片"浏览窗格中将鼠标光标定位到第 2 张幻灯片后,选择【开始】/【幻灯片】组,单击【新建幻灯片】按钮下方的下拉按钮,在打开的下拉列表中选择【标题和内容】选项,新建一张幻灯片。

(2) 在标题占位符中输入文本"绪论",将鼠标光标定位到文本占位符中,按【Backspace】键,删除文本插入点前的项目符号。

(3) 输入引言下的所有文本。

(4) 选择【插入】/【文本】组,单击【文本框】按钮下方的下拉按钮,在打开的下拉列表中选择【横排文本框】选项。

(5) 此时鼠标光标呈"+"形状,移动鼠标光标到幻灯片右上角单击定位文本插入点,输入文本"研究背景及意义",效果如图 11.18 所示。

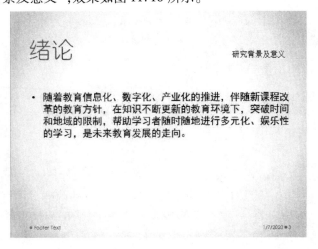

图 11.18　第 3 张幻灯片效果

(四)复制并移动幻灯片

下面将制作第 4~7 张幻灯片,首先新建 4 张幻灯片,然后分别在其中输入需要的内容,再复制第 1 张幻灯片到最后,最后调整第 4 张幻灯片的位置到第 6 张幻灯片后面,具体操作如下。

(1)在"幻灯片"浏览窗格中选择第 3 张幻灯片,按 4 次【Enter】键,新建 4 张幻灯片。

(2)在新建的 4 张幻灯片的标题占位符和文本占位符中分别输入需要的内容。

(3)选择第 1 张幻灯片,按【Ctrl + C】组合键,然后在第 2 张幻灯片后按【Ctrl + V】组合键,新增一张幻灯片,其内容与第 1 张幻灯片完全相同,如图 11.19 所示。

图 11.19 复制幻灯片

(4)选择此时的第 3 张幻灯片,按住鼠标不放,拖动到幻灯片的结尾处释放鼠标,此时第 3 张幻灯片将移动到第 7 张幻灯片后,如图 11.20 所示。

图 11.20 移动幻灯片

(五)编辑文本

下面将编辑第 4 张幻灯片和第 5 张幻灯片,首先在第 4 张幻灯片中移动文本的位置,然后复制文本并对其内容进行修改;在第 5 张幻灯片中将对标题文本进行修改,再删除副标题文本,具体操作如下。

(1)选择第 4 张幻灯片,在右侧幻灯片窗格中拖动鼠标选择第 1 段和第 2 段文本,按住鼠标不放,拖动鼠标到第 3 段文本后,如图 11.21 所示。将选择的第 1 段和第 2 段文本移动到原来的第 3 段文本后。

(2)选择调整后的第 3 段文本,按【Ctrl+C】组合键或在选择的文本上单击鼠标右键,在弹出的快捷菜单中选择【复制】命令。

(3)在原始的第 1 段文本前单击鼠标,按【Ctrl+V】组合键或在选择的文本上单击鼠标右键,在弹出的快捷菜单中选择【粘贴】命令,将选择的第 3 段文本复制到第 1 段,如图 11.22 所示。

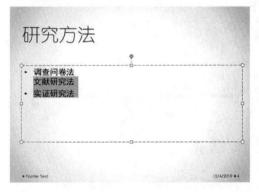

图 11.21　移动文本

图 11.22　复制文本

(4)将鼠标光标定位到第 2 段文本的"卷"字后,输入"分析",最终效果如图 11.23 所示。

(5)选择第 8 张幻灯片,选中幻灯片窗格中原来的标题"毕业论文答辩",在删除原有文本的基础上修改成新文本"请各位老师批评指正"。

(6)选择副标题中的文本,如图 11.24 所示,按【Delete】键或【Backspace】键删除,完成演示文稿的制作。

图 11.23　增加文本

图 11.24　修改和删除文本

【提示】

在副标题占位符中删除文本后,将显示"单击此处添加副标题"文本,此时可不理会,在放映时将不会显示其中的内容。用户也可选择该占位符,按【Delete】键将其删除。

任务二　制作"消防安全知识讲座"演示文稿

任务要求

消防安全无小事,时时处处需留心。生活在和谐美好的校园生活中,在享受愉快的学习生活的同时,更要时刻关注消防安全。消防安全,人人有责。校保卫处已经将相关消防安全知识资料下发至各学院,需要各学院进行组织宣讲。图 11.25 所示为编辑完成后的"消防安全知识讲座"演示文稿,具体要求如下。

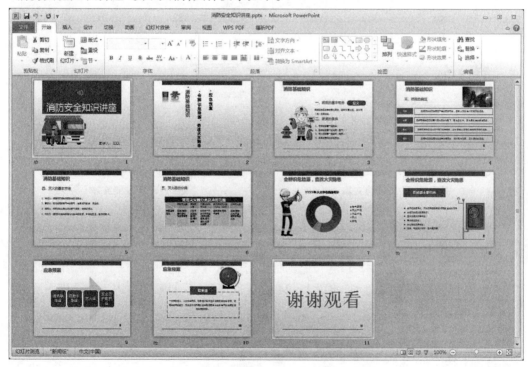

图 11.25　"消防安全知识讲座"演示文稿

(1)在第 2 张"目录"页幻灯片中将第 2、第 3 小标题的正文文本降级,然后设置降级文本的字体格式为"微软雅黑、加粗、32 号";设置未降级文本的颜色为"红色"。

(2)在第 2 张幻灯片中插入一个样式为第 5 列的最后一排的艺术字"目录"。移动艺术字到幻灯片顶部,设置其字体为"隶书",使用渐变"中心辐射",设置艺术字发光效果为第 1 行第 4 项"蓝 – 灰,5pt 发光,强调文字颜色 4"。

(3)在第 3 张幻灯片中插入"消防小课堂"图片,缩小后放在幻灯片左下方,图片适当旋转,设置图片阴影效果"右下斜偏移";在第 4 张幻灯片中插入剪贴画。

(4)在第6张幻灯片中制作3行6列的表格,输入内容后增加表格的行距,选择第一行单元格进行"合并单元格"操作,输入表格标题并将文本字体样式设置为"微软雅黑,28号,加粗";为第1个单元格绘制一条白色的斜线,设置表格"单元格凹凸效果"为"角度"。

(5)在第7张幻灯片中制作一个图表,手动录入数据。图表类型为"圆环图"。

(6)在第9张幻灯片中新建一个SmartArt图形,类型为"连续块状流程",输入文字内容,并调整其位置。

(7)在第1张幻灯片中插入一个跨幻灯片循环播放的音乐文件,并设置声音图标在播放时不显示。

相关知识

(一)幻灯片文本设计原则

文本是制作演示文稿最重要的元素之一,文本不仅要求设计美观、简洁,更重要的是符合演示文稿的需求,根据演示文稿的类型设置文本的字体,为了方便观众查看,设置相对较大的字号等。

1. 字体设计原则

字体搭配效果的好坏与否,与演示文稿的阅读性和感染力息息相关,实际上,字体设计也有一定的原则可循,下面介绍5种常见的字体设计原则。

(1)幻灯片标题字体最好选用更容易阅读的较粗的字体,正文使用比标题更细的字体,以区分主次。

(2)在搭配字体时,标题和正文尽量选用常用到的字体,而且还要考虑标题字体和正文字体的搭配效果。

(3)在演示文稿中如果要使用英文字体,可选择Arial与Times New Roman两种英文字体。

(4)PowerPoint不同于Word,其正文内容不宜过多,正文中只列出较重点的标题即可,其余扩展内容可留给演示者临场发挥。

(5)在商业、培训、汇报等较正式的场合,其字体可使用较正规的字体,如标题使用方正粗宋简体、黑体和方正综艺简体等,正文可使用微软雅黑、方正细黑简体和宋体等;在一些相对较轻松的场合,其字体可更随意一些,如方正粗黑宋简体、楷体(加粗)和华文细黑等。

2. 字号设计原则

在演示文稿中,字体的大小不仅会影响观众接受信息的多少,还会影响演示文稿的专业度,因此,字体大小的设计也非常重要。

字体大小还需根据演示文稿演示的场合和环境来决定,因此在选用字体大小时要注意以下两点。

(1)如果演示的场合较大,观众较多,那么幻灯片中的字体就应该更大,要保证最远的位置都能看清幻灯片中的文字。此时,标题建议使用36号以上的字号,正文使用28号以上的字号。为了保证观众更易查看,一般情况下,演示文稿中的字号不应小于20号。

(2)同类型和同级别的标题和文本内容要设置同样大小的字号,这样可以保证内容的连贯性,让观众更容易地把信息归类,也更容易理解和接受信息。

【提示】

除了字体、字号外,对文本显示影响较大的元素还有颜色,文本的颜色一般使用与背景颜色反差较大的颜色,从而方便查看。另外,一个演示文稿中最好用统一的文本颜色,只有需重点突出的文本才使用其他的颜色。

(二)幻灯片对象布局原则

幻灯片中除了文本之外,还包含图片、形状和表格等对象,在幻灯片中合理使用这些元素,将这些元素适量地、有效地布局在幻灯片中,不仅可以使演示文稿更加美观,同时能够提高演示文稿的表达力,充分发挥演示文稿的辅助说明作用。幻灯片中的各个对象在分布排列时,可参考以下5个原则。

(1)画面平衡。布局幻灯片时应尽量保持幻灯片页面的平衡,以避免左重右轻、右重左轻或头重脚轻的现象,使整个幻灯片画面更加协调。

(2)布局简单。虽然说一张幻灯片是由多种对象组合在一起的,但在一张幻灯片中对象的数量不宜过多,否则幻灯片就会显得很复杂,不利于信息的传递。

(3)统一和谐。同一演示文稿中各张幻灯片的标题文本的位置,文字采用的字体、字号、颜色和页边距等应尽量统一,不能随意设置,以避免破坏幻灯片的整体效果。

(4)强调主题。要想使观众快速、深刻地对幻灯片中表达的内容产生共鸣,可通过颜色、字体以及样式等手段对幻灯片中要表达的核心部分和内容进行强调,以引起观众的注意。

(5)内容简练。幻灯片只是辅助演讲者传递信息,而且人在短时间内可接收并记忆的信息量并不多,因此在一张幻灯片中只需列出要点或核心内容。

任务实现

(一)设置幻灯片中的文本格式

下面将打开"消防安全知识讲座.pptx"演示文稿,在第2张"目录"页幻灯片中将3个小标题的正文文本降级,然后设置降级文本的字体格式为"微软雅黑、加粗、32号";设置未降级文本的颜色为"红色",具体操作如下。

(1)选择【文件】/【打开】命令,单击【打开】对话框,选择"消防安全知识讲座.pptx"演示文稿,单击【打开】按钮打开演示文稿。

(2)在"幻灯片"浏览窗格中选择第2张幻灯片,再在右侧窗格中选择左数第2个和第3个小标题的正文文本,按【Tab】键/【Shift+Tab】组合键,将选择的文本降低一个等级,或者切换"大纲"视图,选中所要操作的内容,鼠标右键选择"升级/降级"进行操作,如图11.26所示。

(3)保持文本的选择状态,选择【开始】/【字体】组,在【字体】下拉列表框中选择【微软雅黑】选项,在【字号】下拉列表框中输入"32",如图11.27所示。

(4)保持文本的选择状态,选择【开始】/【剪贴板】组,单击【格式刷】按钮,使用鼠标拖动选择第2个、第3个小标题的正文文本,为其应用标题1的格式,如图11.28所示。

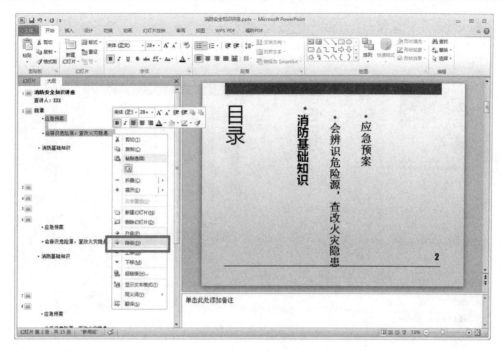

图 11.26　设置"降级"操作

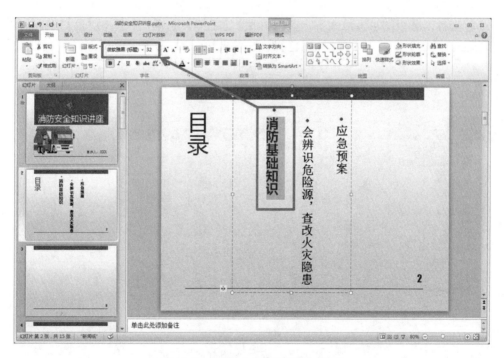

图 11.27　设置文本级别、字体、字号

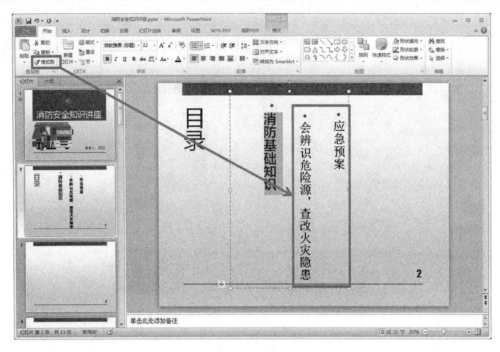

图 11.28 使用"格式刷"

(5)选择未降级的第 1 段文本,选择【开始】/【字体】组,单击【字体颜色】按钮后的下拉按钮在打开的下拉列表中选择【红色】选项,效果如图 11.29 所示。

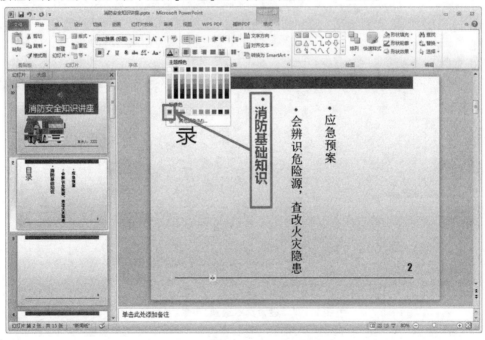

图 11.29 设置文本字体颜色后的效果

【提示】

要想更详细地设置字体格式,可以通过【字体】对话框来进行设置,其方法是:选择

【开始】/【字体】组,单击右下角的按钮,打开【字体】对话框,在【字体】选项卡中不仅可设置字体格式,在【字符间距】选项卡中还可设置字符与字符之间的距离。

(二)插入艺术字

艺术字拥有比普通文本更加显著的提示效果,如不同的形状效果、立体效果、渐变的颜色效果等。艺术字在演示文稿中使用得十分频繁。下面将在第 2 张幻灯片中删除原有的目录文本,插入艺术字"目录"。要求样式为第 5 列的最后一排的效果,移动艺术字到幻灯片顶部,再设置其字体为"隶书",并设置艺术字的文本填充效果为【渐变】/【中心辐射】,设置艺术字发光效果为第 1 行第 4 项"蓝-灰,5pt 发光,强调文字颜色 4"。其具体操作如下。

(1)选择【插入】/【文本】组,单击【艺术字】按钮下方的下拉按钮,在打开的下拉列表框中选择第 5 列的最后一个艺术字效果。

(2)在"请在此放置您的文字"占位符中单击,输入文本"目录"。

(3)将鼠标光标移动到"目录"文本框四周的非控制点上,按住鼠标不放拖动鼠标至幻灯片顶部,将艺术字"目录"移动到该位置。

(4)选择其中的"目录"文本,选择【开始】/【字体】组,在【字体】下拉列表框中选择【隶书】选项,修改艺术字的字体,同时根据内容调整字号为"72",如图 11.30 所示。

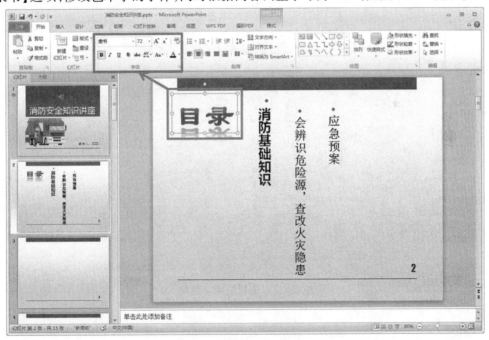

图 11.30　移动艺术字并修改字体、字号

(5)保持文本的选择状态【文本填充】,此时将自动激活【绘图工具】的【格式】选项卡,选择【格式】/【艺术字样式】组,单击【文本填充】按钮,在打开的下拉列表中选择【渐变】选项,选择"变体"样式中的第 1 行第 1 列的"中心辐射"样式,单击【插入】图片按钮。

(6)选择【格式】/【艺术字样式】组,单击【文本效果】按钮,在打开的下拉列表中选择【发光】/【发光变体】选项,选择第 1 行第 4 个样式"蓝-灰,5pt 发光,强调文字颜色 4",

如图 11.31 所示,最终效果如图 11.32 所示。

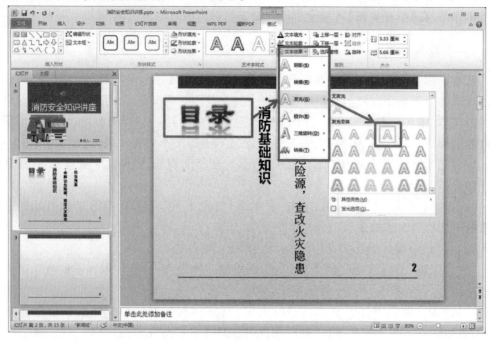

图 11.31　选择文本发光效果

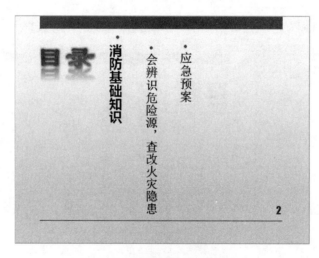

图 11.32　查看艺术字效果

【提示】

选择输入的艺术字,在激活的【格式】选项卡中可设置艺术字的多种效果,其设置方法基本类似,如选择【格式】/【艺术字样式】组,单击【文本效果】按钮,在打开的下拉列表中选择【转换】选项,在打开的子列表中将列出所有变形的艺术字效果,选择任意一个,即可为艺术字设置该变形效果。

(三) 插入图片

图片是演示文稿中非常重要的一部分,在幻灯片中可以插入计算机中保存的图片,也可以插入 PowerPoint 自带的剪贴画。下面将在第 3 张幻灯片中插入"消防小课堂"图片，只需选择图片，在其缩小后放在幻灯片左下方，适当调整图片角度；在第 4 张幻灯片中插入剪贴画，具体操作如下。

（1）在【幻灯片】浏览窗格中选择第 3 张幻灯片，选择【插入】/【图像】组，单击【图片】按钮。

（2）打开【插入图片】对话框，选择需插入图片的保存位置，这里的位置为"桌面"，在中间选择图片"消防小课堂.png"，单击【插入】按钮，如图 11.33 所示。

图 11.33　插入图片

（3）返回 PowerPoint 工作界面即可看到插入图片后的效果。将鼠标光标移动到图片四周的圆形控制点上，拖动鼠标调整图片大小。

（4）选择图片，将鼠标光标移到图片任意位置，拖动鼠标到幻灯片左下角的空白位置，释放鼠标将图片移到该位置，如图 11.34 所示。

（5）将鼠标光标移动到图片上方的绿色控制点上，适当调整图片角度。

图 11.34　缩放并移动图片

【提示】

除了图片之外,对于前面讲解的占位符和艺术字,以及后面即将讲到的形状等,选择后在对象的四周、中间及上面都会出现控制点,拖动对象四角的控制点时放大或缩小对象;拖动四边中间的控制点,可向一个方向缩放对象;拖动上方的绿色控制点,可旋转对象。

(6)选择【格式】/【图片样式】组,单击【图片效果】按钮,在打开的下拉列表中选择【阴影】/【右下斜偏移】选项,为图片设置阴影后的效果如图 11.35 所示。

图 11.35　设置阴影

(7)选择第 4 张幻灯片,单击占位符中的【剪贴画】按钮,打开"剪贴画"窗格,在"搜索文字"文本框中输入"消防",单击【搜索】按钮,在下方的列表框中选择需插入的剪贴画,该剪贴画将插入幻灯片的占位符中,调整图片大小,效果如图 11.36 所示。

图 11.36　插入剪贴画

【提示】

图片、剪贴画、SmartArt 图片、表格等都可以通过选项卡或占位符插入,这两种方法是插入幻灯片中各对象的通用方式。

(四)插入表格和图表

1. 插入表格

表格可直观形象地说明数据情况,在 PowerPoint 中既可在幻灯片中插入表格,也能对插入的表格进行编辑和美化。下面将在第 6 张幻灯片中制作一个表格,首先插入一个 3 行 6 列的表格,在表格内输入内容。用鼠标选中第一行所有表格,鼠标右键选择【合并单元格】,输入表格标题"常用灭火器分类及适用范围",选中该文本设置字体样式"微软雅黑,28 号,加粗"。

(1)选择第 6 张幻灯片,单击占位符中的【插入表格】按钮,打开【插入表格】对话框,在"行数"数值框中输入"3",在"列数"数值框中输入"6",单击【确定】按钮。

(2)在幻灯片中插入一个表格,分别在各单元格中输入内容,如图 11.37 所示。

(3)将鼠标光标移动到表格中的任意位置处单击,此时表格四周将出现一个操作框,将鼠标光标移动到操作框上,当鼠标光标变为形状时,按住【Shift】键不放的同时向下拖动鼠标,使表格向下移动。

(4)将鼠标光标移动到表格操作框下方中间的控制点处,当鼠标光标变为"上下箭头"形状时,向下拖动鼠标,增加表格各行的行距,如图 11.38 所示。

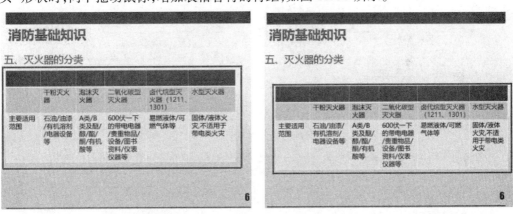

图 11.37　插入表格并输入文本　　　　图 11.38　调整表格位置和大小

(5)将鼠标光标移动到表格第一行框外,当鼠标光标变为"→"形状时单击,选择该行,选择【布局】/【合并】组,单击【合并单元格】按钮(图 11.39(a)),输入表格标题"常用灭火器分类及适用范围",选中该文本设置字体样式"微软雅黑,28 号,加粗",段落"居中",效果如图 11.39(b)所示。

(6)选择【设计】/【绘图边框】组,单击【笔颜色】按钮,在打开的下拉列表中选择【白色】选项自动激活该组的【绘制表格】按钮。

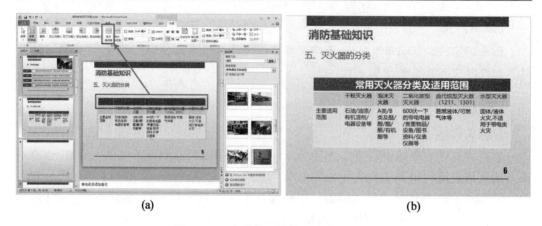

图 11.39 合并单元格并设置表格标题

(7)此时鼠标光标变为"笔"的形状,移动鼠标光标到第 1 个单元格,从左上角到右下角按住鼠标不放,绘制斜线表头,如图 11.40 所示。

(8)选择整个表格,选择【设计】/【表格样式】组,单击【效果】按钮,在打开的下拉列表中选择【单元格凹凸效果】/【角度】选项,为表格中的所有单元格都应用该样式,最终效果如图 11.41 所示。

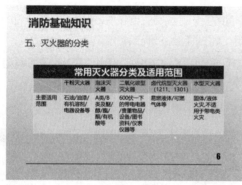
图 11.40 绘制斜线表头

图 11.41 设置单元格凹凸效果

【提示】

用户在实际操作过程中,制作表格的方法相对简单,只是其编辑的内容较多,此时可选择需要操作的单元格或表格,然后自动激活【设计】选项卡和【布局】选项卡,其中【设计】选项卡与美化表格相关,【布局】选项卡与表格的内容相关,在这两个选项卡中通过其中的选项、按钮即可设置不同的表格效果。

2. 插入图表

图表是 PowerPoint 的重要组成内容。图表分为很多种类,如饼图、柱形图、线性图。PowerPoint 2010 创作出许多特殊形式的数据表,任何一组数据都有一个依据,以横坐标和纵坐标为基准形成递减、递增或其他弧形图像,使 PowerPoint 在数据表达上越来越形象、生动。下面将在第 7 张幻灯片中创建一个图表,参考"××××年火灾事故数据统计"数据,具体操作如下。

(1)选择第 7 张幻灯片,单击占位符中的【插入图表】按钮,打开【插入图表】对话框。

(2)在左侧的列表中单击【圆环图】选项卡,在右侧列表框的【圆环图】栏中选择【圆环图】选项,单击【确定】按钮,这时会打开一个 Excel 工作表,表中包含一些示例数据,如图 11.42 所示。

(3)在 Excel 工作表中录入相关的示例数据,然后单击【文件】下拉菜单中的【关闭】选项,图表将自动更新为新数据,如图 11.43 所示。

(4)选中图表,选择【设计】/【数据】组,单击【编辑数据】按钮,可以在打开的 Excel 工作表中根据需要更改数据信息。

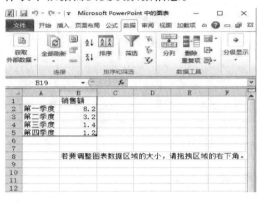

图 11.42　插入图表　　　　　　图 11.43　创建图表

(五)插入 SmartArt 图形

SmartArt 图形是信息和观点的视觉表示形式,用于表明各种事物之间的关系,它在演示文稿中使用得非常广泛,SmartArt 图形是 PowerPoint 2007 新增的功能。创建 SmartArt 图形时,系统将提示选择一种 SmartArt 图形类型,如"流程""层次结构""循环""关系"等。下面将在第 9 张幻灯片中新建一个 SmartArt 图形,类型为"连续块状流程",然后输入文字,具体操作如下。

(1)在【幻灯片】浏览窗格中选择第 9 张幻灯片,在右侧单击占位符中的【插入 SmartArt 图形】按钮。

(2)打开【选择 SmartArt 图形】对话框,在左侧选择【流程】选项,在右侧选择【连续块状流程】选项,单击【确定】按钮,如图 11.44 所示。

(3)此时在占位符处插入一个【连续块状流程】样式的 SmartArt 图形,该图形主要由 4 部分组成,在每一部分的"文本"提示中分别输入"通信联络组""疏散引导组""灭火组"和"安全防护救护组",如图 11.45 所示。

(六)插入媒体文件

音频和视频文件是 PowerPoint 中的媒体文件,和图片一样,用户可根据需要插入剪贴画中的媒体文件,也可以插入计算机中保存的媒体文件。多媒体的应用可以使演示文稿声情并茂,生动有感染力。在 PowerPoint 2010 中可以插入多种音频文件,如". mp3"". midi"". wav"". wmv"等类型。常用的视频文件格式有". mp4"". mpeg"". avi"". asf"". wmv"等类型。下面将在演示文稿中插入一个音乐文件,并设置该音乐在全部幻灯片中循环播放,并设置在放映幻灯片时不显示声音图标,具体操作如下。

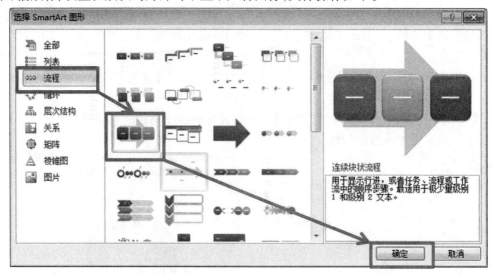

图 11.44 【选择 SmartArt 图形】对话框

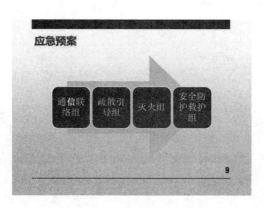

图 11.45 输入文本内容

(1)选择第 1 张幻灯片,选择【插入】/【媒体】组,单击【音频】按钮,在打开的下拉列表中选择【文件中的音频】选项。

(2)打开【插入音频】对话框,在上方的下拉列表框中选择背景音乐的存放位置,在中间的列表框中选择文件"火警报警声.mp3",单击【插入】按钮,如图 11.46 所示。

(3)自动在幻灯片中插入一个声音图标,选择该声音图标,将激活音频工具,选择【播放】/【预览】组,单击【播放】按钮,将在 PowerPoint 中播放插入的音乐。

(4)选择【播放】/【音频选项】组,单击选中【放映时隐藏】复选框,单击选中【循环播放,直到停止】复选框,在【开始】下拉列表框中选择【跨幻灯片播放】选项,如图 11.47 所示。

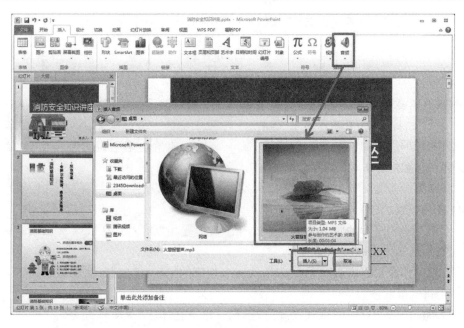

图 11.46　插入音频

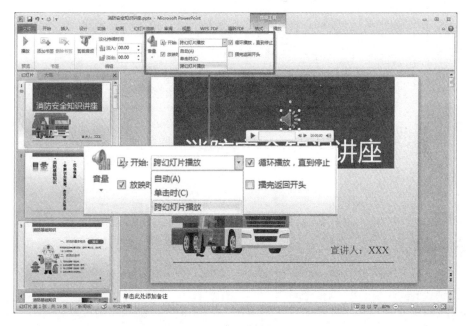

图 11.47　设置音频选项

【提示】

选择【插入】/【媒体】组,单击【音频】按钮,或单击【视频】按钮,在打开的下拉列表中选择相应选项,即可插入相应类型的音频或视频文件。插入音频文件后,选择声音图标,将在图标下方自动显示声音工具栏,单击对应的按钮,可对声音执行播放、前进、后退和调整音量大小等操作。

课后练习

按照下列要求制作一个"××城市旅游攻略.pptx"演示文稿,并保存在桌面上。

(1)使用主题"市镇"新建演示文稿。

(2)在标题幻灯片中的主标题中输入"××城市旅游攻略",设置字体格式"微软雅黑、加粗",在副标题中输入"××欢迎你"。

(3)在第一张幻灯片中插入歌曲"天空之城.mp3",设置为自动播放,并设置声音图标在放映时隐藏。

(4)第二张幻灯片的版式为"标题和内容",标题为"××主要景点",在文本区域中以项目符号列表方式依次添加内容。

(5)在第 3 张至第 N 张幻灯片中依次输入相应的文本、辅助图片、图表、视频等内容,进一步丰富幻灯片内容。

(6)最后一张幻灯片的版式设置为"空白",插入艺术字"××欢迎你"。

项目十二　设置并放映演示文稿

　　PowerPoint 作为主流的多媒体演示软件,其易学、易用性等方面得到广大用户的肯定,其中母版、主题和背景都是用户常用的功能,它可以快速美化演示文稿,简化操作。演示文稿的最终目的是放映,PowerPoint 的动画与放映是有别于其他办公软件的重要功能,它可以让呆板的对象变得灵活,在某种意义上可以说,"动画和放映"功能成就了 PowerPoint"多媒体"软件的地位。本项目将通过两个典型任务,介绍 PowerPoint 母版的使用、幻灯片切换动画、幻灯片对象动画,以及放映、输出幻灯片的方法。

学习目标

- 设置"区块链技术"演示文稿
- 放映并输出"三会一课"演示文稿

任务一　设置"区块链技术"演示文稿

任务要求

　　班级组织自主学习,刘丽同学对区块链技术很感兴趣,在查阅了大量资料并与老师进行交流探讨后,她打算在这次的自主学习中借助演示文稿向同学们介绍一下区块链技术,希望抛砖引玉,激发更多同学的"新想法"。刘丽同学已经整理好了相关的文本信息和图片信息,她希望自己的演示文稿能够更贴近科技的主题,通过更换主题、添加动画、设置艺术字等方式增强演示文稿的阅读性和感染力。设置、调整后完成的演示文稿效果如图12.1 所示,具体要求如下。

　　(1)打开演示文稿,应用"角度"主题,设置"效果"为"暗香扑面","颜色"为"波形"。

　　(2)为演示文稿的标题页设置背景图片"背景.jpg"。

　　(3)在幻灯片母版视图中设置正文占位符的"字号"为"32 号",设置标题占位符的"字号"为"36 号",选择正文占位符文本框,将其与标题占位符调换上下位置;插入名为"logo"的图片;插入艺术字,设置"字体"为"隶书","字号"为"54 号";设置幻灯片的页眉页脚效果;退出幻灯片母版视图。

　　(4)对幻灯片中各个对象进行适当的位置调整,使其符合应用主题。

　　(5)为所有幻灯片设置"揭开"切换效果,设置切换声音为"推动"。

　　(6)为第 1 张幻灯片中的标题设置"缩放"动画,为副标题设置"劈裂"动画,并设置效果为"中央向左右展开"。

　　(7)为第 1 张幻灯片中的副标题添加一个名为"加粗展示"的强调动画,动画开始方式为"上一动画之后","持续时间"为"01:00","延迟"为"00:25"。最后将标题动画的顺序调整到最后,并设置播放该动画时的声音为"箭头"。

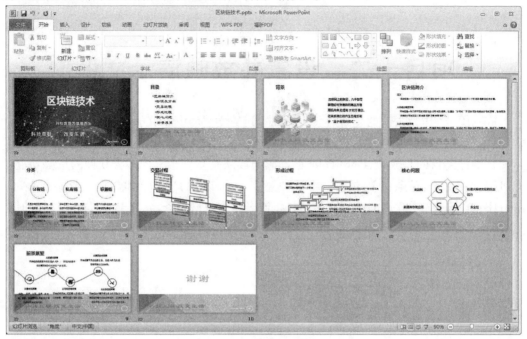

图12.1 "区块链技术"演示文稿

相关知识

(一)认识母版

母版是演示文稿中特有的概念,是存储关于模板信息的设计模板,包括字形、占位符大小和位置、背景设计和配色方案。通过设计、制作母版,可以快速使设置内容在多张幻灯片、讲义或备注中生效,使整个幻灯片具有统一的风格和样式。在 PowerPoint 中有 3 种母版形式:幻灯片母版、讲义母版和备注母版,其作用分别如下。

(1)幻灯片母版。幻灯片母版是所有母版的基础,可以用来统一整个演示文稿的幻灯片格式。这些模板信息包括文字格式、位置、项目符号的字符、配色方案和图形项目等,只要在母版中更改了样式,则对应的幻灯片中相应样式也会随之改变。

(2)讲义母版。讲义母版可以控制幻灯片按照讲义的形式进行打印,包括幻灯片数量、页眉格式等。讲义母版就是设置该内容在纸稿中的显示方式,讲义只显示幻灯片而不包括相应的备注。

(3)备注母版。备注母版用于控制幻灯片按备注页形式打印的格式,即演讲者在幻灯片下方输入的说明性文本。若需要打印这些注释信息,就需要对备注母版进行设置。

(二)认识幻灯片动画

演示文稿之所以在演示领域成为主流软件,动画在其中发挥了非常重要的作用。在 PowerPoint 2010 中可以给幻灯片中的文本、图形、图表及其他对象添加动画效果、超链接和声音。幻灯片动画有两种类型:一种是幻灯片切换动画,另一种是幻灯片对象动画。这两种动画都是在幻灯片放映时才能看到并生效。

幻灯片切换动画是指放映幻灯片时幻灯片进入、离开屏幕时的动画效果,主要作用于幻灯片之间的切换;幻灯片对象动画是指为幻灯片中添加的各对象设置动画效果,多种不同的对象动画组合在一起可形成复杂而自然的动画效果。在 PowerPoint 中幻灯片切换动画种类较简单,而对象动画相对较复杂,其类别主要有 4 种。

(1)进入动画。进入动画是指对象从幻灯片显示范围之外进入幻灯片内部的动画效果。例如,指定对象从幻灯片以外,由左侧移动至幻灯片指定位置而进入动画。

(2)强调动画。强调动画是指对象本身已显示在幻灯片之中,对其进行突出显示,从而起到强调作用。例如,将已存的图片放大显示或旋转等。

(3)退出动画。退出动画是指对象本身已显示在幻灯片之中,然后以指定的动画效果离开幻灯片页面。例如,对象从显示位置以弹跳方式离开幻灯片,或以左侧擦除的方式消失等。

(4)路径动画。路径动画是指对象按用户自己绘制的或系统预设的路径进行移动的动画。例如,对象按"循环"路径进行移动等。

任务实现

(一)应用幻灯片主题

主题是一组预设的背景、字体格式的组合,在新建演示文稿时可以使用主题进行新建,对于已经创建好的演示文稿,也可对其应用主题。PowerPoint 2010 提供了大量的主题格式,可快速地为演示文稿设置统一的外观,应用主题后还可以修改搭配好的颜色、效果及字体等。下面将打开"区块链技术.pptx"演示文稿,应用"角度"主题,设置颜色为"波形",具体操作如下。

(1)打开"区块链技术.pptx"演示文稿,选择【设计】/【主题】组,在【内置】列表框中选择"角度"主题。

(2)选择【设计】/【主题】组,单击【效果】按钮,在打开的下拉列表中选择【暗香扑面】选项,如图 12.2 所示。

图 12.2 选择主题效果

(3)选择【设计】/【主题】组,单击【颜色】按钮,在打开的下拉列表中选择【波形】选项,如图 12.3 所示。

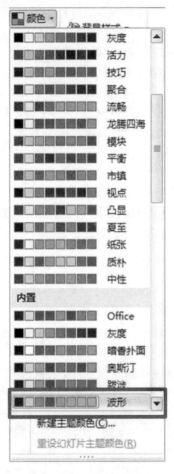

图 12.3　选择主题颜色

(二)设置幻灯片背景

幻灯片的背景可以是一种颜色,可以是多种颜色,也可以是图片。设置幻灯片背景是快速改变幻灯片效果的常用方法之一。下面将"背景"图片设置成标题页幻灯片的背景,具体操作如下。

(1)选择标题幻灯片,在幻灯片的空白处单击鼠标右键,在弹出的快捷菜单中选择【设置背景格式】命令。

(2)打开【设置背景格式】对话框,单击【填充】选项卡,单击选中【图片或纹理填充】选项,在【插入】栏中单击【文件】按钮,如图 12.4 所示。

图 12.4 选择填充方式

(3)打开【插入图片】对话框,选择图片的保存位置后,选择"背景.png"选项,单击【插入】按钮,如图 12.5 所示。

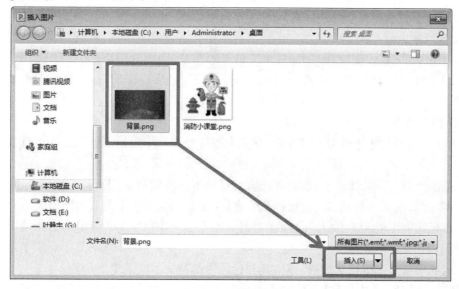

图 12.5 选择背景图片

(4)返回【设置背景格式】对话框,单击选中【隐藏背景图形】复选框,单击【关闭】按钮,即可看到标题幻灯片已应用图片背景,为配合背景颜色,更改本页文本颜色为白色,如图 12.6 所示。

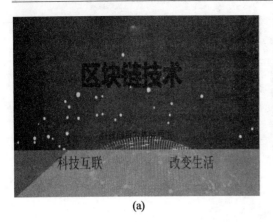

(a)   (b)

图 12.6   设置标题幻灯片背景

【提示】

设置幻灯片背景后,在【设置背景格式】对话框中单击【全部应用】按钮,可将该背景应用到演示文稿的所有幻灯片中,否则将只应用到选择的幻灯片中。

(三) 制作并使用幻灯片母版

母版在幻灯片的编辑过程中的使用频率非常高,在母版中编辑的每一项操作,都可能影响使用该版式的所有幻灯片。进入幻灯片母版视图,设置正文占位符的"字号"为"32号",设置标题占位符的"字号"为"36号",选择正文占位符文本框,将其与标题占位符调换上下位置;插入标志图片和艺术字,并编辑标志图片,设置艺术字的"字体"为"隶书","字号"为"54号";然后设置幻灯片的页眉页脚效果;最后退出幻灯片母版视图,查看应用母版后的效果,并调整幻灯片中各对象的位置,使其符合应用主题、幻灯片母版后的效果,具体操作如下。

(1) 选择【视图】/【母版视图】组,单击【幻灯片母版】按钮,进入幻灯片母版编辑状态。

(2) 选择第 1 张幻灯片母版,表示在该幻灯片下的编辑将应用于整个演示文稿,将鼠标光标移动到正文占位符文本,选择【开始】/【字体】组,在"字号"下拉列表框中输入"32",将标题文本的字号放大;同理将标题占位符文本的"字号"调整为"36 号",如图 12.7 所示。

(3) 选中正文占位符文本框,调整其与标题占位符文本框的上下位置。

(4) 选择【插入】/【图像】组,单击【图片】按钮,打开【插入图片】对话框,在地址栏中选择图片位置,在中间选择"logo"图片,单击【插入】按钮。

(5) 将"logo"图片插入幻灯片中,适当放大后移动到幻灯右下角,如图 12.8 所示。

(6) 选择【插入】/【文本】组,单击【艺术字】按钮下方的下拉按钮,在打开的下拉列表中选择第 6 行的最后一个艺术字效果。

(7) 在艺术字占位符中输入"科技互联 改变生活",选择【开始】/【字体】组,在【字体】下拉列表框中选择"隶书"选项,在"字号"下拉列表框中选择"54"选项,移动艺术字到"logo"图片左下角,如图 12.9 所示。

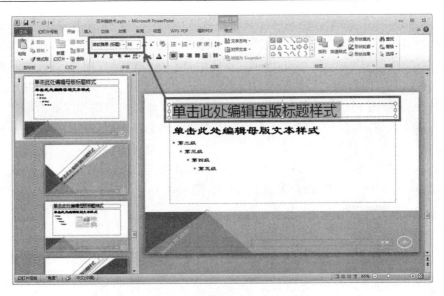

图 12.7　设置标题占位符字号

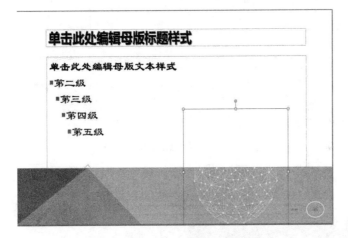

图 12.8　插入并调整"logo"图片

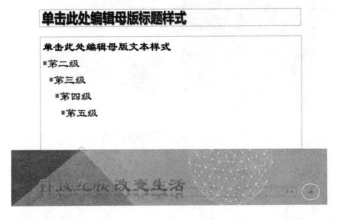

图 12.9　插入并调整艺术字

(8)选择【插入】/【文本】组,单击【页眉和页脚】按钮,打开【页眉和页脚】对话框。

(9)单击【幻灯片】选项卡,单击选中【日期和时间】复选框,其中的单选项将自动激活,再单击选中【自动更新】单选项,即可在每张幻灯片下方显示日期和时间,并且每次根据打开的日期不同而自动更新日期。

(10)单击选中【幻灯片编号】复选框,将根据演示文稿幻灯片的顺序显示编号。

(11)单击选中【页脚】复选框,下方的文本框将自动激活,在其中输入文本"科技创新为体验而生"。

(12)单击选中【标题幻灯片中不显示】复选框,并单击【全部应用】完成设置,这样所有的设置都不在标题幻灯片中生效,如图12.10所示。

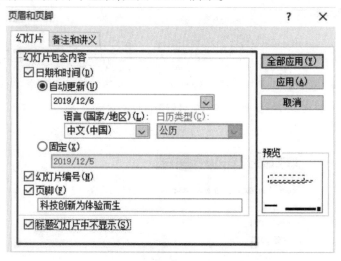

图12.10 【页眉和页脚】对话框

(13)在【幻灯片母版】/【关闭】组中单击【退出幻灯片母版视图】按钮,退出该视图,此时可发现设置已应用于各张幻灯片,图12.11所示为前两张幻灯片修改后的效果。

图12.11 设置母版后的效果

(14)依次查看每一张幻灯片,适当调整标题、正文和图片等对象之间的位置,使幻灯片中各对象的显示效果更和谐。

【提示】

选择【视图】/【母版视图】组,单击【讲义母版】按钮或【备注母版】按钮,将进入讲义母版视图或备注母版视图,然后在其中设置讲义页面和备注页面的版式。

(四)设置幻灯片切换动画

PowerPoint 2010 提供了多种预设的幻灯片切换动画效果,可以为每一张幻灯片设置不同的切换效果。在默认情况下,上一张幻灯片和下一张幻灯片之间没有设置切换动画效果,但在制作演示文稿的过程中,用户可根据需要为幻灯片添加切换效果。下面将为所有幻灯片设置"揭开"切换效果,然后设置其切换声音为"推动",具体操作如下。

(1)在【幻灯片】浏览窗格中按【Ctrl + A】组合键,选择演示文稿中所有幻灯片,选择【切换】/【切换到此张幻灯片】组,在中间的列表框中选择【揭开】选项,如图 12.12 所示。

(2)选择【切换】/【计时】组,在【声音】下拉列表框中选择【推动】选项,将设置应用到所有幻灯片中。

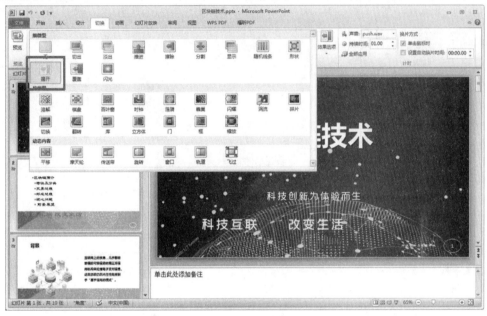

图 12.12 选择切换动画

(3)选择【切换】/【计时】组,在【换片方式】栏下单击选中【单击鼠标时】复选框,表示放映幻灯片时,单击鼠标将进行切换操作。

【提示】

选择【切换】/【计时】组,单击【全部应用】按钮,可将设置的切换效果应用到当前演示文稿的所有幻灯片中,其效果与选择所有幻灯片再设置切换效果的效果相同。设置幻灯片切换动画后,选择【切换】/【预览】组,单击【预览】按钮,可查看设置的切换动画。

(五)设置幻灯片动画效果

设置幻灯片动画效果即为幻灯片中的各对象设置动画效果,为幻灯片中的各对象设置动画能够很大程度地提升演示文稿的效果。下面将为第 1 张幻灯片中的各对象设置动画。首先为标题设置"缩放"动画,为副标题设置"劈裂"动画,并设置效果为"中央向左右展开",然后为副标题再次添加一个"加粗展示"的强调动画,接着修改新增加的动画的开始方式、持续时间和延迟，最后将标题动画的顺序调整到最后，并设置播放该动画时有"箭头"声音，具体操作如下。

（1）选择第 1 张幻灯片的标题，选择【动画】，在其列表框中选择"缩放"动画效果。

（2）选择副标题，选择【动画】/【高级动画】组，单击【添加动画】按钮，在效果打开的下拉列表中选择【更多进入效果】选项。

（3）打开【添加进入效果】对话框，选择【基础型】栏的【劈裂】选项，单击【确定】按钮，如图 12.13 所示。

（4）选择【动画】，单击【效果选项】按钮，在打开的下拉列表中选择【中央向左右展开】选项，修改动画效果，如图 12.14 所示。

（5）继续选择副标题，选择【动画】/【高级动画】组，单击【添加动画】按钮，在打开的下拉列表中选择强调栏的【加粗展示】选项。

图 12.13　选择进入效果

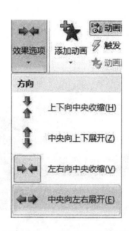

图 12.14　修改动画效果

【提示】

通过为副标题再增加一个"对象颜色"动画，用户可根据需要为一个对象设置多个动画。设置动画后，在对象前方将显示一个数字，它表示动画的播放顺序。

（6）选择【动画】/【高级动画】组，单击【动画窗格】按钮，在工作界面右侧增加一个窗格，其中显示了当前幻灯片中所有对象已设置的动画。

（7）选择【动画】/【计时】组，在【开始】下拉列表框中选择【上一动画之后】选项，【持续时间】数值框中输入"01.00"，在【延迟】数值框中输入"00.25"，如图 12.15 所示。

项目十二　设置并放映演示文稿

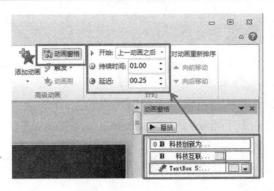

图 12.15　设置动画计时

【提示】

选择【动画】/【计时】组,在【开始】下拉列表框中各选项的含义如下:"单击时"表示单击鼠标时开始播放动画;"与上一动画同时"表示播放前一动画的同时播放该动画;"上一动画之后"表示前一动画播放之后,在约定时间自动播放该动画。

(8)选择动画窗格中的第 1 个选项,按住鼠标不放,将其拖动到最后,调整动画的播放顺序。

(9)在调整后的最后一个动画选项上单击鼠标右键,在弹出的快捷菜单中选择【效果选项】命令。

(10)打开【缩放】对话框,在【声音】下拉列表框中选择【箭头】选项,单击其后的【音量】按钮,在打开的列表拖动滑块,调整音量大小,单击【确定】按钮,如图 12.16 所示。

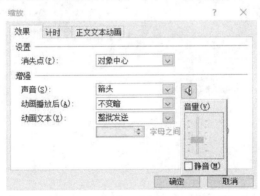

图 12.16　设置动画效果选项

任务二　放映并输出"三会一课"演示文稿

任务要求

高尚是学院的宣传委员,近期在组织进行"三会一课"的学习工作,作为新时代的大学生,要学会运用多种方式开展工作,为了帮助新生能够快速明了地理解"三会一课"的内容,他准备借助演示文稿进行宣讲。PowerPoint 操作简单,不仅能使学生在学习的过程中感受到趣味性,也更容易接受。高尚同学已经将课件内容制作完成,准备在计算机上放映预演一下,以免在宣讲中出现意外,图 12.17 所示为创建好超链接并准备放映的演示文稿效果,具体要求如下。

(1)根据第 2 张幻灯片的各项文本内容创建超链接,并链接到对应的幻灯片中。

(2)在第 4 张幻灯片右下角插入一个动作按钮,并链接到第 2 张幻灯片;在动作按钮下方插入艺术字"目录"。

(3)放映制作好的演示文稿,并使用超链接快速定位到"三会一课"所在的幻灯片,然后返回上次查看的幻灯片。

(4)在最后一页使用黄色的"笔"标记文本,最后退出幻灯片放映视图。

(5)隐藏最后一张幻灯片,然后再次进入幻灯片放映视图,查看隐藏幻灯片后的效果。

(6)对演示文稿中各动画进行排练计时。

(7)将课件打印出来,要求一页纸上显示 3 张幻灯片。

(8)将设置好的演示文稿打包到文件夹中,并命名为"三会一课"。

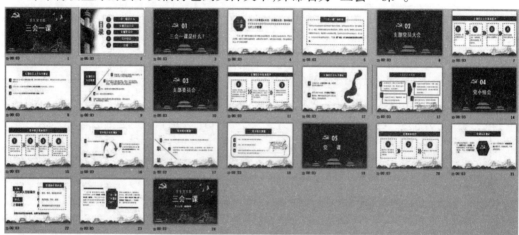

图 12.17 "三会一课"演示文稿

相关知识

(一)幻灯片放映类型

演示文稿的最终目的是放映,在 PowerPoint 2010 中用户可以根据实际的演示场合选择不同的幻灯片放映类型,PowerPoint 2010 提供了 3 种放映类型。其设置方法为选择【幻灯片放映】/【设置】组,单击【设置幻灯片放映】按钮,打开【设置放映方式】对话框,在【放映类型】栏中点击选不同的单选项即可选择相应的放映类型,设置完成后单击【确定】按钮。各种放映类型的作用和特点如下。

(1)演讲者放映(全屏幕)。演讲者放映(全屏幕)是默认的放映类型,此类型将以全屏幕的状态放映演示文稿,在演示文稿放映过程中演讲者具有完全的控制权,演讲者可以手动切换幻灯片和动画效果,也可以将演示文稿暂停、添加会议细节等,还可以在放映过程中录下旁白。

(2)观众自行浏览(窗口)。观众自行浏览(窗口)是以窗口形式放映演示文稿,在放映过程中可以利用滚动条、【PageDown】键、【PageUp】键对放映的幻灯片进行切换,但不能通过单击鼠标放映。

(3)在展台放映演示文稿(全屏幕)。在展台放映演示文稿(全屏幕)是放映类型中最简单的一种,不需要人为控制,系统将自动全屏循环放映演示文稿,按【Esc】键可结束放映。

(二)幻灯片输出格式

在 PowerPoint 2010 中除了可以将制作的文件保存为演示文稿,还可以将其输出成其他多种格式以满足不同环境的需要。操作方法较简单:选择【文件】/【另存为】命令,打开【另存为】对话框,选择文件保存位置,在【保存类型】下拉列表中选择需要输出的格式选项,单击【保存】按钮即可。下面讲解4种常见的输出格式。

(1)图片。选择【GIF 可交换图形格式(*.gif)】、【JPEG 文件交换格式(*.jpg)】、【PNG 可移植网络图形格式(*.png)】或【TIFF Tag 图像文件格式(*.tif)】选项,单击【保存】按钮,根据提示进行相应操作,可以将当前演示文稿中的幻灯片保存为一张对应格式的图片。如果要在其他软件中使用,还可以将这些图片插入到相应的软件中。

(2)视频。选择【Windows Media 视频(*.wmv)】选项,可将演示文稿保存为视频,如果在演示文稿中排练了所有幻灯片,则保存的视频将自动播放这些动画。保存为视频文件后,文件播放的随意性更强,不受字体、PowerPoint 版本的限制,只要计算机中安装了视频播放软件,就可以播放,这对于一些需要自动展示演示文稿的场合非常实用。

(3)自动放映的演示文稿。选择【PowerPoint 放映(*.ppsx)】选项,可将演示文稿保存为自动放映的演示文稿,以后双击该演示文稿将不再打开 PowerPoint 2010 的工作界面,而是直接启动放映模式,开始放映幻灯片。

(4)大纲文件。选择【大纲/RTF 文件(*.rtf)】选项,可以将演示文稿中的幻灯片保存为大纲文件,生成的大纲 RTF 文件中将不再包含幻灯片中的图形、图片以及插入到幻灯片的文本框中的内容。

任务实现

(一)创建超链接与动作按钮

在浏览网页的过程中,单击某段文本或某张图片时,就会自动弹出另一个相关的网页,通常这些被单击的对象称为超链接,在 PowerPoint 2010 中也可以为幻灯片中的图片和文本创建超链接。下面将为第 2 张幻灯片的各项文本创建超链接,在第 4 张幻灯片中插入一个动作按钮,并链接到第 2 张幻灯片"目录页";最后在动作按钮下方插入艺术字"目录",具体操作如下。

(1)打开"三会一课.pptx"演示文稿,选择第 2 张幻灯片,选择目录下第 3 个小标题"支部委员会",选择【插入】/【链接】组,单击【超链接】按钮。

(2)打开【插入超链接】对话框,单击【链接到】列表框中的【本文档中的位置】按钮,在【请选择本文档中的位置】列表框中选择要链接到的第 10 张幻灯片,单击【确定】按钮,如图 12.18 所示。

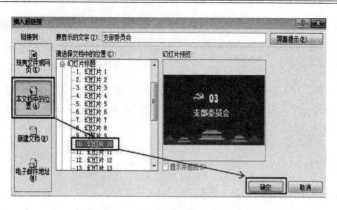

图 12.18 选择链接的目标位置

(3)返回幻灯片编辑区即可看到设置超链接的文本颜色已发生变化,并且文本下方有一条蓝色的线,使用相同方法,依次为各项文本设置超链接。

(4)在第 4 张幻灯片中选择【插入】/【插图】组,单击【形状】按钮,在打开的下拉列表中选择【动作按钮】栏的第 5 个选项,如图 12.19 所示。

(5)此时鼠标光标变为"十字"形状,在幻灯片左上角空白位置按住鼠标左键不放拖动鼠标,绘制一个动作按钮,如图 12.20 所示。

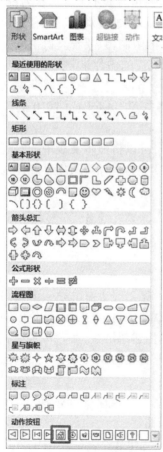

图 12.19 选择动作按钮类型

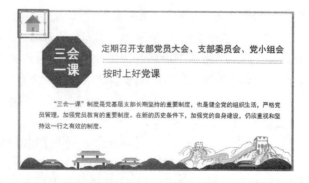

图 12.20 绘制动作按钮

(6) 绘制动作按钮后会自动打开【动作设置】对话框,单击选中【超链接到】单选项,在下方的下拉列表框中选择【幻灯片】选项,如图 12.21 所示。

(7) 打开【超链接到幻灯片】对话框,选择第 2 张幻灯片,依次单击【确定】按钮,使超链接生效,如图 12.22 所示。

(8) 返回 PowerPoint 编辑界面,选择绘制的动作按钮,选择【格式】/【形状样式】组,在中间的列表框中选择第 1 行的第 4 个样式,如图 12.23 所示。

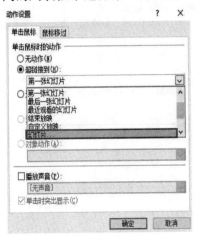

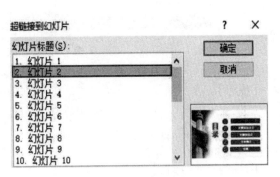

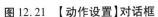
图 12.21 【动作设置】对话框　　　　图 12.22 选择超链接到的目标

(9) 选择【插入】/【文本】组,单击【艺术字】按钮,在打开的下拉列表中选择第 5 列的第 1 个样式。

(10) 在艺术字占位符中输入文字"目录",设置其"字号"为"36 号",然后将设置好的艺术字移动到动作按钮的右侧,如图 12.24 所示。

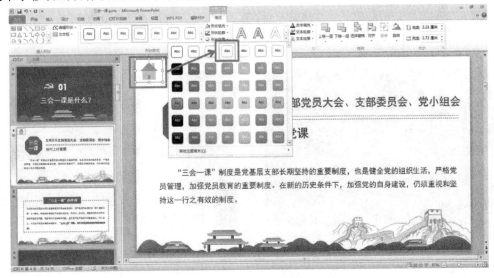

图 12.23 选择形状样式

图12.24 插入艺术字

【提示】

如果进入幻灯片母版,在其中绘制动作按钮,并创建好超链接,该动作按钮将应用到该幻灯片版式对应的所有幻灯片中。

(二)放映幻灯片

制作演示文稿的最终目的就是配合演讲者对其讲解的内容进行直观生动的表述,达到说明、吸引观众注意力的效果。下面将放映制作完成的演示文稿,并使用超链接快速定位到"三会一课是什么"所在的幻灯片,然后返回到上次查看的幻灯片,依次查看各幻灯片和对象,在最后一页标记重要内容,最后退出幻灯片放映图,具体操作如下。

(1)选择【幻灯片放映】/【开始放映幻灯片】组,单击【从头开始】按钮,进入幻灯片放映视图。

(2)这样将从演示文稿的第一张幻灯片开始放映,如图12.25所示,单击鼠标左键依次放映下一个动画或下一张幻灯片,如图12.26所示。

图12.25 进入幻灯片放映视图

图12.26 放映动画

(3)当放映到第5张幻灯片时,将鼠标光标移动到"三会一课"文本上,此时鼠标光标变为形状,如图12.27所示。

(4)切换到目标链接的幻灯片上,此时可使用前面的方法单击鼠标对幻灯片进行放映。在幻灯片上单击右键,在弹出的快捷菜单中选择【上次查看过的】命令,如图12.28所示。

图 12.27　单击超链接　　　　　　　图 12.28　定位幻灯片

（5）返回上一次查看的幻灯片,然后依次播放幻灯片中的各个对象,当播放到最后一章的内容时,单击鼠标右键,在弹出的快捷菜单中选择【指针选项】/【墨色选择】/【黄色】命令,然后再次单击鼠标右键,在弹出的快捷菜单中选择【指针选项】/【笔】命令,如图12.29 所示。

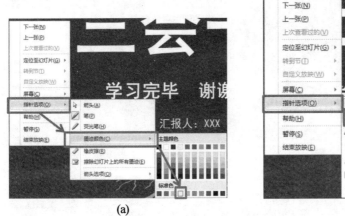

图 12.29　选择标记使用的笔

（6）此时鼠标光标变为"铅笔"形状,按住鼠标左键不放并拖动鼠标,标记重要的内容,播放最后一张幻灯片,单击鼠标右键,提示【放映结束,单击退出】时,单击鼠标即可退出。

（7）由于前面标记了内容,将打开【是否保留墨迹注释?】的提示对话框,单击【放弃】按钮,删除绘制的标注,如图 12.30 所示。

图 12.30　选择是否保留墨迹注释

【提示】

选择【幻灯片放映】/【开始放映幻灯片】组,单击【从当前幻灯片开始】按钮或在状态栏中单击【幻灯片放映】按钮,可从选择的幻灯片处开始播放幻灯片。在播放幻灯片的过程中,通过右键快捷菜单,可快速定位到上一张幻灯片或下一张幻灯片,又或者具体的某张幻灯片。

(三)隐藏幻灯片

放映幻灯片时,系统将自动按设置的放映方式依次放映每张幻灯片,但在实际放映过程中,可以将暂时不需要的幻灯片隐藏起来,等到需要的时候再将其显示。下面将隐藏最后一张幻灯片,然后查看放映效果,具体操作如下。

(1)在"幻灯片"浏览窗格中选择第 24 张幻灯片,选择【幻灯片放映】/【设置】组,单击【隐藏幻灯片】按钮,隐藏幻灯片,如图 12.31 所示。

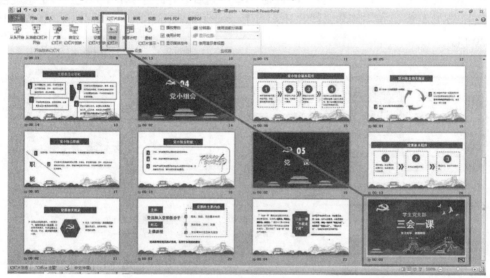

图 12.31 隐藏幻灯片

(2)在"幻灯片"浏览窗格中选择的幻灯片上将出现"隐藏标记",选择【幻灯片放映】/【开始放映幻灯片】组,单击【从头开始】按钮,开始放映幻灯片,此时隐藏的幻灯片将不再放映出来。

【提示】

若要显示隐藏的幻灯片,在放映幻灯片时,单击鼠标右键,在弹出的快捷菜单中选择【定位至幻灯片】命令,再在弹出的子菜单中选择隐藏的幻灯片名称。如果取消隐藏幻灯片,可再次执行隐藏操作,即选择【幻灯片放映】/【设置】组,单击【隐藏幻灯片】按钮。

(四)排练计时

对于一些需要自动放映的演示文稿,设置动画效果后,可以进行排练计时,从而在放映时可根据排练的时间和顺序进行放映。下面将在演示文稿中对幻灯片进行排练计时设置,具体操作如下。

(1)选择【幻灯片放映】/【设置】组,单击【排练计时】按钮。进入放映排练状态,同时打开【录制】工具栏自动为该幻灯片放映计时,如图12.32所示。

图12.32 【录制】工具栏

(2)通过单击鼠标或按【Enter】键控制幻灯片中下一个动画出现的时间,如果用户确认该幻灯片的播放时间,可直接在【录制】工具栏的时间框内输入时间值。

(3)一张幻灯片播放完成后,单击切换到下一张幻灯片,【录制】工具栏中的时间将从本张幻灯片放映时开始进行计时。

(4)放映结束后,打开提示对话框,提示排练计时时间,并询问是否保留幻灯片的播放时间,单击【是】按钮进行保存,如图12.33所示。

图12.33 是否保留排练时间

(5)打开【幻灯片浏览】视图样式,在每张幻灯片的左下角将显示此张幻灯片的播放时间。图12.34所示为全部幻灯片在【幻灯片浏览】视图中显示的播放时间。

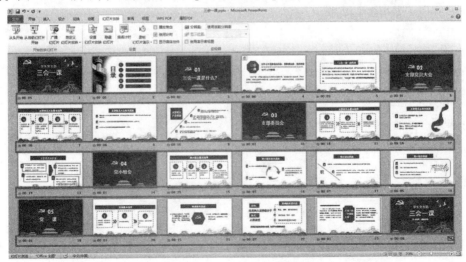

图12.34 全部幻灯片显示的播放时间

【提示】

如果不想使用排练好的时间自动放映该幻灯片,可选择【幻灯片放映】/【设置】组,撤销选中【使用计时】复选框,这样在放映幻灯片时就能手动进行切换。

(五)打印演示文稿

演示文稿不仅可以进行现场演示,还可以将其打印在纸张上,在演讲过程中作为提示,下面将前面制作并设置好的课件打印出来,要求一页纸上显示 3 张幻灯片,具体操作如下。

(1)选择【文件】/【打印】命令,在窗口右侧"份数"数值框中输入"3",即打印 3 份,如图 12.35 所示。

图 12.35　设置打印份数

(2)在【打印机】下拉列表框中选择与本计算机相连的打印机。

(3)在幻灯片的布局下拉列表框中选择【3 张幻灯片】选项,单击选中【幻灯片加框】和【根据纸张调整大小】复选框,打印布局如图 12.36 所示。

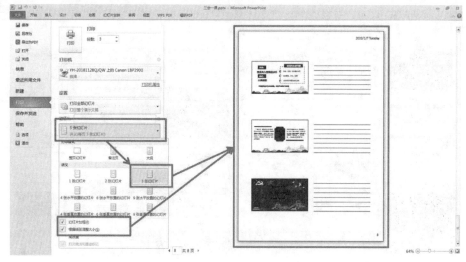

图 12.36　设置打印布局

(4)单击【打印】按钮,开始打印幻灯片。

(六)打包演示文稿

演示文稿制作完成后,有时需要在其他计算机上进行放映,若要在其他没有安装PowerPoint 2010 的计算机上也能正常播放其中的声音和视频等对象,除了将演示文稿保存为视频之外,还可将制作的演示文稿打包。下面将前面设置好的课件打包到文件夹中,并命名为"三会一课",具体操作如下。

(1)选择【文件】/【保存并发送】命令,在工作界面右侧的【文件类型】栏中选择【将演示文稿打包成 CD】选项,然后单击【打包成 CD】按钮。

(2)打开【打包成 CD】对话框,单击按钮,打开【复制到文件夹】对话框,在【文件夹名称】文本框中输入"三会一课",在【位置】文本框中输入打包后的文件夹的保存位置,单击【确定】按钮,如图 12.37 所示。

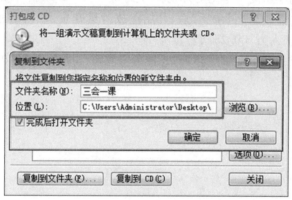

图 12.37　复制到文件夹

(3)弹出提示对话框,提示是否保存链接文件,单击【是】按钮,如图 12.38 所示。稍作等待后即可将演示文稿打包成文件夹。

图 12.38　保存链接文件

课后练习

1. 打开"个人简历.pptx"演示文稿,按照下列要求对演示文稿进行操作。
(1)为所有幻灯片应用"气流.pptx"主题,也可以下载其他主题。
(2)为演示文稿设置不少于 3 种的幻灯片切换方式,换片方式为"单击鼠标时"。
(3)进入幻灯片母版,在第 1 张幻灯片的正文占位符中输入自己设计的个性宣言艺术字,并在其左上角插入一个动作按钮,将其链接到第 2 张幻灯片。

(4)在任一张幻灯片页面中插入一张图片,设置图片的格式为"棱台形椭圆,黑色",设置图片进入方式为"自左侧擦除"。

(5)设置标题幻灯片的主标题的进入动画为"轮子",副标题的进入动画为"弹跳"。

2. 志愿服务项目即将进行答辩,要求根据自己小组的实际情况,准备一份演示文稿,向老师汇报志愿服务情况,具体要求如下。

(1)制作不少于10页的幻灯片,要求有封面页、目录页、结束页;内容要求有文字说明和志愿服务插图,并为图片设置不少于2种的图片样式。

(2)在标题幻灯片中设置标题的"字体"为"微软雅黑",加粗,添加"文字阴影";副标题中输入志愿服务小组的名称。

(3)为演示文稿应用一个恰当的设计主题。

(4)在目录页中为每一个小标题设置超链接。

(5)为演示文稿应用同一个幻灯片切换方式。

(6)在演示文稿播放至"目录页"后,开始播放背景音乐,音乐播放图标设置"放映时隐藏",设置音频的淡入为"00.25",音量为"低"。

(7)将制作完成的演示文稿另存为"志愿服务答辩.pptx",并保存至"桌面"。

项目十三　　了解 Access 2010 数据库

Microsoft Office Access 是微软研发的一款关联式数据库管理软件，Access 2010 不仅拥有专业强大的数据库管理系统，还拥有高效靠谱的统计分析功能，能够更好地提高用户的工作效率及工作能力。

学习目标

- 了解数据库的概念及发展

任务　了解数据库的概念及发展

任务要求

在使用 Access 2010 数据库时，首先要了解数据库的基本概念、数据库的发展、数据模型、关系数据库及数据库的设计方法。

任务实现

（一）了解数据库的基本概念

1. 数据

数据（Data）是数据库系统研究和处理的对象，从本质上讲是描述事物的符号记录。符号不仅是指数字、字母和文字，而且包括图形、图像、声音等。因此数据有多种表现形式，都是经过数字化处理后存入计算机能够反映或描述事物的特性。

2. 数据库

数据库（Data Base，DB）是数据的集合，它具有一定的组织形式并存储于计算机的存储器上，具有多种表现形式并可被各种用户所共享。数据库中的数据具有较小的冗余度、较高的数据独立性和扩展性。在信息社会中，人们收集各种各样的数据后，对它们进行加工，借助计算机和数据库技术科学地保存和管理大量的复杂数据，以便充分利用这些数据资源。例如，为了方便地管理学生档案，可以把学生的有关信息，如学号、姓名、性别、出生日期、民族、政治面貌等存储在一个数据库的表对象中。

3. 数据库管理系统

数据库管理系统（Data Base Management System，DBMS）是位于用户与操作系统之间的一层数据管理软件，属于系统软件。它是数据库系统的一个重要组成部分，是使数据库系统具有数据共享、并发访问、数据独立等特性的根本保证，主要提供以下功能：

(1)数据定义功能。
(2)数据操纵及查询优化。
(3)数据库的运行管理。
(4)数据库的建立和维护。

Microsoft Access 就是一个关系型数据库管理系统(Relational Data Base Management System, RDBMS),它提供一个软件环境,用户利用它可以方便快捷地建立数据库,并对数据库中的数据实现查询、编辑、打印等操作。

4. 数据库管理员

由于数据库的共享性,因此对数据库规划、设计、维护、监视等需要有专人管理,从事这方面工作的人员成为数据库管理员(Data Base Administrator, DBA)。其主要功能如下。

(1)数据库设计。DBA 主要任务之一是进行数据库设计,具体来说就是进行数据模式设计。由于数据库的集成与共享性,因此需要有专门人员对多个应用的数据库需求进行全面规划、设计与集成。

(2)数据库维护。DBA 必须对数据库中的数据安全性、完整性、并发控制及系统恢复、数据定期转储等进行实时维护。

(3)改善系统性能,提高系统效率。DBA 必须随时监视数据库的运行状态,不断调整内部结构,使系统保持最佳状态与最高效率。当数据库运行效率下降时,DBA 需采取适当的措施,如进行数据库的重组、重构等。

5. 数据库系统

数据库系统(Data Base System, DBS)通常是指带有数据库的计算机应用系统。它一般由数据库、数据库管理系统(及其开发工具)、应用系统、硬件系统、数据库管理员和用户组成。在不引起混淆的情况下常把数据库系统简称为数据库。

6. 数据库应用系统

利用数据库系统进行应用开发可构成一个数据库应用系统(Data Base Application System, DBAS)。数据库应用系统由数据库系统再加上应用软件和应用界面组成,具体包括数据库、数据库管理系统、数据库管理员、硬件平台、软件平台和应用界面。数据库系统软硬件层次结构图如图 13.1 所示。

图 13.1　数据库系统软硬件层次结构图

(二)了解数据库的发展

数据库技术产生于 20 世纪 60 年代后期,是随着数据库管理的需要而产生的。在此之前,数据库管理经历了人工管理阶段和文件管理阶段。随着计算机技术迅速发展,其主要应用领域从科学计算转移到数据事务处理,从而出现了数据库技术,其是数据管理的最新技术,是计算机科学中发展最快、应用最广泛的重要分支之一。自产生以来,数据库技术的发展经历了 3 代:第一代为层次、网状数据库系统;第二代为关系数据库系统;第三代为以面向对象模型为主要数据库特征的数据库系统。目前,数据库技术与网络通信技术、人工智能技术、面向对象程序设计技术、并行计算机技术等相互渗透,成为数据库技术发展的主要特征。

1. 第一代数据库系统

数据库发展阶段的划分是以数据模型的发展为主要依据的。数据模型的发展经历了格式化数据模型(包括层次数据模型和网状数据模型)、关系数据模型两个阶段,并正向面向对象的数据模型等非传统数据模型阶段发展。实际上层次数据模型是网状数据模型的特例,层次数据库系统和网状数据库系统在体系结构、数据库语言和数据存储管理上均具有相同的特征,并且都是在 20 世纪 60 年代后期研究和开发的,属于第一代数据库系统。

(1)第一代数据库系统的特点。

①支持三级模式的体系结构。三级模式通常指外模式、模式、内模式,模式之间具有转换功能。

②用存取路径来表示数据之间的联系。数据库系统不仅存储数据,而且存储数据之间的联系。在层次和网状数据库系统中,数据之间的联系是用存取路径来表示和实现的。

③独立的数据定义语言。层次数据库系统和网状数据库系统有独立的数据定义语言,用以描述数据库的外模式、模式、内模式以及相互映像。三级模式一经定义,就很难修改。这就要求数据库设计人员在建立数据库应用系统时,不仅要充分考虑用户的当前需求,还要充分了解可能的需求变化和发展。

④导航的数据操纵语言。层次数据库和网状数据库的数据查询和数据操纵语言是一次一个记录的导航式的过程化语言。这类语言通常嵌入某一种高级语言(如 COBOL、Fortran、PL/1)中,其优点是存取效率高,缺点是编程烦琐,应用程序的可移植性较差,数据的逻辑独立性也较差。

(2)第一代数据库系统的代表。

①1969 年,IBM 公司开发了层次数据模型的数据库系统 IMS(Information Management System),它可以让多个程序共享数据库。

②1969 年 10 月,美国数据库系统语言协会(Conference on Data System Language,CODASYL)的数据库研制者提出了网状模型数据库系统规范报告,称为数据库任务组(Data Base Task Group,DBTG)报告,使数据库系统开始走向规范化和标准化。它是数据库网状模型的典型代表。

2. 第二代数据库系统

1970 年美国 IBM 公司 San Jose 研究室的高级研究员埃德加·考特发表了论文《大型共享数据库数据的关系模型》,提出了数据库的关系模型,开创了数据库关系方法和关系数据理论的研究,奠定了关系数据库技术的理论基础,为数据库技术开辟了一个新时代。

20世纪70年代,关系方法的理论研究和软件系统的研制均取得了很大成果。IBM公司的San Jose实验室研制出关系数据库实验系统System R。同期,美国伯克利学院也研制了INGRES数据库实验系统,并发展成为INGRES数据库产品,使关系方法从实验室走向了市场。

关系数据库产品一问世,就以其简单清晰的概念、易懂易学的数据库语言,使得用户不需了解复杂的存取路径细节,不需说明"怎么干",就能操作数据库,从而深受广大用户喜爱。

20世纪80年代以来,大多数厂商推出的数据库管理系统的产品都是关系型的,如FoxPro、Access、DB2、Oracle及Sybase等都是关系型数据库管理系统,使数据库技术日益广泛地应用到企业管理、情报检索、辅助决策等各个方面,成为实现和优化信息系统的基本技术。

关系型数据库是以关系模型为基础的,具有以下特点:

(1)关系数据库对实体及实体之间的联系均采用关系来描述,对各种用户提供统一的单一数据结构模式,使用户容易掌握和应用。

(2)关系数据库语言具有非过程化特性,将用户从数据库记录的导航式检索编程中解脱出来,降低了编程难度,可面向非专业用户。

(3)数据独立性强,用户的应用程序、数据的逻辑结构与数据的物理存储方式无关。

(4)以关系代数为基础。数据库的研究更加科学化,尤其在关系操作的完备性、规范化及查询优化等方面,为数据库技术的成熟奠定了很好的基础。

3. 第三代数据库系统

第一代和第二代数据库技术基本上是处理面向记录、以字符表示为主的数据,能较好满足商业事务处理的需求。但远远不能满足多种多样的信息类型处理需求。新的数据库应用域,如计算机辅助设计、制造(CAD/CAM)、计算机集成制造(CIM)、办公信息系统(OIS)等需要数据库系统能支持各种静态和动态的数据,如图形、图像、语音、文本、视频、动画、音乐等,并且还需要数据库系统具备处理复杂对象、实现程序设计语言和数据库语言无缝集成等功能。这种情况下,原有的数据库系统就暴露出了多种局限性。正是在这种新应用的推动下,数据库技术得到进一步发展。

1990年,高级DBMS功能委员会发表了《第三代数据库系统宣言》,提出了第三代数据库应具有的3个基本特征,并从3个基本特征导出了13个具体特征和功能。

经过多年的研究和讨论,对第三代数据库系统的基本特征已有了如下共识。

(1)第三代数据库系统应支持数据管理、对象管理和知识管理。以支持面向对象数据模型为主要特征,并集数据管理、对象管理和知识管理为一体。

(2)第三代数据库系统必须保持或继承第二代数据库系统的技术,如非过程化特性、数据独立性等。

(3)第三代数据库系统必须对其他系统开放,如支持数据库语言标准、在网络上支持标准网络协议等。

4. 数据库技术的新进展

20世纪80年代以来,数据库技术经历了从简单应用到复杂应用的巨大变化,数据库系统的发展呈现出百花齐放的局面,目前在新技术内容、应用领域和数据模型3个方面都取得很大进展。

数据库技术与其他学科的有机结合,是新一代数据库技术的一个显著特征,从而出现了各种新型的数据库。例如,①数据库技术与分布处理技术相结合,出现了分布式数据库。②数据库技术与并行处理技术相结合,出现了并行数据库。③数据库技术与人工智能技术相结合,出现了知识库和主动数据库系统。④数据库技术与多媒体处理技术相结合,出现了多媒体数据库。⑤数据库技术与模糊技术相结合,出现了模糊数据库等。⑥数据库技术应用到其他领域中,出现了数据仓库、工程数据库、统计数据库、空间数据库及科学数据库等多种数据库技术,扩大了数据库应用领域。

数据库技术发展的核心是数据模型的发展,数据模型应满足3方面的要求:①能比较真实地模拟现实世界;②容易为人们所理解;③便于在计算机上实现。目前,一种数据模型要很好地满足这三方面的要求是很困难的。新一代数据库技术则采用多种数据模型,如面向对象数据模型、对象关系数据模型和基于逻辑的数据模型等。

(三)了解数据模型

数据库中组织数据应从全局出发,不仅考虑到事物内部的联系,还要考虑到事物之间的联系。表示事物以及事物之间的模型就是数据模型。数据模型是用来抽象、表示和处理现实世界的数据和信息的工具,也就是现实世界数据特征的抽象。数据模型是数据库系统的核心和基础,现有的数据库系统均是基于某种数据模型的。

数据模型有3个基本组成要素:数据结构、数据操作和完整性约束。

(1)数据结构。数据结构用于描述系统的静态特性,研究的对象包括两类,一类是与数据类型、性质有关的对象;另一类是与数据之间的联系有关的对象。

(2)数据操作。数据操作是指对数据库中各种对象(型)的实例(值)允许执行的所有操作,即操作的集合,包括操作及有关的操作规则。数据库主要有检索和更新两类操作。

(3)完整性约束。完整性约束是给定的数据模型中数据及其联系所具有的制约和依存规则,用以限定数据库的状态及状态的变化,以保证数据的正确、有效和相容。

数据模型按不同的应用层次分成3种类型:概念数据模型、逻辑数据模型和物理数据模型。

概念数据模型简称概念模型,它是一种面向客观世界、面向用户的模型,与具体的数据库管理系统和计算机平台无关。概念数据模型着重于对客观世界复杂事物的结构及它们之间的内在联系的描述。概念数据模型是整个数据模型的基础,设计概念模型常用的方法是E-R方法,也就是E-R模型(实体-联系模型)。

逻辑数据模型又称为数据模型,它是一种面向数据库系统的模型,该模型着重于数据库系统级别的实现。概念模型只有在转换成数据模型后才能在数据库中得以表示。数据库领域中过去和现在最常见的数据模型有4种:分别是层次模型(Hierarchical Model)、网状模型(Network Model)、面向对象模型(Object Oriented Model)和关系模型(Relational Model),其中层次模型和网状模型统称为非关系模型。非关系模型中数据结构的单位是基本层次联系。所谓基本层次联系是指两个记录以及它们之间的一对多(包括一对一)的联系。

物理数据模型又称为物理模型,它是一种面向计算机物理表示的模型,此模型给出了数据模型在计算机上物理结构的表示。

(四)了解关系数据库

尽管数据库领域中存在多种组织数据的方式,但关系数据库是效率最高的一种数据库系统。关系数据库系统采用关系数据模型作为数据的组织方式,Access 就是基于关系数据模型的数据库系统。关系数据模型之所以重要,是因为它是用途广泛的关系数据库系统的基础。

关系数据模型由关系数据结构、关系操作和关系完整性约束3部分组成。

(1)关系数据结构。关系模型中数据的逻辑结构是一张二维表。在用户看来非常简单,但这种简单的数据结构能表达丰富的语义,可描述出现实世界的实体以及实体间的各种联系。如一个学校可以有一个数据库,在数据库中建立多个表,其中一个表用来存放教师信息,一个表用来存放学生信息,一个表用来存放课程设置信息等。

(2)关系操作。关系操作采用集合操作方式,即操作的对象和结果都是集合。关系模型中常用的关系操作包括如下两类。

①查询操作:选择(Select)、投影(Projection)、连接(Join)、除(Divide)、并(Union)、交(Intersection)、差(Difference)等。

②增加(Insert)、删除(Delete)、修改(Update)操作。

(3)关系完整性约束。关系模型中的完整性是指数据库中数据的正确性和一致性,关系数据模型的操作必须满足关系的完整性约束条件。关系的完整性约束条件包括实体完整性、参照完整性和用户定义的完整性。其中实体完整性和参照完整性是关系模型必须满足的完整性约束条件,适用于任何关系数据库系统。用户定义的完整性是针对某一具体领域的约束条件,它反映某一具体应用所涉及的数据必须满足的语义要求。

(五)了解数据库的设计方法

在关系数据库应用系统的开发过程中,数据库设计是核心和基础。数据库设计是指针对一个给定的应用环境,构造最优的数据模式,建立数据库及其应用系统,有效存储数据,以满足用户信息存储和处理要求。针对一个具体问题,应该如何构造一个符合实际的恰当的数据模式,即应该构造几个关系,每个关系应该包括哪些属性,各个元组的属性值应符合什么条件等,这些都是应全面考虑的问题。在关系数据库设计时要遵守一定的规则,下面介绍数据库关系完整性设计和数据库规范化设计。

1. 数据库关系完整性设计

关系数据库设计是对数据进行组织化和构造化的过程,核心问题是关系模型的设计。关系模型的完整性规则是对关系的某种约束性条件,是指数据库中数据的正确性和一致性。现实世界的实际存在决定了关系必须满足一定的完整性约束条件,这些约束表现在对属性取值范围的限制上。完整性规则就是防止用户使用数据库时,向数据库中插入不符合语义的数据。关系模型中有3类完整性约束:实体完整性、参照完整性和用户定义的完整性。其中实体完整性和参照完整性是关系模型必须满足的完整性约束条件,被称作关系的两个不变性。

(1)实体完整性规则。

实体完整性是指基本关系的主属性,即主码的值都不能取空值。在关系系统中一个关系通常对应一个表,实际存储数据的表称为基本表,而查询结果表、视图表等都不是基本表。实体完整性是针对基本表而言的,指在实际存储数据的基本表中,主属性不能为空值。例如,在教师档案表中,"教师编号"属性为主码,则"教师编号"不能取空值。

一个基本关系对应现实世界中的一个实体集,如教师关系对应教师集合,学生关系对应学生集合。现实世界中实体是可区分的,即每个实体具有唯一性标识。在关系模型中用主码做唯一性标识时,若主码是空值,则说明这个实体无法标识,即不可区分。这显然与现实世界相矛盾,现实世界不可能存在这样的不可标识的实体,基于此引入了实体完整性规则。

实体完整性规则规定基本关系的所有主属性都不能取空值,而不仅是主码整体不能取空值。如学生选课表中,"学号"和"课程代码"一起构成主码,则"学号"和"课程代码"这两个属性的值均不能为空值,否则就违反了实体完整性规则。

(2)参照完整性规则。

现实世界中的实体之间往往存在某种联系,在关系模型中实体及实体间的联系都是用关系来描述的,因此存在着关系与关系间的引用。

参照完整性规则是指要求通过定义的外关键字和主关键字之间的引用规则来约束两个关系之间的联系,包括更新规则、删除规则和插入规则。

(3)用户定义的完整性。

用户定义的完整性是针对某一具体关系数据库的约束条件,它反映某一具体应用所涉及的数据必须满足的语义要求。关系模型应提供定义和检验这类完整性规则的机制,其目的是用统一的方式由系统来处理它们,而不由应用程序来完成这项工作。

例如,在学生成绩表中规定成绩不能超过100;在教师档案表(教师编号,教师姓名,院系名称,专业名称)中,要求教师姓名的取值不能为空。

2. 数据库规范化设计

在数据库设计中,如何把现实世界表示成合理的数据库模式,一直是人们非常重视的问题。关系数据库的规范化理论就是进行数据库设计时的有力工具。

关系数据库中的关系要满足一定要求,满足不同程度要求的为不同范式。目前遵循的主要范式包括第一范式(1NF)、第二范式(2NF)、第三范式(3NF)和第四范式(4NF)等。

规范化设计的过程就是按不同的范式,将一个二维表不断地分解成多个二维表并建立表之间的关联,最终达到一个表只描述一个实体或者实体间的一种联系的目标。其目的是减少冗余数据,提供有效的数据检索方法,避免不合理的插入、删除、修改等操作,保持数据的一致性,增强数据的稳定性、伸缩性和适应性。

(1)第一范式。

前面讲过,关系中每个数据项必须是不可再分的,满足这个条件的关系模式就属于第一范式。下面介绍如何将表13.1所示的学生成绩表规范成满足第一范式的表。

表13.1 学生成绩表

学号	姓名	课程代码	课程名称	学分	成绩		
					平时成绩	考试成绩	总成绩
2001030001	王立	001	英语	4	18	60	78
2001030002	李美	001	英语	4	17	70	87
…	…	…	…	…	…	…	…

显然"学生成绩表"不满足第一范式。处理方法是处理表头,使其成为只具有一行表头标题的数据表,见表 13.2。

表 13.2　处理成满足第一范式的学生成绩表

学号	姓名	课程代码	课程名称	学分	平时成绩	考试成绩	总成绩
200103001	王立	001	英语	4	18	60	78
200103002	李美	001	英语	4	17	70	87
…	…	…	…	…	…	…	…

(2)第二范式。

在一个满足第一范式的关系中,如果所有非主属性不完全依赖于主码,则称这个关系满足第二范式。即对于满足第二范式的关系,如果给定一个主码,则可以在这个数据表中唯一确定一条记录。一个关系模式如果不满足第二范式,就会产生插入异常,删除异常、修改异常等问题。

例如,在学生选课系统中构造表 13.3 所示的数据表,表中没有哪一个数据项能够唯一标识一条记录,则不满足第二范式。该数据表存在如下缺点:

①冗余度大。一个学生如选修 n 门课,则它的有关信息就要重复 n 遍,这就造成数据的极大冗余。

②插入异常。在这个数据表中,如果要插入一门课程的信息,但此门课本学期不开设,目前无学生选修,则很难将其插入表中。

表 13.3　学生选课综合数据表

学号	姓名	院系	课程代码	课程名称	学分	成绩	任课教师	职称
0001	王飞	计算机	12	数据库原理	5	94	张同	教授
0001	王飞	计算机	13	C 语言	6	89	林风	副教授
0002	李一冰	计算机	15	操作系统	6	97	刘国芝	副教授
0003	夏小山	计算机	12	数据库原理	5	90	张同	教授
0003	夏小山	计算机	13	C 语言	6	93	林风	副教授

③删除异常。表中"李一冰"只选了一门课"操作系统"。如果他不选了,这条记录就要被删除,那么整个元组都随之被删除,使得他的所有信息都被删除了,造成删除异常。

处理表 13.3 使之满足第二范式的方法是将其分解成 3 个数据表,分别见表 13.4 ~ 13.6。这 3 个表即为满足第二范式的数据表。其中"学生选课表"的主码为"学号、课程代码","学生档案表"的主码为"学号","课程设置表"的主码为"课程代码"。

表 13.4 学生选课表

学号	课程代码	成绩
0001	12	94
0001	13	89
0002	15	97
0003	12	90
0003	13	93

表 13.5 学生档案表

学号	姓名	院系
0001	王飞	计算机
0002	李一冰	计算机
0003	夏小山	计算机

表 13.6 课程设置表

课程代码	课程名称	学分	任课教师	职称
12	数据库原理	5	张同	教授
13	C语言	6	林风	副教授
14	编译原理	5	张欣欣	教授
15	操作系统	6	刘国芝	副教授

(3)第三范式。

对于满足第二范式的关系,如果每一个非主属性都不传递依赖于主码,则称这个关系满足第三范式。传递依赖是指某些数据项间接依赖于主码。在表 13.6 中,职称不同于任课教师,主码"课程代码"不直接决定非主属性"职称","职称"是通过"任课教师"传递依赖于"课程代码"的,则此关系不满足第三范式,在某些情况下,会存在插入异常、删除异常和数据冗余等现象。为将此关系处理成满足第三范式的数据表,可以将其分成"课程设置表"和"任课教师名单",见表 13.6 和表 13.7。经过规范化处理,满足第一范式的"学生选课综合数据表"被分解成满足第三范式的 4 个数据表(学生选课表、学生档案表、课程设置表、任课教师名单)。

表 13.7 任课教师名单

任课教师	职称
张同	教授
林风	副教授
张欣欣	教授
刘国芝	副教授

对于数据库的规范化设计的要求是应该保证所有数据表都能满足第二范式,力求绝大多数数据表满足第三范式。除以上介绍的 3 种范式外,还有 BCNF(Boyce Codd Normal Form)、第四范式、第五范式。对于一个低一级别范式的关系模式,通过模式分解可以将其规范化为若干个高一级别范式的关系模式的集合。

课后练习

1. 数据库技术的发展经历了哪几代?请简述每一代数据库系统的特点。
2. 数据库技术有哪些新的进展?
3. 简述数据、数据库、数据库管理系统、数据库系统的概念。
4. 简述数据模型的概念和数据模型的 3 个要素。
5. 举例说明层次模型、网状模型的概念。
6. 简述关系模型的概念和主要特点,并解释以下术语:关系、属性、域、元组、主关键字、关系模式。
7. 解释对象、类和事件的概念。
8. 简述关系模型的组成。
9. 关系数据库系统有哪些主要功能?
10. 解释以下术语:实体完整性、参照完整性、用户定义的完整性。
11. 简述第一范式、第二范式、第三范式的概念。
12. 选择一个你所熟悉的数据处理系统,初步设计相关数据表。

项目十四　创建一个 Access 2010 数据库

Access 2010 拥有一套功能强大的应用工具,可以满足用户的需要,通过创建或使用强大的数据库解决方案,轻松地组织、访问和共享信息资源。

学习目标

- 创建一个"教学管理"数据库。

任务　创建一个"教学管理"数据库

任务要求

临近毕业,赵明同学的毕业论题是"教学管理"系统设计,他选择 Access 2010 来创建,具体要求如下。

(1)利用 Access 2010 创建一个名为"教学管理"的数据库,并将其保存在 D 盘 Mydata 文件夹中。

(2)在"教学管理"数据库中创建"教师档案表"。

(3)在"学生档案表"中添加字段,"字段名称"为"民族","数据类型"为"文本","字段大小"为"4"。

(4)为"学生档案表"中的"照片"列插入对象。

(5)定义"学生档案表"与"优秀学生表"之间一对一的关系。

(6)使用"查询向导"创建"学生档案表_查询"查询。

(7)使用"窗体"创建"学生成绩表_窗体"窗体。

(8)使用"报表"创建"教师档案表"报表。

相关知识

(一) Access 2010 的基本功能

Access 2010 是 Office 2010 办公系列软件中的一个重要组成部分,主要用于数据库管理,随着版本的一次次升级,现已成为世界上最流行的桌面数据库管理系统。

在 Windows 3.0 时代,Access 2.0 第一次作为 Office 4.3 企业版的一部分,它将所有数据库对象全部封装于同一个文件中,且对宏、VBA 及 OLE 技术提供了很好的支持,加上丰富的数据库管理的内置功能,为数据完整性提供了有力的保障,而且更易于维护,因而受到小型数据库最终用户的关注。Access 保持了 Word、Excel 的风格,它作为一种数据库管理软件的开发工具,具有当时流行的如 Visual Basic 6.0 所无法比拟的生产效率,所以倍受青睐,且越来越广泛地被应用于办公室的日常业务中。

Access 历经多次升级改版,从 Access 2.0 逐步升级到 Access 2010。从 Access 2000 开始,Access 除保留了原有的特色功能外,还增加了一种全新的功能——数据工程(ADP),并对 ADO 提供了全面的支持,这更使 Access 超越了简单的桌面型数据库管理系统,而成为一种高效的 RAD 工具。此外,Access 还加强了对 Active X、多媒体、Unicode、Internet 等新技术的支持且操作越来越简单,使它能够取代曾经独步这一领域的同是微软研发的 Fox 家族产品。

Access 与其他数据库开发系统之间相当显著的区别是可以在很短的时间里开发出一个功能强大而且相当专业的数据库应用程序,并且这一过程是完全可视的,如果能给它加上一些简短的 VBA 代码,那么开发出的程序绝不会比专业程序员开发的程序差。

无论是从应用还是开发的角度看,Access 2010 数据库管理系统都具有许多优势。

(二)Access 2010 的操作界面

熟悉 Access 2010 的操作环境是用户由 Access 2000/2003 过渡到 Access 2010 必须经历的过程。由于从 Access 2007 开始,Microsoft 对其办公自动化产品 Office 做了重要的改进,在操作环境、系统功能等方面有了很多变化,用户需要一定的时间和实际操作来达到这一方面的要求。本节仅就 Access 2010 的操作环境进行简要介绍。

1. 启动 Access 2010

启动 Access 2010 的方式与启动 Windows 下的一般应用程序相同,一般来说有以下 4 种方式。

(1)选择【开始】/【所有程序】/【Microsoft Office】/【Microsoft Access 2010】命令。

(2)创建了 Access 2010 的桌面快捷方式后,可双击桌面上的快捷方式图标 ▲。

(3)打开已建立的 Access 2010 数据库。

(4)Access 2010 可执行程序。

2. 退出 Access 2010

退出 Access 2010 的方式与退出 Windows 下的一般应用程序相同,一般来说有如下 5 种方式:

(1)单击标题栏的【关闭】按钮。

(2)选择【文件】/【退出】命令。注意:退出 Access 与关闭当前数据库不同,"关闭"仅关闭当前打开的 Access 数据库,但不退出 Access 2010。

(3)使用快捷键【Alt + F4】。

(4)在标题栏双击控制菜单图标 ▲。

(5)在标题栏单击控制菜单图标 ▲,从弹出的快捷菜单中选择【退出】命令,执行退出操作。

3. 操作界面

通过打开一个已建立的 Access 2010 数据库启动 Access 2010 后,其操作界面基本上如图 14.1 所示,与 Microsoft 公司众多新产品一样(尤其是 Office 2010 其他组件产品),Access 工作界面包括标题栏、快速访问工具栏、功能区、导航窗格、数据库对象窗口和状态栏等部分。

（1）标题栏。标题栏位于 Access 操作界面的最上方，用于显示当前打开的数据库名称。最右侧显示【控制框】，包括【最小化】【最大化(还原)】和【关闭】3 个按钮，这是标准的 Windows 程序的组成部分。

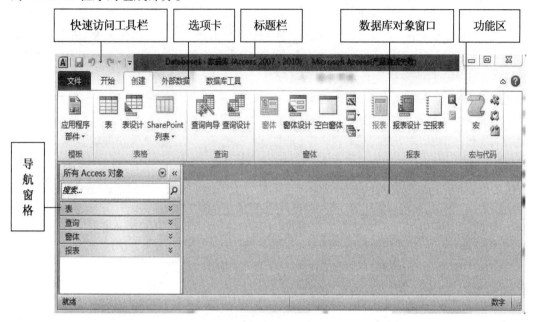

图 14.1　Access 操作界面

（2）快速访问工具栏。快速访问工具栏是一个可自定义的工具栏，它包含一组独立于当前显示的功能区上选项卡的命令，通常安排一些常用的命令，如【保存】等。该工具栏位于窗口标题栏的左侧(位置可调整)，用户可自定义快速访问工具栏中的内容，方法是【文件】/【选项】命令，打开【Access 选项】对话框，在图 14.2 所示的【Access 选项】对话框中单击左侧窗格中的【快速访问工具栏】命令按钮，在打开的【自定义快速访问工具栏】窗格中设计新的内容。

图 14.2　【Access 选项】对话框

（3）功能区。Access 2010 的功能区整合了 Access 2003 以前版本的"菜单栏"和"工具栏"，以选项卡的形式组织安排系统的功能。每个选项卡下包括若干组，每个组中包含若干命令按钮。

①【文件】选项卡。【文件】选项卡是 Access 2010 新增加的一个选项卡，其结构、布局和功能与其他选项卡有很大差异。在【文件】选项卡下，包括左右两个窗格，左侧窗格由【保存】、【信息】、【打印】、【保存并发布】、【帮助】、【选项】、【新建】和【最近所用文件】等命令按钮组成；右侧窗格则显示选择不同命令后的具体细节，在【文件】选项卡下，用户可对数据文件进行各种操作和设置。

a. 信息。【信息】窗格提供了【查看和编辑数据库属性】、【激活产品】、【压缩和修复数据库】和【用密码进行加密】4 项命令，如图 14.3 所示。单击【查看和编辑数据库属性】按钮，打开一个名为"Database3. accdb 属性"的对话框，该对话框包括【常规】、【摘要】、【统计】、【内容】、【自定义】等选项；"压缩并修复数据库"有助于防止并校正数据库文件问题；单击【用密码进行加密】按钮，系统会提示"要设置或删除数据库密码，必须以独占方式打开数据库"，用户可以按照消息框中的提示信息，完成密码的设置。

图 14.3 【文件】选项卡下的【信息】窗格

b. 最近所用文件。【最近所用文件】窗格显示最近打开的数据库文件，单击文件名后面的按钮，可以把该文件固定在左侧窗格的打开列表中，方便用户使用。

c. 新建。【新建】窗格是启动 Access 2010 后的首界面，用户可根据需要进行选择，以完成新数据库的创建。

d. 打印。【打印】窗格是打印 Access 报表的操作界面，在此窗格中包括【快速打印】、【打印】和【打印预览】3 个按钮。

e. 保存并发布。【保存并发布】窗格是保存和转换 Access 数据文件的环境，如图 14.4 所示，该窗口分为 3 个窗格，中间的窗格包括【文件类型】和【发布】组，其中【文件类型】下包括【数据库另存为】和【对象另存为】命令，【发布】组下有【发布到 Access Services】命令,右侧窗格中显示对应中间窗格每个命令的下一级命令信息。

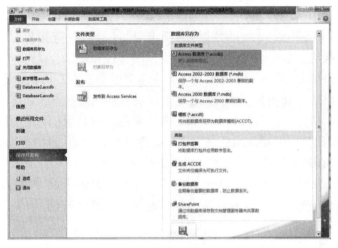

图 14.4 【保存并发布】窗格

f. 选项。单击【选项】命令后会打开图 14.5 所示的【Access 选项】对话框,用户可在该对话中对系统的操作环境进行详细设置。

图 14.5 【Access 选项】对话框

②【开始】选项卡。【开始】选项卡包括【视图】、【剪贴板】、【排序和筛选】、【记录】、【查找】、【窗口】、【文本格式】和【中文简繁转换】8 个组,如图 14.6 所示。【开始】选项卡用来对数据库对象进行常用操作,当打开不同的数据库对象时,这些组的显示状态是不同的,主要呈现【可用】和【禁用】两种状态。

图 14.6 【开始】选项卡

③【创建】选项卡。【创建】选项卡下包括【模板】、【表格】、【查询】、【窗体】、【报表】和【宏与代码】6个组,【创建】选项卡是创建数据库各种对象的工具。

④【外部数据】选项卡。【外部数据】选项卡包括【导入并链接】、【导出】和【收集数据】3个组,通过该选项卡可实现内外部数据交换的管理和操作。

⑤【数据库工具】选项卡。【数据库工具】选项卡包括【工具】、【宏】、【关系】、【分析】、【移动数据】和【加载项】6个组,该选项卡提供了管理数据库的后台工具。

(4)【导航】窗格。在打开的数据库窗口左侧显示的内容为【导航】窗格,在【导航】窗格中,以数据库对象分组的形式组织并管理数据库的所有对象,组内容以折叠或展开形式显示。单击组名称导航条后方的按钮可切换折叠或展开状态。

(5)数据库对象窗口。Access 2010的对象的工作区是用来设计、编辑、显示以及运行数据库对象的区域,对所有Access对象的操作都是在工作区中进行的,其操作结果也显示在工作区中。

(6)状态栏。状态栏是Microsoft系列产品的一贯风格,显示在窗口的最下方,用来显示系统当前的运行状态等信息。

(三)Access 2010的基本对象

Access 2010作为一个数据库管理系统,实质上是一个面向对象的可视化的数据库管理工具,采用面向对象的方式将数据库系统中的各项功能对象化,通过各种数据库对象来管理信息,Access 2010中的对象是数据库管理的核心。Access 2010中包括6种数据库对象,分别是【数据表】、【查询】、【窗体】、【报表】、【宏】和【模块】。

(1)数据表。数据表是关于特定实体的数据集合,由字段和记录组成,一个字段就是表中的一列,每个字段存放不同的数据类型,具有一些相关的属性,用户可以为这些字段属性设定不同的取值,来实现应用中的不同需要。字段的基本属性有字段名称、数据类型、字段大小等。一个记录就是数据表中的一行,记录用来收集某指定对象的所有信息。一条记录包含表的每个字段。

一个数据库所包含的信息内容都是以数据表的形式来表示和存储的,数据表是数据库的关键所在,为清晰地反映数据库的信息,一个数据库中可以有多个数据表,如学生成绩管理系统包括院系表、专业表、教师档案表、学生档案表、课程设置表及学生成绩表等数据表。

(2)查询。查询是数据库的核心操作。利用查询可以按照不同的方式查看、分析数据,也可以利用查询作为窗体、报表的记录源。查询的目的就是根据指定条件对数据表或其他查询进行检索,筛选出符合条件的记录,构成一个新的数据集合,从而方便用户对数据库进行查看和分析。Access中的查询包括选择查询、参数查询、交叉表查询、操作查询和SQL查询。

(3)窗体。窗体是数据信息的主要表现形式,用于创建表的用户界面,是数据库与用户之间的主要接口,在窗体中可以直接查看、输入和更改数据。通常情况下,窗体包括5节,分别是窗体页面、页面页眉、主体、页面页脚及窗体页脚。并不是所有的窗体都必须同时包括这5个节,可以根据实际情况选择需要的节。设计一个好的窗体可建立友好的用户界面,会给使用者带来极大方便,使所有用户都能根据窗体中的提示完成自己的工作,可方便用户使用数据库,这是建立窗体的基本目标。

（4）报表。报表是以打印的形式表现用户数据。当想要从数据库中打印某些信息时就可以使用报表。通常情况下，我们需要的是打印到纸张上的报表。在 Access 中，报表中的数据源主要来自基础的表或查询。用户可以控制报表上每个对象（也称为报表控件）的大小和外观，并可以按照所需的方式选择所需显示的信息以便查看或打印输出。

（5）宏。宏是指一个或多个操作的集合，其中每个操作实现特定的功能，如打开某窗体或打印某个报表。宏可以使某些普通的、需要多个指令连续执行的任务通过一条指令自动完成，是重复性工作最理想的解决办法。例如，可设置某个宏，在用户单击某个命令按钮时运行该宏打印某个报表。

宏可以是包含一个操作序列的一个宏，也可以是若干个子宏的集合所组成的宏，子宏对应于以前版本中的"宏组"，是一系列相关宏的集合，其功能主要是便于对数据库进行管理。

（6）模块。模块是将 VBA（Visual Basic for Applications）的声明和过程作为一个单元进行保存的集合，即程序的集合。模块对象是用 VBA 代码写成的，模块中的每一个过程都可以是一个函数（Function）过程或者是一个子程序（Sub）过程。模块的主要作用是建立复杂的 VBA 程序以完成宏等不能完成的任务。

模块有类模块和标准模块两个基本类型。窗体模块和报表模块都是类模块，而且它们各自与某一窗体或某一报表相关联。标准模块包含的是通用过程和常用过程，通用过程不与任何对象相关联，常用过程可以在数据库中的任何位置执行。

（四）Access 2010 的数据

表 14.1 总结了 Access 中使用的所有字段数据类型、用法及占用的存储空间。

表 14.1　字段数据类型表

数据类型	用法	大小
备注	长文本及数字，如备注或说明	最多 64000 个字符
数字	可用来进行算术计算的数字数据，涉及货币的计算除外（使用货币类型）。设置字段大小属性定义一个特定的数字类型	1 个、2 个、4 个或 8 个字节，16 个字节仅用于同步复制 ID（GUID）
日期/时间	日期、时间或日期、时间的组合	8 个字节
货币	货币是数字数据类型的特殊类型（等价于具有双精度属性的数据类型），输入数据时不必键入美元符号和千位分隔符，默认小数位数为 2 位	8 个字节
自动编号	在添加记录时自动插入的唯一顺序号，与记录永久关联，不会因删除记录重新编号	4 个字节，16 个字节仅用于同步复制 ID（GUID）
是/否	字段只包含两个值中的一个，如"是/否""真/假"及"开/关"等	1 位

续表 14.1

数据类型	用法	大小
OLE 对象	在其他程序中使用 OLE 协议创建的对象(例如 Microsoft Word 文档、Microsoft Excel 电子表格、图像、声音或其他二进制数据),可以将这些对象链接或嵌入到 Microsoft Access 表中。必须在窗体或报表中使用绑定对话框来显示 OLE 对象。OLE 类型数据不能排序、索引和分组	最大可为 1 GB(受磁盘空间限制)
超链接	存储超链接的字段。超链接可以是 UNC 路径或 URL	最多 65535 个字节
附件	包括图片、图像、二进制文件、Office 文件,是用于存储数字图像和任意类型的二进制文件的首选数据类型	最多可附加 2 GB 的数据,单个文件的大小不得超过 256 MB
计算	表达式或结果类型是小数	8 个字节
查阅向导	创建允许用户使用组合框选择来自其他列表或来自列表中的值的字段。在数据类型列表中选择此选项,将启动向导进行定义	与主键字段的长度相同,且该字段也是"查阅"字段,通常为 4 个字节

字段类型的选择是由数据决定的,定义一个字段类型,需要先分析输入的数据,可从两个方面来考虑,一是数据类型,字段类型要和数据类型一致,数据的有效范围决定数据所需存储空间的大小;二是对数据的操作,如可以对数值型字段进行,但不能对"是/否"类型进行加操作。通过这两方面的分析决定所选择的字段类型。

在定义字段的过程中,除了定义字段名称及字段的类型外,还需要对每一个字段进行属性说明。

1. 字段大小

在图 14.7 所示的【数据类型】下拉列表框中选择所需要的类型,此时窗口下方的【常规】属性选项卡如图 14.8 所示。该选项卡是对字段属性的设置,从中选择【字段大小】属性框。

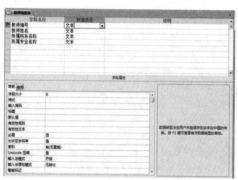

图 14.7 【数据类型】下拉列表　　　　图 14.8 【常规】属性选项卡

对于文本字段,该属性是允许输入数据的最大字符数。

对于数字字段,将字段设置为数字类型,单击【字段大小】属性框,单击【下拉按钮】会出现图 14.9 所示的下拉列表,选择不同数字类型其操作范围也不同。数字类型数据指标见表 14.2。

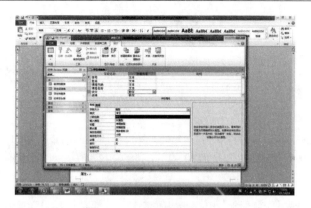

图 14.9　数字类型字段大小

表 14.2　数字类型数据指标

设置	说明	小数位数	存储量大小
字节	保存 0~144（无小数位）的数字	无	1 个字节
小数	存储 $-10^{-28}-1 \sim 10^{28}-1$（.adp）范围的数字	28	12 个字节
整型	保存 -32768~32767（无小数位）的数字	无	2 个字节
长整型	（默认值）保存 -2147483648~2147483647 的数字（无小数位）	无	4 个字节
单精度型	保存 -3.402823E38~-1.401298E-45 的负值，1.101298E-45~3.402823E38 的正值	7	4 个字节
双精度型	保存 -1.79769313486231E308~-4.94065645841247E-324 的负值，1.79769313486231E308~4.94065615841247E-324 的正值	15	8 个字节
同步复制 ID	全球唯一标识符（GUID）	N/A	16 个字节

2. 格式

输出数据的样式可以统一，如果在输入数据时没有按规定的样式输入，在保存时系统会自动按要求转换。格式设置对输入数据本身没有影响，只是改变数据输出的样式。若要让数据按输入时的格式显示，则不要设置"格式"属性。

预定义格式可用于设置"自动编号""数字""货币""日期/时间"和"是/否"等字段，"文本""备注""超链接"等字段没有预定义格式，可以自定义。

下面具体介绍预定义格式，见表 14.3~14.5。

表 14.3　日期/时间预定义格式

设置	说明
常规日期	如果数值只是一个日期，则不显示时间；如果数值只是一个时间，则不显示日期。该设置是"短日期"与"长日期"设置的组合（默认值） 示例:94/6/19 17:34:23,以及 94/8/2 05:34:00

续表 14.3

设置	说明
长日期	与 Windows【控制面板】中【区域设置属性】对话框中的"长日期"设置相同 示例:1994 年 6 月 19 日
中日期	示例:94-06-19
短日期	注意:短日期设置假设 00-1-1 和 29-12-31 之间的日期是 21 世纪的日期(即假定年从 2000 年到 2029 年);而 20-1-1 到 99-12-31 之间的日期假定为 20 世纪的日期(假定从 1920 年到 1999 年)
长时间	与 Windows【控制面板】中【区域设置属性】对话框的【时间】选项卡的设置相同 示例:17:34:23
中时间	示例:5:34
短时间	示例:17:34

表 14.4 数字/货币预定义格式

设置	说明
常规数字	以输入的方式显示数字(默认值)
货币	使用千位分隔符;对于负数、小数及货币符号,小数点位置按照 Windows【控制面板】中的内容进行设置
固定	至少显示一位数字,对于负数、小数及货币符号,小数点位置按照 Windows【控制面板】中的内容进行设置
标准	使用千位分隔符;对于负数、小数及货币符号,小数点位置按照 Windows【控制面板】中的内容进行设置
百分比	乘以 100 再加上百分号(%);对于负数、小数及货币符号,小数点位置按照 Windows【控制面板】中的内容进行设置
科学计数法	使用标准的科学计数法

表 14.5 文本/备注预定义格式

符号	说明
@	要求文本字符(字符或空格)
&	不要求文本字符
<	使所有字符变为小写
>	使所有字符变为大写

"是/否"类型提供了"Yes/No""True/False"以及"On/Off"预定义格式。"Yes""True"及"On"是等效的,"No""False"及"Off"也是等效的。如果指定了某个预定义的格式并输入了一个等效值,则将显示等效值的预定义格式。例如,如果在一个"是/否"属性被设置为"Yes/No"的文本框控件中输入了"True"或"On",数值将自动转换为"Yes"。

在【常规】选项卡中单击【格式】框空白处,在下拉列表中选择预定义格式,例"是/否"类型,如图 14.10 所示,可以设置输入格式。

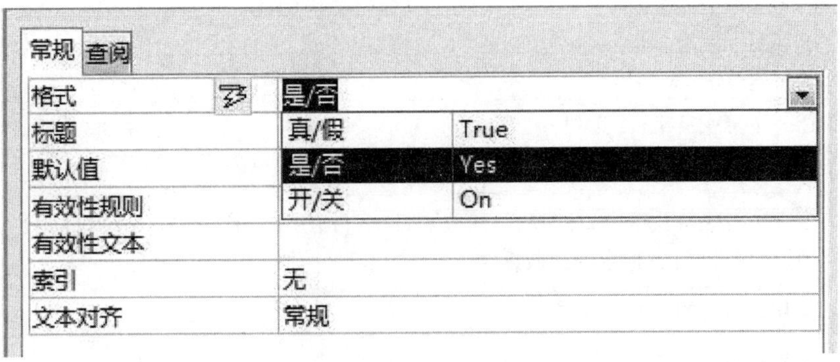

图 14.10 设置"是/否"类型预定义格式

3. 输入法模式

输入法模式用来设置在数据表视图中为字段输入数据时,中文输入法是否处于开启状态的基本选项有"开启""关闭"和"随意"3 种,"开启"表示在输入数据时,中文输入法处于开启状态;"关闭"表示在输入数据时,中文输入法处于关闭状态,也就是说输入法状态是英文;"随意"表示在输入该字段数据时,输入法状态保持在原有状态,也就是说与上一字段的输入法状态一致。用户可以根据表中字段的数据类型和字段内容的具体情况进行该属性的设置,以减少输入数据过程中切换输入法造成的时间浪费。

4. 输入掩码

输入掩码用来设置字段中的数据输入格式,可以控制用户按指定格式在文本框中输入数据。输入掩码主要用于文本型和时间/日期型字段,也可以用于数字型和货币型字段。

前面讲过"格式"的定义,"格式"用来限制数据输出的样式,如果同时定义了字段的显示格式和输入掩码,则在添加或编辑数据时,Microsoft Access 将使用输入掩码,而"格式"设置则在保存记录时决定数据如何显示。同时使用"格式"和"输入掩码"属性时,要注意它们的结果不能互相冲突。

首先选择需要设置的字段类型,然后在【常规】选项卡下部单击【输入掩码】属性框右侧的按钮,即启动输入掩码向导,也可以不用向导手工输入掩码。表 14.6 列出了有效的输入掩码字符。

表 14.6 输入掩码字符表

字符	说明
0	数字(0~9,必选项,不允许使用加号(+)和减号(-))
9	数字或空格(非必选项,不允许使用加号和减号)
#	数字或空格(非必选项,空白将转换为空格,允许使用加号和减号)
L	字母(A~Z,必选项)
?	字母(A~C,可选项)

续表 14.6

字符	说明
A	字母或数字(必选项)
a	字母或数字(可选项)
&	任一字符或空格(必选项)
C	任一字符或空格(可选项)
. , : ; - /	十进制占位符及千位、日期和时间分隔符(实际使用的字符取决于 Windows【控制面板】的【区域设置】中指定的区域设置)
<	使其后所有的字符转换为小写
>	使其后所有的字符转换为大写
!	输入掩码从右到左显示,输入掩码的字符一般都是从左向右的,可以在输入掩码的任意位置包含叹号
\	使其后的字符显示为原义字符,可用于将该表中的任何字符显示为原义字符
密码	将"输入掩码"属性设置为"密码",可以创建密码输入项文本框,文本框中键入的任何字符都按原字符保存,但显示为星号

5. 标题

在【常规】选项卡下的【标题】属性框中输入文本,将取代原来字段名称在数据表视图中显示。例如,将"院系"字段的"标题"属性设置为"所属院系",如图 14.11 所示,则数据表视图中显示输出的形式,如图 14.12 所示。

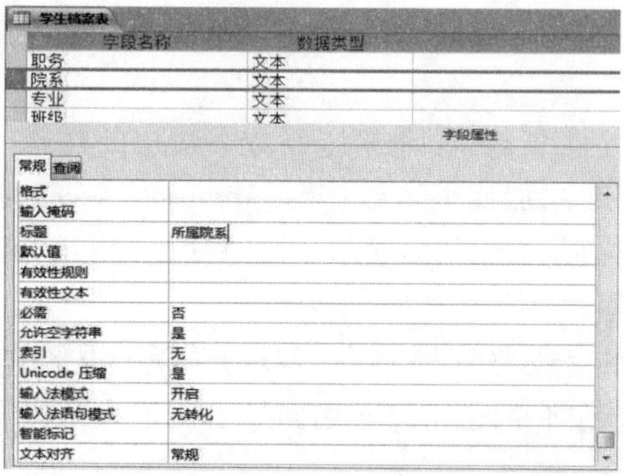

图 14.11　设置"院系"字段的"标题"属性

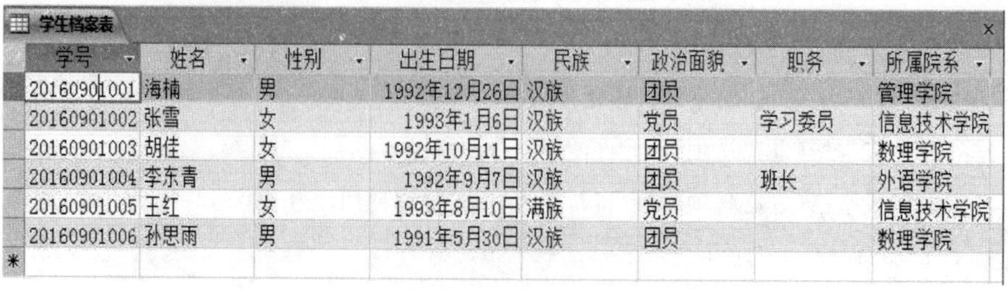

学生档案表

学号	姓名	性别	出生日期	民族	政治面貌	职务	所属院系
20160901001	海楠	男	1992年12月26日	汉族	团员		管理学院
20160901002	张雪	女	1993年1月6日	汉族	党员	学习委员	信息技术学院
20160901003	胡佳	女	1992年10月11日	汉族	团员		数理学院
20160901004	李东青	男	1992年9月7日	汉族	团员	班长	外语学院
20160901005	王红	女	1993年8月10日	满族	党员		信息技术学院
20160901006	孙思雨	男	1991年5月30日	汉族	团员		数理学院
*							

图 14.12　"院系"字段显示输出的形式

6. 默认值

添加新记录时的自动输入值,通常在某字段数据内容相同或含有相同部分时使用,目的在于简化输入。

7. 有效性规则

限定字段输入数据的范围,若违反"有效性规则",将会显示"有效性文本"设置的提示信息,直到满足要求为止,设置该属性可以防止非法数据的输入。例如将"出生日期"字段的"有效性规则"属性设置为">=#1990/1/1#",如图 14.13 所示,则在输入数据的过程中"出生日期"字段只能输入 1990 年以后的日期(含 1990 年)。

图 14.13 设置"出生日期"字段的"有效性规则"属性

8. 有效性文本

当用户的输入违反"有效性原则"时所显示的提示信息,如将"出生日期"字段的"有效性文本"属性设置为"提示:请输入 1990 年(含)以后的日期!",如图 14.14 所示,则在输入数据的过程中如果出现错误将显示图 14.15 所示的消息框。

图 14.14 设置"出生日期"字段的"有效性文本"属性

图 14.15 输入错误时出现的消息框

9. 必填字段

此属性值为"是"或"否"。设置为"是"时，表示此字段值必须输入；设置为"否"时，可以不填写本字段数据，允许此字段值为空。

10. 允许空字符串

该属性仅用来设置文本字段，属性值仅有"是"或"否"选项，设置为"是"时，表示该字段可以填写任何信息，包括为空。

下面是关于空值（Null）和空字符串之间的区别。

（1）Microsoft Access 可以区分两种类型的空值。在某些情况下，字段为空可能是因为信息目前无法获得，或者字段不适用于某一特定的记录。例如，表中有一个"数字"字段，将其保留为空白，可能是因为不知道学生的电话，或者该学生没有电话号码。在这种情况下，使字段保留为空或输入"Null"值，意味着"不知道"，键入双引号并输入空字符串，则意味着"知道没有值"。

（2）如果允许字段为空而且不需要确定为空的条件，可以将"必填字段"和"允许空字符串"属性设置为"否"，作为新建的"文本"或"超链接"字段的默认设置。

（3）如果不希望字段为空，可以将"必填字段"属性设置为"是"，将"允许空字符串"属性设置为"否"。

（4）如果希望区分字段空白是信息未知或没有信息，可以将"必填字段"属性设置为"否"，将"允许空字符串"属性设置为"是"。在这种情况下，添加记录时，如果信息未知，应该使字段保留空白（即输入"Null"值），而如果没有提供给当前记录的值，则应该键入不带空格的双引号（"…"）来输入一个空字符串。

11. 索引

设置索引有利于对字段的查询、分组和排序，此属性用于设置单一字段索引。属性值有 3 种，一是"无"，表示无索引；二是"有（重复）"，表示字段有索引，输入数据可以重复；三是"有（无重复）"，表示字段有索引，输入数据不可以重复。

12. Unicode 压缩

在 Unicode 中每个字符占两个字节，而不是一个字节，在一个字节中存储的每个字符的编码方案将用户限制到单一的代码（包含最多 256 个字符的编号集合）。但是，因为 Unicode 使用两个字节代表每个字符，因此它最多支持 65536 个字符。可以通过将字段的 Unicode 压缩属性设置为"是"来弥补 Unicode 字符表达方式所造成的影响，以确保得到优化的性能。Unicode 属性值有两个，分别为"是"和"否"，设置"是"表示本字段中数据可能存储和显示多种语言的文本。

由于默认情况下，Access 数据类型都将 Unicode 压缩属性设置为"是"，所以当某文本字段大小设置为 10 时，无论汉字、数字还是英文字母，最多输入个数都是 10。

任务实现

（一）创建和管理数据库

Access 提供了两种创建数据库的方法，即使用模板创建数据库和创建空白数据库。其中，使用模板创建数据库包括可用模板（样本模板、我的模板、最新打开的模板等）和 Office.com 模板两大类，具体操作如下。

(1)启动 Access 2010,选择【文件】/【新建】组,在右侧的【新建文件】任务窗格中选择"空数据库"后单击【创建】命令按钮。

(2)在【文件】下拉菜单中选择【数据库另存为】命令,在弹出的【另存为】对话框的"保存位置"中选择 D 盘的 Mydata 文件夹,在【文件名】文本框中输入数据库名称"教学管理",单击【保存】按钮,即完成了数据库的创建,如图 14.16 所示。此窗口称为数据库窗口,可以由此建立、打开和设计各个对象。

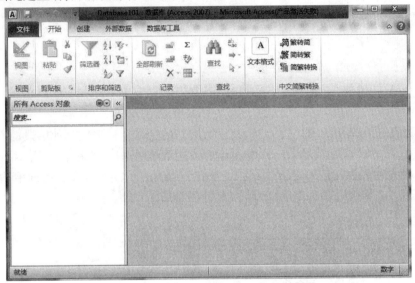

图 14.16　创建新的 Access 文件

(二)创建、修改数据表

表是 Access 数据库的基础,是数据库中所有数据的载体,所有的原始数据都存储在表中。其他数据库对象,如查询、窗体、报表等都是在表的基础上建立并使用的。创建"教师档案表"的具体操作如下。

(1)打开"D:\Mydata"中的"教学管理"数据库。

(2)在【创建】/【表格】组选择【表设计】按钮,显示出图 14.17 所示的设计视图。

图 14.17　表的设计视图

(3)根据表14.7所示的"教师档案表"结构,在设计视图的字段名称下第一空白行中输入"教师编号",数据类型选择"文本",在字段属性区【常规】选项卡下的【字段大小】属性框中输入"6"。

表14.7 "教师档案表"结构

字段名称	数据类型	字段大小
教师编号	文本	6
教师姓名	文本	12
所属院系名称	文本	40
所属专业名称	文本	40

(4)根据表14.7所示的"教师档案表"结构,重复步骤(3)完成其他字段的设计。

(5)右键单击"教师编号"字段,在弹出的快捷菜单中选择【主键】,如图14.18所示。

(6)单击快速访问工具栏中的【保存】按钮,在弹出的【另存为】对话框中输入"教师档案表",单击【确定】按钮,完成"教师档案表"的设计。

图14.18 快捷菜单

(7)设计完成后的"教师档案表"设计视图如图14.19所示。

(8)创建好表以后,在实际操作过程中难免会对表的结构做进一步的调整,对表结构的调整也就是对字段进行添加、编辑、移动和删除等操作。对表结构的调整通常是在表设计视图中进行。修改"学生档案表"的具体操作如下。

①添加字段。在"导航窗格"中选择"表"对象,然后右键单击【学生档案表】,选择【设计视图】命令,在打开的设计视图中右键单击【性别】行,在弹出的快捷菜单中选择【插入行】命令插入新的一行,在该行的"字段名称"列输入"民族","数据类型"选择"文本","字段大小"设置为"4",如图14.20所示。

②更改字段。更改字段主要指的是更改字段的名称。字段名称的修改不会影响数据,字段的属性也不会变化。当然数据类型、字段属性也可以进行修改,其操作同创建字段是一样的。在设计视图中选择需要修改的字段,然后输入新的字段名称即可。

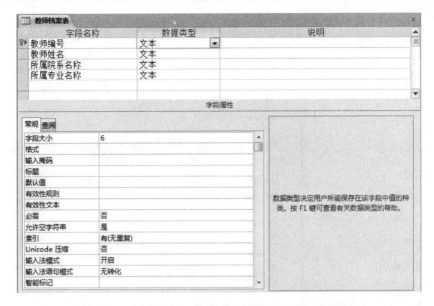

图 14.19　设计完成后的"教师档案表"设计视图

图 14.20　"设计视图"中添加字段

③移动字段。在设计视图中把鼠标指向要移动字段左侧的字段选定块上,单击选中需要移动的字段,然后拖动鼠标到要移动的位置上放开,字段就被移动到新的位置上了。

④删除字段。在设计视图中把鼠标指向要删除的字段所在行后单击右键,在弹出的快捷菜单上选择"删除字段"即可。

(三)使用数据表

在 Access 中录入或更新数据与在 Excel 工作表中完全相同,只是录入或更新后的数据长度不能超过在表结构中定义的字段大小,类型也要一致,否则 Access 不予理睬。因为表中记录不分先后次序,因此不能进行记录插入操作,只能追加记录。为"学生档案表"中的照片列"插入对象"的具体操作如下。

(1)打开"教学管理"数据库,在【导航】窗格中选择"表"对象,然后双击"学生档案表",进入数据表视图后,即可向表中输入数据。

(2)在"学生档案表"中找到"照片"列,在定义为"OLE 对象"的字段上单击右键,在弹出的快捷菜单中选择【插入对象】命令,如图 14.21 所示。在弹出的图 14.22 所示的【插入对象】对话框中选中【由文件创建】单选按钮,单击【浏览】按钮即可将对象插入表中。此时双击插入对象的单元格就可以看到相应的文件内容了。

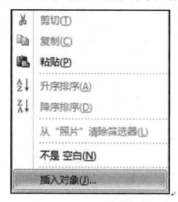

图 14.21 【插入对象】快捷菜单

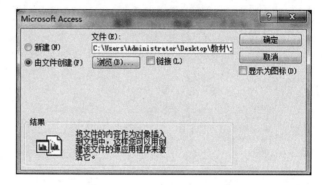

图 14.22 【插入对象】对话框

(四)建立表间的关系

在一个数据库中,表与表之间存在联系,表之间的联系是通过表之间相互匹配字段中的数据来实现的,匹配字段通常是两个表中使用相同名称的字段。在数据库操作中,通常情况下需要多表联合来操作,不可能在一个表中创建需要的所有字段,为此就需要把多个表联合起来。在"教学管理"数据库中定义"学生档案表"与"优秀学生表"之间一对一的关系,具体操作如下。

(1)首先关闭所打开的表,不能在已打开的表之间创建或修改关系。

(2)选择【数据库工具】/【关系】组中的【关系】按钮,弹出【显示表】对话框,如图 14.23 所示。然后左键双击"学生档案表"和"优秀学生表",将表添加到关系窗口,关闭【显示表】对话框。

图 14.23 【显示表】对话框

(3)在【关系窗口】处从"学生档案表"中将"学号"字段拖动到"优秀学生表"的"学号"字段上,弹出【编辑关系】对话框,如图14.24所示。选中【实施参照完整性】复选框,单击【新建】按钮创建关系,如图14.25所示。

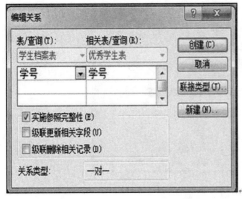
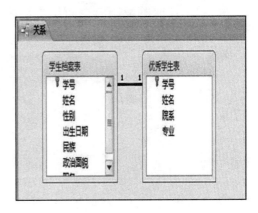

图14.24 【编辑关系】对话框　　　　图14.25 【关系】窗口

(五)使用查询

查询是关系数据库中的一个重要概念,查询对象不是数据的集合,而是操作的集合。可以理解为查询是针对数据表中数据源的操作命令。在Access数据库中,查询是一种统计和分析数据的工作,是对数据库中的数据进行分类、筛选、添加、删除和修改。创建"学生档案表_查询"的具体操作如下。

(1)选择【创建】/【查询】组中的【查询向导】按钮,打开图14.26所示的【新建查询】对话框。

(2)在【新建查询】对话框的向导列表中选择【简单查询向导】,单击【确定】按钮,打开如图14.27所示的【简单查询向导】对话框1。

图14.26 【新建查询】对话框　　　　图14.27 【简单查询向导】对话框1

(3)在【简单查询向导】对话框1中,在【表/查询】文本框中选择"学生档案表",在【可用字段】文本框中双击"学号""姓名"和"性别",它们将自动被添加到【选定字段】中,如图 14.28 所示。

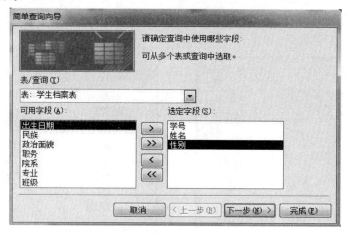

图 14.28　确定查询数据源及选定字段

(4)单击【下一步】按钮,打开图 14.29 所示的【简单查询向导】对话框 2。选择【打开查询查看信息】选项,单击【完成】按钮,完成该查询的创建过程,查询结果如图 14.30 所示。

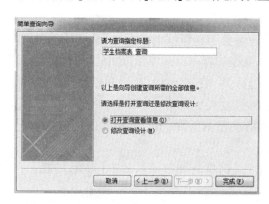

图 14.29　【简单查询向导】对话框 2　　　　图 14.30　查询结果

(六)使用窗体

Access 的窗体为数据的输入、修改和查看提供了一种灵活简便的方法。Access 的窗体不用任何代码就可以与数据绑定,而且该数据可以来自于表、查询或 SQL 语句。

数据库应用系统的开发不仅要设计合理,满足应用的功能需求,还应该提供良好的、功能完善、操作方便的交互界面,用以实现数据、指令的输入和各种形态数据的输出显示。窗体是用户和应用系统之间的接口。创建"学生成绩表_窗体"的具体操作如下。

(1)在"教学管理"数据库的【导航】窗格中"表"对象列表下选中"学生成绩表"作为数据源。

(2)选择【创建】/【窗体】组中的【窗体】按钮,完成窗体的创建过程,并以布局视图方式显示,如图 14.31 所示。

(3)单击快捷菜单工具栏中的【保存】按钮,在弹出的【另存为】对话框中,指定窗体的名称为"学生成绩表_窗体",如图 14.32 所示,然后单击【确定】按钮。

图 14.31 "学生成绩表_窗体"的窗体　　　　图 14.32 【另存为】对话框

(七) 使用报表

报表是以打印的格式表现用户数据的一种有效方式。因为用户控制了报表上每个对象的大小和外观,所以可以按照所需的方式显示信息以便查看信息。

报表中的大多数信息来自基础表、查询或 SQL 语句,报表中的其他信息存储在报表的设计中。创建"教师档案表"报表的具体操作如下。

(1) 在"教学管理"数据库的【导航】窗格中"表"对象列表下选中"教师档案表"作为数据源。

(2) 选择【创建】/【报表】组中的【报表】按钮,进入报表视图。

(3) 单击快捷菜单工具栏中的【保存】按钮,在弹出的【另存为】对话框中,指定报表的名称为"教师档案表",然后单击【确定】按钮即完成报表的创建,如图 14.33 所示。

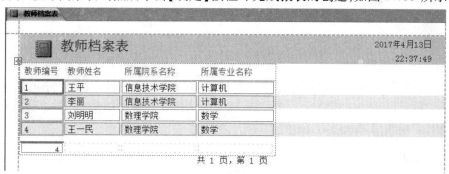

图 14.33 "教师档案表"报表

课后练习

1. 字段有几种数据类型?分别是什么?
2. 有效性规则的作用是什么?
3. 简述创建数据表的过程。
4. 怎样使用"窗体"来制作一个简单的窗体?
5. 简述利用向导创建报表的过程。

项目十五　使用计算机网络

计算机网络是计算机技术和通信技术密切结合的产物,代表了当代计算机体系结构发展的一个极其重要的方向,内容涉及计算机硬件、软件、网络体系结构与通信技术。21世纪以来,基于网络技术的电子商务、电子政务、远程教育、远程医疗与信息安全技术正在以前所未有的速度发展。网络技术的发展与应用已经成为影响一个国家或地区的政治、经济、科技发展的重要因素。本项目将通过3个任务,介绍计算机网络和Internet的基础知识,应用Internet基本服务功能,为更好地利用计算机网络服务打下良好的基础。

学习目标

- 了解计算机网络基础知识
- 了解Internet
- 应用Internet基本服务功能

任务一　了解计算机网络基础知识

任务要求

在使用计算机网络时,首先要了解计算机网络的构成和功能,了解计算机的基本知识。本任务要求认识计算机网络,了解计算机网络的功能,了解计算机网络的发展和趋势,了解计算机网络的物理组成,了解计算机的网络协议和体系结构,了解计算机网络的拓扑结构,了解无线局域网。

任务实现

(一)认识计算机网络

计算机网络的应用日益广泛,计算机通信已成为我们社会结构的一个基本组成部分。网络技术被用于工商业的各个方面,包括广告宣传、生产、销售、计划、报价和会计等,而且绝大多数公司拥有多个网络。在教育领域,从小学到研究生教育的各级学校都使用计算机网络为教师和学生提供全球范围的联网图书信息即时检索和查询等业务。

1. 计算机网络的概念

计算机网络是指将地理位置不同且具有独立功能的每个计算机系统通过通信设备和通信线路连接在一起,并由功能完善的网络软件(协议、方式控制程序和网络操作系统)控制,从而实现网络资源共享和远程通信的系统。

2. 计算机网络的分类

自从计算机网络得到广泛的推广使用,目前已出现许多种类的计算机网络,一般来说,按地域作用范围划分是比较普遍的网络类型划分方法,按这种方法可将计算机网络划分为局域网、城域网和广域网3种。

(1) 局域网。

局域网(Local Area Network,LAN)是指在局部区域范围(如一个学校、一个工厂或一个企业)内将计算机、外围设备和通信设备互连在一起形成的计算机网络系统。LAN所覆盖的范围相对较小,网络所涉及的地理距离一般来说可以是几米至十几千米(小于20 km)。LAN在计算机数量配置上没有太多的限制,少的可以只有两三台,多则可达上千台。因此,LAN是最普遍、应用最多的一种网络。随着局域网技术的发展和提高,几乎每个单位都有自己的局域网,甚至小到每个家庭都可以组建自己的小型局域网。

(2) 城域网。

城域网(Metropolitan Area Network,MAN)是在整个城市内建设的大型网络,理论上来说可以是覆盖一个城市的网络。一个大的城域网应该包括当地的信息网络(信息港)、电话网络、有线电视网络等城市内公共网络。MAN与LAN相比,其扩展的距离更长,连接的计算机数量更多,在地理范围上可以说是LAN的延伸。在一个大型城市或都市地区,一个MAN通常连接着多个LAN,如一个MAN可连接政府机构的LAN、医院的LAN、电信的LAN、公司企业的LAN等。

(3) 广域网。

广域网(Wide Area Network,WAN)也称远程网,所覆盖的范围比MAN更广,它一般是不同城市和不同国家之间的LAN或者MAN互联,地理范围可从几百千米到几千千米。因为距离较远,信号衰减比较严重,目前多采用光纤线路,通过接口信息处理(Interface Messages Process,IMP)协议和线路连接起来,构成网状结构,解决路由问题。

(二) 了解计算机网络的功能

信息社会的进步和高速发展与计算机网络的发展是密不可分的,计算机网络使得信息的收集、存储、加工和传播形成有机的整体。人们无论身处何地,只要通过计算机网络就能获取所需的信息,利用计算机技术进行信息的存储和加工,利用通信技术实现信息的传输。计算机网络的应用已经深入到社会的各个领域,网络的功能主要有以下几个方面。

1. 数据通信

计算机连接到网络之后,可以互相传送数据,进行通信。随着因特网在世界各地的流行,传统的通信方式受到了前所未有的冲击,与以前人们常用的电话、电报、信件的邮递相比,网络电话的收费低廉;各类聊天软件的开发与应用使得有计算机的用户可以随时随地进行通话;电子邮件已经成为用户广泛接受的通信方式;网络银行可以进行实时汇兑,速度快且收费低;视频会议也可以解决因参加会议而浪费太多工作时间的实际问题。随着数据通信技术的发展,网络的应用会更加深入人们的日常生活。

2. 资源共享

计算机网络的主要目的之一是进行网络资源共享。计算机连接到网络之后,资源子网中的每台主机上的数据在原则上都可以进行共享。用户可以上网搜索有兴趣的软件、数据,通过免费或支付少量的费用即可下载并使用这些软件和数据。在网络上还可以与其他用户共享计算机硬件设备,如超大规模的存储器、特殊的外围设备等。

3. 提供高可靠性服务

现代计算机网络一般采用分布式控制方式,相同的资源可以备份存储在不同地理位置的计算机上,如果局部计算机发生故障,通过不同的路由或备份仍然可以访问目标资源,不影响用户的使用。对于银行、证券、公安系统等对数据非常敏感的部门,高可靠性服务是必不可少的。

4. 节省投资

用户在使用计算机系统的过程中,偶尔会用到自己的计算机上没有配备的硬件设备,这些设备的费用有高有低,但由于不经常使用,配置到计算机系统中会造成资源的浪费。通过网络资源共享,可以节省不必投入的资金。

总之,计算机网络可以充分发挥计算机的效能,帮助人们跨越时间和空间的障碍,延伸活动范围,提高工作效率。

(三) 了解计算机网络的发展和趋势

计算机网络是计算机技术和通信技术相结合的产物。计算机与通信的结合主要体现在两个方面:一是通信网络为计算机之间的数据传递和交换提供必要的手段;二是数字技术的发展应用到通信技术中,提高了通信网络的各种性能。所以,计算机网络技术是伴随着计算机技术和通信技术的发展而发展的。

1. 联机终端系统

在 1946 年 ENIAC 问世后,许多科技工作者都很想使用主机中的资源,但计算机的数量非常少,且非常昂贵。当时的通信线路和通信设备的价格相对便宜,科研人员试图将计算机资源连接起来,为更多的用户使用。1954 年研制出的联机终端是这一时期共享系统资源的主要结构形式,这是一种以单主机为中心的互连系统,即主机面向终端的计算机网络诞生了,如图 15.1 所示。

随着终端用户对主机资源需求量的增加和通信技术的发展,通信控制处理机被加入到网络系统中,改进的面向终端的计算机网络如图 15.2 所示,而主机专门进行数据处理,以提高数据的处理效率。

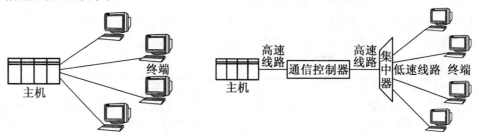

图 15.1 面向终端的计算机网络   图 15.2 改进的面向终端的计算机网络

联机终端网络典型的范例是美国航空公司与 IBM 公司在 20 世纪 60 年代投入使用的飞机订票系统(SABRE-I),当时在全美广泛应用。但是,在早期的计算机网络中,通信控制器或集线器的性能对网络的安全性和可靠性影响很大,而主机的处理功能不是很强,网络规模也较小。

2. 多主机互连系统

为了克服第一代计算机网络的缺点,提高网络的可靠性和可用性,人们开始研究将多台计算机相互连接的方法。第二代网络是从 20 世纪 60 年代中期到 70 年代中期,随着计算机技术和通信技术的进步,已经形成了将多个单主机互连系统相互连接起来,以多处理机为中心的网络,并利用通信线路将多台主机连接起来,为终端用户提供服务,如图 15.3 所示。

第二代网络是在计算机通信网络的基础上通过完成计算机网络体系结构和协议的研究,形成的计算机初期网络。20 世纪 60 年代初期至 70 年代初期由美国国防部高级研究计划局研制的 ARPANET 网络,将计算机网络分为通信子网(图 15.4 中用线圈起来的部分)和资源子网。

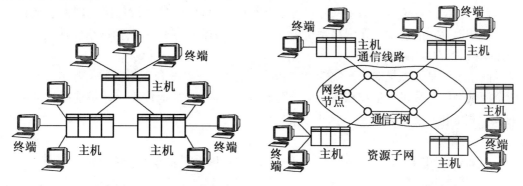

图 15.3　多机互联的计算机网络系统　　图 15.4　通信子网和资源子网

第二代网络应用的是网络分组交换技术对数据进行远距离传输。分组交换是主机利用分组技术将数据分成多个报文,每个数据报文自身携带足够多的地址信息,当报文通过节点时暂时存储并查看报文的目标地址信息,运用路由选择最佳目标传送路径将数据传送给远端的主机,从而完成数据转发。

3. 体系结构标准化网络

经过 20 世纪 60 年代和 70 年代前期的发展,人们对组网技术、方法和理论的研究日趋成熟。为了独占市场,各厂家采用自己独特的技术并开发了自己的网络体系结构,不同的网络体系结构是无法互连的,所以不同厂家的设备无法达到互连,即使是同一家产品在不同时期也是无法达到互连的,这样就阻碍了大范围网络的发展。

IBM 为了使自己公司所制造的计算机易于连接到计算机网络中,并有标准可循,使网络的系统软、硬件具有通用性,于 1974 年在世界上首先提出了完整的计算机网络体系标准化概念,发布了系统网络体系结构(System Network Architecture,SNA)标准。根据这个标准,用户可以非常容易地将 IBM 各系列、各型号的计算机互连起来构成自己的计算机网络。紧接着,其他一些大的计算机公司也制定了各自的网络体系结构标准,如 DEC 公司发布了数字网络体系结构(Digital Network Architecture,DNA)。这些标准只是在一个公司范围内有效,而且根据这些标准互连的网络通信产品也只能是同一公司生产的同构设备。后来,为了实现网络更大范围的发展和不同厂家设备能够互连,1977 年国际标准化组织(International Organization for Standardization,ISO)提出一个标准框架——开放系统互连参考模型(Open System Interconnection/Reference Model,OSI/RM),1984 年正式发布了 OSI,使各个厂家的设备、协议实现互联。

4. Internet 时代

Internet 最早来源于美国国防部高级研究计划局(Defense Advanced Research Projects Agency,DARPA)的前身 ARPA 建立的 ARPANET,该网于 1969 年投入使用。最初,ARPANET 主要用于军事研究领域。Internet 的意义并不在于它的规模,而在于它提供了一种全新的全球性信息基础设施。当今世界正向知识经济时代迈进,信息产业已经发展成为世界发达国家新的支柱产业,成为推动世界经济高速发展新的源动力,并且广泛渗透到各个领域,特别是近几年来国际互联网络及其应用的发展,从根本上改变了人们的思想观念和生产生活方式,推动了各行各业的发展,并且成为知识经济时代的重要标志之一。

(四)了解计算机网络的物理组成

计算机网络系统由通信子网和资源子网组成,而网络软件系统和网络硬件系统是网络系统赖以存在的基础。在网络系统中,硬件对网络提供物质基础,而网络软件则是用户使用网络、挖掘网络潜力的工具。

网络硬件是计算机网络系统的物质基础。连接一个计算机网络需要的基本硬件有构成资源子网的计算机设备和构成通信子网的传输介质,以及把计算机设备连接到网络中的接口设备和互连设备。

1. 计算机

在计算机网络中,根据其在网络中的作用,计算机可划分为工作站与服务器两类。

(1)工作站。

工作站是一种以个人计算机和分布式网络计算为基础,主要面向专业应用领域,具备强大的数据运算与图形/图像处理能力,为满足工程设计、动画制作、科学研究、软件开发、金融管理、信息服务、模拟仿真等专业领域而设计开发的高性能计算机。在计算机网络系统中,用户使用网络时,由工作站向服务器提出资源查询或数据传输等请求,但工作站只是共享网络资源而不为其他计算机提供服务。如果工作站需要使用网络资源,必须先与网络服务器建立连接,并且进行登录,按照被授予的权限访问服务器。工作站之间也可以相互通信,可以共享网络资源。当它退出网络时仍保持原有计算机的功能,作为独立的个人计算机为用户服务。

(2)服务器。

服务器是指网络中能对其他机器提供某些服务的计算机系统。服务器是网络运行、管理和提供服务的中枢节点,直接影响着网络的整体性能。服务器作为网络的节点,存储、处理网络上 80% 的数据、信息,因此也可以说是服务器在"组织"和"领导"这些设备。

2. 传输介质

传输介质是计算机网络进行数据传输的载体,负责将网络中的多种设备连接起来。在计算机网络中通常使用双绞线、同轴电缆、光纤等有线传输介质,还有微波、无线电、卫星通信等无线传输介质。它们可以支持不同的网络类型,具有不同的传输速率和传输距离。

(1)有线传输介质。

①双绞线。双绞线(twisted pair)是一种最常用的传输介质,由 4 对以螺旋状缠绕在一起的两根绝缘导线组成,每根导线的直径大约为 1 mm,线对缠绕在一起可以减少相互之间的电磁辐射干扰。双绞线可用于模拟信号和数字信号传输,如图 15.5(a)所示。双

绞线价格便宜,也易于安装使用,然而在传输距离、传输速度等方面受到一定的限制,但由于它具有较好的性能价格比,目前被广泛使用。

②同轴电缆。同轴电缆(coaxial-cable)中用来传递信息的一对导体是按照一层圆筒式的外导体套在内导体(一根细芯)外面,两个导体间用绝缘材料互相隔离的结构制成的,外层导体和中心轴芯线的圆心在同一个轴心上,所以叫作同轴电缆,如图15.5(b)所示。电磁场封闭在内外导体之间,故辐射损耗小,受外界干扰影响小,常用于传送多路电话和电视。

③光纤。光纤(fiber-optics)是光导纤维的简写,是一种利用光在玻璃或塑料制成的纤维中的全反射原理而达成的光传导工具,如图15.5(c)所示。采用非常细、透明度较高的石英玻璃纤维作为纤芯,外涂一层低折射率的包层和保护层,可防止周遭环境如水、火、电击等对光纤的伤害。相对金属导线来说,光纤具有质量轻、粒径细的特点。

(a)双绞线　　　(b)同轴电缆　　　(c)光纤

图15.5　有线传输介质

(2)无线传输介质。

常用的无线传输介质有无线电波、微波、红外线和卫星等。

①无线电波。无线电波(radio wave)是指在自由空间(包括空气和真空)传播的射频频段的电磁波。无线电技术是通过无线电波传播声音或其他信号的技术。无线电技术的原理在于导体中电流强弱的改变会产生无线电波。利用这一现象,通过调制可将信息加载于无线电波之上。当电波通过空间传播到达收信端,电波引起的电磁场变化又会在导体中产生电流。通过解调将信息从电流变化中提取出来,就达到了信息传递的目的。

②微波通信。微波(microwave)是指频率为300 MHz～300 GHz的电磁波,是无线电波中一个有限频带的简称,即波长在1 m(不含1 m)到1 mm之间的电磁波,是分米波、厘米波、毫米波的统称。微波频率比一般的无线电波频率高,通常也称为"超高频电磁波"。微波是沿直线传播的,由于地球表面是曲面,微波在地面传输距离有限,直接传输的距离与天线的高度有关,天线越高,传输距离越远,超过一定的距离就要使用中继器接力。

③红外通信。红外线(Infrared Ray,IR)是一种无线通信方式,可以进行无线数据的传输。自1974年发明以来,得到普遍的应用,如红外线鼠标、红外线打印机、红外线键盘等。红外传输是一种点对点的传输方式,无线,不能离得太远,要对准方向,且中间不能有障碍物,也就是不能穿墙而过,几乎无法控制信息传输的进度;IR通信已经是一套标准,其收/发的组件也是标准化产品。

④卫星通信。卫星通信是微波通信中的特殊形式,简单地说就是地球上(包括地面和低层大气)的无线电通信站间利用卫星作为中继而进行的通信,因此可以克服地面微波通信距离的限制。卫星通信的特点是容量大、传输距离远,缺点是传播延迟时间长。

无线传输介质的最大特点就是通过空间传输,不需要架设、铺埋电缆或光纤,适用于不便或不能布线的场合。

无线传输常用于有线铺设不便的特殊地理环境,或者作为地面通信系统的备份和补充。

3. 接口设备

(1) 网络接口卡。

网络接口卡(Net Interface Card,NIC)也称为网卡或网板,是计算机与传输介质进行数据交互的中间部件,通常插入到计算机总线插槽内或某个外部接口的扩展卡上,进行编码转换和收发信息,如图 15.6(a)所示。对于网卡而言,每块网卡都有一个唯一的网络节点地址,它是网卡生产厂家在生产时固化到 ROM 中的,是网卡的物理地址,且保证绝对不会重复。

(2) 调制解调器。

调制解调器(Modem)是调制器和解调器的简称,俗称"猫",是实现计算机通信的外围设备,如图 15.6(b)所示。Modem 是 Modulator/Demodulator(调制器/解调器)的缩写,它是在发送端通过调制将数字信号转换为模拟信号,在接收端通过解调再将模拟信号转换为数字信号的一种装置。

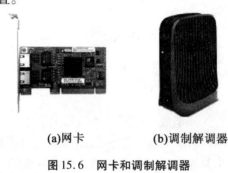

(a)网卡　　　(b)调制解调器

图 15.6　网卡和调制解调器

4. 互连设备

(1) 集线器。

集线器(Hub)属于数据通信系统中的基础设备,它和双绞线等传输介质一样,是一种不需任何软件支持或只需很少管理软件管理的硬件设备,如图 15.7(a)所示。集线器只是一个多端口的信号放大设备,工作中当一个端口接收到数据信号时,因为信号在从源端口到 Hub 的传输过程中已有了衰减,所以 Hub 便将该信号进行整形放大,使被衰减的信号再生(恢复)到发送时的状态,紧接着转发到其他所有处于工作状态的端口上,因此集线器又称为多口中继器。

(2) 交换机。

交换机也称为交换式集线器,一般用于互连相同类型的网络,如图 15.7(b)所示。交换机采用存储转发技术或直通技术来实现信息的转发。直通交换是指当接收到信息的目的地址后马上决定转发的目的端口,并开始转发。存储转发交换是等到全部数据都接收后再进行转发。相对于直通技术而言,传输延迟较大。

(3) 路由器。

路由就是指通过相互连接的网络把信息从源地点移动到目标地点的活动。一般来说,在路由过程中,信息至少会经过一个或多个中间节点。路由器(Router)是互联网的主要节点设备,如图15.7(c)所示。作为不同网络之间互相连接的枢纽,路由器系统构成了基于TCP/IP的国际互联网络Internet的主体脉络,在校园网、地区网,乃至整个Internet研究领域中,路由器技术始终处于核心地位。

(a)集线器　　　　　(b)交换机　　　　　　　(c)路由器

图15.7　集线器、交换机和路由器

(4)中继器。

中继器是连接网络线路的一种装置,常用于两个网络节点之间物理信号的双向转发工作。由于存在损耗,在线路上传输的信号功率会逐渐衰减,衰减到一定程度时将造成信号失真,因此会导致接收错误。中继器完成物理线路的连接,对衰减的信号进行放大,保持与原数据相同。

(5)网关。

网关(Gateway)又称网间连接器、协议转换器。网关的结构也与路由器类似,不同的网关既可以用于广域网互联,也可以用于局域网互联。网关是一种充当转换重任的计算机系统或设备。在使用不同的通信协议、数据格式或语言,甚至体系结构完全不同的两种系统之间,网关是一个翻译器。所以,网关也是不同网络(不同协议或者不同大小的网络)之间的通信设备。在早期的因特网中,网关是指那些用来完成专门功能的路由器。但是随着计算机技术和通信技术的发展,一般的主机和交换集线器都可以完成路由功能。现在应用教育网的学校的网关都采用主机来实现。

(五)了解计算机的网络协议和体系结构

网络的物理设备将计算机连接成计算机网络,定义好信息在网络上传输的规则,信息就可以在网络中传输,这些规则就是网络协议,不同的计算机之间必须使用相同的网络协议才能进行通信。

1. 网络协议

网络协议是网络上所有设备(网络服务器、计算机及交换机、路由器等)之间通信规则的集合,它定义了通信时信息必须采用的格式和这些格式的意义。大多数网络都采用分层的体系结构,每一层都建立在它的下层之上,向它的上一层提供一定的服务,而把如何实现这一服务的细节对上一层加以屏蔽。

2. 常用的协议

常见的协议有TCP、UDP、IP、DHCP等。

(1)TCP。

TCP(传输控制协议)是一种面向连接的、可靠的传输层协议。面向连接是指一次正常的TCP传输需要通过在TCP客户端和TCP服务端建立特定的虚电路连接来完成,该过程通常被称为"三次握手"。可靠的传输协议可避免数据传输错误。实现可靠传输的基础是采用具有重传功能的肯定确认、超时重传技术,通过使用滑动窗口协议解决了传输效率和流量控制问题。

(2) UDP。

UDP(用户数据报协议)提供非面向连接的、不可靠的数据流传输服务。这种服务不确认报文是否到达,不对报文排序,也不进行流量控制,因此 UDP 报文可能会出现丢失、重复和失序等现象。与 TCP 相同的是,UDP 也是通过端口号支持多路复用功能,但是不能建立连接,而是向目标计算机发送独立的数据包。UDP 是一种简单的协议机制,通信开销很小,效率比较高,比较适合于对可靠性要求不高,但需要快捷、低延迟通信的应用场合,如多媒体通信等。

(3) IP。

IP(网际协议)是 TCP/IP 的心脏,也是网络层中最重要的协议。IP 层接收由更低层(网络接口层,如以太网设备驱动程序)发来的数据包,并把该数据包发送到更高层——TCP 或 UDP 层;IP 层也把从 TCP 或 UDP 层接收到的数据包传送到更低层。IP 数据包是不可靠的,因为 IP 并没有做任何事情来确认数据包是按顺序发送的或者没有被破坏。IP 数据包含有发送它的主机的地址(源地址)和接收它的主机的地址(目的地址)。高层的 TCP 和 UDP 服务在接收数据包时,通常假设包中的源地址是有效的。

(4) DHCP。

DHCP(动态主机配置协议)是一种使网络管理员能够集中管理和自动分配 IP 网络地址的通信协议。DHCP 适用于快速发送客户网络配置的场合。当配置客户系统时,若选择了 DHCP,就不必输入 IP 地址、子网掩码、网关或 DNS 服务器。客户从 DHCP 服务器中检索这些信息。当管理员想改变大量系统的 IP 地址时,只需编辑服务器上的一个用于新 IP 地址集合的 DHCP 配置文件即可。例如,如果某机构的 DNS 服务器改变了,这种改变只需在 DHCP 服务器上而不必在 DHCP 客户机上进行。一旦客户的网络被重新启动(或客户重新引导系统),改变就会生效。

3. 计算机网络的体系结构

(1) OSI 参考模型。

在 OSI 出现之前,计算机网络中存在众多的体系结构,其中以 IBM 公司的 SNA 和 DEC 公司的 DNA 数字网络体系结构最为著名。为了解决不同体系结构网络的互联问题,国际标准化组织(ISO)于 1981 年制定了开放系统互联参考模型 OSI/RM。

OSI 参考模型共分 7 层,如图 15.8(a)所示,从下向上分别是物理层、数据链路层、网络层、传输层、会话层、表示层和应用层。当接收数据时,数据自下而上传输;当发送数据时,数据自上而下传输。

①物理层(Physical Layer)。物理层规定通信设备的机械、电气、功能和规程特性,用以建立、维护和拆除物理链路连接。

②数据链路层(Data Link Layer)。数据链路层在物理层提供比特流服务的基础上,建立相邻结点之间的数据链路,通过差错控制提供数据帧(frame)在信道上无差错的传输,并进行各电路上的动作序列。该层的作用包括物理地址寻址、数据的成帧、流量控制、数据的检错、重发等。

③网络层(Network Layer)。网络层在计算机网络中进行通信的两个计算机之间可能会经过很多个数据链路,也可能还要经过很多通信子网。网络层的任务就是选择合适的网间路由和交换节点,确保数据及时传送。网络层还可以实现拥塞控制、网际互联等功能。

④传输层(Transport Layer)。传输层负责获取全部信息,跟踪数据单元碎片、乱序到

达的数据包和其他在传输过程中可能发生的危险,为上层提供端到端(最终用户到最终用户)透明的、可靠的数据传输服务。所谓透明的传输是指在通信过程中传输层对上层屏蔽了通信传输系统的具体细节。

⑤会话层(Session Layer)。会话层也可以称为会晤层或对话层,在会话层及以上的高层次中,数据传送的单位不再另外命名,统称为报文。会话层不参与具体的传输,它提供包括访问验证和会话管理在内的建立和维护应用之间通信的机制。例如,服务器验证用户登录便是由会话层完成的。

⑥表示层(Presentation Layer)。表示层主要解决用户信息的语法表示问题。它将欲交换的数据从适合于某一用户的抽象语法,转换为适合于OSI系统内部使用的传送语法。即提供格式化的表示和转换数据服务。数据的压缩和解压缩、加密和解密等工作都由表示层负责。

⑦应用层(Application Layer)。应用层是为操作系统或网络应用程序提供访问网络服务的接口。应用层协议包括Telnet、FTP、HTTP、SNMP等。

通过OSI层,信息可以从一台计算机的软件应用程序传输到另一台的应用程序上。例如,计算机A上的应用程序要将信息发送到计算机B的应用程序,则计算机A中的应用程序需要将信息先发送到其应用层(第7层),然后此层将信息发送到表示层(第6层),表示层将数据转送到会话层(第5层),如此继续,直至物理层(第1层)。在物理层,数据被放置在物理网络媒介中并被发送至计算机B。计算机B的物理层接收来自物理媒介的数据,然后将信息向上发送至数据链路层,数据链路层再转送给网络层,依次继续直到信息到达计算机B的应用层。最后,计算机B的应用层再将信息传送给应用程序接收端,从而完成通信过程。

(2)TCP/IP体系结构。

TCP/IP协议是Internet最基本的协议。TCP/IP协议的开发工作始于20世纪70年代,是用于互联网的第一套协议。TCP/IP协议的开发研制人员将Internet分为4个层次,以便于理解,它也称为互联网分层模型或互联网分层参考模型,如图15.8(b)所示。

①网络接口层。网络接口层对应于网络的基本硬件,如PC机、互联网服务器、网络设备等,必须对这些硬设备的电气特性做统一规范,使这些设备都能够互相连接并且兼容使用,并且定义了将数据组成正确帧的规程和在网络中传输帧的规程,帧是数据在网络中传输的单位。

OSI模型		
7	应用层	高层
6	表示层	
5	会话层	
4	传输层	运输层
3	网络层	网络层
2	数据链路层	底层
1	物理层	

(a)

TCP/IP模型	
4	应用层
3	传输层
2	互联网层
1	网络接口层

(b)

图15.8 网络体系结构模型

②互联网层。互联网层定义了互联网中传输的"信息包"格式,以及从一个用户通过一个或多个路由器到达最终目标的"信息包"转发机制。

③传输层。传输层为两个用户进程之间建立、管理和拆除可靠而又有效的端到端连接。

④应用层。应用层定义了应用程序使用互联网的规程。

(六)了解计算机网络的拓扑结构

在不同的网络系统中,网络结构和所选择使用的网络软件是有差别的。对于实用的网络系统来说,网络结构通常有总线型结构、星型结构、环型结构、树型结构和网状结构。

1. 总线型结构

总线型结构是指各工作站和服务器均挂在一条总线上,各工作站地位平等,无中心节点控制,公用总线上的信息多以基带形式串行传递,其传递方向总是从发送信息的节点开始向两端扩散,如同广播电台发射的信息一样,因此又称广播式计算机网络。各节点在接受信息时都进行地址检查,看是否与自己的工作站地址相符,相符则接收网上的信息;否则丢弃该数据信息,如图 15.9 所示。

2. 星型结构

星型结构是指各工作站以星型方式连接成网,如图 15.10 所示。网络有中央节点,其他节点(工作站、服务器)都与中央节点直接相连,这种结构以中央节点为中心,因此又称为集中式网络。

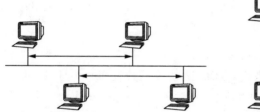

图 15.9　总线型网络拓扑结构

图 15.10　星型网络拓扑结构

3. 环型结构

环型结构是指将所有的计算机由通信线路和设备连接成一个闭合的环,传输媒体从一个终端用户到另一个终端用户,直到将所有终端用户连成环型,如图 15.11 所示。这种结构显而易见消除了终端用户通信时对中心系统的依赖性。

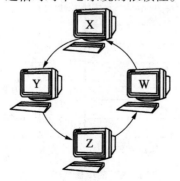

图 15.11　环型单环拓扑结构

4. 树型结构

树型结构是星型结构的一种变形,是由多级星型结构组成的,只不过这种多级星型结构自上而下(从核心交换机(或骨干层)到汇聚层,再到边缘层)是呈三角形分布的,也就是上层的终端和集中交换节点少,中层的终端和集中交换节点多些,而下层的终端和集中交换节点最多,如图 15.12 所示。

5. 网状结构

网状结构主要指各节点通过传输线互相连接起来,并且每一个节点至少与其他两个节点相连。网状拓扑结构具有较高的可靠性,但其结构复杂,实现起来费用较高,不易管理和维护,经常用于广域网,如图 15.13 所示。在一个子网中,用集线器、交换机、中继器将多个设备连接起来,而路由器及网关则将子网连接起来。

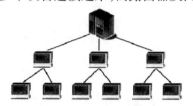
图 15.12　树型拓扑结构

图 15.13　网状拓扑结构

(七)了解无线局域网

在无线局域网(Wireless Local Area Networks,WLAN)发明之前,用户要想通过网络进行联络和通信,必须先用有线介质组建一个电子运行的通路,为了提高效率和速度,后来又发明了光纤。当网络发展到一定规模后,用户在使用中发现这种有线网络无论组建、拆装还是在原有基础上进行重新布局和改建,都非常困难,且成本和代价也非常高,于是 WLAN 的组网方式应运而生。

1. 无线局域网

无线网络是相对于有线网络而言的一种全新的网络组建方式。无线网络在一定程度上扔掉了有线网络必须依赖的网线。它是相当便利的数据传输系统,它利用射频(Radio Frequency,RF)技术,使用电磁波取代有线介质所构成的局域网络,在空中进行通信连接,使得无线局域网络能利用简单的存取架构连入 Internet。

主流应用的无线网络分为 GPRS 手机无线网络上网和无线局域网两种方式。GPRS 手机无线网络上网方式是一种借助移动电话网络接入 Internet 的无线上网方式,因此只要所在地区开通了 GPRS 上网业务,用户在任何一个角落都可以通过手机来上网。无线局域网是基于无线通信标准的无线网络允许在局域网络环境中使用可以不必授权的 ISM 频段中的 2.4 GHz 或 5 GHz 射频波段进行无线连接。

2. WLAN 连接设备

(1)无线网卡。无线网卡的作用和以太网中的网卡的作用基本相同,它作为无线局域网的接口,能够实现无线局域网各客户机间的连接与通信。

(2)无线 AP(Access Point)。无线 AP 就是无线局域网的接入点、无线网关,它的作用类似于有线网络中的集线器。

(3)无线天线。当无线网络中各网络设备相距较远时,随着信号的减弱,传输速率会明显下降以致无法实现无线网络的正常通信,此时就要借助于无线天线对所接收或发送的信号进行增强。

3. WLAN 的应用

WLAN 最为广泛的应用是无线保真技术 Wi-Fi,它实际上提供了一种能够将各种终端都使用无线进行互连的技术,为用户屏蔽了各种终端之间的差异性。

(1)家庭无线 WLAN。

在实际应用中,WLAN 的接入方式很简单,以家庭 WLAN 为例,只需一个无线接入设备——路由器和一个具备无线功能的计算机或终端(手机或 PAD),没有无线功能的计算机只需外插一个无线网卡即可。有了以上设备后,可以使用路由器将热点(或其他已组建好且在接收范围的无线网络)或有线网络接入家庭,按照网络服务商提供的说明书进行路由配置,配置好后在家中覆盖范围(WLAN 稳定的覆盖范围大概在 20~50 m 之间)内放置接收终端,打开终端的无线功能,输入服务商给定的用户名和密码即可接入 WLAN。

(2)无线桥接。

当有线连接以太网或者需要为有线连接建立第二条冗余连接用作备份时,无线桥接允许在建筑物之间进行无线连接。无线天线设备通常用来进行这项应用以及无线光纤桥。无线天线基本解决方案一般更便宜,并且不需要在天线之间有直视性,但是比光纤解决方案要慢很多。无线天线解决方案通常在 5~30 Mbit/s 范围内操作,而光纤解决方案在 100~1000 Mbit/s 范围内操作。这两种桥操作距离可以超过 10 mi(1 mi≈1.61 cm),基于无线天线的解决方案可达到这个距离,而且它不需要线缆连接。其缺点是速度慢和存在干扰,而光纤解决方案不会如此;光纤解决方案的缺点是价格高,以及两个地点间不具有直视性。

(3)WLAN 的典型应用场景。

①楼宇之间:大楼之间建构网络的连接,取代专线,简单又便宜。

②餐饮及零售:餐饮服务业可使用无线局域网络产品,直接从餐桌即可输入并传送客人点菜内容至厨房、柜台。零售商促销时,可使用无线局域网络产品设置临时收银柜台,实现电子支付。

③医疗:使用附带无线局域网络产品的手提式计算机取得实时信息,医护人员可藉此避免对伤患救治的迟延、不必要的纸上作业、单据循环的迟延及误诊等,从而提升对伤患照顾的品质。

④企业:当企业内的员工使用无线局域网络产品时,不管他们在办公室的哪个角落,有无线局域网络产品,就能随时接发电子邮件、分享档案及浏览网络。

⑤仓储管理:一般仓储人员盘点商品,通过无线网络的数据传输,能立即将最新的资料输入计算机仓储系统。

⑥监视系统:一般位于远方且需受监控的场所,由于布线困难,可由无线网络将远方场景传回主控站。

⑦展示会场:诸如一般的电子展、计算机展,由于网络需求极高,而且布线又会让会场显得凌乱,因此使用无线网络则是再好不过的选择。

任务二　了解 Internet

任务要求

Internet 是全球最大的由众多网络互连而成的开放式计算机网络。Internet 可以连接各种各样的计算机系统和计算机网络，提供了包罗万象、瞬息万变的信息资源，成为获取信息的一种方便、快捷、有效的手段，成为信息社会的重要支柱。本任务要求认识 Internet 与万维网，了解 Internet 在我国的发展，认识 IP 地址与域名系统，了解 Internet 的接入方式。

任务实现

（一）认识 Internet 与万维网

1. Internet 及其发展

Internet 的中文译名为因特网，又叫作国际互联网。它是由那些使用公用语言互相通信的计算机连接而成的许多小的网络（子网）互连而成的一个全球信息资源网络，以相互交流信息资源为目的，基于共同的协议，并通过许多路由器和公共互联网连接而成，它是一个信息资源共享的集合。

（1）Internet 起源。

1962 年，美国国防部为了保证美国本土防卫力量和海外防御武装在受到苏联第一次核打击以后仍然能具有一定的生存和反击能力，认为有必要设计出一种分散的指挥系统：它由一个个分散的指挥点组成，当部分指挥点被摧毁后，其他点仍能正常工作，并且这些点之间，能够绕过那些已被摧毁的指挥点而继续保持联系。为了对这一构思进行验证，1969 年，美国国防部高级研究计划署资助建立了一个名为 ARPANET 的网络。各个结点的大型计算机采用分组交换技术，通过专门的通信交换机和专门的通信线路相互连接。ARPANET 采用了分组交换技术，中文俗称"阿帕网"，是 Internet 的前身。

（2）TCP/IP 协议的产生。

1972 年，全世界电脑业和通信业的专家学者在美国华盛顿举行了第一届国际计算机通信会议，就在不同的计算机网络之间进行通信达成协议，会议决定成立 Internet 工作组，负责建立一种能保证计算机之间进行通信的标准规范（即通信协议）。1973 年，美国国防部也开始研究如何实现各种不同网络之间的互连问题。

1974 年，TCP（传输控制协议）和 IP（Internet 协议）问世，合称 TCP/IP 协议。这两个协议定义了一种在电脑网络间传送报文（文件或命令）的方法。随后，美国国防部决定向全世界无条件地免费提供 TCP/IP，即向全世界公布解决电脑网络之间通信的核心技术，TCP/IP 协议核心技术的公开最终导致了 Internet 的飞速发展。

（3）网络的进一步发展。

20 世纪 80 年代初，美国国家科学基金会（National Science Foundation，NSF）开始着手建立提供给各大学计算机系使用的计算机科学网（CSNET）。CSNET 是在其他网络基础之上加上统一的协议层,形成逻辑上的网络。它使用其他网络提供的通信能力,在用户观点下也是一个独立的网络。CSNET 采用集中控制的方式,所有信息交换都经过 CSNET - Relay(一台中继计算机)进行。1982 年,美国北卡罗来纳州立大学的斯蒂文·贝拉文创立了网络新闻组 Usenet。1983 年,在纽约城市大学也出现了电子邮件群,旧金山诞生了 Fido BBS。这些网络都相继并入 Internet 而成为它的一个组成部分,因而 Internet 成为全世界各种网络的大集合。

(4) Internet 的基础——NSFNET。

Internet 的第一次快速发展源于美国国家科学基金会(NSF)的介入,即建立 NSFNET。20 世纪 80 年代初,美国一大批科学家呼吁实现全美的计算机和网络资源共享,以改进教育和科研领域的基础设施建设,应对欧洲和日本先进教育和科技进步的挑战和竞争。20 世纪 80 年代中期,NSF 为鼓励大学和研究机构共享他们非常昂贵的 4 台计算机主机,投资在普林斯顿大学、匹兹堡大学、加州大学圣地亚哥分校、依利诺斯大学和康奈尔大学建立 5 个超级计算中心,并通过 56 kbit/s 的通信线路连接形成 NSFNET 的雏形。由于 NSF 的鼓励和资助,很多大学、政府资助甚至私营的研究机构纷纷把自己的局域网并入 NSFNET 中,从 1986 年至 1991 年,NSFNET 的子网从 100 个迅速增加到 3000 多个。1989 年,由 CERN 开发成功万维网(World Wide Web,WWW),为 Internet 实现广域超媒体信息截取/检索奠定了基础。NSFNET 的正式营运及实现与其他已有和新建网络的连接开始真正成为 Internet 的基础。

(5) Internet 的实现与发展。

到了 20 世纪 90 年代初期,Internet 事实上已成为一个"网中网"。由于多种学术团体、企业研究机构,甚至个人用户的进入,Internet 的使用者不再限于电脑专业人员。他们逐步把 Internet 当作一种交流与通信的工具,而不仅仅是共享 NSFNET 巨型机的运算能力。在 20 世纪 90 年代以前,Internet 的使用仅限于研究与学术领域。1991 年,Internet 商业化服务提供商的出现,使工商企业终于可以光明正大地进入 Internet。商业机构一踏入 Internet,就发现了其在通信、资料检索、客户服务等方面的巨大潜力。于是,其势一发不可收拾,世界各地无数的企业及个人纷纷涌入 Internet,带来 Internet 发展史上一个新的飞跃。

(二) 了解 Internet 在中国的发展

作为认识世界的一种方式,我国目前在接入 Internet 网络基础设施上已进行了大规模投入,如建成了中国公用分组交换数据网(CHINAPAC)和中国公用数字数据网(CHINADDN)。覆盖全国范围的数据通信网络已初具规模,为 Internet 在我国的普及打下了良好的基础。

中国科学院高能物理研究所最早在 1987 年就开始通过国际网络线路接入 Internet。1994 年随着"巴黎统筹委员会"的解散,美国政府取消了对我国政府进入 Internet 的限制,我国互联网建设全面展开,到 1997 年底,已建成中国公用计算机网互联网(CHINANET)、中国教育科研计算机网(CERNET)、中国科学技术网(CSTNET)和中国金桥信息网(CHINAGBN)等,并与 Internet 建立了各种连接。

(1) 中国公用计算机互联网(CHINANET)。

CHINANET 是信息产业部组织建设和管理的。信息产业部与美国 Sprint Link 公司在

1994年签署 Internet 互联协议,开始在北京、上海两个电信局进行 Internet 网络互联工程。目前,CHINANET 由骨干网和接入网组成。骨干网是 CHINANET 的主要信息通路,连接各直辖市和省会城市的网络接点,骨干网已覆盖全国各省、直辖市、自治区;接入网又是各省内建设的网络节点形成的网络。

(2)中国教育和科研计算机网。

中国教育和科研计算机网(CERNET)是 1994 年由国家计委、教育部批准立项,国家教委主持建设和管理的全国性教育和科研计算机互联网络。该项目的目标是建设一个全国性的教育科研基础设施,把全国大部分高校连接起来,实现资源共享。它是全国最大的公益性互联网络。CERNET 已建成由全国主干网、地区网和校园网组成的三级层次结构网络。CERNET 分 4 级管理,分别是全国网络中心、地区网络中心和地区主节点、省教育科研网、校园网。目前 CERNET 以现有的网络设施和技术力量为依托,构建全国规模的 IPv6 网络。CERNET 的建设加强了我国信息基础建设,缩小了与国外先进国家在信息领域的差距,也为我国计算机信息网络建设起到了积极的示范作用。

(3)中国科学技术网。

中国科学技术网(CSTNET)是国家科学技术委员会联合全国各省、直辖市的科技信息机构,采用先进信息技术建立起来的信息服务网络,旨在促进全社会广泛的信息共享和信息交流。中国科技信息网络的建成对于加快我国国内信息资源的开发和利用,促进国际的交流与合作起到了积极的作用,以其丰富的信息资源和多样化的服务方式为国内外科技界和高技术产业界的广大用户提供服务。

(4)国家公用经济信息通信网络。

国家公用经济信息通信网络(CHINAGBN)又称金桥网,是建立在金桥工程上的业务网,支持金关、金税、金卡等"金"字头工程的应用。它覆盖全国,实行国际联网,是为用户提供专用信道、网络服务和信息服务的基干网。

3. 万维网

万维网(World Wide Web,WWW)也可以简称为 Web,是当前 Internet 上最受欢迎、最为流行、最新的信息检索服务系统。它把 Internet 上的现有资源统统连接起来,使用户能从 Internet 上已经建立了 WWW 服务器的所有站点获取超文本媒体资源文档。

WWW 不仅提供了图形界面(Graphical User Interface)的快速信息查找,还通过同样的图形界面与 Internet 的其他服务器对接。因为 WWW 为全世界的人们提供查找和共享信息的手段,所以也可以把它看作世界上各种组织机构、科研机构、大学、公司热衷于研究开发的信息集合。它基于 Internet 的查询、信息分布和管理系统,是方便人们进行交互的多媒体通信动态格式。它是一种广域超媒体信息检索原始规约,目的是访问巨量的文档。WWW 已经实现的部分是给计算机网络上的用户提供一种手段,用简单的方式去访问各种媒体。它是第一个真正的全球性超媒体网络,改变了人们观察和创建信息的方法。因而,WWW 在世界范围内得到广泛的应用。

(三)认识 IP 地址与域名系统

在 Internet 上连接的所有计算机,从大型机到微型计算机都是以独立的身份出现的,我们称它为主机。为了实现各主机间的通信,每台主机都必须有一个唯一的网络地址,在 Internet 网络中,网络地址能唯一标识一台计算机。

1. IP 地址

网际协议版本 4(Internet Protocol version 4,IPv4),又称互联网通信协议第 4 版,是网际协议开发过程中的第 4 个修订版本,也是此协议第 1 个被广泛部署的版本。IPv4 是互联网的核心,也是使用最广泛的网际协议版本,其后继版本为 IPv6。

在 Internet 中,IPv4 地址是一个 32 位的二进制地址,为了便于记忆,将它们分为 4 组,每组 8 位,由小数点分开,用 4 个字节来表示,每字节的数值范围是 0~255,如 202.116.0.1,这种书写方法称为"点分十进制表示法"。

IP 地址可确认网络中的任何一个网络和计算机,而要识别其他网络或其中的计算机,则是根据这些 IP 地址的分类来确定。IPv4 地址分为网络地址和主机地址,网络部分用于识别 IP 在哪个网络可见,主机部分用于识别特定主机。为了便于对 IP 地址进行管理,根据 IPv4 地址的第 1 个字节十进制数值大小或者第一个字节对应的二进制高位数值,将 IP 地址按节点计算机所在网络规模的大小分为 A、B、C、D、E 五类,IP 地址分类如图 15.14 所示。

图 15.14 IP 地址分类

IP 地址根据用途和安全性级别的不同,可以分为两类:公有地址和私有地址。公有地址在 Internet 中使用,可以在 Internet 中随意访问。私有地址只能在内部网络中使用,只有通过代理服务器才能与 Internet 通信。

一个机构网络要连入 Internet,必须申请公有 IP 地址。但是考虑到网络安全和内部实验等特殊情况,在 IP 地址中专门保留了 3 个区域作为私有地址。IP 地址分类见表 15.1。

表 15.1 IP 地址分类

IP 地址类别	RFC 1918 内部地址范围	网络规模
A 类	10.0.0.0 ~ 10.255.255.255	大型网络
B 类	172.16.0.0 ~ 172.31.255.255	中型网络
C 类	192.168.0.0 ~ 192.168.255.255	小型网络

2. 子网掩码

在给网络分配 IP 地址时,有时为了便于管理和维护,可以将网络分成几个部分,称为子网。划分子网的常见方法是用主机号的高位来标识子网号,其余位表示主机号。对于一个 B 类网址 166.168.0.0,如果选取第 3 字节的最高两位用于标识子网号,则有 4 个子网:166.168.0.0、166.168.64.0、166.168.128.0 和 166.168.192.0。由于子网的划定无统一算法,单从 IP 地址无法判定一台计算机处于哪个子网,解决的方法是采用子网掩码技术。

子网掩码也是一个 32 位的数字,其构成规则是:所有标识网络号和子网号的部分用 1 表示,主机地址用 0 表示。将子网掩码和 IP 地址进行"与"运算,得到的结果表示该 IP 地址所属的子网。如果一个网络没有划分子网,子网掩码是网络号各位全为 1,主机号各位全为 0,这样得到的子网掩码为默认子网掩码。A 类网络的默认子网掩码为 255.0.0.0,B 类网络的默认子网掩码为 255.255.0.0,C 类网络的默认子网掩码为 255.255.255.0。

3. 域名系统

IP 地址用数字表示不便于记忆,另外从 IP 地址上看不出拥有该地址组织的名称或性质,同时也不能根据组织名称或类型来猜测其 IP 地址。为了向用户提供一种直观明了的主机标识符,设计了一种字符型的主机命名机制,这就是域名系统。例如,IP 地址为 211.151.91.165 的主机,用域名表示为 www.tsinghua.edu.cn。通过该域名可以知道这台机器位于中国教育领域,用作 WWW 信息浏览。为了保证域名系统的通用性,Internet 制定了一组正式通用的代码作为顶级域名,表 15.2 所示为顶级域名代码,表 15.3 所示为部分国家和地区的域名。

表 15.2 顶级域名代码

域名代码	用途	域名代码	用途
com	商业组织	art	文化活动单位
edu	教育机构	firm	公司、企业
gov	政府部门	info	提供信息服务单位
mil	军事部门	nom	代表个人
org	非营利组织	rec	娱乐活动单位
net	主要网络支持中心	store	销售公司或企业
int	国际组织	web	从事 WWW 服务的机构

有了域名的知识,对于记忆域名和辨认域名很有好处。如 www.jlnku.com 是吉林农业科技学院的域名,要查询吉林农业科技学院的信息就可以登录这个域名。

表 15.3 部分国家和地区的域名

域名	国家和地区	域名	国家和地区	域名	国家和地区
au	澳大利亚	fl	芬兰	nl	荷兰
be	比利时	fr	法国	no	挪威
ca	加拿大	hk	中国香港	nz	新西兰

续表 15.3

域名	国家和地区	域名	国家和地区	域名	国家和地区
ch	瑞士	ie	爱尔兰	ru	俄罗斯
cn	中国	in	印度	se	瑞典
de	德国	it	意大利	tw	中国台湾
dk	丹麦	jp	日本	uk	英国
es	西班牙	kp	韩国	us	美国

4. 域名服务器

Internet 上有很多负责将主机地址转为 IP 地址的服务系统——域名服务器(DNS),此服务系统会自动将域名解析为 IP 地址。

在 Internet 中,每个域都有各自的域名服务器,由它们负责注册该域内的所有主机,即建立本域中主机名与 IP 地址的对照表。当访问一个站点时,输入欲访问主机的域名后,由本地机向 DNS 发出查询指令。DNS 首先在其管辖的区域内查找名字,名字找到后把对应的 IP 地址返回给 DNS 客户。对于本域内未知的域名则回复"没有找到相应域名"信息,而对于不属于本域的域名则转发给上级域名服务器。

5. 中文域名

2002 年 11 月 7 日,中国互联网络信息中心(CNNIC)推出并管理"中文. cn"". 中国"". 公司"及". 网络"等格式的中文域名。中文域名的长度在 30 个字符以内,允许使用中文、英文、阿拉伯数字及"-"号等字符;中文通用域名兼容简体与繁体,无须重复注册。

在 CNNIC 新的域名系统中注册"中国"的用户将自动获得"cn"的中文域名,如注册"清华大学. 中国"将自动获得"清华大学. cn"。

(四)了解 Internet 的接入方式

Internet 上浩瀚的资源吸引着每个用户,若想利用这些资源就需要接入 Internet。因为用户的环境和要求也不同,所以采用的接入方法也不同。目前常见的上网方式通常有以下几种。

1. ISDN

综合业务数字网(Integrated Services Digital Network, ISDN)的概念是在 1972 年首次提出的,是以电话综合数字网(IDN)为基础发展而成的通信网,它能提供端到端的数字连接,用来承载包括语音和非语音等多种电信业务。ISDN 分为两种:N - ISDN(窄带综合业务数字网)和 B - ISDN(宽带综合业务数字网)。目前我们国内使用的是 N - ISDN。

ISDN 用户终端设备种类很多,有 ISDN 电视会议系统、PC 桌面系统(包括可视电话)、ISDN 小交换机、TA 适配器(内置、外置)、ISDN 路由器、ISDN 拨号服务器、数字电话机、传真机、DDN 后备转换器、ISDN 转换器等。在如此多的设备中,TA 适配器是目前用户端的主要设备。

2. DDN

DDN(Digital Data Network)是一种利用光纤、数字微波或卫星等数字传输通道和数字交叉复用设备组成的数字数据传输网,它可以为用户提供各种速率的高质量数字专用电路和其他新业务,以满足用户多媒体通信和组建中高速计算机通信网的需要。DDN 主要由 6 个部分组成:光纤或数字微波通信系统、智能节点或集线器设备、网络管理系统、数据电路终端设备、用户环路、用户端计算机或终端设备。

3. ATM 异步传输方式

ATM 是目前网络发展的最新技术,它采用基于信元的异步传输模式和虚电路结构,根本上解决了多媒体的实时性及带宽问题。ATM 实现面向虚链路的点到点传输,它通常提供 155 Mbit/s 的带宽。它既汲取了话务通信中电路交换的"有连接"服务和服务质量保证,又保持了以太网、FDDI 等传统网络中带宽可变、适于突发性传输的灵活性,从而成为迄今为止适用范围最广、技术最先进、传输效果最理想的网络互联手段。

4. 非对称数字用户线路

非对称数字用户线路(Asymmetric Digital Subscriber Loop,ADSL)充分利用现有的电话线网络,只需在线路两端加装 ADSL 设备即可为用户提供高速、高带宽的接入服务,它的速度是普通 Modem 拨号速度所不及的。这种上网方式不但降低了技术成本,而且大大提高了网络速度,并且使用因特网和打电话互不干扰,费用低廉,提供诸多服务,如数据传输。

5. 有线电视网

有线电视网(CATV)利用有线电视网进行通信,可以使用电缆调制解调器(Cable Modem),也可以进行数据传输。电缆调制解调器是连接有线电视同轴电缆与用户计算机的中间设备。目前的有线电视一般从 42～750 MHz 之间的电视频道中分离出一条 6 MHz 的信道(有线电视节目传输所占用的带宽一般在 50～550 MHz 范围内),用于 Internet 服务。

6. 虚拟专用网络

虚拟专用网络(VPN)利用 Internet 或其他公共互联网络的基础设施为用户创建数据通道,实现不同网络组件和资源之间的相互连接,并提供与专用网络一样的安全和功能保障。

任务三　应用 Internet 基本服务功能

任务要求

Internet 不仅提供了大量的资源,还为方便用户使用这些资源的同时提供了多种网络服务。本任务要求了解 Internet 应用的相关概念,认识 IE 浏览器窗口,了解电子邮件和流媒体。

相关知识

(一)Internet 应用的相关概念

Internet 上不仅有丰富的信息资源,同时提供了多种访问信息资源的服务。

1. 电子邮件

电子邮件（Electronic Mail，E-mail）又称电子信箱、电子邮政，它是一种用电子手段提供信息交换的通信方式，是 Internet 应用最广的服务。通过网络的电子邮件系统，用户可以快速的方式与世界上任何一个角落的网络用户联系。另外，电子邮件还可以进行一对多的邮件传递，同一邮件可以一次发送给许多人。最重要的是，电子邮件是整个网络系统中直接面向人与人之间信息交流的系统，所以极大地满足了大量存在的人与人通信的需求。

2. 文件传输

文件传输协议（File Transfer Protocol，FTP）用于在 Internet 上控制文件的双向传输。同时，它也是一个应用程序。FTP 的主要作用就是让用户连接上一个远程计算机（这些计算机上运行着 FTP 服务器程序），查看远程计算机有哪些文件，然后把文件从远程计算机上拷贝到本地计算机，或把本地计算机的文件传送到远程计算机上。

3. BBS

电子公告板系统（Bulletin Board System，BBS）是一种电子信息服务系统，它向用户提供了一块公共电子白板，每个用户都可以在上面发布信息或提出自己的看法。电子公告板是可以使更多的用户通过电话线以简单的终端形式实现互联，从而得到廉价的丰富信息，并为其会员提供网上交谈、发布消息、讨论问题、传送文件、学习交流和游戏等的机会和空间。现在的 BBS 就像现实生活中的公告板一样，用户除了可以进入各个讨论区获取各种信息外，还可以将自己要发布的信息或参加讨论的观点"张贴"在公告板上，与其他用户展开讨论。

4. 超文本

超文本（hypertext）通常是指不局限于线性方式的文本。超文本文档的部分甚至全部都是线性的，但也可能都是非线性的。超文本通过链接或引用其他文本的方式突破了线性方式的局限性。超文本是超媒体的一个子集。超媒体是指这样一种媒体（文本、图片、声音、视频录像等），它与其他媒体以非线性方式链接而成。

5. HTML

超文本标注语言（Hypertext Markup Language，HTML）是标准通用标注语言（Standard Generalized Markup Language，SGML）的一个子集，也是一种标准，它通过标记符号来标记要显示的网页中的各个部分。网页文件本身是一种文本文件，通过在文本文件中添加标记符，可以告诉浏览器如何显示其中的内容。

6. HTTP

超文本传输协议（Hypertext Transfer Protocol，HTTP）是用于从 WWW 服务器传输超文本到本地浏览器的传送协议。它不仅保证计算机正确快速地传输超文本文档，还确定传输文档中的哪一部分，以及哪部分内容首先显示（如文本先于图形）等，因此我们在浏览器中看到的网页地址都是以"http：//"或"https：//"开头。

7. URL

统一资源定位器（Uniform Resource Locator，URL）就是文档在环球信息网上的"地址"。URL 用于标识 Internet 或者与 Internet 相连的主机上的任何可用的数据对象。URL 的基本思想是提供一定的信息条件，用户即可在 Internet 的任何一台机器上访问任何可用的公共数据。

8. 即时通信

即时通信工具（Instant Messager,IM），又称实时传信工具，是一种可以让使用者在网络上建立某种私人聊天室（chatroom）的实时通信服务工具。大部分的即时通信服务工具提供了状态信息的特性——显示联络人名单，联络人是否在线及能否与联络人交谈。目前在互联网上受欢迎的即时通信软件包括 HI、QQ、MSN Messenger、AOL Instant Messenger、Yahoo! Messenger、NET Messenger Service、Jabber、ICQ 等。相对于个人即时通信工具而言，企业级即时通信工具更加强调安全性、实用性、稳定性和扩展性。

9. 流媒体

流媒体（Streaming Media）技术是指将一连串的媒体数据压缩后，以流的方式在网络中分段传送，实现在网络上实时传输影音以供观赏的一种技术。

流媒体实际指的是一种新的媒体传送方式，有声音流、视频流、文本流、图像流、动画流等，而非一种新的媒体。

在运用流媒体技术时，音视频文件要采用相应的格式，不同格式的文件需要用不同的播放器软件来播放。采用流媒体技术的音视频文件主要有以下几种。

（1）微软的 ASF（advanced stream format）。这类文件的扩展名是.asf 和.wmv，与它对应的播放器是微软公司的 Media Player。用户可以将图形、声音和动画数据组合成一个 ASF 格式的文件，也可以将其他格式的视频和音频转换为 ASF 格式，而且用户还可以通过声卡和视频捕获卡将诸如麦克风、录像机等外设的数据保存为 ASF 格式。

（2）RealNetworks 公司的 RealMedia。它包括 RealAudio、RealVideo 和 RealFlash 3 类文件，其中 RealAudio 用来传输接近 CD 音质的音频数据，RealVideo 用来传输不间断的视频数据，RealFlash 则是 RealNetworks 公司与 Macromedia 公司联合推出的一种高压缩比的动画格式，这类文件的扩展名是.rm、.ra 和.rmvb，文件对应的播放器是 RealPlayer。

（3）苹果公司的 QuickTime。这类文件扩展名通常是.mov，它所对应的播放器是 QuickTime。

此外，MPEG、AVI、DVI、SWF 等都是适用于流媒体技术的文件格式，流媒体技术具有以下特点。

（1）内容主要是时间上连续的媒体数据（音频、视频、动画、多媒体等）。

（2）内容可以不经过转换就采用流式传输技术传输。

（3）具有较强的实时性、交互性。

（4）启动延时大幅度缩短，缩短了用户的等待时间；用户不用等到所有内容都下载到硬盘上才能开始浏览，在经过一段启动延时后就能开始观看。

（5）对系统缓存容量的要求大大降低。

（二）认识 IE 浏览器窗口

浏览器是指可以显示网页服务器或者文件系统的 HTML 文件内容，并让用户与这些文件交互的一种软件。它用来显示在万维网或局域网等内的文字、图像及其他信息。这些文字或图像可以是连接其他网址的超链接，用户可迅速及轻易地浏览各种信息。Windows 7 系统自带的浏览器是 IE 浏览器，打开浏览器，可以进入到 Web 的主页，浏览和搜索各类资源。

1. IE 浏览器窗口

启动 IE 浏览器，打开 IE 浏览器窗口，进入浏览器的主页，如图 15.15 所示。

（1）标题栏。标题栏包括控制按钮、当前浏览网页的名称、最小化按钮、最大化/还原按钮以及关闭按钮。通过对标题栏的操作，可以改变 IE 浏览器窗口的大小和位置。

（2）菜单栏。菜单栏提供了完成 IE 浏览器所有功能的命令，通过打开下拉菜单，可以执行相应的操作。

（3）地址栏。地址栏用于指出要访问的资源在网络上的统一资源定位地址，可以输入想要访问的网页的 URL。

（4）链接栏。链接栏用于添加一些常用网页的链接，单击这些链接就会看到相应的网页，省去了在地址栏中输入 URL 的麻烦。

（5）浏览区。浏览区为窗口中最大面积的区域，显示当前访问的网页内容以便用户浏览。

（6）状态栏。状态栏显示正在浏览的网页的下载状态、下载进度和区域属性等状态信息。

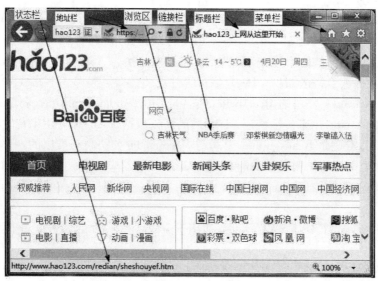

图 15.15　IE 浏览器窗口

2. 浏览器窗口设置

如果需要更改浏览器窗口的设置，则在浏览器窗口中选择菜单栏的【设置】，单击【Internet 选项】菜单项，打开【Internet 选项】对话框，如图 15.16 所示，进行设置即可。

（三）电子邮箱和电子邮件

1. 电子邮箱

用户在发送电子邮件前，首先应拥有一个属于自己的电子邮箱，通过电子邮箱来进行邮件的接收与发送。电子邮箱是用户向网络服务提供商申请的账号，使用账号时，邮件服务器通过密码来进行用户身份的确认，以此来保护用户的利益。每个用户的电子邮箱都要占用网络服务提供商的主机一定容量的硬盘空间，由于这一空间是有限的，因此用户要定期查收和阅读电子信箱中的邮件，以便腾出空间来接收新的邮件。

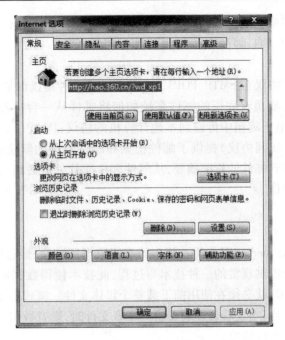

图 15.16 【Internet 选项】对话框

(1) 电子邮箱的格式。

电子邮箱的格式为"用户账号@主机地址"。其中,"用户账号"是用户申请邮箱时的账号名称,在同一个邮件服务器中应是唯一的;"主机地址"是用户申请账号的邮件服务器地址。例如,QQ 邮箱的格式为:QQ 账号@qq.com。

(2) 邮箱选择。

在选择电子邮件服务商之前用户要明确使用电子邮件的目的,根据自己不同的目的有针对性地去选择。如果是经常和国外的客户联系,建议使用国外的电子邮箱,如 Gmail、Hotmail、MSN、Yahoo 等。如果是想当网络硬盘使用,经常存放一些图片资料等,那么就应该选择存储量大的邮箱,如 Gmail、Yahoo、163 邮箱、126 邮箱等都是不错的选择。如果自己有计算机,那么最好选择支持 POP/SMTP 协议的邮箱,可以通过 Outlook、Foxmail 等邮件客户端软件将邮件下载到自己的硬盘上,这样就不用担心邮箱的大小不够用,同时还能避免别人窃取密码以后偷看信件。

2. 电子邮件

每份电子邮件的发送都要涉及发送方与接收方,发送方通过邮件客户程序,将编辑好的电子邮件向邮件服务器(SMTP(Simple Message Transfer Protocol,简单邮件传输协议)服务器)发送。邮件服务器识别接收者的地址,并向管理该地址的邮件服务器(POP(Post Office Protocol,邮局协议)服务器)发送消息。邮件服务器将消息存放在接收者的电子邮箱内,并告知接收者有新邮件到来。接收者通过邮件客户程序连接到服务器后,就会看到服务器的通知,进而打开自己的电子信箱来查收邮件。

3. 电子邮件工具

(1) 邮件程序。

在 Windows 系统下,常用的电子邮件程序有 Eudora、Netscape、Mail、Foxmail、Outlook 等,收发是通过 SMTP 和 POP 协议间接访问邮件服务器实现的。不论选择哪个程序,其基本功能包括邮件的起草和编辑、邮件的收发、邮件的读取和检索、邮件回复与转发、退信说明、邮件管理、转储和归纳、邮箱的管理、邮件账号的管理等。

(2)常用协议。

常见的电子邮件协议有 SMTP、POP3、IMAP 等。这几种协议都是由 TCP/IP 协议簇定义的。其中,SMTP 主要负责底层的邮件系统如何将邮件从一台机器传送至另外一台机器;POP 是把邮件从电子邮箱中传输到本地计算机的协议;IMAP(Internet Message Access Protocol,Internet 邮件访问协议)提供了邮件检索和邮件处理的新功能,这样用户不必下载邮件正文就可以看到邮件的标题摘要,从邮件客户端软件就可以对服务器上的邮件和文件夹目录等进行操作。

(四)流媒体

流媒体(streaming media)是指将一连串的媒体数据压缩后,经过网上分段发送数据,在网上即时传输影音以供观赏的一种技术与过程,此技术使得数据包得以像流水一样发送;如果不使用此技术,就必须在使用前下载整个媒体文件。流式传输可传送现场影音或预存于服务器上的影片,当观看者在收看这些影音文件时,影音数据在送达观看者的计算机后立即由特定播放软件播放。

1. 流式传输

在网络上传输音频/视频等多媒体信息,主要有下载和流式传输两种方案。音频/视频文件一般都较大,所以需要的存储容量也较大;同时由于网络带宽的限制,下载常常要花费数分钟甚至数小时,所以这种处理方法延迟也很大。流式传输时,声音、影像或动画等时基媒体由音视频服务器向用户计算机进行连续、实时传送,用户不必等到整个文件全部下载完毕,只需经过几秒或十数秒的启动延时即可进行观看。当声音等多媒体在用户计算机上播放时,文件的剩余部分将在后台从服务器内继续下载。

2. 流媒体设备

(1)编码器。编码器由一台普通计算机、一块高清视频采集卡和流媒体编码软件组成。高清视频采集卡负责将音视频信息源输入计算机,供编码软件处理;编码软件负责将流媒体采集卡传送过来的数字音视频信号压缩成流媒体格式。如果做直播,它还负责实时地将压缩好的流媒体信号上传给流媒体服务器。

(2)服务器。服务器由流媒体软件系统的服务器部分和一台硬件服务器组成,负责管理、存储、分发编码器传上来的流媒体节目。

(3)终端播放器。终端播放器也称为解码器,由流媒体系统的播放软件和一台普通计算机组成,用它来播放用户想要收看的流媒体服务器上的视频节目。

3. 流媒体格式

流媒体信息包括声音流、视频流、文本流、图像流、动画流等,常见文件格式有:①RA,实时声音;②RM,实时视频或音频的实时媒体;③RT,实时文本;④RP,实时图像;⑤SMIL,同步的多重数据类型综合设计文件;⑥SWF,Macromedia 的 Real Flash 和 Shockwave Flash 动画文件;⑦RPM,HTML 文件的插件;⑧RAM,流媒体的元文件,是包含 RA、RM、SMIL 文件地址(URL 地址)的文本文件;⑨CSF,一种类似媒体容器的文件格式,可以将非常多的媒体格式包含在其中,而不仅仅限于音频、视频。

任务实现

(一) 使用 IE 浏览器

双击桌面上的 IE 浏览器图标,打开图 15.15 显示的 IE 浏览器窗口,进行网络资源浏览。如果桌面没有 IE 浏览器图标,则需要进入 C 盘(系统盘),找到"Program Files"文件夹,打开其下的"Internet Explorer"子文件夹(图 15.17),双击"iexplore.exe",打开 IE 浏览器窗口,进行资源访问。为方便以后使用 IE 浏览器,右击将其发送"桌面快捷方式",在桌面生成快捷方式图标即可。

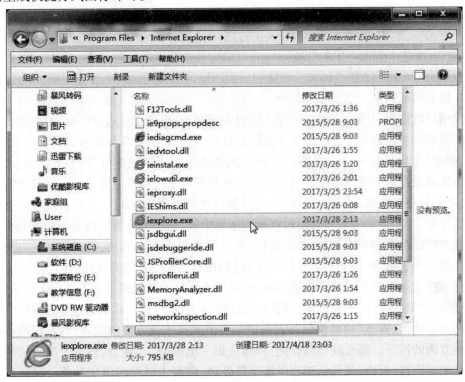

图 15.17 iexplore.exe 位置

(二) 常用搜索引擎介绍及检索的方法

各种信息资源已经逐步数字化,开始形成一个逐步完善的数字化信息资源空间,各类用户通过网络获取相关资源是资源共享的重要方式。在网络中搜索资源的软件统称为搜索引擎。基于网页内容的全文检索技术是搜索引擎的核心,搜索引擎也是全自动的软件服务。

目前常用的搜索引擎有百度、Google、新浪、网易、Yahoo!、搜狐等。其中百度已成为国内用户在网络时代最快捷方便的个性化信息服务系统和服务方式。

1. 把搜索范围限定在网页标题中

intitle 网页标题通常是对网页内容提纲挈领式的归纳,往往能获得良好的效果。使用的方式是把查询内容中特别关键的部分用"intitle:"进行标记。例如,查找金庸先生的小说,就可以这样查询:"写真 intitle:金庸",注意"intitle:"和后面的关键词之间不能有空格。

2. 把搜索范围限定在特定站点中

有时候,您如果知道某个站点中有自己需要找的东西,就可以把搜索范围限定在这个站点中,提高查询效率。使用的方法是在查询内容的后面加上"site:站点域名"。例如,查找天空网就可以这样查询:"msn site:skycn com",注意"site:"后面跟的站点域名不要带"http://";另外,"site:"和站点名之间,不要有空格。

3. 把搜索范围限定在 url 链接中

inurl 网页 url 中的某些信息常常有某种有价值的含义。于是,您如果对搜索结果的 url 做某种限定,就可以获得良好的效果。实现的方式是用"inurl:",后跟需要在 url 中出现的关键词。例如,查找关于 photoshop 的使用技巧,可以这样查询:"photoshop inurl:jiqiao"。上面这个查询串中的"photoshop"可以出现在网页的任何位置,而"jiqiao"则必须出现在网页 url 中。注意,"inurl:"语法和后面所跟的关键词之间不要有空格。

4. 精确匹配

使用百度搜索引擎查询时如果输入的查询词很长,百度在经过分析后,给出的搜索结果中的查询词可能是拆分的。如果不想让百度拆分查询词,就可以给查询词加上双引号。例如,搜索"上海科技大学",如果不加双引号,搜索结果可能被拆分,但加上双引号后,获得的结果就全是符合要求的了。书名号是百度独有的一个特殊查询语法。在其他搜索引擎中,书名号会被忽略,而在百度中,中文书名号是可以被查询的。加上书名号的查询词有两层特殊功能,一是书名号会出现在搜索结果中;二是书名号里的内容不会被拆分。书名号在某些情况下特别有效果,如查电影"手机",如果不加书名号,很多情况下出来的是通信工具——手机,而加上书名号后,《手机》的搜索结果就是电影方面的内容了。

要求搜索结果中不含特定查询词时,如果搜索结果中某类网页是不希望被看见的,而且这些网页都包含特定的关键词,那么使用减号语法,就可以去除所有这些含有特定关键词的网页。例如,搜索"神雕侠侣",若希望是关于武侠小说方面的内容,却发现很多关于电视剧方面的网页。那么就可以查询"神雕侠侣 – 电视剧"。注意,前一个关键词和减号之间必须有空格,否则,减号会被当成连字符处理,而失去减号的语法功能。减号和后一个关键词之间有无空格均可。

(三)收发电子邮件

(1)注册电子邮箱。

以 126 邮箱为例,在邮件服务器上申请注册邮箱,登录邮箱。

(2)添加联系人。

用户在成功登录邮箱之后就可以添加新的联系人,每次发送电子邮件时,直接点击联系人发送即可。

(3)写信。

直接在新建的联系人中找到要发送的地址,点击"写信"就可以转到写信页面,书写信件内容,如图 15.18 所示。

图 15.18 写信

(4) 添加主题和附件。

在主题栏输入主题,主题是对信息内容的概述。收信人可以根据主题了解信件的基本信息,如果需要发送文件,选择添加附件。

(5) 信件的保存和发送。

对于写好的信件,点击上面的"发送"即可,也可以将其保存到草稿箱中。

(四) 使用 FTP 文件传输

(1) 启动 IE 浏览器,在地址栏中输入"https://www.sjtu.edu.cn/",按【Enter】键,打开相应的页面。

(2) 在打开的上海交通大学的文件服务器上点击各链接项目,查找链接内容。

(3) 查找到目标文件后,单击【下载】命令按钮,下载资源即可。

(五) 使用 BBS 公告板

(1) 启动 IE 浏览器,在地址栏中输入"http://bbs.sina.com.cn/",按【Enter】键确认,打开新浪网的 BBS 论坛页面,如图 15.19 所示。

图 15.19 新浪 BBS

(2)单击【注册通行证】,按注册向导完成帐号的注册。

(3)登录 BBS,参与感兴趣的话题。

(六)即时通信

(1)启动 IE 浏览器,在地址栏中输入"https://www.qq.com/",按【Enter】键确认,打开腾讯网的首页,如图 15.20 所示。

图 15.20 腾讯网首页

(2)单击【QQ】,进入 QQ 专区,注册 QQ 新帐号,下载 QQ 软件安装版。

(3)安装 QQ 软件。

(4)使用帐号登录,查找好友并添加。

(5)与好友进行通信。

(七)使用流媒体

(1)启动 IE 浏览器,在地址栏中输入"https://www.1905.com/",按【Enter】键确认,打开央视电影网的首页,如图 15.21 所示。

(2)单击导航栏中的【资料馆】,打开资源库。

(3)在资源库中查找感兴趣的视频资源并收看。

图 15.21 央视电影网首页

课后练习

1. 什么是计算机网络?计算机网络系统由哪些部分组成?
2. 局域网的拓扑结构有哪些类型?
3. 上网查找目前常用的浏览器信息。

项目十六　了解程序设计基础

计算机系统由硬件系统和软件系统构成,硬件系统提供了物理基础,软件系统则控制计算机系统为用户服务。系统中的软件是由开发人员根据用户的应用需求设计的程序,开发人员如何进行程序设计,本项目将通过两个任务介绍程序与程序设计语言、软件开发的基本知识,以引导普通用户对计算机程序设计进行了解。

学习目标

- 了解程序与程序设计语言
- 了解软件开发

任务一　了解程序与程序设计语言

任务要求

计算机能够执行的程序是用计算机语言编写的。在开发人员编写程序时,有多种计算机语言可用,计算机语言的使用方法尤为重要。本任务要求了解程序设计语言,了解结构化的程序设计,了解面向对象的程序设计思想。

任务实现

(一)了解程序设计语言

程序设计语言(Programming Language)是用于编写计算机程序的语言,其基础是一组记号和一组规则,根据规则由记号构成的记号串的总体就是程序。用程序设计语言编写程序的过程即为程序设计。

1. 程序设计语言的基本成分

(1)数据成分:用于描述程序所涉及的数据。

(2)运算成分:用以描述程序中所包含的运算。

(3)控制成分:用以描述程序中所包含的控制。

(4)传输成分:用以表达程序中数据的传输。

2. 程序设计语言的发展

随着计算机应用的推广,程序设计语言的发展经历了从低级语言到高级语言的过程。

(1)机器语言。

计算机唯一能够直接识别的数据是二进制数,机器语言是表示成二进制数码形式的机器基本指令集,采用机器语言编写的程序在计算机中可以直接执行。

(2)汇编语言。

最早期的程序员通过机器语言编写程序,这种直接面对二进制代码的机器语言既不方便书写,也不容易理解。将机器语言符号化,用助记符号来表示机器语言,用专门的转换程序把这些助记符号转换为机器语言,方便编程人员进行程序设计,由于它以符号为主要特征,故称为符号语言,也称作汇编语言。

(3)高级语言。

早期的计算机语言都是面向计算机专业人员的,随着计算机技术的发展,计算机所用的语言更加接近人类的思维,高级语言有了广阔的发展空间。高级语言的表示方法要比低级语言更接近于待解问题的表示方法,其特点是在一定程度上与具体机器无关,易学、易用、易维护。常见的高级语言有 Pascal、C、Delphi、Visual Basic、C++、Java、C#、易语言等。

3. 源程序的转换

源程序是用高级语言按照其程序设计规范编写的有序指令的集合,其中每一条指令称为一条语句。源程序可由编程人员读写、修改,但不能直接执行。只有将源程序转换成机器语言的指令,才能被计算机直接执行。将源程序转换为机器指令的方法有两种,即编译和解释。编译将源程序转换成机器指令的过程是由编译程序将源程序编译生成二进制的目标程序,由目标程序链接生成可执行程序,再由计算机执行;解释是将源程序作为输入,将每一条语句解释成机器指令,解释一句后就提交计算机执行一句,并不形成目标程序。

(二)了解结构化的程序设计

程序设计就是使用某种程序设计语言编写一些代码来驱动计算机完成某种特定功能的过程。学习程序设计的目的不只是学习一种特定的程序设计语言,而是要通过这种语言学习程序设计的一般方法。现在流行的高级语言很多,各有优劣,而且也都在不断的发展和更新之中,因而无论选择使用哪种程序设计语言进行程序设计,都应该掌握程序设计的一般思路和方法。

1. 程序设计的基本过程

程序设计的基本过程包括分析所求解的问题、抽象数学模型、设计合适的算法、编写程序、调试运行程序、整理文档等几个阶段,下面分别进行介绍。

(1)分析所求解的问题。

接到某项任务后,首先需要对任务进行分析,明确要实现的功能,然后详细地分析要处理的原始数据有哪些,从哪儿来,是什么性质的数据,要进行怎样的加工处理,处理的结果送到哪儿去。

(2)抽象数学模型。

对要解决的问题进行分析,找出它们的运算和变化规律,然后进行归纳,并用抽象的数学语言表达出来,即将具体问题抽象为数学问题,最终确定可以解决此数学问题的方案。

(3)设计合适的算法。

确定了方案之后,需考虑程序中要处理数据的数据结构,并针对选定的数据结构简略地描述用计算机解决问题的基本过程,再设计相应的算法,然后根据已确定的算法,画出程序流程图。

(4)编写程序。

编写程序是程序设计的实现过程,把用流程图描述的算法用计算机语言描述出来。

(5)调试运行程序。

把已经编写好的源程序输入计算机,进行编译和调试,逐步修正程序中的错误,直至程序可正确运行,得到预期的运行效果。

(6)整理文档。

程序调试成功后,将源程序及在程序整个运行过程中的相关资料进行整理,编写程序使用说明书,交付用户使用。

2. 结构化程序设计

程序设计的基本目标是要编写出描述正确、运行后能得到预期结果的程序,编程时除了正确性以外,更要注重程序的高质量。结构化程序设计方法是以模块化设计为中心,将待编写程序划分为若干个独立的模块,由于模块相互独立,为扩充已有系统、建立新系统带来不少方便。按照结构化的程序设计方法设计出的程序具有结构清晰、可读性好、易于修改和容易验证等优点。

按照结构化程序设计的观点,任何程序都可以通过模块组成的 3 种基本程序结构(顺序结构、选择结构、循环结构)的组合来实现。

(1)顺序结构。

顺序结构是最简单的结构,计算机在执行顺序结构时,按照语句出现的先后次序依次执行。顺序结构是最常见的程序设计结构,在一般程序中大量存在。按照解决问题的顺序写出相应的语句,它的执行顺序是自上而下,依次执行。

但是在求解问题的时候,常常要根据输入数据的实际情况进行逻辑判断,对不同的结果进行不同的处理;或者需要反复执行某些程序段,为避免多次重复编写结构相似的程序段带来程序结构的混乱,引入了选择结构和循环结构。

(2)选择结构。

选择结构用于判断给定的条件,是根据判断的结果来控制程序的流程。在执行选择结构时,根据逻辑条件成立与否,分别选择执行不同的程序模块。

(3)循环结构。

循环结构可以减少源程序重复书写的工作量,用来描述重复执行的问题,这是程序设计中最能发挥计算机特长的结构。循环结构通常有两种形式,即当型循环和直到型循环。

① 当型循环。在进入循环结构后首先判断条件是否成立,如果成立则执行程序模块,反之则退出循环结构,执行后继语句。

② 直到型循环。执行完程序模块后再去判断条件,如果条件仍然成立,则再次执行内嵌的程序模块,循环往复,直到条件不成立时退出循环结构。

3. 算法

一个程序应包括以下两方面的内容:对数据的描述,在程序中要指定数据的类型和数据的组织形式,即数据结构(Data Structure);对操作的描述,即操作步骤,也就是算法(Algorithm)。

(1)算法的概念。

算法是一系列解决问题的清晰指令,也就是说,能够对一定规范的输入,在有限时间内获得所要求的输出。算法常常含有重复的步骤和一些比较或逻辑判断。

(2)算法的特性。

算法的特性包括以下方面。

① 确定性。算法的每一种运算必须有确定的意义,该种运算应执行何种动作应无二义性,目的明确。

② 有效性。要求算法中有待实现的运算都是基本的,每种运算至少在原理上能由人用纸和笔在有限的时间内完成。

③ 有输入。一个算法有零个或多个输入,在算法运算开始之前给出算法所需数据的初值,这些输入取自特定的对象集合。

④ 有输出。作为算法运算的结果,一个算法产生零个或多个输出,输出是同输入有某种特定关系的量。

⑤ 有穷性。一个算法总是在执行了有穷步的运算后终止,即该算法是可达的。

满足前4个特性的一组规则不能称为算法,只能称为计算过程,操作系统是计算过程的一个例子,操作系统用来管理计算机资源,控制作业的运行。没有作业运行时,计算过程并不停止,而是处于等待状态。

(3)算法的描述。

算法可以采用自然语言、流程图、伪代码或高级编程语言进行描述。

① 用自然语言表示算法。用自然语言表示算法是用自然语言描述解决问题的过程。

② 用流程图表示算法。流程图是用特定的图标符号来表示各种操作次序的框图。美国国家标准协会(ANSI)规定了一些常用的流程图符号,如图16.1所示。

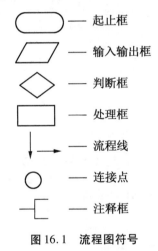

图 16.1 流程图符号

③ 用伪代码表示算法。伪代码是用介于自然语言和计算机语言之间的文字和符号来描述算法。它不用图形符号,因此书写方便,格式紧凑、易懂,便于向计算机语言过渡。

④ 用高级编程语言表示算法。用高级编程语言描述算法,调试之后可以直接运行。

(4)实例分析。

用自然语言表示求解数学表达式 $1+2+3+\cdots+100$ 值的算法如下。

① 设置变量 sum 的初始值为 0,用于存放 $1+2+3+\cdots+100$ 的值,设置变量 n 的初始值为 1。

② 将 n 加入 sum。

③ 将 n 加 1。

④ 重复步骤②和③,直到 n 大于 100 时停止。

⑤ 输出 sum 的值,程序结束。

用流程图表示求解数学表达式 1+2+3+…+100 值的算法如图 16.2 所示。

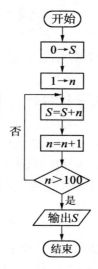

图 16.2　用流程图表示求解 1+2+3+…+100 值的算法

用伪代码表示求解数学表达式 1+2+3+…+100 值的算法如图 16.3 所示。

```
BEGIN
    sum<—0;
    n<—1;
    DOUNTIL(n>100)
        sum=sum+n;
        n=n+1;
    ENDDO;
    PRINT sum;
END
```

图 16.3　伪代码描述算法

用高级编程语言(C 语言)表示求解数学表达式 1+2+3+…+100 值的算法如图 16.4 所示。

```c
#include<stdio.h>
main() {
    int sum, n;
    sum=0;
    n=1;
    do{
        sum=sum+n;
        n=n+1;
    } while(n<=100);
    printf("1+2+……+100=%d",sum);
}
```

图 16.4　C 语言描述算法

(三)了解面向对象的程序设计思想

面向对象的设计方法是面向过程设计方法的继承和发展,它吸收了面向过程设计方法的优点,同时又考虑到现实世界和计算机空间之间的关系。该方法建立在结构化程序设计基础上,并做了最重要的改变,将程序围绕数据来设计,而不是围绕过程本身。面向对象使用对象、消息、类、继承和封装等基本概念来进行程序设计。

1. 面向对象的基本概念

(1)对象、属性、方法。

对象(Object)是一个包含现实世界物体特征的抽象实体。它是由一组属性值和在这组值上的一组操作组成的。属性(Attribute)确定了对象的状态,且一般情况下属性值只能通过执行该对象的操作来改变;操作又称方法或服务,每个对象都有各自的内部属性和操作方法。程序就是由一系列相互作用的对象构成的,对象之间的交互通过发送消息来实现。

(2)消息。

消息是用来请求对象执行某一处理或是回答某些信息的要求。一个对象可以接受不同形式、不同内容的消息;相同的消息也可以发送给不同的接受者,不同的接受者可以对相同的消息有不同的解释,从而做出不同的响应。

(3)类。

带有相似属性和行为的事物组合在一起,称为一个类。例如,所有的汽车构成了汽车类,所有的动物构成了动物类,类中的具体对象称为类的实例。例如,轿车是汽车的一个实例,大象是动物类的一个实例。

在面向对象程序设计中,对象是程序设计的基本单元,类是具有相同属性和操作方法并遵循相同约束规则的对象的集合。类描述了对象的结构,而对象则是类的可用实例。

2. 面向对象程序设计的步骤

面向对象的程序设计方法适用于软件的设计和实现阶段,在分析、定义清楚了所要解决的问题后,就可以采用面向对象的程序设计方法,基本操作如下。

(1)建立软件系统的动态模型。

① 根据问题领域和具体要求确定软件系统的对象及对象应用具备的处理能力。

② 分析对象之间的联系,并确定它们之间的消息传递方式。

③ 设计对象的消息模式,由消息模式和对象的处理能力共同构成对象的外部特征。

(2)建立软件系统的静态模型。

① 分析各对象的外部特征,将具有相同外部特征的对象归为一类,进而确定不同的类。

② 确定类间的继承关系,将具有公共性质的对象放在较上层的类中描述,并通过继承来共享共同性质。

③ 根据以上两点确定类的外部特性和层次结构。

(3)实现软件系统设计。

① 为每个对象设计内部实现,包括内部状态的表现形式和固有处理能力的实现。

② 为每个类设计其内部实现,包括数据结构和成员函数。

③ 创建所需要的对象,以实现这些对象之间的关系。

④ 通过对象间传递消息完成预定功能。

任务二　了解软件开发

任务要求

软件是计算机系统必不可少的组成部分,软件开发是计算机软件设计的全过程描述。本任务要求了解软件工程,了解软件的生存周期,了解软件开发方法,了解软件开发工具。

任务实现

(一)了解软件工程

软件工程是20世纪70年代为了应对软件日益增长的复杂程度、漫长的开发周期而发展起来的工程学科。人们解决问题时普遍采用的是对问题进行分解,然后再分别解决各个子问题的策略。软件工程采取的生命周期方法就是从时间角度对软件开发和维护的复杂问题进行分解,把软件生存周期依次划分为若干阶段,每个阶段有相对独立的任务,然后根据需求采取不同的开发方法及利用开发工具逐步完成单个阶段的任务。

1. 软件

软件是指计算机系统中与硬件相互依存的另一部分,包括程序、数据和相关文档的完整集合。软件由两部分组成:一是机器可执行的程序和数据;二是机器不可执行的,与软件开发、运行、维护、使用等有关的文档。软件具有以下特点:①软件是一种逻辑实体,具有抽象性;②软件没有明显的制作过程;③软件在使用期间不存在磨损、老化问题;④对硬件和环境具有依赖性;⑤软件复杂度高,成本昂贵;⑥软件开发涉及诸多的社会因素。

2. 软件工程

软件工程主要是针对20世纪60年代"软件危机"而提出的。它首次出现在1968年北大西洋公约组织(NATO)会议上。经过几十年的发展,软件工程已经成为一门独立的学科,称为软件工程学(software engineering science)。

(1)软件工程概念。

软件工程是应用于计算机软件的定义、开发和维护的一整套方法、工具、文档、实践标准和工序。

自这一概念提出以来,围绕软件项目,开展了有关开发模型、方法及支持工具的研究。纵观20世纪60年代末至20世纪80年代初,其主要特征是,前期着重研究系统实现技术,后期开始强调开发管理和软件质量。20世纪70年代初,自"软件工厂"这一概念提出以来,主要围绕软件过程及软件复用,开展了有关软件生产技术和软件生产管理的研究与实践。其主要成果有:提出了应用广泛的面向对象语言及相关的面向对象方法,大力开展计算机辅助软件工程的研究与实践。尤其是近几年来,针对软件复用及软件生产,软件构件技术及软件质量控制技术、质量保证技术得到了广泛的应用。

(2)软件工程要素。

软件工程包括方法、工具和过程3个要素。其中,软件工程的方法是指完成软件开发各项任务所需的技术手段;软件工程的工具是指软件开发、维护和分析中使用的程序系统,为软件工程方法提供的软件支撑环境;软件工程的过程则是将软件工程的方法和工具综合起来以达到合理、及时地进行计算机软件开发的目的。

(3) 软件工程的目标和研究内容。

在技术和管理上采取多项措施后,组织实施软件工程项目的最终目的是保证项目成功,即实现软件项目的目标。软件项目的目标是:在给定成本、进度的前提下,开发出具有有效性、可靠性、可理解性、可维护性、可重用性、可移植性、可适应性、可追踪性和可互操作性且满足用户需求的产品。

基于软件的目标,软件工程的理论和技术性研究的内容可分为两部分:软件开发技术和软件工程管理。

① 软件开发技术包括软件开发学、开发过程、开发工具和软件开发环境。

② 软件工程管理则由软件管理学、软件工程经济学和软件心理学3部分组成。

(4) 软件工程过程。

软件工程过程是使用适当的资源为获得高质量的软件而进行的一组相关活动,在过程结束时,将输入(用户的需求)转化为输出(软件产品)。软件工程过程中所使用的资源主要指人员、时间及软、硬件工具等,而它所进行的活动则包括软件规格的说明、软件的开发、软件的确认和软件的演进。

在软件工程过程中,应确定运用方法的顺序、应该交付的文档资料、为保证软件质量和协调变化所需采用的管理措施,以及软件开发各阶段完成的任务。软件工程过程必须是科学、有效的,这样才能保证软件产品的质量。

3. 软件工程原则

软件工程围绕工程设计、工程支持及工程管理,提出了以下4项原则。

(1) 选取适宜的开发范型。

这项原则与系统设计有关。在系统设计中,软件需求、硬件需求及其他因素之间是相互制约、相互影响的,经常需要权衡。因此,必须认识需求定义的易变性,采用适宜的开发范型予以控制,以保证软件产品满足用户的要求。

(2) 采用合适的设计方法。

在软件设计中,通常要考虑软件的模块化、抽象与信息隐蔽、局部化、一致性及适应性等特征。合适的设计方法有助于这些特征的实现,以达到软件工程的目标。

(3) 提供高质量的工程支持。

"工欲善其事,必先利其器",在软件工程中,软件工具与环境对软件过程的支持颇为重要。软件工程项目的质量与开销直接取决于对软件工程所提供的支撑质量和效用。

(4) 重视开发过程的管理。

软件工程的管理直接影响可用资源的有效利用,生产满足目标的软件产品,提高软件组织的生产能力等问题。因此,只有当软件过程得以有效管理时,才能实现有效的软件工程。

(二) 了解软件的生存周期

同其他任何事物一样,计算机软件从它的产生、发展到成熟阶段,以至老化和衰亡,是一个历史发展的过程,这个过程称为软件的生存周期。

1. 软件生存周期

软件生存周期分为3个时期共8个阶段。

①软件定义期:包括问题定义、可行性研究和需求分析3个阶段。
②软件开发期:包括概要设计、详细设计、实现和测试4个阶段。
③运行维护期:即运行维护阶段。

(1)问题定义。

确定软件开发的总目标,给出软件的功能、性能、可靠性及接口等方面的设想。

(2)可行性研究。

研究完成该软件的可行性,探讨问题解决的方案;对可供开发使用的资源、成本、可取得的效益和开发的进度等做出估计;制定完成开发任务的实施计划。

(3)需求分析。

软件需求是用户对软件系统的功能、行为、性能、设计约束等方面的期望。需求分析的具体任务包括确定软件系统的功能需求、性能需求和运行环境约束,创建所需的数据模型、功能模型和控制模型,编制软件需求规格说明书、软件系统的验收测试准则和初步的用户手册。需求分析阶段的工作可以分为4个方面:需求获取、需求分析、编写需求规格说明书和需求评审。

(4)概要设计。

概要设计是指根据软件需求说明书,软件设计人员应把需求说明书中各项需求转化为相应的体系结构,在结构中的每一组成部分是功能明确的模块,每个模块都能体现相应的需求。

(5)详细设计。

详细设计是指对概要设计中给出的各个模块所要完成的工作进行具体的描述。软件设计的结果是给出设计说明书。

(6)实现。

利用某种计算机语言,把设计说明书中规定的内容转化为计算机可以接受的程序过程称为编码。编码应与设计相一致,且结构清晰、易读、易修改。

(7)测试。

根据软件的需求说明书、设计说明书和源代码,检验软件开发工作的成果是否符合要求的过程称为软件测试。软件测试是发现软件错误、提高软件可靠性与保证软件质量的重要手段。

(8)运行与维护。

对已交付用户的软件投入正式使用后便进入运行和维护阶段,这个阶段可能持续若干年。

2. 软件生存周期模型

软件生存周期模型是描述软件开发过程中各种活动如何执行的模型。目前为止,已经提出了以下几种生存模型。

(1)瀑布模型。

① 定义:瀑布模型是将软件生存周期各活动规定为依线性顺序连接的若干阶段的模型,规定将各个阶段由前至后、相互衔接的固定次序。

② 特点:以文档作为驱动、适合于需求很明确的软件项目开发模型。该模型强调了每个阶段的严格性,尤其是开发前期的良好需求说明,以每一步的正确性和完整性来保证最终系统的质量。

(2)增量模型。

① 定义:软件以逐步开发模式,开发出一部分,向用户展示一部分,可让用户及早看到部分软件,及早发现问题。

② 特点:增量模型是一种非整体开发模型,适合于软件需求不明确、设计方案有一定风险的软件项目;软件在该模型中是"逐渐"开发出来的;该模型有较大的灵活性。

(3)螺旋模型。

① 定义:螺旋模型(图16.5)将瀑布模型与增量模型结合起来,加入两种模型均忽略了的风险分析,弥补了这两种模型的不足。

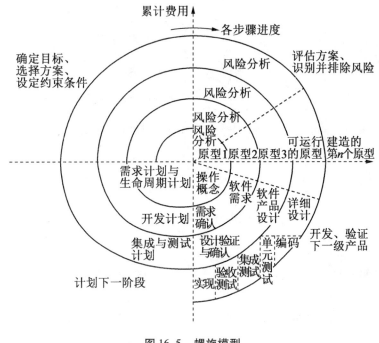

图16.5　螺旋模型

② 特点:螺旋模型是一种风险驱动模型,适合于大型软件的开发,它吸收了软件工程"演化"的概念,使得开发人员和用户对每个螺旋周期出现的风险都有所了解,从而做出相应的反应。该模型规定软件开发过程包括需求定义、风险分析、工程实现及用户评估4个阶段,螺旋模型由上述4个阶段组成迭代模型,迭代的结果必须尽快收敛到客户允许的或可接受的目标范围内。

(4)喷泉模型。

① 定义:喷泉模型(图16.6)是一种以用户需求为动力,以对象作为驱动的模型。它适合于面向对象的开发方法。该模型克服了瀑布模型不支持重用和多项开发活动集成的局限性,使开发过程具有迭代性和无间隙性。

② 特点:喷泉模型规定软件开发过程有4个阶段,即分析、系统设计、软件设计和实现;喷泉模型的各阶段相互重叠,它反映了软件过程并行性的特点。喷泉模型以分析为基础,资源消耗呈塔型,在分析阶段消耗的资源最多。喷泉模型反映了软件过程迭代的自然特性,从高层返回底层无资源消耗。喷泉模型强调增量开发,它依据分析一点、设计一点的原则,并不要求一个阶段彻底完成,整个过程是一个迭代的逐步提炼的过程。喷泉模型

是对象驱动的过程,对象是所有活动作用的实体,也是项目管理的基本内容。喷泉模型在实现时,由于活动不同,可分为系统实现和对象实现,这既反映了全系统的开发过程,也反映了对象族的开发和重用过程。

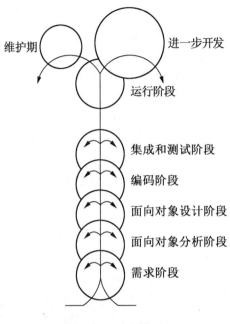

图16.6 喷泉模型

(5)基于知识的模型。

基于知识的模型又称智能模型,它把瀑布模型和专家系统结合在一起。该模型在开发的各个阶段都利用相应的专家系统来帮助软件人员完成开发工作,使维护在系统需求说明阶段开始。该模型还处于研究实验阶段,还未达到实用阶段。

(6)变换模型。

这是一种适合于形式化开发方法的模型。从软件需求形式化说明开始,经过一系列变换,最终得到系统的目标程序。

(三)了解软件开发方法

软件工程方法为软件开发提供了"如何做"的技术。它包括了多方面的任务,如项目计划与估算、软件系统需求分析、数据结构、系统总体结构设计、算法设计、编码、测试及维护等。软件工程方法采用某种特殊的语言或图形表示方法及一套质量保证标准,以下是两种应用比较广泛的软件开发方法。

1. Parnas 方法

最早的软件开发方法是由 D. Parnas 在 1972 年提出的。Parnas 提出的第一条原则是信息隐蔽原则。在概要设计时列出将来可能发生变化的因素,并在模块划分时将这些因素放到个别模块的内部。这样,在将来由于这些因素变化而需修改软件时,只需修改这些个别的模块,其他模块不受影响。信息隐蔽技术不仅提高了软件的可维护性,而且也避免了错误的蔓延,改善了软件的可靠性。现在信息隐蔽原则已成为软件工程学中的一条重要原则。第二条原则是在软件设计时应对可能发生的种种意外故障采取措施。模块之间也要加强检查,防止错误蔓延。

2. SAS方法

1978年,E. Yourdon和L. L. Constantine提出了结构化方法,即SAS方法,也可称为面向功能的软件开发方法或面向数据流的软件开发方法。首先用结构化分析(SA)对软件进行需求分析,然后用结构化设计(SD)方法进行总体设计,最后是结构化编程(SP)。这一方法不仅开发步骤明确,SA、SD、SP相辅相成,而且给出了两类典型的软件结构(变换型和事务型),便于参照,使软件开发的成功率大大提高,从而深受软件开发人员的青睐。

3. 面向数据结构的软件开发方法

(1) Jackson方法。

1975年,M. A. Jackson提出了一类至今仍广泛使用的面向数据结构的软件开发方法。从目标系统的输入、输出数据结构入手,导出程序框架结构,再补充其他细节,就可得到完整的程序结构图。这一方法对输入、输出数据结构明确的中小型系统特别有效,如商业应用中的文件表格处理。该方法也可与其他方法结合,用于模块的详细设计。

(2) Warnier方法。

1974年,J. D. Warnier提出了一种软件开发方法,这种方法与Jackson方法类似,使用Warnier图作为程序结构图;使用伪码进行程序的描述;但是在构造程序框架时,仅考虑输入数据结构,不考虑输出数据结构。

4. 问题分析法

问题分析法(Problem Analysis Method,PAM)是20世纪80年代末由日立公司提出的软件开发方法。PAM能兼顾Yourdon方法和Jackson方法的优点,而避免它们的缺陷。它的基本思想是考虑到输入、输出数据结构,指导系统的分解,在系统分析指导下逐步综合。这一方法的具体步骤是:从输入、输出数据结构导出基本处理框;分析这些处理框之间的先后关系;按先后关系逐步综合处理框,直到画出整个系统的PAD图。PAD图是一种二维树形结构图,是到目前为止最好的详细设计表示方法之一。这一方法本质上是综合的自底向上的方法,但在逐步综合之前已进行了有目的的分解,这个目的就是充分考虑系统的输入、输出数据结构。PAM在日本较为流行,软件开发的成功率也很高,缺点是由于在输入、输出数据结构与整个系统之间同样存在着鸿沟,这一方法仍只适用于中小型问题。

5. 面向对象的软件开发方法

面向对象的软件开发方法(Object Modelling Technique,OMT)是一种自底向上和自顶向下相结合的方法,而且它以对象建模为基础,从而不仅考虑了输入、输出数据结构,实际上也包含了所有对象的数据结构,所以OMT彻底实现了PAM没有完全实现的目标。

OMT的第一步是从问题的陈述入手,构造系统模型。从真实系统导出类的体系,即对象模型包括类的属性,与子类、父类的继承关系,以及类之间的关联。类是具有相似属性和行为的一组具体实例(客观对象)的抽象,父类是若干子类的归纳,因此这是一种自底向上的归纳过程。在自底向上的归纳过程中,为使子类能更合理地继承父类的属性和行为,可能需要自顶向下的修改,从而使整个类体系更加合理。由于这种类体系的构造是从具体到抽象,再从抽象到具体,符合人类的思维规律,因此能更快、更方便地完成任务。这与自顶向下的SAS方法构成鲜明的对比。在SAS方法中构造系统模型是最困难的一步,因为自顶向下的"顶"是一个空中楼阁,缺乏坚实的基础,而且功能分解有相当大的任意性，因此需要开发人员有丰富的软件开发经验，而在 OTM 中这一工作可由一般开发人员较快地完成。在对象模型建立后，很容易在这一基础上再导出动态模型和功能模型。这 3 个模型一起构成要求解的系统模型。

系统模型建立后的工作就是分解。与 SAS 方法按功能分解不同，在 OMT 中通常按服务来分解。服务是具有共同目标的相关功能的集合，如 I/O 处理、图形处理等。这一步的分解通常很明确，而这些子系统的进一步分解因有较具体的系统模型为依据，也相对容易。所以 OMT 也具有自顶向下方法的优点，即能有效地控制模块的复杂性，同时避免了 SAS 方法中功能分解的困难和不确定性。

6. 可视化开发方法

可视化开发是 20 世纪 90 年代软件界最大的两个热点之一。随着图形用户界面的兴起，用户界面在软件系统中所占的比例也越来越大，为此人们利用 Windows API 或 Borland C++ 的 Object Windows 开发了一批可视开发工具。

可视化开发就是在可视开发工具提供的图形用户界面上，通过操作界面元素，诸如菜单、按钮、对话框、编辑框、单选框、复选框、列表框和滚动条等，由可视开发工具自动生成应用软件。这类应用软件的工作方式是事件驱动。对每一事件，由系统产生相应的消息，再传递给相应的消息响应函数。第一类消息响应函数是生成图形用户界面及相关的消息响应函数，其工作流程是先生成基本窗口，并在它的外面以图标形式列出所有其他的界面元素，让开发人员挑选后放入窗口指定位置。在逐一安排界面元素的同时，还可以用鼠标拖动，以使窗口的布局更趋合理。第二类是为各种具体的子应用的各个常规执行步骤提供规范窗口的消息响应函数，它包括对话框、菜单、列表框、组合框、按钮和编辑框等，以供用户挑选。开发工具还应为所有的选择(事件)提供消息响应函数。

从原理上讲，与图形有关的所有应用都可采用可视化开发方式，由于要生成与各种应用相关的消息响应函数，可视化开发只能用于相当成熟的应用领域。

7. ICASE

随着软件开发工具的积累和自动化工具的增多，软件开发环境进入了第 3 代 ICASE (Integrated Computer – Aided Software Engineering)。系统集成方式不仅提供数据集成和控制集成，还提供了一组用户界面管理设施和一大批工具。ICASE 的最终目标是实现应用软件的全自动开发，即开发人员只要写好软件的需求规格说明书，软件开发环境就自动完成从需求分析开始的所有软件的开发工作，自动生成供用户直接使用的软件及有关文档。

在应用最成熟的数据库领域，目前已有能实现全部自动生成的应用软件，如 MSE 公司的 Magic 系统。它只要求软件开发人员填写一系列表格(相当于要求软件实现的各种功能)，系统就会自动生成应用软件。它不仅能节省 90% 以上的软件开发和维护的工作量，而且还能将应用软件的开发工作转交给熟练的用户。

8. 软件重用

软件重用(reuse)又称软件复用或软件再用，即利用已有的软件成分来构造新的软件。它可以大大减少软件开发所需的费用和时间，且有利于提高软件的可维护性和可靠性。目前软件重用沿着基于软件复用库的软件重用、与面向对象技术结合和组件连接 3 个方向发展。

(1) 基于软件复用库的软件重用。

基于软件复用库的软件重用是一种传统的软件重用技术。这类软件开发方法要求提供软件可重用成分的模式分类和检索,且要解决如何有效地组织、标识、描述和引用这些软件成分,通常采用生成技术和组装方式进行软件重用生成技术是对模式的重用。由软件生成器通过替换特定参数,生成抽象软件成分的具体实例。常用的组装方式有子程序库技术、共享接口设计和嵌套函数调用等,组装方式对软件重用成分通常不做修改,或仅做很少的修改。

(2)与面向对象技术结合。

面向对象技术中类的聚集、实例对类的成员函数或操作的引用、子类对父类的继承等使软件的可重用性有了较大的提高,而且这种类型的重用容易实现,所以这种方式的软件重用发展较快。

(3)组件连接。

组件连接是目前发展最快的软件重用方式。组件连接有3个标准:OLE(Object Linking and Embedding)、OpenDoc 和 CORBA(Common Object Request Broker Architecture)。OLE 是 Microsoft 公司于1990年12月推出软件组件的接口标准,任何人都可以按此标准独立地开发组件和增值组件(组件上添加一些功能构成新的组件),或由若干组件组建集成软件。在组件连接的软件开发方法中,应用系统的开发人员可以把主要精力放在应用系统本身的研究上,因为他们可在组件市场上购买所需的大部分组件。OpenDoc 和 CORBA 是基于 OLE 标准的软件组件连接方法。

软件组件市场/组件集成方式是一种社会化的软件开发方式,因此也是软件开发方式上的一次革命,必将极大地提高软件开发的劳动生产率,而且应用软件开发周期将大大缩短,软件质量将更好,所需开发费用会进一步降低,软件维护更容易。

(四)了解软件开发工具

软件开发工具是用于辅助软件生命周期过程的基于计算机的工具。在不同软件开发生命周期中起到作用的软件开发工具有基于工作阶段的工具、基于集成程度划分的工具、基于硬件和软件关系划分的工具和基于应用领域划分的工具,分类如下。

1. 基于工作阶段的工具

基于各个阶段对信息的需求不同,软件开发工具可分为设计工具、分析工具和计划工具3类。

(1)设计工具。

设计工具是最具体的,它是指在实现阶段对人们提供帮助的工具。例如,各种代码生成器、一般所说的第四代语言和帮助人们进行测试的工具(包括提供测试环境或测试数据)等,都属于设计工具之列。它是最直接的帮助人们编写与调试软件的工具。

(2)分析工具。

分析工具主要是指用于支持需求分析的工具。例如,帮助人们编写数据字典的、专用的数据字典管理系统,帮助人们绘制数据流程图的专用工具,帮助人们画系统结构图或 E-R 图的工具等。它们不是直接帮助开发人员编写程序,而是帮助人们认识与表述信息需求与信息流程,从逻辑上明确软件的功能与要求。

(3)计划工具。

计划工具则是从更宏观的角度去看待软件开发。它不仅从项目管理的角度帮助人们组织与实施项目,把有关进度、资源、质量、验收情况等信息有条不紊地管理起来,而且考虑到了项目的反复循环、版本更新,实现了跨生命周期的信息管理与共享,为信息及软件的复用创造了条件。

2. 基于集成程度划分的工具

集成化程度是用户接口一致性和信息共享的程度,是一个新的发展阶段。集成化的软件开发工具要求人们对于软件开发过程有更深入的认识和了解。开发与应用集成化的软件开发工具是应努力研究与探索的课题,集成化的软件开发工具也常称为软件工作环境。

3. 基于硬件和软件关系划分的工具

基于与硬件和软件的关系,软件开发工具可以分为两类:依赖于特定计算机或特定软件(如某种数据库管理系统)和独立于硬件与其他软件的软件开发工具。一般来说,设计工具多是依赖于特定软件的,因为它生成的代码或测试数据不是抽象的,而是具体的某一种语言的代码或该语言所要求的格式的数据。而分析工具与计划工具则往往是独立于机器与软件的,集成化的软件开发工具常常是依赖于机器与软件的。

4. 基于应用领域划分的工具

根据应用领域的不同,应用软件可以分为事务处理、实时应用、嵌入式应用等。随着个人计算机与人工智能的发展,与这两个方面相联系的应用软件也取得了较大的进展。

软件开发工具包(Software Development Kit,SDK)是一些被软件工程师用于为特定的软件包、软件框架、硬件平台、操作系统等建立应用软件的开发工具的集合。SDK可以只是简单的为某个程序设计语言提供应用程序接口的一些文件,也可能包括能与某种嵌入式系统通信的复杂的硬件。一般的工具包括用于调试和其他用途的实用工具。SDK还经常包括示例代码、支持性的技术注解或者其他的为基本参考资料澄清疑点的支持文档。其中主要的语言开发工具有Java开发工具、.Net开发工具和移动开发工具等。

1. Java开发工具

(1)MyEclipse。

MyEclipse应用开发平台是J2EE集成开发环境,包括了完备的编码、调试、测试和发布功能,完整支持JAVA、HTML、Struts、Spring、JSP CSS、Javascript、SQL和Hibernate。MyEclipse应用开发平台结构上实现Eclipse单个功能部件的模块化,并可以有选择性地对单独的模块进行扩展和升级。

(2)Eclipse。

Eclipse是目前功能比较强大的JAVA IDE(JAVA编程软件),是一个集成工具的开放平台,而这些工具主要是一些开源工具软件。在一个开源模式下运作,并遵照共同的公共条款,Eclipse平台为工具软件开发者提供工具开发的灵活性和控制自己软件的技术。

(3)NetBeans。

NetBeans是开放源码的Java集成开发环境(IDE),适用于各种客户机和Web应用。Sun Java Studio是Sun公司2000年发布的商用全功能Java IDE,支持Solaris、Linux和Windows平台,适于创建和部署2层Java Web应用和n层J2EE应用的企业开发人员使用。

2. .Net软件开发工具Microsoft Visual Studio

Microsoft Visual Studio是一套完整的开发工具,用于生成ASP NET Web应用程序、XML Web services、桌面应用程序和移动应用程序。Visual Basic、Visual C#和Visual C++

都使用相同的集成开发环境,这样就能够进行工具共享,并能够轻松地创建混合语言解决方案。

3. 移动工具 Android Studio

Android Studio 是谷歌新推出的 Android 开发环境,开发者可以在编写程序的同时很方便地调整其在各个分辨率设备上的应用。

随着软件技术的发展,软件开发工具必将不断更新,用户需根据自己目标软件的功能选择相应的软件开发工具。

课后练习

1. 什么是面向对象的程序设计方法?它与结构化程序设计方法有何不同?
2. 什么是算法?算法有哪些特性?常用的算法表示方法有哪些?

参考文献

[1] 许薇,赵玉兰.大学计算机基础[M].北京:人民邮电出版社,2009.

[2] 张红琴,郝增辉.计算机文化基础项目教程[M].北京:中国铁道出版社,2013.

[3] 马朝圣.大学信息基础[M].2版.北京:中国铁道出版社,2014.

[4] 王联国,魏霖静.大学计算机基础[M].北京:中国农业出版社,2016.

[5] 刘志成,刘涛.大学计算机基础[M].微课版.北京:人民邮电出版社,2016.

[6] 闫斐,安政.大学计算机基础实验指导[M].北京:航空工业出版社,2018.